Michael Wettengel
Revolution von 1848/49 in Hessen

Michael Wettengel

REVOLUTION VON 1848/49 IN HESSEN

Die hessischen Staaten, Nassau, Waldeck und Frankfurt

Waldemar Kramer

INHALT

Vorwort 9

Einleitung 11

1. Vorgeschichte der Revolution

Wirtschaftlicher Wandel und Verkehrsbeschleunigung 19
Soziale und wirtschaftliche Krisen 23
Anfänge politischer Bewegungen und Auswirkungen der Julirevolution 1830 28
Politische Opposition im Vormärz 35

2. Der Beginn der Revolution (Februar – Mai 1848)

Einführung: Die Märzrevolution in den Städten 43
Vorparlament und Wahlen zur Nationalversammlung 64
Revolution auf dem Land 78
Reformpolitik und Verfassungsdiskussionen 92
Bürgerwehren und Volksbewaffnung 103
Soziale Proteste und »Exzesse« in den Städten 108

3. Alltag in der Revolution und Revolutionswende (Mai – Dezember 1848)

Einführung: Von den Mainzer Unruhen zum Frankfurter Septemberaufstand 125
Revolutionäre Öffentlichkeit: Volksversammlungen, Presse und Petitionen 149

Hessische Frauen in der Revolution von 1848/49 158
Arbeitskämpfe, Handwerker und gewerkschaftliche Bestrebungen 167
Polarisierung in politischen Vereinen und Turnvereinen 173
Demokratische Partei und demokratische Basis 178
Arbeiterbewegung und Arbeitervereine 189
Liberale und Konservative im konstitutionellen Vereinswesen 202
Politischer Katholizismus 213

4. Der Kampf um die Errungenschaften der Revolution (Januar – Juni 1849)

Reichsverfassungskampagne im hessischen Raum 221
Reaktion und Revolutionserinnerung 238

Literaturverzeichnis (Auswahl) 246
Abbildungsverzeichnis 248
Anmerkungen 250

Wiesbaden 4. März 1848.

VORWORT

Nachdem ich 1989 meine Doktorarbeit über die Revolution von 1848/49 im Großherzogtum Hessen, im Herzogtum Nassau und in der Freien Stadt Frankfurt verfasst habe, war es immer mein Wunsch gewesen, ein Buch über die Revolutionsbewegungen auf dem ganzen Gebiet des heutigen Hessen zu verfassen, das sich an ein breiteres Publikum wendet. Beruflich bedingt musste ich mich auch anderen Themen und Schwerpunkten zuwenden, doch meine Verbundenheit mit Hessen und seiner Geschichte ist nie abgerissen. Ich danke daher der Hessischen Landeszentrale für politische Bildung, ihrem Direktor, Herrn Dr. Jehn, und Herrn Seebohn sowie Herrn Wekel und dem Verlagshaus Römerweg in Wiesbaden, dass sie die Publikation dieses Werkes zum 175. Jahrestag der Revolution von 1848/49 ermöglichen. Besonders danken für Ratschläge und Hinweise möchte ich Prof. Dr. Langewiesche und Herrn Müller-Schellenberg aus Taunusstein sowie meinen Kolleginnen und Kollegen Dr. Andreas Biefang, Prof. Dr. Ewald Grothe, Prof. Dr. Sylvia Paletschek und Natalie Reinsch. Für ihre Geduld und die Korrektur des Manuskripts danke ich meiner Frau Irmgard.

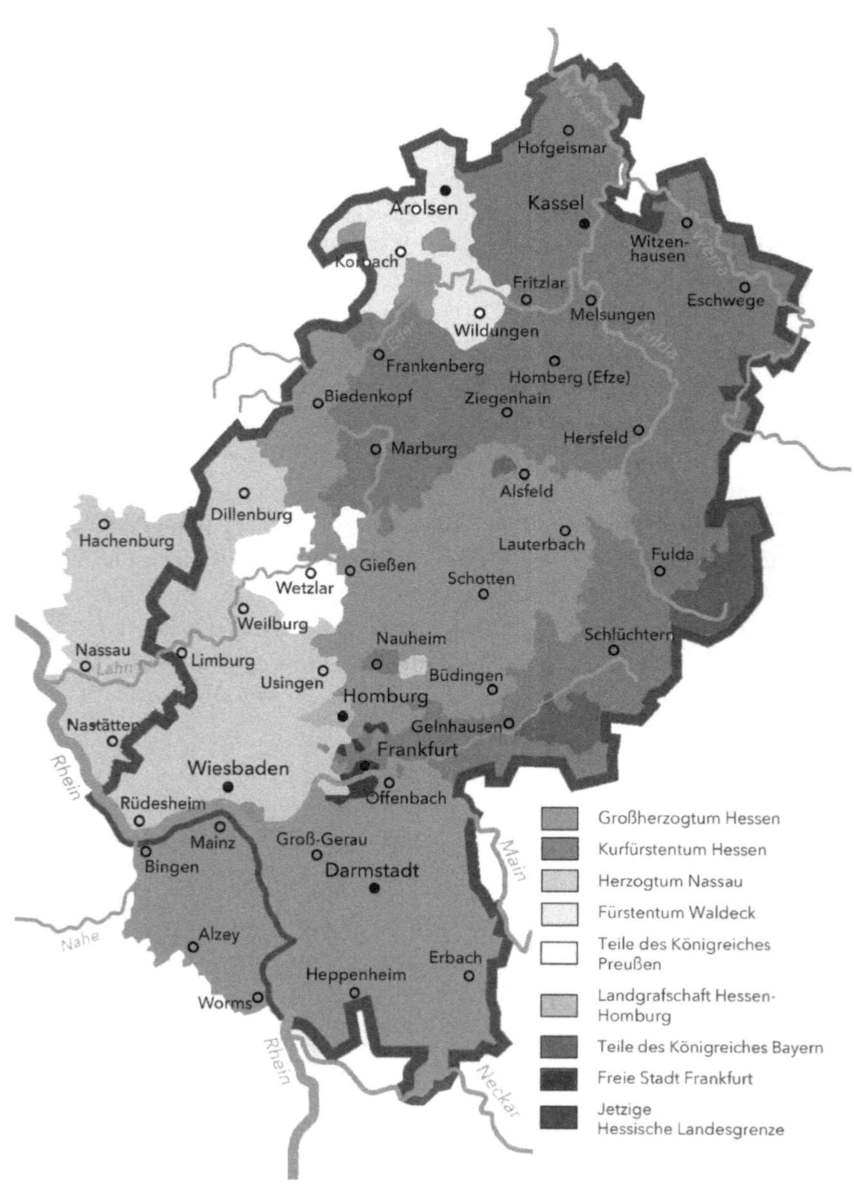

Die Hessischen Staaten, Nassau, Waldeck und Frankfurt vor 1866.

EINLEITUNG

Die Revolution von 1848/49 gehört zu den zentralen Ereignissen der Geschichte der deutschen Demokratie. Zu Recht wird immer wieder das freiheitliche und demokratische Potenzial von 1848/49 betont, das beispielsweise in revolutionären Volksbewegungen, in der Herausbildung demokratischer Parteien, erweiterten Partizipationsmöglichkeiten, einem freien Pressewesen und in der Verfassungsschöpfung der Nationalversammlung zum Ausdruck kam. Durch das Werk der revolutionären Nationalversammlung wurde in Deutschland der Anfang eines verfassungsrechtlichen Wegs beschritten, der letztlich trotz Zäsuren und Umwegen bis zu dem im Grundgesetz verfassten, demokratischen Verfassungsstaat mit garantierten Grundrechten und föderalem Staatsaufbau führte. 1848/49 markierte auch eine Zäsur in der europäischen Geschichte, bei der deutlich wurde, wie sehr der Kontinent vernetzt war und die Akteure miteinander kommunizierten. Bis zum Ende des Ersten Weltkriegs bildete sie den letzten Versuch einer revolutionären Veränderung von Staat und Gesellschaft in Deutschland.

Angetrieben durch soziale Nöte und das Verlangen nach politischer Mitsprache und nationaler Selbstbestimmung zwangen revolutionäre Bewegungen im Frühjahr 1848 die Regierungen vieler Länder zum Rücktritt, so auch in den deutschen Staaten, wo die Nachrichten über den Umsturz in Paris Auslöser der Unruhen waren. Mehrere Revolutionsbewegungen mit unterschiedlichen Zielen, Trägerschichten und Aktionsformen kamen hier zusammen: Die nationale und liberale Einigungs- und Verfassungsbewegung des Bürgertums, die agrarische Protestbewegung der Landbevölkerung und die soziale Protestbewegung städtischer Handwerker und Unterschichten. Zu den Ergebnissen der neueren Forschung zählen die Einsicht in die gesamteuropäische Dimension von 1848/49, aber auch das vertiefte Verständnis für die Komplexität und die regionalen Besonderheiten von 1848/49, sodass eher von »Revolutionen« als von einem singulären Ereignis zu sprechen ist. Die Revolutionszeit war demnach aus erfahrungsgeschichtlicher Perspektive ein Lernprozess, der neue Möglichkeiten der politischen Partizipation eröffnete. Die Komplexität der Krisensituation von 1848, die besonders in Deutschland durch vielfältige soziale Probleme, die Herausforderung einer deutschen Nationalstaatsbildung und differierende Vorstellungen bei der Schaffung einer freiheitlichen Verfassung gekennzeichnet war, trug allerdings auch wesentlich zum Wiedererstarken von Militär und Monarchen und schließlich zum Scheitern der Revolution bei.

Für die deutsche Revolution von 1848/49 spielte das Gebiet des heutigen Hessen eine herausragende Rolle. Hier fasste die revolutionäre Bewegung besonders früh Fuß, 1834 wurde hier von Georg Büchner und Friedrich Ludwig Weidig die wohl wichtigste sozialrevolutionäre deutsche Schrift jener Zeit, der »Hessische Landbote«, verfasst, auf dem Gut Hallgarten des Liberalen Johann Adam von Itzstein trafen sich im Vormärz führende deutsche Oppositionspolitiker, in Heppenheim fand 1847 die Versammlung liberaler Politiker statt, die zur unmittelbaren Vorgeschichte der Revolution gehörte, und in der Frankfurter Paulskirche trat 1848 die erste Deutsche Nationalversammlung zusammen. In Wiesbaden, Darmstadt, Kassel und Frankfurt hatte die Revolution im März 1848 längst gesiegt, bevor sie in Wien und Berlin richtig begann. Bedeutende Persönlichkeiten der Revolutionszeit auf nationaler Ebene wie Heinrich von Gagern, Theodor Reh und Carl Theodor Welcker hatten in Hessen ihren Wirkungsort oder wurden hier geboren. Hessen war somit Schauplatz wichtiger Ereignisse der Revolution auf nationaler Ebene, zugleich war die liberale und demokratische Bewegung hier besonders stark und es bestand eine große Akzeptanz der Errungenschaften von 1848/49. Der von der Nationalversammlung erarbeitete erste deutsche Grundrechtskatalog und das 1849 fertiggestellte Verfassungswerk wurden zunächst von fast allen Regierungen auf dem Gebiet des heutigen Hessen anerkannt. Wäre es nach ihnen gegangen, so hätte die Reichsverfassung von 1849 Wirklichkeit werden können. In dieser Publikation wird zwischen den revolutionären Ereignissen in Hessen und der Rolle als Schauplatz von Ereignissen nationaler Tragweite nicht unterschieden, da sie auch in der zeitgenössischen Wahrnehmung eng miteinander verwoben waren.

Das Gebiet des heutigen Bundeslandes Hessen glich um die Mitte des 19. Jahrhunderts einem territorialen Flickenteppich. Am bevölkerungsreichsten war das Großherzogtum Hessen, das um 1850 rund 850 000 Einwohner zählte, mit Darmstadt als Hauptstadt und Gießen als Sitz der Landesuniversität. Mit der Provinz Rheinhessen und der Provinzhauptstadt Mainz besaß das Großherzogtum große linksrheinische Gebiete, die nach 1945 Teil von Rheinland-Pfalz wurden. Die größte flächenmäßige Ausdehnung hatte das Kurfürstentum Hessen, das allerdings nur 760 000 Einwohner besaß. Seine Hauptstadt war Kassel und die Landesuniversität befand sich in Marburg. 1866 gelangten dann noch die bayerischen Bezirke Gersfeld und Orb an den damals neu eingerichteten preußischen Regierungsbezirk Kassel. Das durch den Zusammenschluss der nassauischen Fürstentümer gebildete Herzogtum

Nassau war kein hessischer Staat im eigentlichen Sinne. Mit mehr als 420 000 Einwohnern lag es an dritter Stelle, seine Hauptstadt war Wiesbaden. Die ehemals nassauischen Kreise Ober- und Unterwesterwald, Unterlahn und St. Goarshausen gehören heute ebenfalls zu Rheinland-Pfalz. Eigene Staaten bildeten auch die Freie Stadt Frankfurt mit etwa 60 000 Einwohnern und das Fürstentum Waldeck mit rund 50 000 Bewohnern und der Hauptstadt Arolsen. Als kleinstes Staatswesen war die rund 25 000 Einwohner zählende Landgrafschaft Hessen-Homburg 1815 souverän geworden und besaß mit der Herrschaft Meisenheim am Glan eine etwa 110 km entfernte linksrheinische Exklave, vom Landgrafen als »Distrikt in China« bezeichnet.[1] Zuletzt ist noch der 1815 an das Königreich Preußen gefallene Kreis Wetzlar zu nennen, der zum Regierungsbezirk Koblenz gehörte.

Die landesgeschichtliche Forschung nahm bisher vor allem diese einzelnen Territorien in verdienstvoller Weise in den Blick, doch die Revolutionsgeschichte hielt sich nicht an die Territorialgrenzen. Angesichts der vielfältigen Verflechtungen zwischen den hessischen Staaten, Nassau und Frankfurt und dem Wirkungsgefüge in der territorialen Gemengelage vor allem des Rhein-Main-Gebietes erscheint eine übergreifende Gesamtbetrachtung der Ereignisse der Revolutionszeit auf dem Gebiet des heutigen Hessen gerechtfertigt. Im Grundsatz wurde die Bedeutung einer Territorien-übergreifenden Betrachtung auch von der Landesgeschichte anerkannt. Bereits bei der Entstehung der territorial aufgeteilten hessischen, nassauischen und Frankfurter Geschichtsvereine im 19. Jahrhundert gab es Stimmen, die einen allgemeinen hessischen Verein oder zumindest eine enge Zusammenarbeit wünschten.[2] Immer wieder wurde auf die historisch gewachsenen, engen kulturellen und politischen Beziehungen sowie die Bestrebungen nach staatlicher Einheit auf dem Gebiet des heutigen Hessen aufmerksam gemacht.[3] Die Entstehung des heutigen Bundeslandes Hessen nach 1945 beruhte gerade auch auf diesen historisch gewachsenen Verbindungen sowie auf der Zustimmung und den Wünschen der Bevölkerung.[4]

Im Vormärz und in der Revolution von 1848/49 bestanden intensive Verbindungen auf dem Gebiet des heutigen Hessen: Landtagsabgeordnete der hessischen Staaten und Nassaus arbeiteten eng zusammen und organisierten Zusammenkünfte, die in den Hallgarten-Kreis und die Heppenheimer Versammlung mündeten. Eckhart G. Franz forderte hierfür eine territorial übergreifende Betrachtung: »Die territorial begrenzte Betrachtungsweise der herkömmlichen Landes-Geschichtsschreibung wäre hier um so weniger angemessen, als gerade die politische Bewegung des Vormärz und der Revolution von 1848 wesentliche Anstöße zur Überwindung der durch die wirtschaftliche

Revolutionäre wollten 1848 eine Neueinteilung Deutschlands, wobei Hessen eine Einheit bilden sollte (Nr. XV).

Entwicklung im Grunde schon damals überholten Territorialgrenzen gegeben hat.«[5] Die seit 1814 begangenen Nationalfeste der frühen Nationalbewegung und die Turnerfeste auf dem Großen Feldberg im Taunus waren von Anfang an grenzüberschreitend. Der Zollverein und neue Verkehrsmittel wie die Eisenbahn intensivierten die wirtschaftliche Integration der hessischen Staaten mit Nassau und Frankfurt. Sie ließen die dynastisch begründeten Grenzziehungen anachronistisch erscheinen. Aufgrund der engen wirtschaftlichen, politischen und soziokulturellen Verflechtungen sprach Hans-Werner Hahn für das 19. Jahrhundert von einem »hessischen Raum«, der auch Nassau und die Stadt Frankfurt mit einschloss.[6]

Vor allem die revolutionären Bewegungen im hessischen Raum, die hier behandelt werden, forderten ein einiges Hessen. Der »Hessengruß« von Friedrich Ludwig Weidig beschwor einen »Hessengau«, zu dem explizit auch Nassau und Waldeck gehörten,[7] und selbstverständlich richtete sich der im hessen-darmstädtischen Offenbach und im kurhessischen Marburg gedruckte »Hessische Landbote« nicht nur an Hessen-Darmstädter und Kurhessen, sondern an alle Menschen im hessischen Raum. Das 1832 in Gießen begangene »Fest der Freunde der hessischen Eintracht« war geradezu programmatisch für die Einheit des hessischen Raums. Seit dem März 1848 kursierten Flugblätter, die »Nur ein Hessen!« und »Drei Hessen unter einem Hut« entweder in demokratischem oder in monarchischem Tenor forderten.[8] 1848/49 machten die neu entstehenden Parteien gleich welcher Couleur nicht an den Landesgrenzen halt. Auch in der Nationalversammlung in Frankfurt wurde von den linken Fraktionen eine Neugliederung Deutschlands in »Herzogtümer« oder »Kreise« angeregt und diskutiert. Eine in Darmstadt verbreitete gedruckte »Karte von Deutschland nach naturgemäßer Einteilung« zeichnete im Mai 1848 ein dem heutigen Bundesland sehr ähnliches Hessen, mit Kurhessen, Waldeck, Nassau, Frankfurt, Hessen-Homburg und Hessen-Darmstadt, aber bemerkenswerterweise ohne die linksrheinische Provinz Rheinhessen. Der unglückliche Ausgang der Revolution, die Dominanz Preußens und die starke Verbundenheit großer Teile der Bevölkerung mit ihren Dynastien ließen solche Vereinigungs-Pläne für 100 Jahre »in den Tiefkühlschrank« der Geschichte wandern.[9]

Diese Darstellung der »Revolution in Hessen« nimmt die gemeinsamen Entwicklungslinien der verschiedenen Landesteile während der Revolutionszeit in den Fokus. Unter sachthematischen Gesichtspunkten werden zentrale Aspekte übergreifend untersucht, so die Vorgeschichte und die Ursachen der Revolution, soziale und politische Krisen, die städtische Märzbewegung, die Revolution auf dem Land, Presse und Volksversammlungen, Wahlkämpfe und politische Parteien, einzelstaatliche Parlamente und die Nationalversammlung, soziale Bewegungen und Frauen in der Revolution, Revolutionswende und Reichsverfassungskampagne und das Nachleben der Revolution. Die Regionen und Staaten im hessischen Raum werden dabei berücksichtigt und ihre Verflechtungen offengelegt, sie sollen aber die Struktur dieses Buches nicht bestimmen. Auch die Gebiete, die nach 1945 an Rheinland-Pfalz fielen, sollen dabei, soweit erforderlich, einbezogen werden. Eine detaillierte Betrachtung des Revolutionsverlaufs in allen hessischen Staaten und Regionen kann hier allerdings nicht geboten werden. Für vertiefte Fragen sei auf die abschließend zusammengestellte Spezialliteratur verwiesen.

Die Revolution weckte Hoffnungen auf Emanzipation und Gleichberechtigung, aber auch Ängste und Abwehrreaktionen. Diese Haltungen beeinflussten den Verlauf der Revolution. Die Komplexität und Widersprüchlichkeit der »Revolutionen« von 1848/49 sollen nicht verschwiegen werden, auch wenn diese Ambivalenzen und verstörende Aspekte beinhalteten. Nicht alles, was sich revolutionär gebärdete, war auch demokratisch. Ein besonderes Anliegen ist es, nicht allein das Regierungshandeln und die Arbeit der Parlamente darzustellen, sondern vor allem die Erfahrung der Revolution in den Städten und Dörfern, in Vereinen und Versammlungen zu schildern. Im Vordergrund steht der Revolutionsalltag auf dem Gebiet des heutigen Hessen. Auf einen umfangreichen Anmerkungsapparat wurde in diesem Band der besseren Lesbarkeit halber verzichtet, stattdessen vor allem Zitate und inhaltliche Übernahmen nachgewiesen. Der Forschungsstand wird durch eine Literaturliste am Schluss wiedergegeben. Ziel des vorliegenden Buches ist es, dass die Menschen im heutigen Hessen sich über ihre demokratischen Traditionen und ihre Revolutionsgeschichte informieren, Schauplätze und Akteure von 1848/49 kennenlernen und neue Einsichten erhalten können. Im historischen Bewusstsein ist die Revolutionsgeschichte noch immer nicht allzu präsent. Das Buch soll einen Beitrag dazu leisten, dass die Erinnerung an 1848/49 in Hessen im demokratischen Sinne traditionsbildend wirken möge.

In Kurhessen wird eine Verfassung erzwungen: »Kurfürst Wilhelm II. nimmt eine Petition von Kasseler Bürgern (›Sturmpetition‹) entgegen, 15. September 1830«.

1. VORGESCHICHTE DER REVOLUTION

Wirtschaftlicher Wandel und Verkehrsbeschleunigung

Wirtschaftliche und soziale Verhältnisse bilden wichtige Grundlagen für politische Entwicklungen. Daher soll ein kurzer Überblick über diese Rahmenbedingungen am Beginn stehen. Um die Mitte des 19. Jahrhunderts lebte die große Mehrheit der Bevölkerung auf dem Gebiet des heutigen Hessen auf dem Land: In Kurhessen 73,5 Prozent (1849), in Nassau etwa 83 Prozent (1846) und in den hessen-darmstädtischen Provinzen Oberhessen 79,4 Prozent und Starkenburg 73,1 Prozent (1846).[10] Die Größe der Städte war trotz der bereits zunehmenden Urbanisierung noch sehr bescheiden: Als größte Stadt zählte Frankfurt knapp 60 000, Kassel 36 000 (davon 4000 Militärangehörige), Mainz 36 000, Darmstadt 27 000, Hanau 16 000, Wiesbaden 14 000 und Offenbach 13 000 Einwohner. Die meisten hessischen und nassauischen Städte hatten deutlich weniger als 10 000 Einwohner. Die hessischen Staaten, Nassau und Frankfurt zählten 1848 zu den am dichtesten besiedelten Ländern des Deutschen Bundes, und sie hatten auch ein besonders hohes Bevölkerungswachstum: Nassau hatte mit 41 Prozent zwischen 1817 und 1850 den prozentual höchsten Anstieg, gefolgt von Kurhessen und Hessen-Darmstadt mit 33,5 und 35,5 Prozent.[11]

Die wirtschaftlichen Strukturen waren auf dem Gebiet des heutigen Hessen noch stark agrarisch geprägt. Die meisten Menschen waren in der Landwirtschaft beschäftigt, ihr Anteil an den Gesamtbeschäftigten wird 1815 auf mehr als 70 Prozent geschätzt und nahm zur Jahrhundertmitte nur allmählich ab. Die hier übliche Realerbteilung begünstigte eine Parzellierung der landwirtschaftlichen Flächen, da der Besitz bei der Erbfolge auf alle Kinder verteilt wurde. In Kurhessen erwirtschafteten um 1830 nur etwa 10 Prozent der Höfe ein ausreichendes Einkommen, während die große Mehrheit der Betriebe zu klein dafür war.[12] Die landwirtschaftlichen Höfe waren zudem durch hohe Abgaben und Dienste belastet, die die Bauern an die Grundherren zu leisten hatten. Hinzu kamen ungünstige Besitz- und Betriebsstrukturen. Nur in den fruchtbareren Gegenden vor allem in Rheinhessen bildete sich eine Schicht von wohlhabenderen Mittel- und Großbauern heraus, die vom Ruin von Kleinbauern profitierten und Tagelöhner beschäftigen konnten. Die Masse der hessischen und nassauischen Landbewohner waren jedoch Kleinbauern, für die der gewerbliche Nebenerwerb, meist in unterschiedlichen Formen der Heimarbeit, oft lebensnotwendig war. In weiten Gebieten vor allem des Mittelgebirges war die Heimarbeit sogar zur Haupteinnahmequelle geworden, neben der die Landwirtschaft zum Nebenerwerb wurde. Dieses ländliche Gewerbe, bei der die Landbewohner beispielsweise als Strumpfwirker, Leinenweber, Spinner oder Nagelschmiede arbeiteten, stellte einen wichtigen Wirtschaftszweig dar, der allerdings latent krisengefährdet war. Vor allem im Vogelsberg und in der kurhessischen Provinz Niederhessen war die Weberei der Hauptberuf großer Bevölkerungsteile, die zunehmend durch die Konkurrenz maschineller Fertigung in Existenznöte gerieten.

Den größten Anteil der Gewerbetreibenden bildeten aber vor allem in den Städten die Handwerker, die überwiegend noch in traditioneller Weise als Meister in kleinen Betrieben arbeiteten, oft nur mit einem Gesellen oder allein. Für eine auskömmliche Existenz reichte dies meist nicht aus: So schrieb der Marburger Nationalökonom Bruno Hildebrand 1848 mit Blick auf kurhessische Verhältnisse, speziell im Kreis Marburg, »[...] daß ein Handwerker in der Regel erst mit zwei Gesellen und einem Lehrling im Stande ist, Etwas zu erübrigen und einigen, wenn auch noch geringen, Wohlstand zu begründen, und daß ein Meister, der ohne alle Gehülfen arbeitet, eigentlich nur eine besondere Art von Taglöhner ist, so erscheint schon in den begünstigtsten Gewerben die bei weitem größere Zahl der steuerpflichtigen Meister als Proletarier [...]«.[13] Hinzu kamen bei diesen »Kleinmeistern« veraltete Produktionsmethoden, extremer Kapitalmangel und eine zunehmende Konkurrenz durch den Handel. Dabei gab es allerdings erhebliche Unterschiede zwischen den Handwerksberufen: Vergleichsweise gute Erwerbsaussichten hatte beispielsweise das Nahrungsmittelhandwerk, äußerst schlecht waren diese dagegen in den stark überbesetzten Handwerksberufen, hier vor allem den Schuhmachern, Schneidern und Tischlern. Besonders schwierig gestaltete sich die Lage für die Handwerksgesellen in diesen Berufen, die oft keine Perspektive auf die Eröffnung oder Übernahme eines Betriebes hatten. Als lebenslange Gesellen blieb ihnen dann auch ein eigener Hausstand und eine Familiengründung verwehrt. Einen geringeren Anteil an der Zahl der Beschäftigten, dafür aber eine große Bedeutung für die Wirtschaft hatten Handel, Gastronomie und Transportgewerbe, wobei hier der Handels- und Finanzstandort Frankfurt von überragender Bedeutung war. Ein wachsender Anteil in den Städten zählte zu den unselbstständigen Arbeitern und Tagelöhnern. In Frankfurt lag 1846 der Anteil von Tagelöhnern, Arbeitern und Gärtnern an den Berufstätigen bei 25,9 Prozent, der der Handwerksgesellen und -lehrlinge bei 33,3 Prozent.[14] Vergleichsweise günstig waren die wirtschaftlichen Verhältnisse in den Residenzstädten Kassel, Wiesbaden und Darmstadt, wo Militärangehörige und Beamte einen hohen Anteil an der Bevölkerung stellten. In Darmstadt waren 1828 beispielsweise 20,6 Prozent der städtischen Bevölkerung Beamte, hinzu kamen die Militärangehörigen mit 13,7 Prozent.[15] Als zahlungskräftige Kundschaft waren sie von überragender Bedeutung für Gewerbe und Handel in den »Residenzgesellschaften«. Die loyal monarchische Haltung von zahlreichen Handwerkern und Kaufleuten in Residenzstädten erklärt sich aus ihrer besonderen wirtschaftlichen Abhängigkeit von den Höfen und ihren Staatsbediensteten.

Bereits 1848 gab es vor allem im Rhein-Main-Gebiet Industrieunternehmen. Dabei handelte es sich zu dieser Zeit noch in erster Linie um großgewerbliche Unternehmen, die vor allem durch ihre Größe und Produktionsweise gekennzeichnet waren, in der Regel aber mit herkömmlichem Technologie-Einsatz betrieben wurden, wobei die Wasserkraft eine wichtige Rolle spielte. Sowohl hinsichtlich des Anteils der Fabrikarbeiter an der Gesamtbevölkerung als auch der durchschnittlichen Betriebsgröße der Fabriken lag der hessische Raum 1846/47 am unteren Ende der Zollvereinsstatistik. Durchschnittlich lag die Betriebsgröße einer Fabrik in Hessen-Darmstadt bei 4,5, in Kurhessen bei 5,5 und in Nassau und Frankfurt sogar nur bei 4,2 Beschäftigten.[16] Besonders zu nennen sind das lederverarbeitende Gewerbe (Offenbach), die Tabakfabriken und Zigarrenfabrikation (Höchst und Hanau) sowie die Textil- und Bekleidungsindustrie (Hanau). Auch in den Residenzstädten Darmstadt und Kassel gab es bereits Industriebetriebe, unter anderem im Maschinenbau. Unternehmen der chemischen Industrie waren ebenfalls bereits vorhanden, sie sollten erst im weiteren Verlauf des 19. Jahrhunderts bedeutsam werden. Weite Teile vor allem des hessischen und nassauischen Berglands waren allerdings von der Industrialisierung völlig unberührt. Selbst im Rhein-Main-Gebiet erfolgte der Durchbruch der Industrialisierung erst zu Beginn der zweiten Jahrhunderthälfte, während 1848 noch die vorindustriellen Wirtschaftsformen und Produktionsweisen dominierten.

Ein entscheidender Hemmfaktor für die wirtschaftliche Entwicklung des von der Lage und den Standortbedingungen eigentlich begünstigten Rhein-Main-Gebietes war dessen staatliche Zersplitterung, deren Nachteile auch der Zollverein, dem bis 1836 alle dortigen Staaten beigetreten waren, nicht völlig wettmachen konnte. So schufen die Staaten jeweils sehr unterschiedliche wirtschaftliche Rahmenbedingungen: Während Nassau 1815 die Binnenzölle abschaffte und die vollständige Gewerbefreiheit einführte, setzte Kurhessen wieder eine Zunftordnung in Kraft. Eine wichtige Ursache für die schwache industrielle Entwicklung bildete der Kapitalmangel der Wirtschaft, hinzu kam mangelnder wirtschaftspolitischer Weitblick bei den Regierungen der Kleinstaaten auf dem Gebiet des heutigen Hessen. Nicht zuletzt aus Sorge vor den sozialpolitischen Auswirkungen des Fabrikwesens waren vor allem die Regierungen Nassaus und Kurhessens ausgesprochen industriefeindlich eingestellt, standen Aktiengesellschaften ablehnend gegenüber und handhabten die Konzessionierung von Unternehmen sehr restriktiv. 1823 urteilte der aus Kassel stammende spätere preußische Finanzminister Friedrich von Motz über die wirtschaftspolitischen Rahmenbedingungen in Kurhessen: »Die vielen Verbotsgesetze in Hessen sind drückender als manche bedeutende Abgabe, sie stören vielfältig Industrie und jede freie Bewegung in den Mitteln zum Erwerb, zum Wohlstand und zur Zufriedenheit der Regierten.«[17] In Nassau war die geringe staatliche Unterstützung mit ein Grund dafür, dass die reichen Eisenerzvorkommen der Lahn-Dill-Region keine lebhaftere wirtschaftliche Entwicklung hervorbringen konnten. Der Bergbau war zwar ein wichtiger Gewerbezweig des Herzogtums, in dem 6100 Menschen Beschäftigung fanden. Aufgrund der mangelhaften Transport- und Infrastruktur und des ungenügenden Kapitaleinsatzes befand er sich jedoch in den 1840er Jahren in einer Krise. Eine metallverarbeitende Industrie konnte sich aufgrund der ausländischen Konkurrenz nur mühsam entfalten. Das entstehende wirtschaftsliberale Bürgertum hatte im hessischen Raum gute Gründe, den in ihren Augen fortschrittsfeindlichen Kleinstaaten die Existenzberechtigung abzusprechen.[18]

Den maßgeblichen Auslöser der Industrialisierung bildete im hessischen Raum wie in Deutschland überhaupt die Umwälzung im Bereich des Verkehrs. Den Anfang machte die Dampfschifffahrt: Schon ab 1827 verkehrten Dampfschiffe zwischen Köln und Mainz, ab 1838/39 von dort bis Mannheim und Straßburg, und schließlich weiter bis Basel. Als älteste Eisenbahnstrecke auf dem Gebiet des Bundeslandes Hessen wurde 1839/40 die Taunuseisenbahn eröffnet, die zugleich die erste grenzüberschreitende deutsche Eisenbahnlinie war und von Wiesbaden über Kastel bis Frankfurt lief. 1846 wurde die erste Probefahrt der Main-Neckar-Bahn von Frankfurt über Darmstadt nach Heidelberg durchgeführt, und 1848 ging der Streckenabschnitt der Carlsbahn von Karlshafen bis Grebenstein in Betrieb, bald darauf die Strecke Kassel bis Karlshafen. Vor allem der Eisenbahnbau nahm als »unbestreitbar wichtigster Führungssektor« der deutschen Industriellen Revolution die Rolle eines »Tempomachers« ein.[19] Mussten zu Beginn noch die Lokomotiven und Schienen aus England oder Belgien importiert werden, so änderte sich das bald: Schon im Revolutionsjahr 1848 baute die Firma Henschel in Kassel ihre erste Dampflokomotive. Die Eisenbahn veränderte auch das Lebensgefühl der Menschen, da die Fahrtzeiten viel kürzer wurden und sich damit der eigene Handlungs-Radius erweiterte. Dem »Eisenbahnfieber« stand jedoch die Eisenbahnfeindschaft gegenüber, nicht zuletzt deshalb, weil die neue Technologie Arbeitsplätze vernichtete und Geschäftsmodelle zerstörte.

Soziale und wirtschaftliche Krisen

Die prekäre soziale Lage weiter Teile der Bevölkerung, vor allem der Kleinbauern und ländlichen Gewerbetreibenden, aber auch des städtischen Handwerks, sorgte lange vor Ausbruch der Revolution für ein erhebliches Konfliktpotenzial. Jede Absatzkrise oder Missernte brachte für zahlreiche Menschen eine existenzielle Gefährdung und Hunger mit sich. Dem starken Bevölkerungswachstum in der ersten Jahrhunderthälfte standen aufgrund der vorindustriellen Wirtschaftsstrukturen nur unzureichende Erwerbsmöglichkeiten gegenüber. Der Bevölkerungsschub kam zeitlich vor der Expansion der gewerblich-industriellen Wirtschaft. Eine Verarmung weiter Bevölkerungsschichten war die Folge. Es bildeten sich regelrechte Armutsregionen heraus, vor allem in den hessischen und nassauischen Mittelgebirgsregionen, wo der in Heimarbeit betriebene gewerbliche Erwerb Haupteinkommensquelle großer Bevölkerungsteile war. Insbesondere der Niedergang des Textilgewerbes aufgrund mangelnder Wettbewerbsfähigkeit hatte eine dramatische Notlage in weiten Teilen Oberhessens zur Folge. 1828 berichtete die Finanzkammer in Kassel: »Not und Armut [...] haben den höchsten Grad erreicht, da viele hundert Menschen, welche früher ihren dürftigen Unterhalt durch Wollspinnen gesichert hätten, diesen durch die allgemeine Einführung der Spinnmaschinen verloren hätten.«[20]

Dörfliches Leben aus dem Blickwinkel englischer Betrachter in den 1830er Jahren: Das Dorf Wambach (Schlangenbad).

Angesichts der Krise, die auf immer mehr Bereiche der Textilherstellung übergriff, wurde auch Kritik an der mangelnden Tätigkeit der Behörden laut. So schrieb der leitende Ausschuss des kurhessischen Handels- und Gewerbevereins 1844: »Die bekannte Erfahrung, daß es in Hessen erst zum Ärgsten kommen muß, ehe man sich rührt, daß dies immer zu spät geschieht, wiederholt sich in dem vorliegenden Fall vollständig.«[21] Am schwierigsten war die Lage der unselbstständigen Tagelöhner, die in Krisenzeiten oft vergeblich nach auskömmlicher Beschäftigung suchten. Selbst im relativ wohlhabenden Rheinhessen entstand eine breite Schicht von ländlichen und städtischen Tagelöhnern, denen es am Nötigsten fehlte. Anhand von statistischen Daten belegte der Mitbegründer des Deutschen Weinbauvereins und Präsident des Hessischen Bauernvereins Friedrich Dael aus Mainz, »daß der Arbeitslohn [eines Tagelöhners in Rheinhessen], wie er seither bestand, nicht hinreichend war, um damit die in der That nothwendigen Bedürfnisse des Lebens zu bestreiten. An Zurücklegen eines Nothpfennigs für etwaige Krankheiten, Unglücksfälle und sonstige unvorhergesehene, aber nicht zu vermeidende Ausgaben ist nicht zu denken, noch weniger gar an Geld zum Genusse irgend eines Vergnügens, z. B. eines Familienfestes oder der Kirchweihe. Wenn nun aber der Verdienst des Handarbeiters nicht zureicht, die gebieterischen Anforderungen des Lebens zu befriedigen, so bleibt jenem nichts übrig, als sich in Nahrung, Kleidung u. s. w. noch mehr zu beschränken, sogar am Nöthigen abzubrechen, zu darben, zu hungern, ja in Entbehrungen des Unterhalts sowie in äußerer Entblößung endlich soweit zu gehen, als nöthig ist, das Leben hinzuhalten, zu fristen.«[22]

Solche Verhältnisse der Perspektiv- und Ausweglosigkeit boten den Nährboden für Bettelei und Kleinkriminalität, die auch in den hessischen Staaten und Nassau weit verbreitet waren. Fast 90 Prozent aller Vergehen, die beispielsweise 1847 in Darmstadt zu einer Verhaftung durch die Polizei führten, fielen darunter.[23] Über die Verhältnisse im kurhessischen Amöneburg berichtete der Kirchhainer Kreisrat 1826: »Das Betteln ist daselbst daher so zur anderen Natur und leider auch zum Bedürfnis geworden, daß ich in letzterer Beziehung keine durchgreifenden Maßregeln zur Abstellung derselben aufwenden kann, ohne hierbei alle Menschlichkeit im Gefühl für Hungersnot zu verleugnen.«[24] Noch am besten gestellt waren Tagelöhner, die in der Stadt arbeiteten, darunter vor allem jene, die noch über ein Stück Land in Stadtnähe verfügten. Dies erklärt den starken Zuzug in Städte und stadtnahe Bereiche, der im Vormärz einsetzte, aber auch die Binnenwanderungen und Saisonarbeiterzüge aus armen Mittelgebirgsgebieten in angrenzende Gewerberegionen, auch über Landesgrenzen hinweg. Daneben waren der Hausierhandel und die Verdingung von Kindern als billige Arbeitskräfte verbreitet. Die Zahl der Menschen auf der Landstraße wurde durch Handwerksgesellen und andere Arbeitssuchende noch vermehrt. So hieß es über die »im In- und Auslande schaarenweise umherziehenden Nassauer«, dass »schwerlich ein anderer deutscher Staat im Verhältniß seiner Größe, mehr oder auch nur so viele Unterthanen aufzuweisen hat, die als Tabuletkrämer, Musikanten, Handlanger, Seiltänzer, Harfen- und Orgelspieler, Holzwaaren-, Fliegenwedel-, Irdengeschirr-, Steingut-, Schwefelholzhändler und der gleichen hausirend etc., ihren Unterhalt suchen, wie das Herzogthum Nassau.«[25]

Von Zeitgenossen wurde die neue Form einer strukturell verursachten Massenarmut als »Pauperismus« wahrgenommen und in unterschiedlicher Weise diskutiert. Auch die Kleinbauern und Kleinmeister, die noch nicht völlig verarmt waren, lebten in ständiger Furcht, aufgrund unvorhersehbarer Schicksalsfälle ebenfalls in die Schicht der Armen abzurutschen. Über das städtische Handwerk im Kreis Marburg schrieb Bruno Hildebrand 1848: »In den Städten waren von den Schneidern 19 und von den Schuhmachern 50 gänzlich verarmt und von der Steuerpflicht befreit, so daß in dem ersteren Gewerbe mindestens über 62 Proc[ent], in dem letzteren über 78 Proc[ent] der zünftigen Meister aus reinen Proletariern bestand. [...] Auf dem Lande war es weit schlimmer, zumal die ländlichen Meister lediglich von ihrem Handwerk leben mußten und im besten Falle nur kleine Hausbesitzer waren. Kurz, in dem ganzen Kreise und in der ganzen Provinz existirte und existirt noch eine weit verbreitete Klasse von besitzlosen Handwerksproletariern, welche, den gewöhnlichen Tagelöhnern gleich, aus der Hand in den Mund leben [...].«[26]

Die Auswanderung vor allem nach Nordamerika schien für viele ein Ausweg zu sein und nahm im Vormärz an Fahrt auf.

Vor dem Hintergrund der strukturellen Notlage kam es im September/Oktober 1830 zu gewaltsamen Protesten der oberhessischen Landbevölkerung. Die sozialen und wirtschaftlichen Beweggründe der Unruhen standen dabei in engem Zusammenhang mit politischen Konflikten um die Einführung einer modernen Verfassung in Kurhessen. Am 6. September begannen die gewaltsamen Proteste in Kassel, wo Bäckerläden nach einer Brotpreiserhöhung geplündert wurden, und breiteten sich rasch auf mehrere Städte und Gemeinden im Land aus, so insbesondere auch auf das durch Zollschranken und Zollgrenzen besonders belastete Hanau, wo am 24. September unter anderem zwei Zollämter verwüstet wurden. Vom kurhessischen Gebiet griffen die Unruhen auf das benachbarte Hessen-Darmstadt über, auf Offenbach, Seligenstadt sowie auf die Provinz Oberhessen, wo unter anderem ebenfalls Zollämter zum Ziel der Angriffe wurden. Besonders in den standesherrlichen Gebieten der Wetterau richtete sich die Bewegung unter dem Ruf »Freiheit und Gleichheit« gegen die sogenannten Standesherren, Hochadelige, die ihre Reichsunmittelbarkeit und Reichsstandschaft verloren hatten und dafür besondere Privilegien genossen. In diesen Gebieten war die Abgabenlast für die ländliche Bevölkerung besonders hoch, da die Standesherren nicht auf ihre Herrschaftsrechte und Ansprüche verzichten wollten. Schon ab dem 19. September waren insbesondere standesherrliche Forst- und Rentämter Ziel der Angriffe, bei denen Amtsräume verwüstet, Beamte misshandelt und standesherrliche Akten verbrannt wurden.

Die Verunsicherung der Regierungen war erheblich, und die Bundesversammlung in Frankfurt beschloss sogar die Anforderung von Bundestruppen, die jedoch nicht zum Einsatz kamen. Bürgerliche Beobachter brachten für die ländlichen Protestierenden kein Verständnis auf. Selbst die Wortführer der liberalen Opposition in den Städten Kurhessens und Hessen-Darmstadts standen den Protesten zunächst ablehnend gegenüber. Gegen die Bewegung wurden örtliche Bürgerwehren mobilisiert, und das gegen die Unruhen in der Wetterau von der Darmstädter Regierung in Marsch gesetzte Militär bereitete diesen rasch ein Ende. Dabei griffen allerdings hessen-darmstädtische Soldaten am 1. Oktober 1830 irrtümlich in der Gemeinde Södel in der Wetterau unbeteiligte Ortsbürger an, töteten zwei Zivilisten und verletzten zahlreiche weitere Passanten grundlos. Das »Blutbad von Södel« sorgte für große Erbitterung und für ein Umdenken in Teilen der politischen Opposition. So hieß es in dem von Georg Büchner verfassten »Hessischen Landboten« über die Soldaten: »Mit ihren Trommeln übertäuben sie eure Seufzer, mit ihren Kolben zerschmettern sie euch den Schädel, wenn ihr zu denken wagt, daß ihr freie Menschen seyd. Sie sind die gesetzlichen Mörder, welche die gesetzlichen Räuber schützen, denkt an Södel!«[27] Auch in Kurhessen ereigneten sich blutige Zusammenstöße: Im November 1830 wurden in Hanau, wie zuvor in Kassel, Bäckerläden wegen einer Brotverteuerung gestürmt, wobei es zu Verhaftungen durch das Militär kam. Als eine Menschenmenge von etwa 700 Personen am 22. November 1830 versuchte, die Inhaftierten zu befreien, eskalierte die Situation. Bei den schweren Zusammenstößen zwischen der Menschenmenge und dem Militär wurden zwei Zivilisten getötet und weitere verletzt. Bei den getöteten, verletzten oder inhaftierten Personen handelte es sich um Handwerker oder Lohnarbeiter.[28] Die städtische Bürgerwehr arbeitete in dieser Situation mit dem Militär zur Abwehr der Unterschichten zusammen. Im Januar 1832 kam es in Kurhessen erneut zu Unruhen und dabei auch zu Meutereien unter den Soldaten. Zentrum der Konflikte war wieder Hanau, wo am 5. Januar ein Zollamt zerstört und eine Zollstätte angegriffen wurde. Als die Soldaten das Feuer eröffneten, wurden vier Zivilisten getötet. Das Verhältnis zwischen Zivilbevölkerung und Militär wurde durch diese Ereignisse in Hanau nachhaltig belastet.

Zur letzten schweren Hungerkrise kam es infolge eines Ernteeinbruchs und steigender Lebensmittelpreise im Winter 1846/47. Vor allem die Kartoffelfäule führte zu einer Verknappung der Grundnahrungsmittel und staatlichen Lebensmittelankäufen. Die Nahrungsmittelpreise stiegen in eine unerschwingliche Höhe und hatten eine Hungersnot zur Folge. Bruno Hildebrand berichtete 1848, »in theuern Zeiten, wie im Winter 1846 bis 1847, erreicht die Noth eine Höhe, die in den Schilderungen der irischen Armuth Epoche machen würde. Diesen Winter wurden in Marburg zweimal bei 10 Grad Kälte Kinder auf offener Straße geboren. [...] In anderen kurhessischen Gegenden, welche keine Fabriken besitzen, war die Noth nicht geringer. In Schmalkalden, Schlüchtern, Fulda und Hünfeld schlug man die Zahl der völlig Verarmten auf zwei Drittel der ganzen Bevölkerung an, und in letzterer Stadt wurden sie von den Behörden zu völligen Bettlerzügen organisirt, welche täglich nach einem festgesetzten Turnus durch regelmäßige Umzüge in den einzelnen Stadttheilen und den angrenzenden Dörfern ihre Almosen zusammenbettelten.«[29] Die Hungerkrise führte zu einer breiten Verarmung der Bevölkerung in weiten Teilen vor allem Kurhessens, Oberhessens und Nassaus. Der Pfarrer aus dem kurhessischen Mörshausen (Spangenberg) berichtete im Februar 1847 der Regierung in eindringlichen Worten: »Die Gegend um Spangenberg wird von vielen das hessische Sibirien genannt – und nicht zu Unrecht. [...] Den Ausfall der Landwirtschaft deckte[n] sonst Spinnrad und Webstuhl, durch das Mißraten des Flachses ist auch diese Nahrungsquelle versiegt. Daher ist bei vielen Familien der Notstand zu einer gräßlichen Höhe gestiegen. Sie haben kein Brot, keine Kartoffeln, kein Geld, keinen Verdienst und keinen Kredit. Täglich kommen arme, vom Hunger abgezehrte Menschen zu mir und bitten um Hilfe. [...] Noch ist in meinem Kirchspiel kein Selbstmord aus Not vorgekommen – wie in dem benachbarten Elbersdorf [...].«[30] Vor allem die Zustände in den kurhessischen Kreisen Schmalkalden, Homberg (Efze) und Schlüchtern wurden in weiten Teilen Deutschlands als Beispiel extremer Not bekannt. Die Hungersnot erfolgte etwa zeitgleich mit einem Wirtschaftseinbruch im Jahr 1847, der zu einer allgemeinen Verarmung und einer wachsenden Unzufriedenheit und Verbitterung beitrug. Schon zu Beginn des Jahres 1847 warnten die Behörden vor den politischen Folgen der Krise, so forderte der Gelnhausener Landrat im Januar 1847 »weitere ausgedehntere Vorkehrungen«, da »die Not überall die ergiebigste Quelle der Unzufriedenheit mit der bestehenden Ordnung und Einrichtung ist, indem die von ihr Gedrückten von dem Umsturz der bisherigen

Verhältnisse eine Verbesserung ihres Loses erwarten. Not kennt kein Gebot und bricht sogar Eisen.«[31] Tätlichkeiten gegen Forstbedienstete, Holzdiebstähle und Eigentumsdelikte nahmen zu, in der Fuldaer Landgemeinde Fürsteneck wurde sogar ein Getreidetransport von etwa 150 Männern überfallen. Dennoch kam es 1847 den Befürchtungen der Beamten zum Trotz noch zu keiner revolutionären Situation, aber zu einer Entfremdung von den staatlichen Normen und einer zunehmenden Bereitschaft, sich gewaltsam selbst zu helfen. 1848 war die schlimmste Not bereits überwunden. Es ist jedoch zu vermuten, dass der Ausbruch der Revolution durch die vorangegangene soziale und wirtschaftliche Krise begünstigt worden war.

Anfänge politischer Bewegungen und Auswirkungen der Julirevolution 1830

Bereits 1814 kam es in Nassau und in Hessen-Darmstadt zur Bildung erster politischer Organisationen, die der frühen deutschen Nationalbewegung zuzurechnen waren. Die sogenannten »Deutschen Gesellschaften«, die über die hessisch-nassauischen Landesgrenzen hinweg in Idstein, Langenschwalbach (Bad Schwalbach), Wiesbaden, Butzbach, Darmstadt und Gießen entstanden, verbanden die Bestrebungen zur Schaffung eines deutschen Nationalstaats mit liberalen Forderungen nach politischer Mitwirkung. Mit der freien Erörterung öffentlicher Angelegenheiten und der Werbung für politische Ziele überschritten sie die Grenzen der zulässigen Tätigkeit von Vereinen. Am 18. Oktober 1814 begingen die Deutschen Gesellschaften zum Jahrestag der Völkerschlacht bei Leipzig ein Nationalfest mit großen Freudenfeuern im Taunus, Westerwald, in der Wetterau und Rheinhessen. Zu den Initiatoren zählten neben den Brüdern Carl Theodor und Friedrich Gottlieb Welcker, beide zu dieser Zeit Professoren in Gießen, der solmsische Justizrat Carl Hoffmann in Rödelheim, der Konrektor der Lateinschule in Butzbach Friedrich Ludwig Weidig sowie die Brüder Wilhelm Snell, Hofgerichtsadvokat in Wiesbaden, und Ludwig Snell, Prorektor am Idsteiner Gymnasium. Die Genannten spielten später noch eine wichtige Rolle in der politischen Opposition. Die Mitglieder der Deutschen Gesellschaften waren in der Mehrzahl Pfarrer, Advokaten, Lehrer, Ärzte, Studenten und meist jüngere Beamte, daneben aber auch Angehörige stadtbürgerlicher Berufe.

Etwa gleichzeitig wurde im hessischen Raum auch die Turnbewegung begründet. Angeregt durch Friedrich Ludwig Jahn, für den das Turnen nicht nur Körperertüchtigung, sondern auch eine eminent politische Betätigung im Sinne einer nationalen Wehrhaftmachung war, erfasste die Bewegung reformerisch und national gesonnene Pädagogen, Handwerker, Studenten und Schüler. Die meist jugendlichen Turner stellten eine Art früher männlicher Jugendbewegung dar, die mit den politischen Vorstellungen und den gesellschaftlichen Verhaltensnormen ihrer Zeit brach. Dies wurde auch in Kleidung und Umgang deutlich, die auf eine Überwindung von Standesgrenzen abzielten: Turner trugen einheitlich graue Leinenkleidung und sprachen sich mit dem brüderlichen »Du« an. Schon 1814 richtete Friedrich Ludwig Weidig auf dem Schrenzer bei Butzbach den ersten hessischen Turnplatz ein, auf dem Turn- und Exerzierübungen stattfanden. Außer in Butzbach entstanden in Gießen, Darmstadt und Hanau Turngemeinden, und auch in Frankfurt, wo »Turnvater« Jahn 1815 zu Besuch weilte, wurden auf seine Initiative hin öffentliche Turnübungen abgehalten. Während in den frühen Turnvereinen zunächst in paternalistischer Manier meist ältere, aus Honoratioren bestehende Turnräte bestimmenden Einfluss ausübten, setzte sich schon 1818 in Hanau die freie Wahl der Turnwarte und Vorturner durch. Eine gesellschaftliche Dynamik war entfesselt worden, die auch die innere Struktur des Vereinswesens ergriff. Die frühe Nationalbewegung, zu der die Turner gehörten, entfaltete eine egalisierende und demokratisierende Wirkung, von der allerdings Frauen ausgeschlossen waren.

Der Deutsche Bund, der als Ergebnis der staatlichen Neuordnung Europas auf dem Wiener Kongress 1815 hervorging, konnte die Anhänger der Nationalbewegung nicht befriedigen. Der lockere Staatenbund ohne politisches Oberhaupt und ohne Vertretung der Nation entsprach nicht den Vorstellungen eines Nationalstaats. Auch vermochte die in Artikel XIII der Bundesakte versprochene Einführung einer landständischen Verfassung in jedem Mitgliedstaat nicht die freiheitlichen Forderungen nach politischer Mitsprache des Volkes erfüllen. In Hessen-Darmstadt entstand eine breite Verfassungsbewegung, die sich 1818/19 mit Protestveranstaltungen für eine auf »echte Volksvertretung gegründete landständische Verfassung« einsetzte, die auf dem »Wege des Vertrages festgesetzt werden möge«.[32] Ging es der liberalen und nationalen Bewegung bis 1815 noch um die Beseitigung des napoleonischen Herrschaftssystems, so richtete sich diese zunehmend gegen die deutschen Fürsten, die in ihren Augen dem deutschen Volk seine Selbstbestimmungsrechte vorenthielten. Ein Hotspot der Radikalisierung vor allem junger Männer war die Universität Gießen. Hier war der Student Carl Follen einer der Wortführer der »Teutschen Lesegesellschaft«, aus der 1815 die Studentenverbindung Germania hervorging, die auch Germanenbund genannt wurde. Wegen ihrer dunklen Kleidung wurden diese national gesonnenen Studenten als »Schwarze« bezeichnet. In einem Prozess der zunehmenden Radikalisierung rechtfertigte Follen zur

Durchsetzung der Volksfreiheit schließlich auch Gewalt und Tyrannenmord. Die Beteiligung hessischer Studenten am Nationalfest auf der Wartburg 1817, zu dem die Jenaer Burschenschaft eingeladen hatte und bei der es zu einer Verbrennung von Buchattrappen und Gegenständen kam, die die verhasste Obrigkeit repräsentierten, alarmierte die Regierungen. Die radikalen Tendenzen bei einem Teil der akademischen Jugend boten die Rechtfertigung für ein massives staatliches Vorgehen gegen studentische Verbindungen. Im August 1818 stellte das hessen-darmstädtische Staatsministerium fest, es sei nicht zu dulden, wenn Studenten »sich so weit vergäßen, sich tätig und auffordernd in öffentliche Angelegenheiten zu mischen, zu deren Beurteilung ihnen die Reife des Verstandes gänzlich ermangele«.[33] Als erster Staat verbot das Herzogtum Nassau die Deutschen Gesellschaften schon im Februar 1815. Herzog Friedrich August hatte sein Missfallen über deren Bestrebungen mit der klassischen Formulierung bekundet, es »ist eine ebenso unvernünftige als gesetzwidrige Idee, wenn Privatpersonen glauben mögen, berufen oder ermächtigt zu sein, einzeln oder auch in Verbindung mit andern selbständig oder unmittelbar jetzt als künftig zu den großen Nationalangelegenheiten Deutschlands mitzuwirken«.[34]

In dieser angespannten Lage kam es zu zwei Attentaten: Am 23. März 1819 ermordete der Student Carl Ludwig Sand den Schriftsteller und russischen Generalkonsul August von Kotzebue in Mannheim, und am 1. Juli 1819 scheiterte der Anschlag des Apothekers Carl Löning auf den nassauischen Regierungspräsidenten Carl Ibell. Beide Täter hatten Verbindungen zu den Deutschen Gesellschaften und der Turnbewegung: Sand war Burschenschafter und Turner und stand mit Carl Follen in Kontakt, Löning hatte der Deutschen Gesellschaft in Idstein angehört. Nicht nur in nassauischen und hessischen Regierungskreisen breitete sich Revolutionsfurcht aus. Der österreichische Staatskanzler Fürst von Metternich nutzte diese Stimmung bei den Karlsbader Ministerialkonferenzen 1819, die zu den Karlsbader Beschlüssen führten. Am 20. September 1819 wurden diese von der Deutschen Bundesversammlung bestätigt. Sie hatten eine umfassende Bekämpfung liberaler und nationaler Bestrebungen zur Folge, so unter anderem die disziplinarische und strafrechtliche Verfolgung sogenannter Demagogen, die Auflösung der Burschenschaften und Überwachung der Universitäten, die Zensur der Presse, die Schließung der Turnplätze, das Verbot von Turnvereinen sowie die Einsetzung einer Zentraluntersuchungskommission in Mainz. Das politische Klima veränderte sich auch in den Staaten auf dem Gebiet des heutigen Hessen. Jede öffentliche Parteinahme für liberale und nationale Ziele wurde rigoros unterdrückt. Zwar besaßen Hessen-Darmstadt, Nassau und seit 1831 auch Kurhessen Verfassungen und Volksvertretungen, die Stadt

Frankfurt eine gesetzgebende Versammlung und eine ständige Bürgerrepräsentation. Doch trotz der gerade in den hessischen Staaten vergleichsweise modernen konstitutionellen Verfassungen gelang es den Regierungen, gestützt auf die repressive Politik im Deutschen Bund, die Landtage auszumanövrieren. Landtagsauflösungen und -vertagungen, Wahlbeeinflussungen, disziplinarische Maßnahmen gegen verbeamtete Parlamentarier, Einschüchterungen von Wählern und die Unterdrückung einer offenen politischen Willensbildung zählten zum Repertoire der Regierungen im Vormärz. Selbst Bürgerrechte wie die Pressefreiheit konnten mit dem Verweis auf Bundesbeschlüsse außer Kraft gesetzt werden. Unter diesen Umständen zweifelten radikale Kräfte der Opposition an der Möglichkeit, auf verfassungsmäßigem Weg durch Parlamente Änderungen zu erreichen. Der hessische Student und Schriftsteller Georg Büchner lästerte 1834 im »Hessischen Landboten«: »Denn was sind diese Verfassungen in Deutschland? Nichts als leeres Stroh, woraus die Fürsten die Körner für sich herausgeklopft haben. Was sind unsere Landtage? Nichts als langsame Fuhrwerke, die man [...] wohl der Raubgier der Fürsten und ihrer Minister in den Weg schieben, woraus man aber nimmermehr eine feste Burg für deutsche Freiheit bauen kann.«[35]

Oppositionelle politische Aktivisten waren gezwungen, im Geheimen zu wirken. Der Wunsch nach nationaler Selbstbestimmung manifestierte sich beispielsweise in der Unterstützung für Befreiungsbewegungen anderer Nationen. Auf diese Weise konnten vergleichbare politische Zielsetzungen im eigenen Land propagiert werden, ohne dass dies offen ausgesprochen werden musste. Den Anfang machte auch im hessischen Raum die sogenannte Philhellenenbewegung, die zugunsten des griechischen Unabhängigkeitskampfes gegen die osmanische Herrschaft seit 1821 Geld sammelte. Noch stärker war die Anteilnahme für den Unabhängigkeitskampf der Polen gegen das zaristische Russland seit November 1830. Vor allem nach der Niederschlagung des Aufstandes 1831 erhob sich eine Welle der Hilfsbereitschaft. Um die Versorgung der polnischen Soldaten zu organisieren, die durch Deutschland in die französische Emigration zogen, wurden zahlreiche Vereine gegründet. Bemerkenswert war neben der weiten Verbreitung der Vereine vor allem die starke Beteiligung von Frauen, so zum Beispiel im »Wetterauer Frauenverein für gastliche Pflege polnischer Patrioten«, der Filialen in Gießen, Friedberg, Butzbach und Nauheim hatte. Ihnen wurde in der männlich geprägten Nationalbewegung allerdings nur eine unterstützende Rolle zugebilligt. Es zeigte sich hier das für die bürgerliche Gesellschaft kennzeichnende Geschlechterverhältnis, bei der Männern die aktive, in der Öffentlichkeit stehende Rolle zustand, Frauen dagegen die pflegende und helfende Arbeit.

Die Julirevolution 1830 in Paris nährte auch in den deutschen Staaten die Hoffnung auf einen politischen Wandel und ermutigte die politische Opposition, offener aufzutreten. In Kurhessen vermochte die liberale Verfassungsbewegung auf spektakuläre Weise Kurfürst Wilhelm II. am 15. September 1830 nach gewaltsamen Unruhen im Land zur Einberufung eines konstituierenden Landtags und schließlich zur Gewährung einer Verfassung zu nötigen, die zu den liberalsten ihrer Zeit zählte.[36] Dies beflügelte liberale Bestrebungen über die Landesgrenzen hinweg. In Hessen-Darmstadt organisierte der Konrektor und spätere Pfarrer Friedrich Ludwig Weidig am 17. Dezember 1831 in Butzbach ein »Konstitutionsfest« unter breiter Beteiligung der Bürgerschaft, und am 19. Februar 1832 wurde in Gießen beim sogenannten »Fest der Freunde Hessischer Eintracht« eine Zusammenarbeit zwischen den Liberalen der hessischen Staaten gefordert. Am Nationalfest in Hambach am 27. Mai 1832 nahmen auch Delegationen aus dem hessischen Raum teil. Zeitgleich oder unmittelbar danach fanden hier weitere Feste statt, so am selben Tag das Sandhof-Fest bei Frankfurt, am 11. Juni 1832 auf dem Niederwald in Nassau, wohin auch Teilnehmer aus den benachbarten hessischen Staaten kamen, und am 22. Juni 1832 in Wilhelmsbad bei Hanau, wo zur Steuerverweigerung aufgerufen wurde, um die verfassungsmäßigen Rechte einzufordern und zu verteidigen. In Kurhessen kam es zu mehreren Zusammenstößen zwischen dem Militär und der Zivilbevölkerung, in Kassel am 7. Dezember 1831 zu einem Angriff der Garde auf unbewaffnete Demonstranten und unbeteiligte Zivilisten, der als erste Gardes-du-Corps-Nacht bezeichnet wurde, in Hanau gab es mehrere blutige Auseinandersetzungen im Januar und Februar 1832. Die Initiatoren des Hambacher Festes hatten bereits im Januar 1832 im pfälzischen Zweibrücken den Deutschen Vaterlandsverein zur Unterstützung der freien Presse gegründet, der im hessischen Raum zahlreiche Anhänger fand. Mit dem Pressverein wurden die Verbindungen von Liberalen und Demokraten zwischen dem hessischen Raum und dem Südwesten des Deutschen Bundes intensiviert.

Es hatte sich eine liberal-demokratische politische Opposition gebildet, die eine freie politische Öffentlichkeit, Presse- und Meinungsfreiheit, stärkere Rechte der Volksvertretungen, Reformen der Justiz und des Staatswesens sowie eine nationale Einigung Deutschlands forderte. Diese werde, so die Erwartung, die Grundlage für eine Besserung auch der krisenhaften Wirtschaftslage bieten. Die Oppositionsbewegung bildete jedoch keine Einheit: Sie reichte von kompromissbereiten Konstitutionellen, die mit der Gewährung liberaler Zugeständnisse und der tatsächlichen Umsetzung der in den Landesverfassungen garantierten Rechte zufrieden gewesen wären, bis hin zu entschiedenen Demokraten, die einen Umsturz der politischen Verhältnisse für notwendig hielten

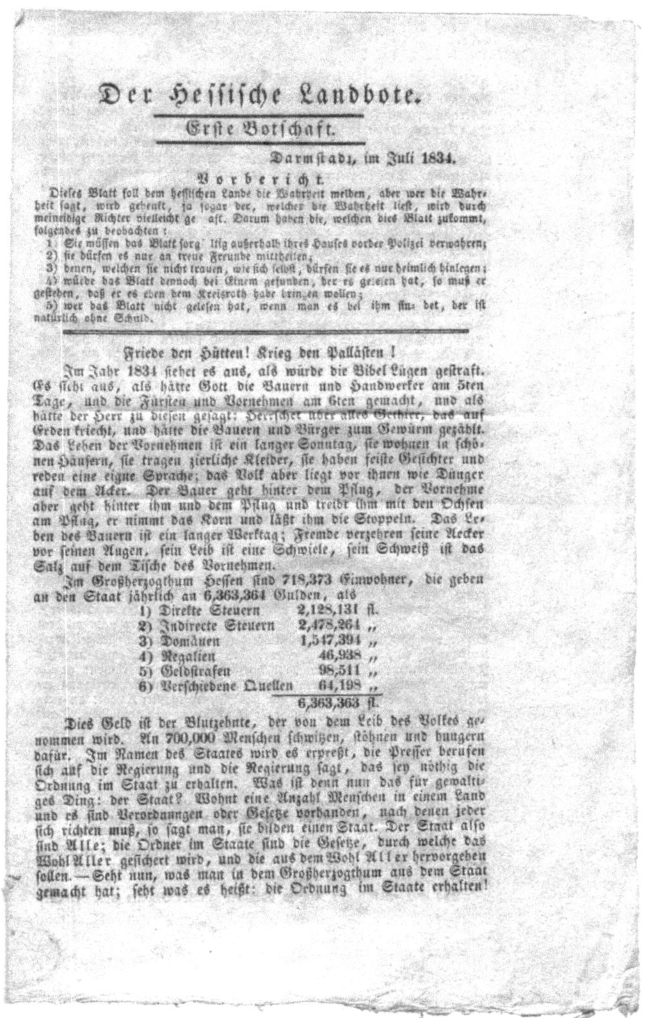

Der Hessische Landbote.

Erste Botschaft.

Darmstadt, im Juli 1834.

Vorbericht.

Dieses Blatt soll dem hessischen Lande die Wahrheit melden, aber wer die Wahrheit sagt, wird gehenkt, ja sogar der, welcher die Wahrheit liest, wird durch meineidige Richter vielleicht ge[illegible]aft. Darum haben die, welchen dies Blatt zukommt, folgendes zu beobachten:

1) Sie müssen das Blatt sorg[illegible]ltig außerhalb ihres Hauses vor der Polizei verwahren;
2) sie dürfen es nur an treue Freunde mittheilen;
3) denen, welchen sie nicht trauen, wie sich selbst, dürfen sie es nur heimlich hinlegen;
4) würde das Blatt dennoch bei Einem gefunden, der es gelesen hat, so muß er gestehen, daß er es eben dem Kreisrath habe bringen wollen;
5) wer das Blatt nicht gelesen hat, wenn man es bei ihm findet, der ist natürlich ohne Schuld.

Friede den Hütten! Krieg den Pallästen!

Im Jahr 1834 siehet es aus, als würde die Bibel Lügen gestraft. Es sieht aus, als hätte Gott die Bauern und Handwerker am 5ten Tage, und die Fürsten und Vornehmen am 6ten gemacht, und als hätte der Herr zu diesen gesagt: Herrschet über alles Gethier, das auf Erden kriecht, und hätte die Bauern und Bürger zum Gewürm gezählt. Das Leben der Vornehmen ist ein langer Sonntag, sie wohnen in schönen Häusern, sie tragen zierliche Kleider, sie haben feiste Gesichter und reden eine eigne Sprache; das Volk aber liegt vor ihnen wie Dünger auf dem Acker. Der Bauer geht hinter dem Pflug, der Vornehme aber geht hinter ihm und dem Pflug und treibt ihn mit den Ochsen am Pflug, er nimmt das Korn und läßt ihm die Stoppeln. Das Leben des Bauern ist ein langer Werktag; Fremde verzehren seine Aecker vor seinen Augen, sein Leib ist eine Schwiele, sein Schweiß ist das Salz auf dem Tische des Vornehmen.

Im Großherzogthum Hessen sind 718,373 Einwohner, die geben an den Staat jährlich an 6,363,364 Gulden, als

1) Direkte Steuern	2,128,131	fl.
2) Indirecte Steuern	2,478,264	„
3) Domänen	1,547,394	„
4) Regalien	46,938	„
5) Geldstrafen	98,511	„
6) Verschiedene Quellen	64,198	„
	6,363,363	fl.

Dies Geld ist der Blutzehnte, der von dem Leib des Volkes genommen wird. An 700,000 Menschen schwitzen, stöhnen und hungern dafür. Im Namen des Staates wird es erpreßt, die Presser berufen sich auf die Regierung und die Regierung sagt, das sey nöthig die Ordnung im Staat zu erhalten. Was ist denn nun das für gewaltiges Ding: der Staat? Wohnt eine Anzahl Menschen in einem Land und es sind Verordnungen oder Gesetze vorhanden, nach denen jeder sich richten muß, so sagt man, sie bilden einen Staat. Der Staat also sind Alle; die Ordner im Staate sind die Gesetze, durch welche das Wohl Aller gesichert wird, und die aus dem Wohl Aller hervorgehen sollen. — Seht nun, was man in dem Großherzogthum aus dem Staat gemacht hat; seht was es heißt: die Ordnung im Staate erhalten!

Der Hessische Landbote, Juli 1834.

und die Einführung einer republikanischen Staatsform anstrebten. Während viele gemäßigte Liberale beispielsweise das Hambacher Fest missbilligten und die dort erhobenen Forderungen für zu radikal hielten, unterstellten die Radikalen diesen wiederum mangelnde Entschiedenheit, ja sogar Feigheit. Deutlich wurde dies bei Georg Büchner, der im November 1833 über die Gießener Liberalen schrieb: »Die Leute gehen ins Feuer, wenn's von einer brennenden Punschbowle kommt!«[37] Darüber hinaus bestanden auch in der Haltung zur sozialen Frage Unterschiede zwischen Liberalen und Demokraten. Dass die unterschiedlichen Flügel der Opposition dennoch zusammenhielten, war einerseits das Verdienst von Integrationspersönlichkeiten wie Adam von Itzstein und Weidig, andererseits aber eine Folge der unterschiedslosen Unterdrückung durch die Regierungen und der Vorenthaltung verfassungsmäßig garantierter Rechte, die auch bei gemäßigten Liberalen für Empörung sorgten.

Bald nach dem Hambacher Fest beschloss der Bundestag neue, noch umfassendere Maßnahmen zur Unterdrückung der Opposition. Mit den Bundesbeschlüssen vom 28. Juni (»Sechs Artikel«) und 5. Juli 1832 (»Zehn Artikel«) wurden unter anderem alle politischen Vereine und Versammlungen sowie das Tragen von Abzeichen verboten. Auch Vereine, die nicht offen politisch auftraten, wie das von liberalen Juristen in Frankfurt gegründete »Mittwochskolleg« und der in Hanau seit September 1830 bestehende »Privatverein« wurden aufgelöst. Angesichts der erneuten Repressionen verlegte die Opposition ihre Aktivitäten in den Untergrund. So wurde beispielsweise in heimlichen Treffen in Frankfurt 1832 die Fortsetzung der Arbeit des Pressvereins unter den neuen, erschwerten Bedingungen besprochen. Es bildeten sich gerade im Hessischen geheime Verbindungen, deren Ziele angesichts des behördlichen Drucks immer radikaler wurden. Die Verschwörungen mündeten schließlich in den gescheiterten Frankfurter Wachensturm vom 3. April 1833, bei dem die Verschwörer, zumeist Studenten, versuchten, die Polizeiwachen in Frankfurt zu stürmen, die Bundestagsgesandten festzunehmen und eine allgemeine Revolution auszulösen. Georg Büchner gründete im März 1834 nach dem Vorbild der französischen »Société des droits de l'homme« in Gießen und Darmstadt eine geheime »Gesellschaft der Menschenrechte«, und am 3. Juli 1834 fand auf der Badenburg bei Gießen eine konspirative Zusammenkunft statt, bei der sich Oppositionelle aus Kurhessen und Hessen-Darmstadt auf gemeinsame politische Ziele einigten. Die Versuche Weidigs und Büchners, in Fortsetzung der Flugschriftenpropaganda mit dem »Leuchter und Beleuchter für Hessen oder der Hessen Nothwehr« und dem »Hessischen Landboten« die Landbevölkerung zu revolutionieren, führten jedoch nach einem Verrat 1835 zu Weidigs Verhaftung und zur Zerschlagung der Oppositionsnetzwerke in Oberhessen. Als Weidig am 23. Februar 1837 im Gefängnis in Darmstadt Selbstmord beging, verlor die hessische politische Opposition eine ihrer zentralen Persönlichkeiten.

Politische Opposition im Vormärz

Es dauerte fast ein Jahrzehnt, bis sich politische Organisationen neu formieren konnten. Die Einschränkungen der politischen Öffentlichkeit und die Verhinderung von Reformen führten der Opposition Anhänger zu. Gefordert wurden beispielsweise die Ablösung von Grundlasten, die Reform des Strafprozessrechts und des Gerichtsverfahrens sowie die Änderung der Gemeindeverfassung. In den Verfassungsstaaten war darüber hinaus vor allem die Diskrepanz zwischen Verfassung und autokratischer Regierungspraxis ein ständiger Stein des Anstoßes. Heinrich von Gagern brachte dies gegenüber seinen Wählern Ende November 1838 auf den Punkt: »Ohne freie Erörterung ist Repräsentation ein Gaukelspiel.«[38] In Nassau und Kurhessen gab es regelrechte Verfassungskrisen: Als Hauptkonfliktpunkt erwies sich in Nassau die Frage der Domänen, die der Herzog und sein Minister als zum herzoglichen Hausgut gehörig ansahen und damit der Kontrolle der Stände entzogen. Zwar konnte die Regierung durch ein fragwürdiges Verfahren gegen den Kammerpräsidenten Georg Herber 1832 einen vorläufigen Erfolg verbuchen, der Konflikt um die Domänen schwelte jedoch weiter. In Kurhessen sorgte der bei seiner Bevölkerung wenig beliebte, mit den Aufgaben eines Landesfürsten überforderte Kurfürst Friedrich Wilhelm für einen Konflikt, da er nach dem Tod seines Vaters 1847 die liberale Verfassung des Kurfürstentums von 1831 abschaffen wollte. Über die Verhältnisse in Kurhessen und Nassau wurde in Zeitungen benachbarter Länder berichtet, in denen die Zensur nachlässiger gehandhabt wurde. Das Interesse an politischen Nachrichten war groß. Im liberaleren Darmstadt durfte seit Dezember 1847 das von dem liberalen Publizisten Karl Buchner redigierte »Rheinische Volksblatt« erscheinen, und bereits seit 1846 wurde der von Leonhard Delp in Michelstadt redigierte »Odenwälder« herausgegeben. Am wichtigsten liberalen Sprachrohr jener Zeit, der seit 1847 herausgegebenen »Deutschen Zeitung«, beteiligten sich mit Karl Buchner, Heinrich von Gagern und Theodor Reh auch namhafte Liberale aus Hessen-Darmstadt. Darüber hinaus wurde in gebildeten Kreisen die französische und belgische Presse rezipiert, über die Ludwig Bamberger aus Mainz schrieb: »Die republikanischen Blätter kamen in unsre Hände, National, Charivari, Guêpes von Alphonse Karr. Der belgische Nachdruck schwemmte seine wohlfeilen Ausgaben massenhaft nach dem Rhein [...].«[39]

Angesichts der vielfältigen sozialen, wirtschaftlichen und politischen Probleme wurde Liberalen und Demokraten eine hohe Kompetenz beigemessen. Dies zeigte sich daran, dass diese zu Wortführern in Interessenvertretungen der Wirtschaft wurden und in Gewerbevereinen und landwirtschaftlichen

Vereinen auftraten. So übernahm Heinrich von Gagern 1845 den Vorsitz des Landwirtschaftlichen Vereins von Rheinhessen. Zugleich wuchs der Rückhalt der Opposition in der Bevölkerung der Städte durch die Verankerung liberaler Persönlichkeiten in der Honoratiorenschaft, in städtischen Gremien und im Vereinswesen. Ein »Gemeindeliberalismus« bildete sich heraus, bei dem die Liberalen auf der lokalen Ebene fest in stadtbürgerlichen Milieus verwurzelt waren und ihren Rückhalt besaßen. Dieser Erfolg beruhte hier nicht zuletzt auf dem Eintreten der Liberalen für mehr kommunale Selbstverwaltung. Die Gemeindeverfassung war in den hessischen Staaten, vor allem aber in Nassau, wo die Schultheißen die unterste Instanz der Staatsverwaltung bildeten und von der Regierung ernannt und auf unbegrenzte Zeit eingesetzt wurden, eine Ursache allgemeiner Unzufriedenheit, zumal kommunale Angelegenheiten den Alltag der Bevölkerung besonders beeinflussten.

Eine wichtige Rolle für die Breitenwirkung der Opposition spielten Gesang- und Turnvereine, die der nationalen und liberalen Bewegung zuzurechnen waren. Die Sänger knüpften durch Sängerfeste früh überregionale Kontakte und schlossen sich zu Sängerbünden zusammen, so beispielsweise 1844 dem Ländergrenzen übergreifenden Lahntalsängerbund. Vom 19. bis 21. Juni 1845 feierten elf Gesangvereine grenzüberschreitend in Marburg ein Sängerfest, an dem 15 000 Besucher teilnahmen. Nicht alle Gesangvereine verfolgten politische Ziele, doch vielen Vereinsvorständen gehörten führende Oppositionelle an. Deutlich stärker politisiert waren die Turnvereine, deren Verbot seit den 1830er Jahren allmählich gelockert wurde. Den Anfang machte Frankfurt, wo sich 1833 ein Verein unter Leitung von August Ravenstein bilden konnte. In Hanau wurde vermutlich schon 1835 eine Turngemeinde gegründet, die seit 1841 unter der Leitung des Weinhändlers und Küfermeisters August Schärttner stand. Auffallend war, wie schon bei der Sängerbewegung, die Bedeutung von höheren Schulen und Seminaren für die Entstehung von Turnvereinen, deren Mitglieder überwiegend junge Männer waren. Vor allem Handwerksgesellen stellten die Masse der Turner und sorgten durch ihre Wanderschaft für die Verbreitung des Turnwesens. Zu Beginn der 1840er Jahre durften Turnvereine auch in Nassau und Hessen-Darmstadt wieder gegründet werden, wobei diese allerdings einer strengen behördlichen Aufsicht unterlagen und ihnen jede politische Betätigung untersagt war. Sehr früh wurden auch Turnfeste organisiert, schon 1841 in Frankfurt, in den folgenden Jahren in Mainz und Hanau. Nach dem Vorbild des bereits erwähnten Nationalfestes vom Oktober 1814 wurde am 25. Juni 1843 auf dem Großen Feldberg im Taunus das erste Feldbergfest gefeiert, das nun jedes Jahr unter Anwesenheit zahlreicher Besucherinnen und Besucher begangen wurde. Daneben waren auch Turnfahrten ein Mittel der Ausbreitung der Turnvereine, der Festigung des Zusammenhalts der Turnbewegung über die Landesgrenzen hinweg und einer Vernetzung der Turnerschaft. Schon 1841 soll der Hanauer Turnverein die Bildung eines »Rhein-Hessischen Turnbezirks« angestrebt haben. Vom 31. Juli bis 2. August 1847 fand in Frankfurt ein nationales Turnfest statt, an dem etwa 750 Turner teilnahmen und 137 Turnvereine aus vielen Teilen Deutschlands vertreten waren.[40] Viele Turner schlugen dabei bereits einen Zusammenschluss der Turnvereine zu einer allgemeinen deutschen Turnerschaft vor, doch wurden die Pläne zunächst nicht weiterverfolgt.

Die liberal-demokratische Bewegung hatte außerdem eine nicht zu unterschätzende religiöse Komponente. Dies zeigte sich an der Affinität zu religiösen Dissenter-Bewegungen wie den Deutschkatholiken, Lichtfreunden und anderen Freireligiösen, die wiederum nationale und liberale Zielsetzungen verfolgten. Viele Freireligiöse und Deutschkatholiken zählten 1848/49 zu den entschiedensten Anhängern der demokratischen Linken. Die Agitationsreise des Begründers des Deutschkatholizismus, Johannes Ronge, nach Süddeutschland führte 1845/46 zu ungeheuren Menschenaufläufen – allein in Offenbach sollen sich 13 000 Menschen versammelt haben – und zu einer Welle von Gründungen deutschkatholischer Gemeinden. Die kurhessische Regierung beurteilte diese als politisch gefährlich und ging mit Verboten gegen sie vor. Religiöse Reformen gehörten auch zu den Zielen des 1845 in Frankfurt gegründeten Vereins mit dem harmlos klingenden Namen Montagskränzchen. Dieses war der erste gesellige Verein Frankfurts, der Juden als gleichberechtigte Mitglieder aufnahm. Nach Ausbruch der Revolution von 1848 wurde das Montagskränzchen in einen offen politischen Verein umgewandelt. Wie das Montagskränzchen in Frankfurt, so entstanden in mehreren Städten gesellige Vereine, in denen sich liberale Protagonisten zusammenfanden, um sich unter dem Deckmantel unpolitischer Ziele zu vernetzen. Nachgewiesen ist dies beispielsweise für die Mittwochsgesellschaft in Wiesbaden, die 1846/47 als literarisches Kränzchen gegründet wurde und in der sich die liberale Führungsgruppe um den späteren Märzminister August Hergenhahn sammelte. Wo sich Vereine dagegen offen politisch positionierten, reagierten die Regierungen mit Verboten.

Die überregionale Vernetzung, die bereits bei den Turnvereinen deutlich wurde, war kennzeichnend für die politische Opposition im Vormärz insgesamt, wobei das Rhein-Main-Gebiet ein Zentrum bildete. Die liberalen Parlamentarier und Führungspersönlichkeiten der südwestdeutschen und hessischen Staaten sowie des Rheinlandes pflegten enge Verbindungen, wie schon seit 1832 die geheimen Zusammenkünfte auf dem Weingut des badischen Landtagsabgeordneten von Itzstein im nassauischen Hallgarten belegten. Hier wurde das erste über mehrere Jahre im Deutschen Bund bestehende Forum liberal-demokratischer Führungspersönlichkeiten mit nationaler Ausstrahlung geschaffen, das seit 1840 im Wechsel zwischen Dresden/Leipzig und Hallgarten seine jährlichen Treffen veranstaltete. Ein dichtes Kommunikations- und Beziehungsnetz war entstanden, das weit über den hessischen Raum hinausreichte. Am Vorabend des Revolutionsjahres, am 10. Oktober 1847, fand in Heppenheim eine Versammlung liberaler Abgeordneter aus Baden, Hessen-Darmstadt, Nassau, Preußen und Württemberg statt, um Wege zur Schaffung eines deutschen Nationalstaats und einer Nationalvertretung zu erörtern. Mit Forderungen nach Pressefreiheit, Einführung des öffentlichen und mündlichen Gerichtsverfahrens, stärkerer Selbstständigkeit der Gemeinden, Volkswehren, Grundlastenablösung und einem deutschen Parlament wurden die Märzforderungen des Jahres 1848 hier bereits vorweggenommen. Die Versammlung fand erstmals öffentlich statt, und das Protokoll wurde in der liberalen »Deutschen Zeitung« publiziert. Wie hoch die Erwartungen waren, zeigt das Einladungsschreiben des badischen Liberalen Friedrich Daniel Bassermann an Heinrich von Gagern, in dem er seiner Überzeugung Ausdruck gab, »daß wir hoffen dürfen, einen Anfang eines Deutschen Parlaments in Heppenheim zu bilden«.[41] Die Versammlung selbst vereinbarte zum Abschluss, »daß im nächsten Jahre eine größere Versammlung von Deputirten der einzelnen Länder, wobei Freunde, die nicht in Kammern sitzen, nicht ausgeschlossen sein sollen, an einem passenden Orte veranstaltet werde«.[42] Heppenheim bildete damit eine direkte Vorstufe für die Heidelberger Versammlung und das Vorparlament des Jahres 1848.

Im Herbst 1847 gelang der Opposition unter Führung von Heinrich von Gagern bei den Wahlen zur Zweiten Kammer des Darmstädter Landtags ein spektakulärer Sieg. Eine förmliche landesweite Wahlkampforganisation mit Mittelsmännern, Wahlwerbung und einer geschickten Kandidatenaufstellung hatte hier zum Erfolg geführt. Die oppositionellen Abgeordneten hatten nun eine klare Mehrheit im Landtag, allerdings umfasste diese Gruppierung auch Mandatsinhaber, die wie Franz Zitz aus Mainz überzeugte Republikaner waren. Bereits vor der Konstituierung des neuen Landtags in Darmstadt im Dezember 1847 befürchtete von Gagern das Auftreten einer radikalen Linken, wie sie sich schon im badischen Landtag gebildet hatte. Er sah daher seine Aufgabe darin, einer »Mittelspartei« in der »Rolle eines Gemäßigten« den Weg zu bahnen.[43] Man setzte hohe Hoffnungen in die liberalen Abgeordneten, so wurden im Darmstädter »Rheinischen Volksblatt« gleich am 18. Dezember 1847 unter der Überschrift »Was erwartet das hessische Volk von seinen Ständen?« eine billige Grundlastenablösung, Selbstverwaltung der Gemeinden, Ermäßigung von Steuern und Abgaben, Reduzierung des Wildschadens und Senkung der Ausgaben für Militär, Justiz und Pensionen als vordringlich bezeichnet.

Theodor Reh (1801–1868), Abgeordneter des Darmstädter Landtags und der Nationalversammlung, Rechtsanwalt und Verteidiger von Friedrich Ludwig Weidig.

In der Zweiten Kammer des Landtags verlangten die oppositionellen Abgeordneten Reformen, so Theodor Reh am 21. Dezember die Reform des Strafprozessrechts.

Auch die radikaldemokratischen Oppositionellen befanden sich im Aufwind. Ausgehend von den Auslandsvereinen und Geheimbünden, wie dem Bund der Gerechten und dem Bund der Kommunisten in Paris und Brüssel, wurden vor allem durch wandernde Handwerksgesellen mehrere konspirative Zellen im Rhein-Main-Gebiet gebildet, die sozialistisches Gedankengut verbreiteten. Dazu gehörte in Wiesbaden vermutlich auch eine illegale Druckerpresse, die der Republikaner und Uhrmacher Georg Böhning betrieben haben soll. Im unmittelbaren Vorfeld der Revolution tauchten in Städten des Rhein-Main-Gebiets radikale Flugblätter und Drohbriefe gegen Polizeibehörden auf. Im Herbst 1847 kursierte in Frankfurt und Wiesbaden ein Aufruf, worin es hieß: »Männer aus dem Proletariat! Handwerksburschen, die ihr am Bettelstabe

Deutschland durchzieht, geschunden von den jammervollsten Polizeischergen, geprügelt und geplagt von den erbärmlichsten Gendarmentröpfen, laßt Euch doch nicht länger mehr als Hunde behandeln, steht auf, fletscht die Zähne […].«[44] Ein weiteres Flugblatt unter dem Titel »Gruß zum Neuen Jahr«, das im Februar 1848 in Hanau, Mainz und Frankfurt gefunden wurde, forderte: »Jede Fabrik ist ein Herd der Revolution. Jeder wandernde Proletarier ist ein Emissär der Revolution.«[45] Die Hinweise auf kurhessische Verhältnisse und den Kurfürsten, »so roh und dumm er ist«, lassen vermuten, dass das Flugblatt aus Hanau stammte.

Vor allem Turnvereine wurden Träger revolutionären Gedankenguts. Wie explosiv die Stimmung zu diesem Zeitpunkt bereits war, belegen Spitzelberichte der Polizei über eine Versammlung von Turnern in einem Gasthaus im nassauischen Hattersheim am 9. Januar 1848, bei der Turner aus Frankfurt, Offenbach, Hanau, Mainz, Mannheim, Wiesbaden, Idstein und Höchst zusammenkamen und vor 300 bis 400 Zuschauern offen zum gewaltsamen Umsturz aufgerufen wurde. Der Mannheimer Turner und Student Karl Blind, der den Vorsitz innehatte, umriss in seinem Eröffnungsvortrag die Ziele der Turner: »Unser Zweck […] ist die Revolution im weitesten Sinne. Jeder Turner ist ein Revolutionair […]. Unser Bestreben muß seyn, das Volk allmählig aufzuwiegeln, die Fürsten, unsere Tyrannen, zu verjagen und Alles anzuwenden, um die Freiheit Deutschlands zu begründen.« Er führte weiter aus: »Wir müssen alles thun um die Revolution zu befördern, ja dahin trachten, daß solche Vereine oft und viel aufgelöst werden, das steigert die Erbitterung des Volkes auf's Höchste. Vor Allem müssen wir uns an das Proletariat, an die Handwerksgesellen namentlich anschließen.«[46] Besonders radikal gab sich der Hanauer Turner Gottfried Una: »Auf Niemand müsse Rücksicht genommen werden, nicht auf Stand, Alter und Geschlecht. Vorerst müsse man die Köpfe der Tirannen holen, dieser Blutsauger, und deshalb keinen Unterschied machen, ob für den Einen oder den Andern noch dieses oder jenes spreche, […].«[47] Erstaunlich war vor allem der öffentliche Charakter der Hattersheimer Versammlung. So wurde ausdrücklich auch Nicht-Turnern die Teilnahme gestattet, darunter vielen Ortsansässigen. Geradezu provokant und herausfordernd erscheint das Auftreten der Wortführer der Versammlung, die in nächster Nähe zum Sitz des Bundestages und von Bundestruppen stattfand. Ganz offen wurde zur Tat, zur Revolution aufgerufen. Die Hattersheimer Zusammenkunft war jedoch nicht nur Ausdruck einer zunehmenden Radikalisierung, sie belegte darüber hinaus die Konflikte innerhalb der politischen Opposition, denn nicht alle Turner wollten einen allgemeinen Aufstand.

Die Regierungen versuchten mit Verboten von Turnvereinen den radikalen

Tendenzen entgegenzuwirken, doch war das Handeln uneinheitlich: Während in Hessen-Darmstadt die Turnvereine im Juni 1847 und in Frankfurt im Januar 1848 verboten wurden, kam es in Kurhessen nur zu Verboten einzelner Vereine, und in Nassau wurde gar nicht gegen die Turnvereine vorgegangen. Doch auch die Verbote waren zunehmend wirkungslos: Als der Hanauer Turnverein im Dezember 1847 von der Regierung in Kassel verboten wurde, verwandelte er sich in einen Gesangverein, um nach Ausbruch der Revolution wieder als Turnverein aufzutreten. Eine andere Taktik verfolgte die Opposition in Mainz: »Man hielt nämlich zu selbiger Zeit [1847] schon eine Reihe von ›Bürgerversammlungen‹ ab, bei denen man freilich nicht ahnte, daß sie das Vorspiel der spätern Volksversammlungen werden sollten. [...] Der Ort der Zusammenkunft wurde jedesmal gewechselt, um die Polizei nicht auf die Spur kommen zu lassen, und aus demselben Grunde setzte man die Teilnehmer nur in mündlicher Überlieferung von dem jedesmaligen Versammlungslocale in Kenntniß.«[48] Zu Beginn des Jahres 1848 lag im Rhein-Main-Gebiet eine Revolution in der Luft. Diese revolutionäre Stimmung breitete sich aber nicht auf das ganze Gebiet des heutigen Hessen aus. Obgleich die soziale Notlage im Norden Kurhessens und in Waldeck besonders ausgeprägt war, wurde dieses Gebiet von der revolutionären Bewegung deutlich weniger erfasst. Die Einbindung einer Region in Verkehrs- und Kommunikationsnetze, die Stärke einer politischen Öffentlichkeit und politischer Netzwerke spielten offensichtlich eine wichtigere Rolle für die Entstehung einer »revolutionären Situation«.

»Alles bewilligt!«, Wiesbaden am 4. März 1848.

2. DER BEGINN DER REVOLUTION (FEBRUAR – MAI 1848)

Einführung: Die Märzrevolution in den Städten

Der Funke, der die Märzerhebung in Deutschland entfachte, war die französische Februarrevolution und die Ausrufung der Republik in Paris am 24. Februar 1848. Wie ein Lauffeuer verbreitete sich die Nachricht und erreichte am 26. Februar das Rhein-Main-Gebiet. Hier lösten die Neuigkeiten unterschiedliche Hoffnungen und Befürchtungen aus. Allgemein wurde die Einschätzung geteilt, dass eine grundlegende Umwälzung stattgefunden hatte, die auch für die deutschen Verhältnisse weitreichende Konsequenzen besaß. Das badische Mannheim war die erste deutsche Stadt, die auf die Revolution im Nachbarland reagierte. Am 27. Februar wurde auf Betreiben des Verlegers Heinrich Hoff eine Volksversammlung einberufen und eine von dem radikaldemokratischen Rechtsanwalt Gustav Struve entworfene Petition an die Zweite Kammer des Landtags in Karlsruhe verabschiedet, die als Vorbild für die Märzforderungen in anderen deutschen Ländern diente. Auch die Vorgehensweise in Baden, mithilfe von »Sturmpetitionen« und Demonstrationen Druck auf Kammern, Regierungen und Monarchen auszuüben, wurde in anderen deutschen Ländern nachgeahmt. Bereits am 28. Februar wurde nach Vorbild eines Antrags im badischen Landtag von Friedrich Daniel Bassermann auch in der Zweiten Kammer des Darmstädter Landtags von den liberalen Abgeordneten Heinrich von Gagern, Eduard Lehne, Christian Frank und Wilhelm Wernher beantragt, eine provisorische deutsche Zentralgewalt unter Einbeziehung einer Volksrepräsentation zu schaffen, wobei ein monarchisches Reichsoberhaupt angestrebt wurde: »Deutschland bedarf unverzüglich einer einheitlichen monarchischen Führung, die sich, um stark zu sein, auf den Beirat des Volks stützen muß.«[49]

Am Abend des 28. Februar wurde von einer Bürgerversammlung unter Leitung des Landtagsabgeordneten Franz Zitz in einem Mainzer Weinlokal ein Forderungskatalog an die Zweite Kammer des hessen-darmstädtischen Landtags verabschiedet, der mit den Worten begann: »Der mächtige Athem der Zeit hat den Dunst verweht, welchen Hofdiener und kurzsichtige Regierungsbeamte dem geistigen Auge der Fürsten vorzumachen bemüht waren. Überall ist die Stimme des Volkes laut geworden, und wo sie mißachtet wurde, hat der bewaffnete Arm die unveräußerlichen Rechte des Menschen zu fassen gewußt, welche ihm eine verabscheuenswerthe Politik nur zu lange vorenthalten hat. Auch in Hessen ist mit den Zugeständnissen gegeizt worden, und eine verblendete Regierung hat die Liebe des Volkes zu ihrem Regenten in hohem Grade beeinträchtigt.«[50] Die folgenden Forderungen orientierten sich an dem Mannheimer Vorbild, gingen aber noch darüber hinaus. Noch in der Nacht wurde der Text gedruckt und am 2. März den Abgeordneten zur Übergabe an den Landtag ausgehändigt. Am 3. März schlossen sich auch der Bürgermeister und der Gemeinderat zusammen mit weiteren Bürgern der Adresse an und fassten die Forderungen in elf Punkten in einer neuen Petition zusammen. Neben der Volksbewaffnung mit freier Wahl der Offiziere, der unbedingten Pressefreiheit und einem allgemeinen deutschen Parlament – Forderungen, die bereits in der Mannheimer Adresse enthalten waren – finden sich in den Mainzer Adressen vom 28. Februar und 3. März noch die aus rheinhessischer Perspektive wichtigen Wünsche nach »Erhaltung unserer bisherigen rheinischen Gesetzgebung« und »Zurücknahme des bereits publizirten Polizeistrafgesetzbuchs«, die die Mannheimer Forderung nach Schwurgerichten ersetzten. Die Mainzer forderten ferner die »möglichste Verminderung des stehenden Heeres«, »sofortige Beeidigung des Militärs auf die Verfassung«, »volle Gleichstellung aller Religionsculten«, »freie Gemeindeverwaltung, ohne alles beengende Bevormundung durch Beamte« und »freie Berathung öffentlicher Interessen in allgemeinen Versammlungen und unverkümmertes Recht, die Wünsche des Volks durch Collectivpetitionen ihren Vertretern vorzutragen«. Mit der ebenfalls enthaltenen Forderung nach einer »zeitgemäße[n] Revision der Verfassungsurkunde und Gemeindeordnung« gingen die Mainzer Adressen über die meisten anderen Märzforderungen hinaus und gehörten zu den radikalsten Adressen im Frühjahr 1848.[51] Am 2. und 3. März wurden in Mainz unbeliebte Autoritäten zum Ziel gewaltsamer Proteste, darunter auch der konservative Abgeordnete Franz Philipp Aull, der zur Abdankung gezwungen wurde.

Auch aus mehreren anderen hessen-darmstädtischen Städten wurden nun Petitionen an den Landtag gerichtet, die sich jedoch deutlich unterschieden. In der ersten Mainzer Adresse vom 28. Februar und nachfolgend anderen Petitionen aus Rheinhessen war sogar verlangt worden, »daß das stehende Heer, dieser fressende Krebs am Staatseinkommen, aufgehoben« werde, [52] während in der Adresse des Gemeinderats und Bürgermeisters vom 3. März lediglich die Vereidigung des Militärs auf die Verfassung verlangt wurde. Die Adresse vom 3. März enthielt auch nicht die nähere Ausführung der Revision der Verfassungsurkunde, wie sie sich in der vom 28. Februar hinsichtlich eines besseren Wahlgesetzes fand. Gemäßigter waren die Forderungen einer Darmstädter

Bürgerversammlung vom 2. März 1848, die von den Abgeordneten Justus Georg Kahlert und Georg Lerch am 4. März der Zweiten Kammer des Landtags vorgelegt wurden, und deutlich devoter als in Mainz wandte sich am 4. März der Stadtvorstand von Darmstadt in einer Adresse an den »Durchlauchtigsten Erbgroßherzog«, in der sogar die Forderung nach einem deutschen Parlament fehlte, wohl aber die nach einer »Aenderung des politischen Systems im Großherzogthum Hessen« enthalten war.[53] Bei anderen Adressen gab es hinsichtlich des deutschen Parlaments ebenfalls Unterschiede: Während beispielsweise in der Adresse aus Offenbach ein deutsches Parlament nur als zweite Kammer vorgesehen war, sollte dieses in der Mainzer Adresse vom 28. Februar die »wahrhafte Vertretung des deutschen Volkes« sein.[54]

Ähnlich wie in Hessen-Darmstadt ging auch in Kurhessen die Initiative nicht von dem Bürgertum der Hauptstadt, sondern von Hanau aus, eine der gewerblich-industriellen Städte im Rhein-Main-Gebiet, die politisch mit am radikalsten war. Hier fand bereits am 28. Februar eine Volksversammlung statt, bei der Polizeidiener aus dem Saal geworfen wurden.[55] Am 29. Februar wurde ein erster Forderungskatalog aufgestellt, der zu diesem Zeitpunkt noch mit den Formulierungen »Allerdurchlauchtigster Kurfürst! Allergnädigster Kurfürst und Herr!« sehr untertänig an den Landesherrn gerichtet war. Inhaltlich unterschied sich die Hanauer Adresse von den herkömmlichen Märzforderungen, da hier »das gegenwärtige Ministerium« angegriffen wurde, das nicht das Vertrauen des Volkes besitze und dessen System beim Volk verhasst sei. Verlangt wurde daher die »Verabschiedung des gegenwärtigen Ministeriums und Einsetzung anderer Minister, deren Persönlichkeit Garantie bietet für durchgreifende Aenderung des bisherigen Systems«, »Auflösung der gegenwärtig tagenden Landstände, sofortiges Berufen einer neuen Ständeversammlung, Ausschreiben neuer Wahlen und Verbot jeder Beschränkung freier Wahlbewegung« sowie »sofortige Freigabe der Presse«.[56] Zum Schluss wurde noch eine vollständige Amnestie und politische Rehabilitation für politische Vergehen sowie die Aufhebung der Maßnahmen gegen die Deutschkatholiken gefordert. Die bedeutende Rolle, die die Anliegen der deutschkatholischen Glaubensgemeinschaft bei der Abfassung der Adresse spielten, wurde auch noch an anderer Stelle deutlich. Bemerkenswert ist, dass hier die Forderung nach einem deutschen Parlament und andere typische Märzforderungen nicht enthalten waren. Der Stadtrat traute sich zu diesem Zeitpunkt noch nicht, die Forderungen zu unterstützen, empfahl aber mit einer eigenen Petition dem Kurfürsten dringend, nur Reformen könnten Ruhe und Ordnung erhalten und Vertrauen wiederherstellen.[57]

August Hergenhahn (1804–1874), Leitender Minister des Herzogtums Nassau, Abgeordneter der Deutschen Nationalversammlung.

Auffällig ist in Kurhessen und in Nassau, dass hier nicht wie in Hessen-Darmstadt die Landtage Adressaten der Märzforderungen waren, sondern die Monarchen. Sehr früh, am 1. März 1848, traten auch in Wiesbaden die Wortführer der liberalen Opposition in Nassau um den Rechtsanwalt August Hergenhahn an die Öffentlichkeit und formulierten im kleinen Kreis die neun »Forderungen der Nassauer«, die am 2. März 1848 auf einer Volksversammlung gebilligt und als Flugblatt verteilt wurden. Sie enthielten die typischen liberalen Märzforderungen, wie sie auch in anderen deutschen Staaten von der liberalen Bewegung erhoben wurden. Nur die Forderung, die Domänen in Staatseigentum zu verwandeln, war den nassauischen Verhältnissen geschuldet und Ergebnis des dortigen »Domänenstreits«. Das Wiesbadener Flugblatt betonte, dass es sich hier nur um die wichtigsten Forderungen handele, die sofort erfüllt werden sollten:

»Die neueste französische Revolution, hervorgerufen durch die Treulosigkeit und Corruption der Regierung, hat Europa erschüttert. Sie klopft an die Pforten von Deutschland.

Es ist Zeit, daß Alles, was von nationaler Kraft, was von Freiheitsgefühl in der deutschen Nation ruht, zur schleunigsten Entfaltung gerufen werde. […]

Folgende Forderungen aber sind es, welche sofort erfüllt werden müssen:

1) Allgemeine Volksbewaffnung mit freier Wahl seiner Anführer, namentlich sofortige Abgabe von 2 000 Flinten und Munition an die Stadtbehörde von Wiesbaden.
2) Unbedingte Preßfreiheit.
3) Sofortige Einberufung eines deutschen Parlaments.
4) Sofortige Vereidigung des Militärs auf die Verfassung.
5) Recht der freien Vereinigung.
6) Oeffentlichkeit, öffentliches mündliches Verfahren mit Schwurgerichten.
7) Erklärung der Domänen zu Staatseigenthum, unter Controle der Verwaltung durch die Stände.
8) Sofortige Einberufung der zweiten Kammer lediglich zur Entwerfung eines neuen Wahlgesetzes, welches auf dem Hauptgrundsatz beruht, daß die Wählbarkeit nicht an einen gewissen Vermögensbesitz gebunden ist.
9) Beseitigung aller Beengungen der uns verfassungsmäßig zustehenden Religionsfreiheit.«[58]

Dieses Minimalprogramm der liberal-demokratischen Bewegung in Nassau wurde noch am selben Tag durch eine Delegation dem leitenden Staatsminister Emil August Freiherr von Dungern überbracht. Herzog Adolph, der sich zu dieser Zeit in Berlin aufhielt, wurde durch Eilkuriere verständigt, während von Dungern, der den Ernst der Lage erkannte, in eigener Verantwortung Volksbewaffnung und Pressefreiheit sofort billigte. Die liberale Opposition in Nassau bot in der Stunde der Gefahr der Regierung und dem Monarchen ihre Unterstützung an und fühlte sich dafür berechtigt, Forderungen zu stellen. Die Basis für diese Position der Stärke, in der sich die Liberalen sahen, bildete der Rückhalt in der Wiesbadener Bürgerschaft. Bemerkenswert ist hier der hohe Stellenwert, den die Volksbewaffnung bei den Wiesbadener Liberalen besaß: In den »Forderungen der Nassauer« stand sie an erster Stelle und war außerdem mit am konkretesten ausgeführt, bis hin zur genauen Zahl der zu übergebenden Waffen. Aufschlussreich sind auch die einleitenden Sätze des Forderungskataloges, in denen die Revolution als Bedrohung von außen erscheint, die »an die Pforten von Deutschland« klopft. Die Volksbewaffnung und die Entfaltung nationaler und freiheitlicher Kräfte galten dagegen der Abwehr dieser Gefahr. Die Leitung der revolutionären Bewegung vor Ort übernahmen in den größeren hessischen und nassauischen Städten »Komitees«, »Kommissionen« oder Ausschüsse, in denen die lokalen liberal-demokratischen Führungskräfte zusammengeschlossen waren. In Wiesbaden war dies ein sogenanntes »Sicherheitscomité«, das am 3. März unter Vorsitz Hergenhahns durch eine Wahl in der evangelischen Stadtkirche als 16-köpfiges Gremium förmlich konstituiert und später erweitert wurde.

Zu den Nachzüglern gehörten im hessischen Raum Hessen-Homburg, Waldeck und Frankfurt, in denen erst Märzforderungen formuliert wurden, als die Entwicklung in den größeren Nachbarstaaten bereits vorangeschritten oder gar zum Abschluss gebracht worden war. Nach dem Vorbild der Mannheimer Forderungen wurde auf einer Bürgerversammlung in der Reitbahn in Frankfurt am Abend des 3. März 1848 unter Leitung führender Oppositioneller wie Georg Varrentrapp, Friedrich Jucho, Maximilian Reinganum und Nikolaus Hadermann eine vorformulierte Adresse von mehr als 2000 Bürgern durch Akklamation gebilligt und am folgenden Tag von einer Delegation angesehener Bürger dem Senat übergeben. Im Tonfall zurückhaltend wurden die Verfassungsforderungen angesichts der Revolution in Frankreich begründet mit der »Nothwendigkeit des innigsten Zusammenhaltes des gesammten Vaterlandes gegen jeden Angriff, von welcher Seite er auch kommen möge«. »Begeistert und mit Kraft vertheidigen,« so hieß es darin weiter, »läßt sich aber nur die Freiheit«. Wie in Wiesbaden, so tauchte hier erneut die charakteristische Argumentation der Liberalen auf: Gegen den inneren und äußeren Feind – die »Anarchie« und das revolutionäre Frankreich – waren die Bürger bereit, gemeinsam mit der Obrigkeit den Staat zu verteidigen. Sie verlangten dafür jedoch als Gegenleistung die Gewährung liberaler und nationaler Forderungen. Bemerkenswert ist andererseits in den Frankfurter Beschlüssen die explizite Ablehnung eines Angriffskrieges gegen Frankreich wegen seiner Regierungsform. Inhaltlich stellten die Frankfurter Forderungen einen Minimalkatalog nach Mannheimer Vorbild dar:

»1) Aufhebung aller seit dem Jahre 1819 erlassenen Ausnahm-Gesetze;
2) unbedingte Preßfreiheit;
3) Schwurgerichte;
4) allgemeine Volks-Bewaffnung;
5) allgemeines deutsches Parlament;
6) Staatbürgerliche Gleichheit ohne Unterschied des Glaubens;
7) freie Berechtigung öffentlicher Vereinigung;
8) Politische Amnestie mit Wieder-Einsetzung in den Vollgenuß der bürgerlichen Rechte.«

In höflichem Ton wurde der Senat gebeten, die Forderungen sofort zu gewähren und »wo dies nicht sofort ausführbar« sei, »für deren baldigste Gewährung mit aller Kraft zu wirken«.[59]

Als der Senat am 4. März 1848 gerade über die Forderungen der Reitbahn-Versammlung beriet, sammelte sich eine Volksmenge vor dem Römer, protestierte lautstark und drang in die Römerhalle ein. Erst durch den massiven Einsatz der Stadtwehr und des Frankfurter Berufsmilitärs konnten die Eindringlinge hinausbefördert und die Menge zerstreut werden. Der 17-jährige Frankfurter Handlungsgehilfe Adolph Zunz berichtete darüber in seinem Tagebuch: »Die Nacht ist nicht ganz ruhig abgelaufen. Bis nach drei Uhr stand die Volksmenge vor dem Römer. Es hatte sich den ganzen Tag über eine Menge fremden Gesindels aus den umliegenden Ortschaften in die Stadt gezogen und aufs Eigentum der Bürger abgesehen. Sie wollten den Pfarrturm stürmen, um vermittelst der Sturmglocke allem Gesindel der Umgegend das Signal zur Plünderung zu geben. Die ganze Zunft der Metzen, mit ihren scharfen Beilen bewaffnet, und die Altersklasse mit Flinten versehen, beschützten den Pfarrturm.«[60] Die Trägerschichten des Protestes bestanden aus städtischen Unterschichten, Handwerksgesellen und Bewohnern des Umlandes. Die Frankfurter Bürger dagegen trugen dazu bei, Krawalle zu unterbinden: Auch in Frankfurt bildeten sich vor allem aus Kreisen der Handwerkerschaft »Bürgerschutzwachen« zur Verstärkung der Stadtwehr. Noch am 4. März wurde ein Gesetz über Pressefreiheit verabschiedet; es folgten eine allgemeine Amnestie und die Gewährung der übrigen Märzforderungen. Lediglich der sechste Punkt und die damit verbundene politische Emanzipation der jüdischen Bürger stand im Widerspruch zur Frankfurter Verfassung, der »Constitutions-Ergänzungs-Acte« von 1816, deshalb wurde diese Forderung nicht umgesetzt. Dabei konnte sich der Senat auf eine besonders im Handwerk verbreitete antijüdische Grundstimmung stützen. Von Anfang an waren die Spielräume für politische Reformen in Frankfurt eng gezogen. Im Gegensatz zu allen anderen Staaten kam es in Frankfurt auch zu keinem wirklichen Systemwechsel, der vormärzliche Senat regierte weiter. Das Hauptziel der demokratischen Reformkräfte in Frankfurt war in der Folgezeit eine Verfassungsrevision.

In dem kleinsten hessischen Staat war der Verlauf der Märzbewegung ebenfalls sehr gemäßigt: In Hessen-Homburg wurden von Bürgerausschüssen nach Frankfurter Vorbild Märzforderungen formuliert und am 5. März von einer Gruppe von 400 bis 500 Bürgern dem Landgrafen Gustav überreicht, der diese umgehend bewilligte. Missliebige Politiker verloren ihr Amt und der liberale hessen-darmstädtische Rechtsanwalt Christian Bansa wurde leitender Minister von Hessen-Homburg. Ähnlich reibungslos verlief der konstitutionelle Übergang im Schlusslicht der Märzbewegung im hessischen Raum, dem Fürstentum Waldeck. Hier wurden Adressen aus Arolsen und Mengeringhausen am 9. bzw. 10. März 1848 der Regentin, Fürstin Emma, übergeben, die die Forderungen

Fahrt mit der Taunuseisenbahn nach Wiesbaden, Station Höchst, im März 1848.
»Mann, wo wollt Ihr denn hin Ihr sei[d] ja beba[c]kt mit Brod bis an Hals?
Aich sein jo e Nassauer, mer kann nit wisse wie lang mer do drunne ze duh honn!«
Ausschnitt, Grundlage vermutlich zeitgenössische Zeichnung.

bewilligte. Die Regierungsgeschäfte leitete nach einer Übergangszeit seit Juli 1848 der liberale Regierungsrat Wilhelm Gleisner. Eine Besonderheit war in Waldeck die Forderung nach Ablösung von Abgaben, die die ländliche Bevölkerung an die Grundherren zu entrichten hatte.

In den größeren Staaten erfolgte die Bewilligung aller Märzforderungen nicht sofort. Hier kam es vielmehr zu einer zweiten Phase, bei der durch Massendemonstrationen Druck auf die Regierungen und Monarchen ausgeübt wurde, um ein Nachgeben zu beschleunigen. Besonders dramatisch verlief die Entwicklung in Wiesbaden. Bereits am 2. März war zu einer großen Volksversammlung für den 4. März in der Hauptstadt aufgerufen worden, wobei die »Riesendeputation« des badischen Landes nach Karlsruhe als Vorbild gedient haben könnte. Die Volksversammlung sollte den Rückhalt der Liberalen im Lande demonstrieren und der Durchsetzung aller Märzforderungen dienen. Es kamen jedoch weit mehr Menschen als erwartet. Aufgrund der ständig in die Hauptstadt ziehenden Menschenmassen wurde die Regierung allmählich handlungsunfähig, und das Sicherheitskomitee entwickelte sich zunehmend zur eigentlichen Ordnungsmacht. Die in Wiesbaden zusammenströmende Menge setzte sich hauptsächlich aus Landbewohnern zusammen, die mit

Wiesbaden im März 1848, Fahrt nach Wiesbaden auf dem Leiterwagen und Verbrüderung von Soldaten und Bürgern.

Proviantsäcken versehen und häufig mit Sensen und Äxten bewaffnet waren. Ganze Ortschaften sollen in geschlossenen Kolonnen, Trommler und Musikanten voran, vor allem aus dem Rheingau, dem Taunus und vom Main, angeblich sogar aus dem Westerwald, hierhergezogen sein. Am 4. März sollen sich zeitgenössischen Schätzungen zufolge 30 000 Menschen auf dem Schlossplatz in Wiesbaden versammelt haben, doppelt so viel wie die damalige Einwohnerzahl der Stadt. Die unterschiedlichsten Interessen bewegten die hier Versammelten, vereinigt nur durch ihre Unzufriedenheit mit den bestehenden Verhältnissen und ihre Neugier. Eine freie politische Öffentlichkeit, in der ihre Interessen hätten artikuliert, differenziert und kanalisiert werden können, gab es bislang im Herzogtum Nassau noch nicht.

Da sich Herzog Adolph in Berlin aufhielt, konnte der Minister zwar die Erfüllung einzelner Forderungen zusagen, für die tatsächliche Bewilligung bedurfte es jedoch des Herzogs, der durch Eilkuriere verständigt wurde. Die Lage spitzte sich immer mehr zu. Ständig mussten Regierung und Sicherheitskomitee neue Verlautbarungen als Flugblatt vervielfältigen lassen, um kursierenden Gerüchten entgegenzutreten und die Menge zu beruhigen. Das Militär – es gab wenige Polizisten und etwas mehr als 600 Soldaten in der Stadt – hielt sich zurück, um nicht einen allgemeinen Aufstand zu provozieren. Auch bestanden Zweifel an der Zuverlässigkeit der Truppen: So wurde berichtet, dass Soldaten in betrunkenem Zustand in die Kasernen kamen, und auch Insubordinationen und Verbrüderungen von Soldaten mit Bürgern sollen vorgekommen sein. Der nassauische Offizier Otto von Dungern urteilte später, »das Militär war vollständig unzuverlässig«.[61] Hilfe von außen war nicht zu erwarten: Die Truppen der Bundesfestung Mainz konnten aufgrund der schwierigen Lage in der Festungsstadt nicht zu Hilfe kommen. Am 4. März geriet auch dem Sicherheitskomitee die Lage zunehmend außer Kontrolle, und selbst die Veröffentlichung der um zehn Uhr durch Minister von Dungern sowie Prinz Nicolaus und Herzogin Pauline erfolgten Billigung aller Forderungen half nichts. Die Mitglieder des Sicherheitskomitees wurden nicht mehr respektiert und es kam zu Ausschreitungen. Menschenmengen versuchten das Theater, das Schloss und das Zeughaus zu stürmen, wurden aber von der neu gebildeten Bürgerwehr gewaltsam zurückgedrängt. Manche Demonstranten riefen nach einer provisorischen Regierung oder gar einer Republik, und nassauische Fahnen wurden zerrissen. Noch am Abend des 4. März 1848 schrieb die 15-jährige Jenny, Tochter des Domänenrats Ludwig Wilhelm Lex, an Onkel und Tante über die gerade erlebten Ereignisse in Wiesbaden, dass »wir Frauenzimmer [...] allein zu Haus« gewesen waren. Die Frauen des Hauses hatten daraufhin das Tor verriegelt und sich mit zwei Pistolen bewaffnet, um notfalls »eine förmliche Belagerung auszuhalten« – der »Aufwiegler« und Bauern, die in die Stadt geströmt waren.[62]

Als die Unruhe ihren Höhepunkt zu erreichen drohte, traf am Nachmittag des 4. März der Herzog in Wiesbaden ein. Er begab sich in Begleitung einer Bürgerwehrabteilung zu Fuß vom Bahnhof zum Schloss. In einer zeitgenössischen Tagebucheintragung hieß es: »Die hiesige Bürger und ledige Bursche, 2 000 an der Zahl, welche alle mit G[e]wehr und Bajonett aus dem Zeuchhauß versehen waren, gingen beständig in der Stadt batoroliren [patrouillieren, M.W.] und hatten viele Plätze stark besetzt, aber sie konnten doch der Wuth des Landvolks bald nicht mehr wiederstehen, und es war an dem, dass Brand und Mord beginnen wollte, da erschallte 5 Uhr der glückliche Ruf, der Herzog ist gekommen, alles lief da nach dem Schloß, ein Zug Bürger, der 3te Zug, empfing ihn an der Eisenbahn und begleitete ihn durch das Volksgedränge nach dem Schloß, [...].«[63] Wenig später versprach Herzog Adolph vom Balkon des Schlosses herab die Erfüllung aller Forderungen: »Nassauer, die Forderungen, die Ihr an mich gestellt habet, deren Gewährung euch mein Minister versprochen und meine Mutter und mein Bruder mit ihrem Namen verbürgt haben, genehmige ich und werde ich halten. Habt Vertrauen auf mich, wie ich Vertrauen habe auf euere Treue und Mut, wenn das Vaterland bedroht ist und eurer bedürfen sollte. Nun geht mit Gott nach Haus und habt Vertrauen zu mir, wie ich auf euch!«[64] Die Stimmung schlug sofort in allgemeine Begeisterung um, und die Menge ließ den Herzog hochleben. Am Abend wurde gefeiert, und die Zugereisten zogen allmählich wieder zurück. Die Lage war allgemein als äußerst kritisch beurteilt worden: Noch unter dem Eindruck der Ereignisse schrieb Minister von Dungern am 12. März an seinen Vater, er wäre wohl mit den »treuen Bürgern« neben ihm vor dem Schloss massakriert worden, wenn der Herzog nur zehn Minuten später erschienen wäre.[65]

Die Frage, wer an den Ausschreitungen beteiligt war, kann nicht endgültig geklärt werden. Gelegentlich findet sich die Behauptung, die gewalttätigen Aufrührer seien aus dem benachbarten Mainz gekommen, doch hätte diese Gruppe keine sonderliche Gefahr für Militär und Bürgerwehr dargestellt. Gestützt auf Augenzeugenberichte nannte der preußische Gesandte als Hauptunruhepotenzial neben jugendlichen Turnern die »berüchtigten Bauern aus dem Rheingau,«[66] und auch die bereits zitierte zeitgenössische Tagebucheintragung sprach von »der Wuth des Landvolks,« dem die Bürgerwehr kaum mehr habe widerstehen können.[67] Dagegen war es das Bürgertum der Residenzstadt, das in Wiesbaden das herzogliche Schloss verteidigte – dies wird in fast allen zeitgenössischen Berichten hervorgehoben. So äußerte sich auch Herzog Adolph in der Schilderung dieser Ereignisse über »die braven hiesigen Bürger, die wenige Tage vorher zum Schutze der Stadt bewaffnet worden waren«.[68] Auffällig war auch die Geschlossenheit des Sicherheitskomitees, dem nicht nur gemäßigte Liberale wie Hergenhahn, sondern auch Demokraten und sogar ein überzeugter Republikaner wie der spätere Vorsitzende des Wiesbadener Arbeitervereins, Friedrich Graefe, angehörten. Einstimmig beschloss das Komitee in den kritischen Stunden des 4. März, unter keinen Umständen den Sturz der Monarchie in Nassau dulden zu wollen. Die Ablehnung der »Anarchie« im Sinne spontaner kollektiver Gewaltakte und Volksproteste war sowohl bei Liberalen als auch bei Demokraten verbreitet.

In Hessen-Darmstadt hatte die Regierung unter Leitung des unbeliebten Ministers Karl Freiherr du Bos du Thil am 4. März lediglich die Pressefreiheit, die Volksbewaffnung und die Strafrechtsreform zugesagt. In dieser Situation und vermutlich unter dem Eindruck der Vorgänge in Wiesbaden forderte der Mainzer Abgeordnete Zitz eine Fortsetzung der Demonstrationen bis zur Erfüllung aller Forderungen und lehnte eine Dankadresse an den Großherzog für die bereits erfüllten Wünsche ab. Bei den noch offenen Forderungen ging es auch um die Ablösung der bisherigen Regierung. Schon am 2. März hatte der Abgeordnete Theodor Reh in der Zweiten Kammer des Landtags den »Wechsel des bisherigen mit den Wünschen und Forderungen des Hessischen Volkes nicht im Einklang stehenden Regierungssystems« verlangt und dabei explizit Minister du Thil in deutlichen Worten angegriffen: Der Wille des Großherzogs habe nicht realisiert werden können, »weil seit Jahren zwischen Ihm und Seinem Volk ein Minister steht als Träger eines Systems, das in allen Verzweigungen, mit denen es in das Staatsleben eingreift, die gesetzliche Freiheit des Volkes und die Entwickelung seiner Institutionen lähmte [...].«[69] Auf die Aufforderung zu weiteren Demonstrationen waren es vor allem Odenwälder, die am 5. und 6. März in großer Zahl nach Darmstadt kamen, um für die Bewilligung ihrer Forderungen einzutreten. Der enge Mitarbeiter Heinrich von Gagerns und spätere Staatsrat Reinhard Eigenbrodt berichtete darüber: »Ich sah in langen Zügen die Bauern aus dem Odenwald hereinkommen und die großen, sonst menschenleeren Plätze von der Menge besetzt.«[70] Am 6. März übernahm der zu Unrecht als liberal geltende Erbgroßherzog Ludwig als Mitregent die Regierungsgewalt. Die bisherige Regierung wurde abgesetzt und Heinrich von Gagern zum leitenden Minister ernannt, der noch am selben Tag die Genehmigung der Märzforderungen verkündete. Die allgemeine Erleichterung war daraufhin groß. In Darmstadt erzeugte die Verteilung der Proklamation, die von Gagern als Minister gegengezeichnet hatte, großen Jubel, »eine Art Berauschung«, so Eigenbrodt: »Die Menge strömte auf die Kanzlei, um des Dokuments habhaft zu werden, alle Gänge waren mit Menschen erfüllt, und ich hatte alle Hände voll zu tun, sie mit der Proklamation wieder wegzuschicken.« [71] Auch in Mainz wurde ein Volksfest mit Fackelzug gefeiert, und Bischof Kaiser hielt am 8. März einen Dankgottesdienst im überfüllten Mainzer Dom, an dem neben allen christlichen Konfessionen auch die Einwohner jüdischen Glaubens teilnahmen.[72]

Am längsten dauerte die Märzbewegung in Kurhessen, wo die Bewegung ebenfalls von einer Gewerbestadt im Rhein-Main-Gebiet, von Hanau, ausging. Während die in der Peripherie des Kurfürstentums gelegene Stadt sehr früh von der revolutionären Bewegung ergriffen worden war, fasste diese in den Kernlanden kaum Fuß. Eine Ausnahme bildete dabei nur noch die Universitätsstadt Marburg, wo schon am 28. Februar die Ereignisse in Paris mit einem Ständchen für die liberalen Landtagsabgeordneten gefeiert und eine Petition an den Kurfürsten entworfen wurde. In Hanau war die Stimmung von Anfang an gespannt. Schon am 28. Februar berichtete der Polizeidirektor Adrian von Specht aus Hanau, dass er für die Sicherheit in der Stadt nicht mehr garantieren könne: »Die Einwirkungen von außen treten immer deutlicher hervor und ich halte es für [meine] Pflicht [...], es rückhaltlos auszusprechen: Es läßt sich Alles jeden Augenblick befürchten.«[73] Da weder eine Eisenbahnstrecke noch eine Telegraphenverbindung vorhanden war, Kurfürst Friedrich Wilhelm hatte zuvor noch persönlich »die Anstellung von Versuchen mit dem elektromagnetischen Telegraphen [als] unangemessen« untersagt, war man auf Pferd oder Kutsche für die Kommunikation zwischen Hanau und Kassel angewiesen.[74] Die abweisende Haltung des Kurfürsten und die lange Wartezeit brachten die Menschen in Hanau auf. Die Anhänger einer Revolution, hier vor allem Schärttner und seine Turner, erhielten ständig bewaffneten Zuzug aus den benachbarten hessen-darmstädtischen Gemeinden, vor allen Dingen aus Offenbach. Auch in Kassel hatten die liberalen Bürger eine Adresse an den Kurfürsten entsandt, in der sie diesem vorhielten, falsche Berater zu haben, welche von der »falschen Ansicht ausgegangen sind, die Völker hätten gar keine Rechte, sonder[n] es hing[e] ganz von der Gnade und Barmherzigkeit des Fürsten ab, wieviel oder wiewenig sie jenen einräumen wollten, die Völker müßten mit Allem, was ihnen solchergestalt gereicht werde, zufrieden sein – und wenn es noch so wenig wäre.«[75] Als der Kurfürst am 7. März lediglich die Aufhebung der Zensur und der Repressionen gegen die Deutschkatholiken verkünden ließ, war dies der in Hanau versammelten Menge nicht genug.

»Ein einiges freies Deutschland hoch!« Hermann Peter Hartmann, Erinnerungsblatt an die Hanauer Freischaren, 12. März 1848.

Am 8. März wurde in Hanau eine »Volkskommission« gewählt, die sowohl radikale Demokraten als auch Liberale umfasste – ähnliche Volksräte oder Volkskommissionen wurden auch an anderen Orten in Kurhessen gebildet. Zu den Wortführern in Hanau zählten August Schärttner und Oberbürgermeister Bernhard Eberhard. Der Hanauer Polizeidirektor Specht berichtete am 8. März: »Seit diesem Morgen befinden wir uns hier wie in einem Lager. Haufen mit Sensen, Spießen, Heugabeln und in sonstiger Weise Bewaffneter ziehen umher. Die sämtliche Bürgergarde steht unter dem Gewehre, und das Militär ist in der Kaserne konsigniert.«[76] Auf 6000 bis 8000 Mann schätzte Specht die Menge, darunter 400 bis 500 bewaffnete Turner aus Offenbach. Eine deutliche Radikalisierung war in Hanau feststellbar. Allenthalben wurde der Kurfürst abgelehnt und die Forderung nach einer Ablösung der Provinz von Kurhessen und einem Anschluss an Hessen-Darmstadt machte die Runde. Auch die Vereinigung der hessischen Staaten wurde in Hanau nicht nur von demokratischer Seite, sondern selbst von konstitutionellen Liberalen erhoben, wie das Hanauer Flugblatt »Nur Ein Hessen!!« vom März 1848 und das Gedicht »Drei Hessen unter einen Hut!« vom Frühsommer 1848 deutlich machen, die sich den hessen-darmstädtischen Erbgroßherzog als »König der Hessen« wünschten.[77] Auch der Hanauer Polizeidirektor berichtete am 8. März davon: »Es sind entsetzliche Verhältnisse, in denen man lebt; fortwährend wie auf einer Pulvertonne sitzend. Man sprach heute davon, daß das Volk von Losreißung von dem Kurstaate und Einsetzung einer provisorischen Regierung rede.«[78] Der Kommandant von Hanau, General Schirmer, bestätigte diese Einschätzung. Er berichtete dem Kurfürsten, in der Stadt und ihrer Umgebung sei ein »offener Aufstand [...] jederzeit zu erwarten [...]«, und empfahl darum die Annahme der Hanauer Forderungen.[79] Auch in Kassel kursierte Anfang März ein radikales Flugblatt, in dem Fürst und Bürokratie ebenso angegriffen wurden wie die Ständeversammlung, der Adel, die »Grund- und Geldherren«. Als Lösung verkündete es: »Die Welt kommt eher nicht in Ruh von ihrem langen Harm, Als bis der *letzte* König (Fürst) hängt Am *letzten* Pfaffen-Darm.«[80]

Die Hanauer Volkskommission stellte nun erneut Forderungen an den Kurfürsten, diesmal aber in einer drohenden Sprache formuliert und mit einer ultimativen Fristsetzung. Dieses Hanauer »Ultimatum«, »die frechste Eingabe, die deutsche Untertanen je an ihren Fürsten gerichtet haben«, wie der preußische Gesandte am Kasseler Hof, Ferdinand Graf Galen, meinte, wurde am 9. März von einer Menschenmenge gebilligt und erreichte am 11. März Kassel.[81] In deutlichen Worten brachte die Adresse zum Ausdruck, dass das Volk »mißtrauisch gegen Eure Königl[iche] Hoheit Selbst [ist]« und »in der unvollständigen Gewährung seiner Bitten eine Unaufrichtigkeit« sieht.

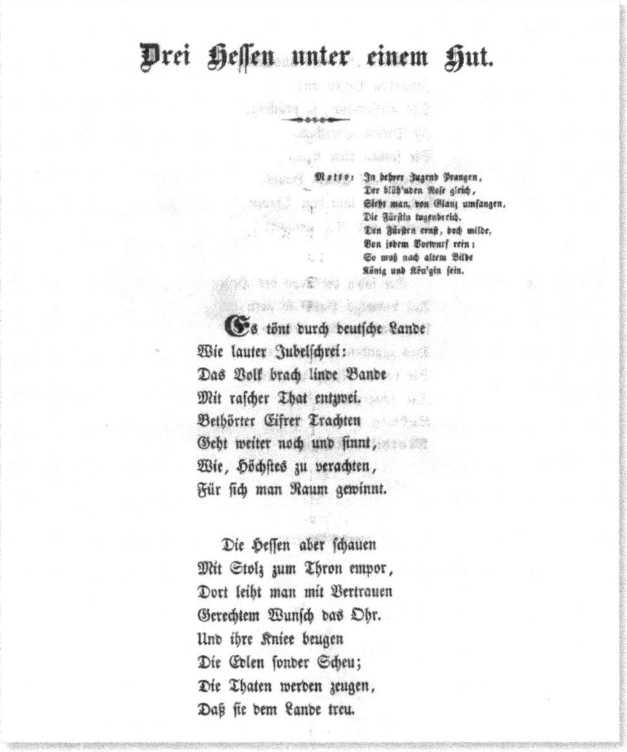

Drei Hessen unter einem Hut.

Motto: In hehrer Jugend Prangen,
Der blüh'nden Rose gleich,
Sieht man, von Glanz umfangen,
Die Fürstin tugendreich,
Den Fürsten ernst, doch milde,
Von jedem Vorwurf rein:
So muß nach altem Bilde
König und Kön'gin sein.

Es tönt durch deutsche Lande
Wie lauter Jubelschrei:
Das Volk brach linde Bande
Mit rascher That entzwei.
Bethörter Eifrer Trachten
Geht weiter noch und sinnt,
Wie, Höchstes zu verachten,
Für sich man Raum gewinnt.

Die Hessen aber schauen
Mit Stolz zum Thron empor,
Dort leiht man mit Vertrauen
Gerechtem Wunsch das Ohr.
Und ihre Kniee beugen
Die Edlen sonder Scheu;
Die Thaten werden zeugen,
Daß sie dem Lande treu.

1848 wird die Forderung nach einer Vereinigung Hessens erhoben.

Und weiter: »Das Volk verlangt, was ihm gebührt. Es spricht den Willen aus, daß seine Zukunft besser sein solle, als seine Vergangenheit, und dieser Wille ist unwiderstehlich.« Zusätzlich zu den bereits in der Adresse vom 29. Februar enthaltenen Wünschen forderte die Adresse nun auch die Gewährung vollständiger Religions- und Gewissensfreiheit und deren Ausübung, die Bildung einer »deutschen Volkskammer«, Zurücknahme aller Einschränkungen verfassungsmäßiger Rechte, insbesondere des Petitions-, Vereinigungs- und Versammlungsrechts, sowie die Zusage, dass die am 7. März zugesagten Gesetzesentwürfe dem nächsten Landtag vorgelegt werden. Unter dem letzten Punkt folgte schließlich die Forderung nach »Entschließung Eurer Königlichen Hoheit binnen drei Tagen, von heute an, deren Verstreichen ohne Antwort als Ablehnung angesehen werden soll«. Zum Schluss wurde unverhohlen mit der Lostrennung von Kurhessen gedroht und der Kurfürst aufgefordert: »Jetzt ist die Stunde gekommen, wo Sie

Zerstörung des Prügelstocks, mit dem Körperstrafen vollzogen worden waren, auf dem Paradeplatz vor dem Theater in Hanau am 18. März 1848.

zu zeigen haben, Königl[iche] Hoheit, wie Sie es mit dem Volke meinen.«[82] In Kassel drängten die dortigen Liberalen die Hanauer, ihre Formulierungen abzuschwächen, da von den Kasseler Bürgern am 6. März dem Kurfürst eine eigene Adresse vorgelegt worden war und diese nun eine Ablehnung fürchteten. Gemeinsam mit der Hanauer und der Marburger Delegation brachten die Repräsentanten der Stadt Kassel die Forderungen vor.

In dieser Situation schickte die Kasseler Regierung Truppen nach Hanau, wo ängstliche Bürger aus Furcht vor einer militärischen Konfrontation die Stadt bereits mit ihren Habseligkeiten verließen. Die Volkskommission forderte Hilfe von anderen Städten an und ein »Generalstab«, dem die Kommandeure der Bürgerwehr, der Turnerwehr, des Arbeiterfreikorps und des Bürgerschützenkorps angehörten, ließ Hanau durch Barrikaden sichern. Nach langen Verhandlungen gab der Kurfürst schließlich am 11. März 1848

Bernhard Eberhard (1795–1860), Leitender Minister des Kurfürstentums Hessen, Abgeordneter der Deutschen Nationalversammlung.

nach, und unter großem Jubel traf die Delegation aus Kassel am folgenden Tag in Hanau ein, wo man anschließend mit dem Abbau der Barrikaden begann. Nicht alle freuten sich über diesen Ausgang, denn für manche radikalen Demokraten schien die Möglichkeit gekommen zu sein, von Hanau aus für eine Republik zu kämpfen, was nun in einem Freudenfest unterging. Der Hanauer Polizeidirektor jedenfalls meinte in seinem Bericht vom 14. März 1848: »Wäre dahier die Fahne des Aufruhrs aufgepflanzt worden, wäre dahier der Funken, den S[eine] K[önigliche] H[oheit] allein ersticken konnten und erstickt haben, zur Flamme aufgeschlagen, deren Schein hätte in ganz Deutschland, wenigstens in dem Südwesten desselben, geleuchtet.«[83] Was den Kurfürsten letztlich zum Nachgeben bewogen hatte, bleibt offen. Vermutlich dürfte der Systemwechsel in den Nachbarstaaten eine entscheidende Rolle dabei gespielt haben.

Den Abschluss der Märzbewegung bildete in fast allen Staaten die Einsetzung führender Liberaler als sogenannte »Märzminister« und Leiter der Regierungsgeschäfte. Damit wurde auch auf der Ebene der Ministerien ein Systemwechsel personell vollzogen: In Nassau wurde August Hergenhahn Minister, in Hessen-Darmstadt Heinrich von Gagern Ministerpräsident, später Karl Jaup Vorsitzender des Staatsministeriums. In Kurhessen wurde der Hanauer Oberbürgermeister Bernhard Eberhard zum provisorischen Vorstand des Innenministeriums und zum Leiter der Regierungsgeschäfte ernannt. Mit Karl Wilhelm Wippermann gelangte ein weiterer prominenter Liberaler als Vortragender Rat ins kurhessische Innenministerium, ab August 1848 in die Leitung des Finanzministeriums. Die Berufung von Märzministern bedeutete zugleich den Übergang zur »Verrechtlichung« der Revolution und den Beginn eines Reformprozesses. Eine Ausnahme bildete hier lediglich Frankfurt, wo kein Wechsel in der Leitung der Regierungsgeschäfte vollzogen wurde, was im weiteren Verlauf der Revolutionszeit von großer Bedeutung war: Aufgrund seiner verkehrsmäßigen, wirtschaftlichen und politischen Bedeutung war die Stadt zwar ein Brennpunkt des Geschehens, aber kein revolutionäres Zentrum. Es fehlten hier die Impulse für die revolutionäre Bewegung, die üblicherweise von der größten Stadt im Umkreis hätten ausgehen können.

Der Verlauf der Revolution im Frühjahr 1848 im hessischen Raum zeigte mehrere, nach Trägerschichten, Motiven, Zielen und eingesetzten Mitteln unterschiedliche Bewegungen:

- Eine soziale Protestbewegung städtischer Handwerksgesellen und Unterschichten,
- eine agrarische Protestbewegung der Landbevölkerung,
- und eine nationale und liberale Verfassungsbewegung des städtischen Bürgertums.

Der spontane Ausbruch und die Gleichzeitigkeit dieser auch in sich heterogenen Bewegungen bildeten die Ursache für den raschen und friedlichen Sieg der Märzrevolution. Das liberal-demokratische Bürgertum gab dabei den Ton an und bestimmte den Ablauf. Von entscheidender Bedeutung war aber das massenhafte Auftreten der Landbevölkerung und die Unsicherheit, ob das Militär in dieser kritischen Situation gegenüber den Monarchen und den Regierungen loyal sein würde. Der in Biebrich geborene Journalist und Kulturhistoriker Wilhelm Heinrich Riehl urteilte darüber im Rückblick: »In den kleineren westdeutschen Staaten hatte es vorweg den Anschein, als wolle sich der Bauernstand in Masse erheben. Nicht ohne Grund verloren die Staatsbehörden den Kopf; denn dieses Schauspiel war noch nicht dagewesen. […] Aus den Fenstern der fürstlichen Schlösser und der Ministerhotels erschienen diese unabsehbaren Bauernschwärme freilich in einer ganz andern Perspective. Man argwohnte da ein Gemeinsames des revolutionären Gedankens bei den Bauern, ein planmäßiges Zusammenwirken und verlor den Kopf.«[84]

Deutlich zu erkennen war, dass sich die Bewegungen in den verschiedenen Ländern gegenseitig beeinflussten. Der rasche Erfolg der Märzbewegung in Nassau und in Hessen-Darmstadt hatte Auswirkungen auf Kurhessen und die kleineren Staaten, beschleunigte dort die Entwicklung und verhinderte gewaltsame Auseinandersetzungen. Regional gab es im hessischen Raum hinsichtlich der politischen Aktivität und des Auftretens von Gewaltakten sehr große Unterschiede: Während die Universitätsstädte sowie die gewerbereichen Städte im Rhein-Main-Gebiet und die sie jeweils umgebenden ländlichen Regionen Ausgangspunkt der revolutionären Bewegung waren und es hier zu vielerlei politisch motivierten und auch gewaltsamen Aktionen kam, konnte diese Bewegung im Norden Kurhessens kaum Fuß fassen. So brauchte Kurhessen auch deutlich länger, bis hier die Märzforderungen gebilligt wurden und ein neues Ministerium installiert war. Selbst Gemeinden und Gebiete, in denen große wirtschaftliche und soziale Not herrschte, wurden oft nicht durch die revolutionäre Bewegung erfasst. Vor allem das Bürgertum der Residenzstädte Darmstadt, Wiesbaden und Kassel war aufgrund seiner sozialen und wirtschaftlichen Abhängigkeit vom Hof überwiegend loyal gegenüber dem Fürstenhaus und lehnte einen Sturz der Monarchie ab.

Für die Mehrheit des liberalen Bürgertums war nach der Einsetzung der neuen Minister und der Bewilligung der Märzforderungen die Revolution beendet. Diese Haltung, für die Heinrich von Gagern als leitender hessendarmstädtischer Minister und unbestrittene Führungspersönlichkeit der Liberalen stand, war nicht frei von Risiken. Dies zeigte schon die meist widerwillige und nur erzwungene Billigung der Märzforderungen durch die Monarchen: In Nassau hatte der Herzog die Zugeständnisse am 4. März schweren Herzens und unter dem Druck der Umstände gemacht, seine künftige Haltung war daher keineswegs sicher. Nach der Darstellung des Diplomaten Max von Gagern habe der Herzog ihn am Morgen des darauffolgenden Tages gefragt, »soll ich den Unsinn, den ich gestern Abend versprochen, ausführen?«[85] Auch wenn diese Aussage nur indirekt überliefert ist, so besitzt sie dennoch eine hohe Glaubwürdigkeit. In seinem Brief an den Prinzen Wilhelm von Preußen vom 9. März benutzte Herzog Adolph die gleiche Wortwahl und bekannte, dass er die Forderung nach Einberufung eines Deutschen Parlaments »vor so wenig Tagen noch für einen Unsinn hielt« und bei den Versprechungen, »die ich machen mußte, sind manche fürchterlich hart«. Über seinen politischen Standpunkt ließ der Herzog keinen Zweifel: »Du kennst meine politische

Überzeugung, es ist die meines seligen Vaters.«[86] Er stellte sich damit bewusst in die politische Tradition seines Vaters Herzog Wilhelm, der ein bedingungsloser Anhänger des monarchischen Prinzips gewesen war und die liberalen Bestrebungen kompromisslos bekämpft hatte. Herzog Adolph fand sich jedoch mit den neuen Verhältnissen ab. Dahinter mag auch die Absicht gestanden haben, sich zu arrangieren, um auf eine Beruhigung der Verhältnisse und eine mögliche Wende zu hoffen. In Kassel sah es nicht besser aus: Der erfahrene Kammerliberale und Jurist Ludwig Schwarzenberg aus Kassel schrieb am 18. März an seinen Sohn über seinen Eindruck vom Kurfürsten beim Empfang der Deputation: »Mir bot er das Bild eines Mannes, der durch die Gewalt der Umstände niedergeschmettert, ohne Mut solche zu besiegen oder dagegen anzukämpfen, doch seinen Sinn selbst nicht geändert hat und noch den Anschein unbeschränkter Herrschermacht behaupten möchte. Er verlas stotternd die wenigen nüchtern genug abgefassten Verheissungen, zu denen seine Minister wahrscheinlich nicht ohne langes Widerstreben ihn bewogen hatten.«[87] Für die Dauerhaftigkeit des Erfolges der Liberalen waren dies keine allzu guten Vorzeichen.

Auch in Frankfurt fremdelten die städtische Obrigkeit und die Bürgerschaft mit den neuen Verhältnissen nach der Revolution: Bereits am 4. März hatte die Frankfurter Stadtwehr das Hissen einer schwarz-rot-goldenen Fahne verhindert, und am 7. März wurde eine friedlich aus Darmstadt mit zwei schwarz-rot-goldenen Fahnen heimkehrende rheinhessische Delegation von Frankfurter Bürgern misshandelt, die Fahnen wurden zerstört und die Träger zur Wache gebracht. Liberale Frankfurter kritisierten diese Vorgänge heftig, denn dies rücke, so der spätere Frankfurter Paulskirchenabgeordnete Friedrich Jucho, die Stadt in das Licht von »Krämersinn und Philistergeist«.[88] Am 9. März 1848 erklärte der Bundestag Schwarz-Rot-Gold zu den Farben des Deutschen Bundes, sodass diese nun auch in Frankfurt allgemein akzeptiert wurden. Doch auch in den Staaten, in denen neue Leitungen der Regierungsgeschäfte berufen wurden, erfolgte der Wechsel nur an der Spitze. Die staatliche Bürokratie und erst recht das Offizierskorps der einzelnen Staaten blieben auch im hessischen Raum vom revolutionären Wandel weitgehend unberührt. Personelle Auswirkungen gab es nur in Ausnahmefällen: In Hessen-Darmstadt wurden lediglich »die mißliebigsten Persönlichkeiten« aus dem Ministerium entfernt.[89] In Kurhessen wurden noch im Laufe des Jahres 1848 Beamte, die aus politischen Gründen in den einstweiligen Ruhestand versetzt worden waren, wieder in den Staatsdienst übernommen, »sofern sie sich gebessert« hätten.[90] Die meisten Beamten, die jetzt unter den neuen liberalen Ministern dienten, hatten ihre obrigkeitlich geprägten, konservativen Einstellungen aber nicht abgelegt. Sie lehnten mehrheitlich die Märzbewegung ab, die sie für das Werk von landfremden Verschwörern hielten.

Es waren die Notwendigkeit, den Beamtenapparat und das Militär für das Funktionieren des Staatswesens und zur Aufrechterhaltung der Ordnung beizubehalten, aber auch fehlende personelle Alternativen sowie die Furcht vor einer zu weitgehenden sozialen Revolution, die die liberalen Minister letztlich von personalpolitischen Eingriffen abhielten. Der demokratischen Konzeption einer politischen Partizipation breiter Bevölkerungsschichten in Verbindung mit sozialen Reformen standen sie, nicht zuletzt aufgrund der Erfahrungen mit gewalttätigen Protesten, misstrauisch gegenüber. Nicht zu unterschätzen war auch, dass konservative wie liberale Beamte ein gemeinsames Dienstethos, gleiche Ordnungsvorstellungen und die gleiche soziale Schicht mit ihren vielfältigen persönlichen, geselligen und familiären Beziehungen verbanden. Nur so ist in Hessen-Darmstadt die Beibehaltung des Freiherrn Reinhard von Dalwigk zu verstehen, der im Vormärz entschiedener Gegner aller liberalen und demokratischen Bestrebungen gewesen war. Diese Personalie brachte die rheinhessischen Demokraten nachhaltig gegen das Ministerium in Darmstadt auf, wie der Republikaner Bamberger in seinen Erinnerungen berichtete: »Anfang August [1848] wurde Freiherr von Dalwigk, welcher einer der eifrigsten Beamten des Regimentes Du Thil gewesen und sich den wohlverdienten Ruf eines Erzreaktionärs erworben hatte, als Regierungspräsident nach Mainz versetzt. Dies war für unseren Landstrich der untrüglichste Beweis, daß es scharf abwärts gehe mit allen sogenannten Errungenschaften.«[91] Auch in Kurhessen blieben selbst hochkonservative Landräte wie Julius von Buttlar und Heinrich von Loßberg unter dem Märzministerium weiter in ihren Ämtern.[92]

Die Zusammenarbeit zwischen liberalen Ministerien und konservativen Beamten und Militärs musste zu Konflikten mit demokratischen Weggefährten der Liberalen führen. Reinhard Eigenbrodt, Nachfolger Gagerns als Leiter des Innenministeriums in Darmstadt, beschrieb dies im Rückblick recht kritisch: »Überhaupt hatte die servile Bureaukratie nichts Eiligeres zu tun, als sich der neuen Sonne zuzuwenden, und uns mit Liebeserklärungen zu überschütten; sie war ministeriell wie immer, natürlich mit dem Vorbehalt, uns bei veränderter Lage wieder den Rücken zu kehren. [...] Wir hatten also neue Freunde gewonnen, aber Freunde, die wir weder als zuverlässig betrachten, noch deren wir uns recht freuen konnten [...] – Freunde, welche uns diejenigen, mit denen wir bis dahin gegangen, zu entfremden drohten.«[93] Hinzu kam, dass wichtige Fragen mit der Genehmigung der Märzforderungen nicht geklärt waren, wie die, ob diese lediglich als Zusatz oder als Grundlage einer neuen, noch zu schaffenden Verfassung zu verstehen sein sollten. Unerwähnt blieb auch die verfassungspolitische Machtfrage nach dem künftigen Verhältnis zwischen Parlament und Regierung. Genau diese Fragen sorgten aber in den folgenden Monaten für Konfliktstoff.

Vorparlament und Wahlen zur Nationalversammlung

Noch während die Nachrichten über die revolutionären Ereignisse eintrafen, passte sich der vormärzliche Bundestag in Frankfurt der neuen Situation an und stimmte der Gewährung von Märzforderungen zu. Am 10. März 1848 beauftragte er einen Ausschuss von 17 liberalen Persönlichkeiten mit der Ausarbeitung eines Verfassungsentwurfs, der jedoch angesichts der rasanten Entwicklung keine Wirkung entfalten konnte. Folgenreicher war bereits am 5. März 1848 die Zusammenkunft von 51 fast durchweg süddeutschen Oppositionspolitikern (darunter elf aus Hessen, Nassau und Frankfurt) in Heidelberg. Man ließ die Staatsformfrage offen, verständigte sich auf ein »Zusammenwirken aller deutschen Volksstämme mit ihren Regierungen«[94] und setzte einen Siebenerausschuss ein. Dieser erarbeitete Grundzüge einer »deutschen Parlamentsverfassung«[95] und lud für den 31. März 1848 »alle früheren oder gegenwärtigen Ständemitglieder und Theilnehmer an gesetzgebenden Versammlungen in allen deutschen Landen« sowie eine »bestimmte Anzahl anderer durch das Vertrauen des deutschen Volkes ausgezeichneten Männer, die bisher nicht Ständemitglieder waren«[96] nach Frankfurt ein. Insgesamt 574 Volksvertreter und Honoratioren trafen sich im sogenannten »Vorparlament«, das die Vorbereitungen für die Wahlen zu einem gesamtdeutschen Parlament, der Deutschen Nationalversammlung, in die Wege leiten sollte. Auch im Vorparlament waren die deutschen Länder ungleichmäßig vertreten: Der hessische Raum war mit 84 Delegierten aus Hessen-Darmstadt, 26 aus Kurhessen, 26 aus Nassau, zwölf aus Frankfurt und zwei aus Hessen-Homburg deutlich überrepräsentiert. Viele von ihnen gehörten später der Nationalversammlung an.

Frankfurt war am 31. März festlich geschmückt, alle Glocken läuteten und es gab zur Eröffnung Kanonenschüsse und einen großen Fackelzug. Das Vorparlament, das nach der Eröffnung im Kaisersaal des Römer fortan in der Paulskirche tagte, wurde von hohen Erwartungen der Bevölkerung, aber auch Sorgen vor möglichen Krawallen begleitet. Clotilde Koch, geborene Gontard, Frau eines wohlhabenden Frankfurter Kaufmanns, schrieb darüber in ihrem »Parlamentstagebuch«: »Wird die Partei des Umsturzes von den wahren Patrioten im Zaume gehalten werden, wird sich die Gewalt der Waffen nicht einmischen und vernichtend für eine oder die andere Seite eingreifen? Auch die bangste Sorge für Hab und Gut stieg in vielen Menschen auf. Man suchte seinen Besitz so gut als möglich zu sichern, und als dies geschehen, begann man mit schwerem Herzen, nach der Verordnung des Komitees die Häuser festlich mit Blumen, Fahnen, Bändern etc. zu schmücken. Die Stadt gewann allmählich ein gar festlich Ansehen, und einzelne Gebäude und Straßen nahmen sich gar

Sitzung des Vorparlaments.

schön aus.«[97] Auch Adolph Zunz berichtete über das Ereignis in seinem Tagebuch: »Die Luft ist mit deutschen dreifarbigen Fahnen wahrhaft angefüllt. Auf manchen Straßen glaubt man sich in einen Wald versetzt, so viel Tannenbäume sind aufgepflanzt. Auf jeder Straße, die zu einem Tor führt, steht ein prächtig ausgeschmückter Triumphbogen […]. Wo die Fahrgasse, Friedberger Gasse, Altgasse und Schäfergasse sich kreuzen, steht ein vierfacher Triumphbogen. Die Deputierten werden vom Volke jubelnd und mit Freudenschüssen empfangen. […] Die Zahl der hier seienden Fremden wird auf 40-60 000 angegeben. Das Schießen auf den Straßen und aus den Fenstern will gar kein Ende nehmen.«[98]

Schon im Vorfeld formierten sich die politischen Lager, die demokratische Linke um Robert Blum und Adam von Itzstein, und die konstitutionell-liberale Gruppierung um Heinrich von Gagern, die bereits zu dieser Zeit als »Gagernsche Partei« oder weniger freundlich als »Gagernsche intime Coterie« bezeichnet wurde und sich im »Englischen Hof« zusammenfand.[99] Auch die Wahl der Unterkünfte in Frankfurt gab Hinweise auf politische Netzwerke: So logierten Blum und Itzstein bei dem späteren Frankfurter Paulskirchenabgeordneten Jucho, den sie von den Zusammenkünften des Hallgarten-Kreises kannten.[100]

Kampf zwischen Republikanern und Liberalen in Frankfurt am 30. März 1848.

Diese informellen Zusammenkünfte bildeten die Anfänge der späteren Parlamentsfraktionen. Im Vorparlament kam es dann zur offenen Auseinandersetzung zwischen den beiden Lagern, wobei sich die Demokraten in der Minderheit befanden. Der badische Demokrat Gustav Struve legte ein radikales 15-Punkte-Programm vor, das für die liberale Mehrheit völlig inakzeptabel war und unter anderem die Aufhebung der stehenden Heere, die Abschaffung der erblichen Monarchie sowie die Neueinteilung Deutschlands in »Reichskreise« forderte. Die Vorstellung, man könne im Vorparlament ein radikales republikanisches Programm durchsetzen, war illusionär, das erkannten auch Demokraten wie Blum, die zunächst ähnliche Ziele verfolgt hatten. Mit Verweis darauf, dass der Arbeit der Nationalversammlung nicht vorgegriffen werden dürfe, wurde die Diskussion beendet. Immerhin gelang es, sich auf ein allgemeines Wahlrecht für die Wahlen zur Nationalversammlung zu einigen, indem für je 50 000 Einwohner ein Abgeordneter entfallen und nach einem allgemeinen Wahlrecht jeder »volljährige selbständige Staatsangehörige«[101] wahlberechtigt und wählbar sein sollte. Offen blieb dabei, ob nach direktem oder indirektem Verfahren zu wählen sei, wobei die Demokratische Linke für direkte Wahlen eintrat. Ausschlaggebend für die konkrete Durchführung der Wahlen waren die Wahlordnungen der Einzelstaaten.

Bereits die Verhandlungen des Vorparlaments wurden von Zuschauerinnen und Zuschauern auf der Empore verfolgt. Vor allem die Teilnahme von Frauen stellte eine bislang unerhörte Neuigkeit dar. Vielfach gab es Zwischenrufe aus der Zuhörerschaft, »meist [von] wüste[n] Schreier[n] aus der Umgegend«, wie ein konstitutionell-liberaler Abgeordneter meinte.[102] Auf den Straßen Frankfurts fanden die Verhandlungen des Vorparlaments ihr handfestes Pendant: Am 31. März kam es in der Bockenheimer Straße zu einer Prügelei zwischen einer Gruppe aus Darmstadt mit schwarz-rot-goldener Fahne und Republikanern, darunter viele Mainzer, mit einer roten Fahne. Bei der Schlägerei auf der Straße zogen die Anhänger der Republik im eher konservativen Frankfurt ebenfalls den Kürzeren.

Die radikale Linke um Gustav Struve und Friedrich Hecker beantragte die Permanenz des Vorparlaments, was aber von der liberalen Mehrheit abgelehnt wurde. Stattdessen wurde ein permanenter Ausschuss von 50 Mitgliedern eingesetzt, der den Bundestag »bei Wahrung der Interessen der Nation und bei der Verwaltung der Bundesangelegenheiten bis zum Zusammentritte der constituirenden Versammlung« beraten, Anträge einbringen sowie »bei eintretender Gefahr des Vaterlandes die gegenwärtige Versammlung« sofort wieder einberufen sollte.[103] Dass der vormärzliche Bundestag als Ansprechpartner dienen sollte, war für die äußerste Linke nicht hinnehmbar. Den Antrag des Republikaners Franz Zitz, erst müsste der Bundestag von Personen bereinigt werden, die an der Repressionspolitik der Vergangenheit mitgewirkt hätten, bevor er an der Gründung der Nationalversammlung beteiligt werde, änderte die Mehrheit durch die Ersetzung des »bevor« durch »indem«. Damit ging sie einem Konflikt mit dem Bundestag aus dem Weg, der die Wahlen zur Nationalversammlung zumindest verzögert hätte. Die äußerste Linke zog aus Protest dagegen am 2. April 1848 aus dem Vorparlament aus, doch nur etwa 50 Abgeordnete folgten dieser Aktion, während sich die meisten Demokraten der Mehrheitsentscheidung fügten. Die Konsequenzen zeigten sich bei der Wahl zum Fünfzigerausschuss, wo Demokraten wie Blum und Itzstein gewählt, von der äußersten Linken dagegen niemand berücksichtigt wurde. Damit hatte sich die Mehrheit des Vorparlaments unter Führung Heinrich von Gagerns für die Zusammenarbeit mit den Monarchen und dem Bundestag sowie gegen einen revolutionären Konvent entschieden. Bemerkenswert war insbesondere das Einlenken der gemäßigten Demokraten um Robert Blum, der sich am 3. April 1848 in einem Brief an seine Frau vom Verhalten seiner Weggefährten von der äußersten Linken distanzierte: »Struve und Hecker sind wahre Viehkerls, rennen durch die Wand wie geschlagene Ochsen […].«[104] Nach der Einsetzung des Fünfzigerausschusses endete das Vorparlament am 4. April 1848.

Struve und Hecker versuchten nun mit Gewalt die Errichtung einer Republik durchzusetzen und zogen mit einer bewaffneten Freischar am 13. April 1848 von Konstanz in Richtung Rheinebene. Truppen des Deutschen Bundes, darunter auch hessische Soldaten, besiegten die Anhänger Heckers zunächst am 20. April bei Kandern, wobei auch ein Bruder Heinrich von Gagerns, der in Weilburg geborene General Friedrich von Gagern, als Kommandeur der Bundestruppen den Tod fand. Noch bis zum 27. April dauerten die Gefechte unter Beteiligung hessischer und nassauischer Kontingente in Baden, die mit einer vollständigen und blutigen Niederschlagung des schlecht geplanten Aufstandes endeten, dem es an ausreichender Unterstützung in der Bevölkerung fehlte.

Die Vorgänge in Baden hatten auch Auswirkungen auf den hessischen Raum, wo sie die politische Parteibildung förderten. Zwar überwog in der öffentlichen Meinung die Ablehnung des Aufstandsversuchs, doch es gab hier auch Unterstützer von Hecker und Struve: So richteten Frankfurter Republikaner am 25. April 1848 eine Protest-Adresse an den Fünfzigerausschuss, in der sie forderten, dem badischen Volk die Entscheidung über seine Staatsform selbst zu überlassen und von militärischen Interventionen abzusehen. Der Adresse, die von 700 Personen unterzeichnet war, schloss sich eine weitere textgleich aus Offenbach an, die zusätzlich noch 400 Unterschriften trug.[105] Das liberal-demokratische »Montagskränzchen«, das zu den größten politischen Vereinen Frankfurts zählte, veranstaltete daraufhin am 29. April eine Volksversammlung, bei der die republikanische Protest-Adresse zurückgewiesen, die Erhebung in Baden als volksfeindlich verurteilt und eine Vertrauens-Adresse an den Fünfzigerausschuss gesendet wurde. Rund 5000 Unterschriften erhielt diese Adresse, darunter auch von Frankfurter Demokraten wie Johann Friedrich Funck.[106] Der badische Aprilaufstand bestärkte die Liberalen um Heinrich von Gagern und die anderen Märzminister in ihrer Gegnerschaft zu demokratischen Organisationen und Politikern. Die Unruhen zu Beginn der Revolutionszeit schürten Ängste im liberalen Bürgertum vor einer weitergehenden »roten« Revolution des »Pöbels«, die die Eigentumsverhältnisse in Frage stellen würde, und hatten den endgültigen Bruch der konstitutionellen Liberalen mit Demokraten und Republikanern zur Folge. Aus den demokratischen Mitstreitern von einst wurden die neuen politischen Gegner, aus konservativen Gegnern von gestern dagegen häufig neue Verbündete. Hatten noch zu Beginn der 1840er Jahre Demokraten und Liberale in der gemeinsamen Opposition gegen die Regierungen eng zusammengearbeitet, so zerbrach diese Allianz nun. Dies blieb nicht ohne Auswirkungen auf die konstitutionellen Liberalen, die dadurch selbst konservativer wurden. Von republikanischer Seite in Gießen wurde dies unter der Überschrift »Veränderungen in den bisherigen Partheien«

so beurteilt: »Wir glauben hier einen Unterschied machen zu müssen unter allen Denjenigen, die früher in einer geschlossenen Reihe zusammen den Anmaßungen der Regierungen und des Bundestags entgegentraten, nunmehr aber, da sie zum Sieg gelangt sind, sich trennen und nun einander feindlich gegenüber stehen (ein Gegensatz, der sich schon früher in der badischen Kammer durch die Spaltung der Opposition in Liberale und Radicale kund gab).«[107]

Die Wahlen zur Nationalversammlung und ihre Konstituierung in Frankfurt bildeten die herausragenden politischen Ereignisse im April/Mai 1848. Auf der Grundlage der Beschlüsse des Vorparlaments veröffentlichte der Bundestag am 7. April 1848 ein neues Bundeswahlgesetz für die Wahlen zur Nationalversammlung. Diese ersten deutschlandweiten Wahlen bildeten einen Meilenstein in der Geschichte des deutschen Parlamentarismus. Beschränkungen aufgrund von Zensus, Religion oder Stand wurden als unzulässig erklärt, wodurch nun auch Angehörige der jüdischen Minderheit und in vielen Staaten bislang nicht wahlberechtigte ärmere Schichten das Wahlrecht zur Nationalversammlung erhielten. Da für die Durchführung die Wahlordnungen der Einzelstaaten maßgeblich waren, gab es direkte Wahlverfahren im hessischen Raum nur in Kurhessen und Frankfurt. In den anderen Staaten wurde nach einem indirekten Modus gewählt, in Hessen-Darmstadt mit einem Wahlmann auf 250 Wahlberechtigte, in Nassau mit einem Wahlmann auf 100 Wahlberechtigte. Trotz des erweiterten Wahlrechts blieben je nach den landesspezifischen Vorgaben immer noch große Teile der Bevölkerung von den Wahlen ausgeschlossen, hier vor allem Frauen, dann Personen, die unter Kuratel standen oder Konkurs anmelden mussten, verurteilte Straftäter, meist auch Empfänger von Armenunterstützung sowie Ortsfremde. Auch wurde das Kriterium der »Selbstständigkeit« sehr unterschiedlich gehandhabt, sehr restriktiv beispielsweise in Kurhessen, wo Arbeiter, Gesellen, Dienstboten und Tagelöhner von den Wahlen ausgeschlossen waren. In Nassau durften einerseits volljährige Söhne von Geschäftsinhabern oder Handwerksmeistern sowie Handwerksgesellen und Dienstboten nicht wählen, ortsansässige Tagelöhner waren dagegen wahlberechtigt. Am großzügigsten war das Wahlrecht in Hessen-Darmstadt geregelt, wo auch Gesellen und ländliches Gesinde wählen durften. Die Volljährigkeit war ebenfalls nicht einheitlich geregelt, in Hessen-Darmstadt galt sie ab dem 21., in Kurhessen ab dem 22. und in Nassau ab dem 23. Lebensjahr.

Die Wahlrechtsbeschränkungen, die vor allem jüngere und ärmere Menschen trafen, riefen von Seiten der Demokraten und Republikaner zahlreiche Proteste hervor und bildeten ein wichtiges Thema bei ihrer Wählermobilisierung. Eine uneinheitliche lokale Praxis bei der Aufnahme in die Urwählerlisten sorgte offenbar zusätzlich zu den Beschränkungen für Benachteiligungen.

Gemessen an der Gesamtbevölkerung waren in Wiesbaden etwa 13 Prozent stimmberechtigt, in Mainz etwa 20 Prozent und in Darmstadt knapp 15 Prozent. Sehr unterschiedlich fiel auch die Wahlbeteiligung aus und lag je nach Region zwischen 40 und 90 Prozent der Wahlberechtigten, wobei der Anteil in den Städten in der Regel höher war als auf dem Land. Für Kurhessen gibt es aufgrund des direkten Wahlverfahrens verlässliche Angaben über die Beteiligung an den Wahlen, sie lag hier bei etwa 67 Prozent der Volljährigen, sodass angesichts der Wahlrechtsbeschränkungen in diesem Land von einer sehr eindrucksvollen Beteiligung ausgegangen werden kann, die bei mehr als 89 Prozent der Wahlberechtigten gelegen haben dürfte.[108] Dies ist ein Beleg für die große Anteilnahme der hessischen Bevölkerung an dieser ersten deutschlandweiten Wahl. Berichte über Wahlunregelmäßigkeiten waren dagegen selten.

Bei den Wahlen zur Nationalversammlung gab es bereits Ansätze für die Aufstellung von Kandidatenlisten und organisierten Wahlkampf. In den Städten stellten liberal-demokratische Wahlkomitees und Bürgervereine, beispielsweise in Frankfurt das Montagskränzchen, oder auch Honoratiorenversammlungen Kandidatenlisten für die Wahlen auf. Da die Wahlkomitees häufig aus den lokalen Bürgerausschüssen, Sicherheitskomitees, Volksräten oder Volkskommissionen hervorgingen, genossen sie hohes Vertrauen in der Bevölkerung. Auch fanden in einigen Städten des Rhein-Main-Gebiets Volksversammlungen statt, in der die Kandidaten ihre Programme vorstellten. So organisierte der Bürgerverein in Friedberg im April eine Volksversammlung, über die der damalige Vorsitzende, der Theologiekandidat Wilhelm Urich, später erzählte: »Eine solche Volksversammlung habe ich in meinem ganzen Leben nie wieder beisammen gesehen! Vom frühen Morgen an strömten aus der ganzen Wetterau ungezählte und wirklich unzählbare Scharen herbei, die dann in der Breiten Gasse sich stauten und jeden Verkehr unmöglich machten. In der Nähe des Rathauses aber stand die Menge Kopf an Kopf, dicht aneinander gedrängt, so daß nicht ein Apfel hätte zur Erde fallen können, und das Gewirre ihrer Stimmen erklang wie das Brausen und Toben des Meeres. Da auf einmal eine Grabesstille, denn auf dem Balkon des Rathauses erschienen nun die Parlamentskandidaten, um zum Volke zu reden.«[109]

Auch die entstehenden politischen Strömungen beteiligten sich an den Wahlen. Am 17. März 1848 verkündete der Limburger Bischof Peter Blum den ersten bekannten Wahlhirtenbrief eines deutschen Bischofs und förderte die Gründung des »Centralvereins für religiöse Freiheit«, der sich das Ziel setzte, »um die Zersplitterung der Stimmen der Urwähler und Wahlmänner zu verhüten, durch Namhaftmachung der das Vertrauen der katholischen Bürger besitzenden Wählbaren den katholischen Urwählern und Wahlmännern die

Erfüllung ihrer hochwichtigen Pflicht [zu] erleichtern«.[110] Wie Bischof Blum ausführte, seien solche Kandidaten zu unterstützen, »die nicht nur wissen, was das Gesammtwohl erheischt, sondern zugleich wie für Fürst und Vaterland, so auch für unsere heilige katholische Kirche aufrichtig begeistert sind, oder, wenn sie nicht zu derselben gehören, doch, als von der Liebe zur wahren Freiheit Beseelte, deren Rechte und Befugnisse gleich denen ihrer eigenen Confession anerkennen und allseitig würdigen«.[111] Hier manifestierten sich die Anfänge des politischen Katholizismus in der Revolutionszeit im hessischen Raum, der ein breites Vereinswesen entfalten sollte. Insgesamt war die Bilanz der katholischen Wahlbewegung im Frühjahr 1848 aber wenig erfolgreich, was nicht zuletzt auf die Gegnerschaft liberaler und demokratischer Wahlkomitees zurückzuführen war.

Bereits unmittelbar nach dem Ende des Vorparlaments gründeten Mitglieder der äußersten Linken, darunter die rheinhessischen Abgeordneten Franz Zitz und Martin Mohr sowie der Hanauer Abgeordnete Georg Pflüger, am 4. April 1848 in Frankfurt ein »demokratisches Central-Comité für die Wahlen zur konstituierenden Versammlung«. In einem 13 Punkte umfassenden Wahlprogramm, das weitgehend dem Antrag Struves im Vorparlament folgte, wurden die radikaldemokratischen Forderungen formuliert, hier vor allem Ersetzung der stehenden Heere durch Volkswehren, Aufhebung des Beamtenwesens, Abschaffung aller grundherrlichen Abgaben und aller Privilegien, indirekten Steuern und der Gewerbesteuer, dafür eine progressive Einkommens- und Vermögenssteuer, Selbstverwaltung der Gemeinden, Aufhebung der geistlichen Schulaufsicht, bessere Stellung der Lehrer und kostenlose Schulbildung, Pressefreiheit, öffentliche Schwurgerichte, ein allgemeines Staatsbürgerrecht, Vereinheitlichung des Rechtssystems und Grundrechte. Auch soziale Reformen wurden eingefordert, so die »Beseitigung des Notstandes der arbeitenden Klassen und des Mittelstands, des Handels, des Gewerbstandes und der Landwirtschaft« sowie die »Ausgleichung des Mißverhältnisses zwischen Arbeit und Kapital«. Als Mittel hierzu sah man die Errichtung eines »Arbeiter-Ministeriums«, die Beschlagnahme von »brachliegenden Besitzungen« und von Domänen sowie die Kürzung bzw. Streichung von Zivillisten, Apanagen, Pensionen und Besoldungen. Hinsichtlich der staatlichen Gliederung Deutschlands und der Staatsformfrage wurde die Einteilung des Reichsgebiets in Reichskreise sowie recht allgemein »die freieste« Staatsform gewünscht.[112] Die im Antrag Struves vorhandene Forderung nach »Abschaffung der erblichen Monarchie« und »Ersetzung derselben durch frei gewählte Parlamente, an deren Spitze frei gewählte Präsidenten stehen«,[113] fehlte dagegen bemerkenswerterweise im Wahlprogramm des Zentralkomitees. Ein Organisationsaufruf des Zentralkomitees vom selben Tag regte die Bildung von Provinzial- und Lokalvereinen sowie Organisation einer demokratischen Wahlbewegung an.

Im hessischen Raum stießen die beiden Aufrufe des demokratischen Zentralkomitees nur in Rheinhessen auf eine nachhaltige Resonanz. Bereits am 10. April 1848 veröffentlichte das Mainzer Bürgerkomitee ein Wahlmanifest, dem das Programm des Zentralkomitees zugrunde gelegt worden war, das aber in zwei Punkten darüber hinausging: So wurde die Schaffung einer deutschen Flotte und die Organisation der Auswanderung verlangt, aber auch die »Einführung allgemeiner Wahlfähigkeit und Wählbarkeit mit unmittelbaren Wahlen«.[114] Damit griff das Mainzer Komitee die Beschränkungen des Wahlrechts an, die auch in Hessen-Darmstadt bestanden. Am 12. April 1848 versammelten sich die rheinhessischen Bürgerkomitees in Wörrstadt und übernahmen das Wahlprogramm des Mainzer Komitees mit geringfügigen Abweichungen. Allerdings wurde für die Wahl zum hessen-darmstädtischen Landtag die Aufnahme eines Bekenntnisses zur konstitutionellen Monarchie verlangt. Bei den Wahlen zur Nationalversammlung konnten die rheinhessischen Demokraten ihre drei Kandidaten durchbringen. Dabei bewiesen sie neben taktischem Geschick auch bereits Parteidisziplin: Um den Sieg des Kandidaten Martin Mohr im umkämpften Wormser Wahlkreis zu sichern, verzichteten drei andere Demokraten auf ihre Kandidatur.[115] Ähnlich gingen die gegnerischen konstitutionellen Liberalen in Kurhessen vor, wo Heinrich von Sybel auf eine Kandidatur in Marburg verzichtete, um die Wahl Bruno Hildebrands nicht zu gefährden und einen Erfolg des Republikaners Karl Bayrhoffer zu verhindern. In der Nationalversammlung gehörten die rheinhessischen Abgeordneten Mohr, Zitz und Joseph Brunck sowie der Nachrücker Friedrich Jakob Schütz der äußersten Linken an. Auch sonst war Hessen-Darmstadt das Land, in dem im Frühjahr 1848 anteilmäßig die meisten Abgeordneten gewählt wurden, die sich linken Fraktionen anschlossen. So konnten in Oberhessen Karl Vogt (Gießen) und Christian Heldmann (Nidda) sowie im Odenwald Ludwig Bogen (Erbach) Mandate für die Linke erringen, während lediglich Heinrich von Gagern (Zwingenberg), Karl Jaup (Umstadt) und Wilhelm Wernher (Alsfeld) für die Liberal-Konstitutionellen erfolgreich waren. Die übrigen Mandate gingen mit Theodor Reh (Offenbach), Friedrich Wilhelm Schulz(-Bodmer) (Darmstadt) und Gustav Hofmann (Friedberg) an die gemäßigten Demokraten und Linksliberalen der Fraktion Westendhall, der auch Jakob Venedey aus Hessen-Homburg zuzurechnen war.

In Wiesbaden griffen die dortigen Republikaner die Anregung des Zentralkomitees auf und unternahmen einen Organisationsversuch: Am 4. April 1848 pries ein »Comité der republikanischen Gesellschaft« in Wiesbaden in einem

Flugblatt unter dem Titel »Die wichtigsten Fragen der Gegenwart« die Republik als die beste Staatsform an, »weil sie die einfachste, zweckmäßigste und wohlfeilste ist«.[116] Das kurzlebige Wiesbadener republikanische Komitee übernahm viele der Forderungen aus dem Wahlprogramm des Zentralkomitees, und mit ihrer Forderung nach der republikanischen Staatsform auch in den Einzelstaaten gingen die Wiesbadener sogar noch darüber hinaus. Als Unterzeichner traten unter anderem die späteren Initiatoren des Wiesbadener Arbeitervereins Oswald Dietz, Friedrich Graefe und Georg Böhning hervor. Ihr Versuch, eine eigene Kandidatenliste in Wiesbaden durchzusetzen, scheiterte jedoch an einer sofort danach aufgestellten konstitutionell-liberalen Gegenliste. Bei den Wahlen erwies sich die Autorität des gemäßigt liberalen Wahlkomitees, dem August Hergenhahn persönlich angehörte: Von dessen sechs Kandidaten wurden vier, Hergenhahn (Wiesbaden), Max von Gagern (Montabaur), Wilhelm Schepp (Nastätten) und Karl Schenck (Rennerod), in die Nationalversammlung gewählt, die mit Ausnahme von Schenck der konstitutionellen Anhängerschaft Heinrich von Gagerns zuzurechnen waren. Lediglich zwei nassauische Abgeordnete, Karl Hehner (Königstein) und Friedrich Schulz (Weilburg), schlossen sich den gemäßigten Demokraten und Linksliberalen an. Im Herzogtum Nassau war die Wahl damit deutlich im konstitutionellen Sinne ausgefallen.

In Kassel und in Marburg bildeten sich ebenfalls republikanische Gegenkomitees zu den vorhandenen Wahlkomitees, doch blieben die Republikaner im nördlichen Kurhessen ähnlich wie in Wiesbaden erfolglos. Lediglich in Hanau und in Gelnhausen gelang es August Rühl und Johann Adam Förster, sich als Republikaner bei den Wahlen zur Nationalversammlung durchzusetzen. Im nördlichen Kurhessen schlossen sich Karl Bernhardi (Eschwege) und Karl Wippermann (Hofgeismar) den Liberal-Konstitutionellen an, Heinrich Henkel (Fritzlar) und Adolph Cnyrim (Ziegenhain) den Liberalen sowie Bruno Hildebrand (Marburg), Ludwig Schwarzenberg (Kassel) und Philipp Schwarzenberg (Melsungen) den gemäßigten Demokraten und Linksliberalen der Fraktion Westendhall. Karl Wilhelm Jacobi (Hersfeld) und Valentin Joseph Werthmüller (Fulda) blieben fraktionslos. Der Abgeordnete Hermann Backhaus aus Waldeck gehörte in der Nationalversammlung zu den Liberalen im Württemberger Hof, der Abgeordnete Friedrich Jucho aus Frankfurt zu den gemäßigten Demokraten und der Abgeordnete Johannes Münch aus dem preußischen Wetzlar war Mitglied liberal-konservativer Fraktionen.

Der Wahlausgang zeigte bei allen Einschränkungen doch, dass der hessische Raum eine liberal-demokratische Hochburg war. Die hier Gewählten schlossen sich in der Nationalversammlung mehrheitlich der gemäßigten Linken und den Linksliberalen in den Fraktionen Westendhall und Württemberger Hof an. Jeweils schwächer als diese, aber gleichauf in der Mitgliederstärke waren die konstitutionellen Liberalen und Liberal-Konservativen in den Fraktionen Casino und Pariser Hof sowie die Demokraten und Republikaner in den Fraktionen Deutscher Hof und Donnersberg. Auffällig waren die markanten Unterschiede zwischen den Regionen, bei denen das Rhein-Main-Gebiet und Rheinhessen zu den Hochburgen der Linken gehörten, während in weiten Teilen Nassaus und im nördlichen Kurhessen die konstitutionellen Liberalen stark waren. Von dem vergleichsweise stark politisierten Rhein-Main-Gebiet abgesehen, verliefen die Wahlen im hessischen Raum im Frühjahr 1848 oft noch im Stil von konsensorientierten Honoratiorenwahlen. Gewählt wurden eher bekannte Persönlichkeiten als politische Programme. Scharfe Debatten und Kontroversen wurden vermieden. In vielen Fällen bestand weitgehende Unklarheit über die politischen Auffassungen der Kandidaten. Die politischen »Glaubensbekenntnisse« ähnelten sich in ihren Aussagen und ließen die Unterschiede zwischen der politischen Haltung der Kandidaten vielfach kaum erahnen. So konnte es geschehen, dass der Demokrat Wilhelm Schulz(-Bodmer) im konservativen Darmstadt gewählt wurde, nachdem er seinen Wählern versprochen hatte, sich in der Nationalversammlung für die konstitutionelle Monarchie als künftige deutsche Staatsform einzusetzen. Oft zeichnete sich die politische Haltung eines Abgeordneten erst im Laufe seiner Tätigkeit in der Nationalversammlung ab, was zu Protesten seiner Wähler führen konnte. In den Wahlkomitees und Bürgervereinen gab es meistens keine Trennung nach politischen Auffassungen. Charakteristisch war das Programm des Kasseler Wahlkomitees, das zwar die monarchische Staatsform als »dermalen, namentlich in Hessen, für die allein entsprechende« anerkannte, doch zugleich feststellte, dass das Staatswesen »nicht wandellos« sei.[117] Allerdings gab es auch Fälle, bei denen sich die Kandidaten aus persönlichen Gründen gegenseitig angriffen. So kam es im Erbacher Wahlkreis im Odenwald zu gegenseitigen Beschuldigungen, Störungen von Reden bei Wahlversammlungen und öffentlichen Richtigstellungen der Kandidaten.

Die Republikaner konnten zwar lediglich in Rheinhessen und in der Provinz Hanau Mandate gewinnen, doch ihr Auftreten führte zu einer verstärkten Politisierung und einer Polarisierung in der Frage der Staatsform. Dies zeigte sich in Wiesbaden, wo auch ein Demokrat wie der Schriftleiter der »Freien Zeitung«, Ferdinand Möller, sich von den dortigen Republikanern distanzierte. Es mag kein Zufall sein, dass der Republikaner Graefe dem Wiesbadener Sicherheitskomitee nicht mehr angehörte und sein Gesinnungsgenosse Böhning, in den Märztagen noch Wiesbadener Bürgerwehrkommandant, am 19. April

1848 ausgeschlossen wurde. Über den April 1848 hieß es im Tagebuch eines Wiesbadeners: »Es sind bisher faßt täglich Besprechungen und Vorlesungen und noch große Unruhen unter den Bürgern gewesen, und ist jetzt Zweispalt, indem der eine Theil Parlament, der andere Theil Republik haben will.« Die zunehmende politische Polarisierung blieb nicht ohne Folgen. »Bei dem leicht entzündlichen Temperament der Nassauer« gingen die politischen Konflikte, wie ein Zeitgenosse schilderte, ins Persönliche: »Der Republikaner entzog dem monarchischen Schuster seine Kundschaft; der Konservative mochte seinen Schoppen nicht mehr an einem Tisch trinken mit dem Radikalen.«[118] Durch die Wahlen zur Nationalversammlung wurde ein Prozess der Politisierung weiter Bevölkerungsschichten in Gang gesetzt, der zu einem verstärkten Interesse für politische Fragen und zur Bildung politischer Vereine führte.

In sozialer Hinsicht gehörten die Abgeordneten ganz überwiegend dem Bildungsbürgertum an, hatten fast durchweg ein Studium absolviert und waren in der Mehrzahl zumindest zu einem Teil ihres beruflichen Lebenswegs im Staatsdienst gewesen. Für Handwerker oder Bauern war es dagegen schon aus wirtschaftlichen Gründen kaum möglich gewesen, sich in die Nationalversammlung wählen zu lassen. Auch ohne Zensus engte die fehlende »Abkömmlichkeit« und wirtschaftliche Unabhängigkeit die Wählbarkeit deutlich ein. Abgesehen von dem Gutsbesitzer und Bürgermeister von Fürfeld (Rheinhessen), Joseph Brunck, hatten alle übrigen 32 Abgeordneten, die im April/Mai 1848 im hessischen Raum gewählt wurden, ein Studium absolviert. Auffällig ist die Juristendominanz: 22 hatten ein Jurastudium absolviert oder zeitweise Rechtswissenschaften studiert. Beruflich waren sieben Anwälte, fünf Justizbeamte oder Richter und vier staatliche oder fürstliche Beamte. Berücksichtigt man noch die drei Hochschullehrer und Privatgelehrten, zwei Gymnasiallehrer und einen Bibliothekar, so wird die Rolle von Justiz, Bildungswesen und Staatsverwaltung für die Beschäftigung von Akademikern deutlich. Vier Abgeordnete waren Gutsbesitzer, davon aber drei zuvor Richter oder Beamte gewesen. Drei Abgeordnete waren als Publizisten oder Journalisten tätig gewesen, einer war Arzt und nur zwei Fabrikanten. Das Wirtschaftsbürgertum war in der noch weitgehend vorindustriellen Gesellschaft sehr schwach vertreten. Die Eltern der Abgeordneten stammten fast durchweg aus der gleichen sozialen Schicht. Nur vier Abgeordnete waren soziale Aufsteiger: der studierte Journalist und Bürgermeister Johann Förster, der aus bäuerlicher Familie stammte, der Arzt Christian Heldmann, dessen Vater Schneidermeister war, der Gutsbesitzer und Richter Martin Mohr, Sohn eines Gerichtsschreibers und Landwirts, sowie Friedrich Schulz, dessen Vater Hofgärtner war.

Tabelle 1
Im April/Mai 1848 gewählte Abgeordnete der Nationalversammlung
(spätere Nachwahlen wurden nicht berücksichtigt)

Name	Staat	Wahlkreis	Fraktion
Schwarzenberg, Ludwig	Kurfürstentum Hessen	Kassel	Westendhall
Bernhardi, Karl	Kurfürstentum Hessen	Eschwege	Casino
Wippermann, Karl	Kurfürstentum Hessen	Hofgeismar	Casino
Henkel, Heinrich	Kurfürstentum Hessen	Fritzlar	Württemberger Hof
Jacobi, Karl Wilhelm	Kurfürstentum Hessen	Hersfeld	Fraktionslos
Schwarzenberg, Philipp	Kurfürstentum Hessen	Melsungen	Westendhall / Centralmärzverein
Cnyrim, Adolph	Kurfürstentum Hessen	Ziegenhain	Württemberger Hof
Hildebrand, Bruno	Kurfürstentum Hessen	Marburg	Westendhall / Centralmärzverein
Werthmüller, Valentin Joseph	Kurfürstentum Hessen	Fulda	Fraktionslos
Rühl, August	Kurfürstentum Hessen	Hanau	Donnersberg / Centralmärzverein
Förster, Johann Adam	Kurfürstentum Hessen	Gelnhausen	Deutscher Hof / Centralmärzverein
Schulz(-Bodmer), Wilhelm	Großherzogtum Hessen	Darmstadt	Westendhall / Centralmärzverein
Jaup, Karl	Großherzogtum Hessen	Umstadt	Casino
Gagern, Heinrich von	Großherzogtum Hessen	Zwingenberg	(Casino)
Bogen, Ludwig	Großherzogtum Hessen	Erbach	Deutscher Hof
Reh, Theodor	Großherzogtum Hessen	Offenbach	Deutscher Hof / Württemberger Hof / Westendhall / Nürnberger Hof

Name	Staat	Wahlkreis	Fraktion
Vogt, Karl	Großherzogtum Hessen	Gießen	Deutscher Hof / Centralmärzverein
Wernher, Wilhelm	Großherzogtum Hessen	Alsfeld	Württemberger Hof / Augsburger Hof
Hofmann, Gustav	Großherzogtum Hessen	Friedberg	Westendhall
Heldmann, Christian	Großherzogtum Hessen	Nidda	Deutscher Hof
Zitz, Franz	Großherzogtum Hessen	Mainz	Donnersberg / Centralmärzverein
Mohr, Martin	Großherzogtum Hessen	Worms	Donnersberg / Centralmärzverein
Brunck, Joseph	Großherzogtum Hessen	Bingen	Donnersberg
Venedey, Jakob	Landgrafschaft Hessen(-Homburg)	Homburg	Deutscher Hof / Westendhall / Centralmärzverein
Backhaus, Hermann	Fürstentum Waldeck	Korbach, Wildungen, Arolsen	Württemberger Hof
Schenck, Karl	Herzogtum Nassau	Rennerod	Fraktionslos
Gagern, Maximilian (Max) von	Herzogtum Nassau	Montabaur	Casino
Schulz, Friedrich	Herzogtum Nassau	Weilburg	Westendhall
Schepp, Wilhelm	Herzogtum Nassau	Nastätten	Casino
Hehner, Karl	Herzogtum Nassau	Königstein	Westendhall / Centralmärzverein
Hergenhahn, August	Herzogtum Nassau	Wiesbaden	Casino
Jucho, Friedrich Siegmund	Freie Stadt Frankfurt	Freie Stadt Frankfurt	Westendhall / Centralmärzverein
Münch, Johannes	Königreich Preußen	Wetzlar	Landsberg / Pariser Hof

Revolution auf dem Land

Die ländliche Revolutionsbewegung begann 1848 als Teilnahme der Landbevölkerung an den Märzdemonstrationen in den Städten, wo diese aufgrund ihres massenhaften Auftretens zur Bewilligung der bürgerlichen Märzforderungen beitrug. Es ist fraglich, ob die bäuerlichen Teilnehmer an den Massenprotesten im Frühjahr 1848 viel von den politischen Sachverhalten verstanden, die Gegenstand der liberal-demokratischen Forderungskataloge waren. »Er hatte seine Rolle gespielt, ohne selber zu wissen, was er eigentlich spiele«, meinte Riehl über die Teilnahme der Bauern an den Demonstrationen in den Hauptstädten.[119] Auch wurden die bäuerlichen Anliegen und Beschwerden in diesen bürgerlichen Märzforderungen nicht oder nur ganz ausnahmsweise erwähnt. Während für das städtische Bürgertum mit der Ernennung der »Märzminister« und der Gewährung der Märzforderungen wesentliche Ziele der Revolution erfüllt waren, ging die Revolution auf dem Land danach erst richtig los. Die ländlichen Unruhen und Proteste im Frühjahr 1848 stellten trotz ihrer Verbindungen zur liberal-demokratischen Bewegung in den Städten eine eigenständige Revolutionsbewegung dar. Fast überall kam es auf dem Land zu zahlreichen Ordnungswidrigkeiten, Gewalttätigkeiten und Unruhen, denen die lokalen Behörden meist machtlos gegenüberstanden. Dabei bestand keine eindeutige Korrelation zwischen der Intensität der Agrarproteste und der jeweiligen regionalen sozialen Notlage der Bevölkerung.

Im Verlauf der Unruhen jagte die Landbevölkerung nach Belieben und schlug Holz in den Wäldern, und es wurden weder Abgaben noch Steuern oder Schulden bezahlt. Begründet wurde dies mit der neuen Freiheit. Kennzeichnend für die bäuerlichen Aktionen war der Glaube der Akteure, gesetzesgemäß und im Einklang mit den »Märzerrungenschaften« zu handeln. Auch vertrugen sich die Agrarproteste durchaus mit einer monarchisch-konservativen Einstellung der Akteure. Die ländliche Bevölkerung übersetzte auf ihre Weise Begriffe der städtischen politischen Auseinandersetzung in die eigene Lebenswelt und versuchte sie für sich zu nutzen: »Republik« und »Gleichheit« beschrieben eine gesellschaftliche Situation, in der die einfachen Leute nicht mehr von der Obrigkeit kujoniert wurden. »Freiheit« wurde von den Bauern als »Freiheit von Abgaben« verstanden.[120] Der Umfang, die Radikalität und die Neigung zur Gewalt sprengten den Rahmen herkömmlicher Agrarproteste. So berichtete der Pfarrer Schellenberg aus Bierstadt, einem Dorf in der Nähe von Wiesbaden, voller Entsetzen: »Diese [...] Art der französischen Revolution drang, auffallend für jeden Menschenkenner, in die kleinsten Städte und Dörfer. Der Communismus, – nicht aber der wahre Geist einer republicanischen oder volksthümlichen

Nassauische Bauern 1848, im Blickwinkel städtischer Betrachter.
»Saht emol wass verlange mer dann eigentlich? Ei Abschaffung vum Militär, die Dumäne, Volksbewaffnung un Pressfreiheit un Censur un überhabt Freiheit!«

Staatsverfassung, war hier der herrschende Charakter, und offenbarte sich in einer wahrhaft wahnsinnigen Weise.«[121] Der Pfarrer gab damit die bürgerliche Perspektive zum Ausdruck, in der die Agrarproteste als kommunistische Umtriebe wahrgenommen wurden. Das rabiate Vorgehen der Landbevölkerung und die Drohungen, es müsse alles »verteilt« oder »verrungeniert« (ruiniert) werden, schockierte die städtische Öffentlichkeit.[122] Bürgerliche Eigentumsvorstellungen wurden dadurch verletzt, und immer öfter wurden die Regierungen in Zeitungsartikeln aufgefordert, endlich energisch einzuschreiten.

Die ländliche Bewegung zielte vor allem auf:
- das Recht der Holz- und Streulaubentnahme aus den Wäldern,
- eine drastische Reduzierung des Wildbestandes,
- die Selbstverwaltung der Gemeinden
- und eine Ermäßigung der Abgaben, insbesondere aber die Abschaffung oder zumindest eine günstige Ablösung des Zehnten.

Der Holzdiebstahl stellte bereits im Vormärz ein Massendelikt dar, zumal selbst das Holzlesen und die Streulaubentnahme im Wald verboten waren. Die Ursache lag in der materiellen Not weiter Bevölkerungskreise, die auf die Entnahme von Holz, Früchten und Streulaub aus dem Wald angewiesen waren, als unentbehrliches Brennmaterial, als Streu, Viehfutter, Dünger, Rohstoff, Bau- und Arbeitsmaterial. Für einen Ankauf verfügten die meisten Landbewohner nicht über ausreichend Geld. Die dörflichen Gemeinschaften beriefen sich bei der Entnahme von Holz auf alte Waldnutzungsrechte, die jedoch mit modernen Eigentumsvorstellungen nicht im Einklang standen. Nach Ausbruch der Revolution holte sich die Landbevölkerung aus dem Wald, was sie benötigte, und schlug nach Belieben Holz. Forstbeamte, die sich in den Weg stellten, wurden gewaltsam vertrieben. In einem Dorf in der Nähe von Montabaur wurden die Revolution und die neuen »bäuerlichen Freiheiten«[123] in besonderer Weise gefeiert, wie Wilhelm Heinrich Riehl fassungslos berichtete: »Um nämlich das Kirchweihfest glänzend zu beschließen, zog der größte Teil der Frauen und Jungfrauen des Ortes unter Sang und Klang in den Gemeindewald. Dort machte sich das Weibervolk mit Axt und Säge an den stolzesten Eichbaum der ganzen Gegend. Sie fällten ihn und verteilten den Erlös für das Holz, welches mehrere Klafter ausgab, zu gleichen Teilen an sämtliche Frauen des Dorfes. Diese merkwürdige Schlußfeier der Kirmes fand bald in mehreren Nachbargemeinden Nachahmung.«[124]

Handlungsleitend für die ländliche Bevölkerung waren sozialmoralische Normen, die sich an der dörflichen Gemeinschaft orientierten. So wurden bei Holzversteigerungen fremde Bieter verjagt, um die Preise für ärmere Dorfbewohner erschwinglich zu halten, oder die Gemeinden verteilten ihr Holz gleichmäßig unter der Dorfbevölkerung, statt es zu versteigern. Bezeichnenderweise stieß solches Verhalten auf Kritik von bürgerlichen Städtern, die nicht begreifen konnten, dass die Gemeinden die Gelegenheit versäumten, Geld in ihre Kassen zu bekommen.[125] Dem bäuerlichen »Missverstehen« der städtischen politischen Ziele des liberalen Bürgertums korrespondierte somit ein städtisch-bürgerliches Unverständnis für die bäuerlichen Verhältnisse und Nöte: Auf dem Land stand eben nicht der gewinnträchtige Verkauf, sondern die auskömmliche Versorgung jedes Gemeindemitglieds im Vordergrund. Aus ähnlichen Gründen war man auf dem Land auch für Streuholz- statt Nutzholzgewinnung, was einer rationellen Forstwirtschaft widersprach.

»Die Hirsche und Rehe [...] welche nachts in den Kornfeldern weideten« seien es gewesen, die die Bauern revolutionär machten, urteilte der Journalist Riehl.[126] Der Wildbestand, der von passionierten adligen Jägern in Nassau und Hessen sehr hoch gehalten wurde, bildete ein zentrales Anliegen der Landbevölkerung, denn das Wild verwüstete die Felder, deren ohnehin karge Erträge dadurch noch weiter reduziert wurden. Die Bauern durften sich gegen das Wild nicht mit Gewalt zur Wehr setzen, und jede »Wilderei« wurde streng bestraft. Die Wildschadensregulierungen waren unzureichend, denn allenfalls ein Teil des Schadens wurde ersetzt. So wurden in Nassau beispielsweise die von Treibjagden verursachten Schäden nicht vergütet, und die nassauischen Bauern waren auch noch verpflichtet, schlecht bezahlte Treiberdienste zu leisten. Das Ergebnis war eine wachsende Verbitterung der Landbevölkerung, die bereits im Vormärz in offene Widersetzlichkeiten mündete. Der spätere demokratische Landtagsabgeordnete Friedrich Lang aus Langenschwalbach verschaffte sich als junger Anwalt dadurch einen Ruf, dass er Bauern seines Heimatortes gerichtlich vertrat. Nach vergeblichen Entschädigungsverhandlungen hatten diese auf Langs Rat hin bereits im Herbst 1847 eine Jagdgesellschaft mit Sensen und Mistgabeln am Ritt über ihre Äcker gehindert. Nach Ausbruch der Revolution setzten die Bauern dann ihr Verständnis von Recht um und schossen das Wild auf eigene Faust. Auch in Kurhessen und Hessen-Darmstadt bestanden ähnliche Verhältnisse. Ein hessen-darmstädtischer Berichterstatter urteilte, das Vorgehen der Bauern im Frühjahr habe das Gute gehabt, »daß sie das Land von einem übermäßigen Wildstand befreiten, der für die Saaten und Ernten äußerst verderblich gewesen war, trotz des von den Verehrern der guten alten Zeit so sehr gerühmten Wildschadengesetzes, welches in der Anwendung von kaum nur nennenswerther Bedeutung war«.[127]

Die städtische öffentliche Meinung reagierte überwiegend mit Unverständnis auf die ländliche Revolution. Die meist moralisierende bürgerliche Betrachtungsweise versperrte die Einsicht in die sozialen und ökonomischen Hintergründe der »Exzesse« und hatte oft groteske Fehlurteile zur Folge. So wurde die Dezimierung der Wildbestände durch die Bauern allein auf deren »Jagdvergnügen« zurückgeführt. Wie völlig unzulänglich diese Erklärungsmuster waren, zeigt etwa die Anzeige der Gemeinde Dernbach (Amt Montabaur), die ihre Jagd zur Verpachtung anbot mit der Bemerkung, »daß, selbst bei einem geringen Pachtbetrag, der Pächter mit einer herzlichen Dankadresse von Seiten der Gemeinde bedacht wird, wenn nach Verlauf der Pachtzeit das Wild mit Stumpf und Stiel ausgerottet ist«.[128] Die Gemeinde Sonnenberg (Amt Wiesbaden) wusste im August 1848 zu berichten: »Wir haben in unsern Waldwiesen in diesem Jahr über 100 Wagen Heu mehr erzeugt, als in früheren Jahren, wo das Wild vom Aussprossen des Grases an bis zur Erndte heerdenweise Alles abweidete, und den armen Bewohnern nur die Stoppeln zu ärndten übrig blieb; nunmehr sind wir doch in den Stand gesetzt, im Frühjahr das Vieh vor Hunger zu bewahren, und nicht wie sonst die ganze Gegend durchstreichen zu müssen; um uns die nöthige Spreu und Stroh zusammen zu kaufen.«[129]

Bei alldem handelten die Dorfgemeinschaften mit großer Geschlossenheit, und allenfalls kleine Minderheiten standen abseits. Dies war typisch für die Realerbteilungsgebiete, durch die eine relativ homogene, breite Kleinbauernschicht mit weitgehend ähnlichen wirtschaftlichen Problemen entstanden war. Die genossenschaftlichen Strukturen in den Gemeinden hatten eine gemeinschaftliche Organisation des Gemeindelebens zur Folge.[130] Auch wenn es wohlhabende Gutsbesitzer gab, so änderte dies nichts am gemeinschaftlichen und solidarischen Handeln der Dorfgemeinschaften im hessischen Raum. Dies bedeutete aber andererseits, dass es auch zu handfesten Auseinandersetzungen zwischen Dorfgemeinschaften wegen alter Rivalitäten und um Nutzungsrechte kommen konnte. Im Frühjahr 1848 stellten Forstbedienstete, die im Vormärz hart gegen Holzdiebstahl und Wildfrevel vorgegangen waren, nun Hauptziele des bäuerlichen Unmuts dar und wurden häufig abgesetzt und misshandelt. So wurde aus Mörfelden bei Darmstadt berichtet, dass der dortige Revierförster verjagt und sein Wohnhaus zerstört wurde. Auch die beiden Forstschützen konnten sich nur durch rasche Flucht retten.[131] Darüber hinaus waren standesherrliche Beamte, in Kurhessen auch staatliche Beamte, hier vor allem aus der Finanzverwaltung, ein beliebtes Ziel von Angriffen. Solche Gewalt- und Racheakte der Dorfgemeinschaften richteten sich in der Regel gegen konkrete Personen.

Ein weiteres wichtiges Anliegen der Landbevölkerung bildete die eigenständige Regelung der Gemeindeverhältnisse, insbesondere die Wahl der Gemeindeämter durch die Gemeindemitglieder. In Hessen-Darmstadt richtete sich diese Forderung besonders gegen die Willkür der Kreisräte, vielfach aber auch gegen missliebige Bürgermeister. Eine förmliche Bewegung gegen die Schultheißen entstand im Frühjahr 1848 vor allem im Herzogtum Nassau, da die Schultheißen hier von der Regierung eingesetzt wurden und die Gemeinden keine Mitspracherechte besaßen. Das Absetzen von Schultheißen, das sogenannte »Schultheißenstürmen«, ging in Nassau in einem ritualisierten und einer inneren Logik folgenden Ablauf vor sich: In einem prozessionsartigen Zug begab sich die ganze Gemeinde zum bisherigen Schultheißen, teilte ihm – manchmal auf unsanfte Weise – seine Absetzung mit und nahm ihm den Schrank mit den Gemeindeunterlagen ab. Dieser wurde dann zum neuen, gewählten Bürgermeister gebracht. Den Tag beschloss ein großes Fest der gesamten Gemeinde. Festcharakter und ritualisierte Formen solcher revolutionären Akte waren typisch. Die Schultheißenabsetzungen zielten im Kern auf politische Teilhabe in den Gemeinden. Sie standen in der Tradition

Das Dorf Bärstadt (Schlangenbad).

des jahrhundertealten Kampfes der bäuerlichen Gemeinden um Autonomie und Selbstverwaltung. Es wäre verfehlt, derartige Aktionen als »Kirchturmpolitik« abzutun, denn die städtischen Liberalen handelten letztlich vielerorts nicht anders. Zu Recht wurde die neue nassauische Gemeindeordnung vom 12. Dezember 1848, nach der die Bürgermeister und Gemeinderäte von den Gemeinden zu wählen seien, als »das wichtigste der neuen nassauischen Gesetze« der Revolutionszeit bezeichnet.[132] In den hessen-darmstädtischen Dominiallanden waren es die Kreisräte, die durch ihre Eingriffe in Gemeindeangelegenheiten für Unmut der bäuerlichen Gemeinden sorgten. Der Gießener Demokrat Rudolf Fendt meinte, »die rücksichtslos büreaukratische Art und Weise, womit die Herren Kreisräthe, ohne sich zuvor mit den Leuten mündlich zu verständigen und ihnen die zwingenden Vernunftgründe der zu treffenden neuen Maßregel klar zu machen, ohne Weiteres die letzteren aus dem Dintenfasse heraus dictirten, hatte unser Landvolk erbittert«.[133] Die Gemeinde Crumbach (Biebertal) schickte einen Brief an ihren Landtagsabgeordneten, in dem sie forderte, dass »die Verwaltung der Gemeinde durch die Ortsvorstände und der Bürgermeister von der bisherigen, die Nase in jeden Topf steckenden drückenden Obervormundschaft der Kreisräthe befreit und das Amt des Gemeinderechners, Ortsdieners und Feldschützen durch frei aus der Gemeinde gewählte Leute verwaltet werde«.[134]

Zu den Opfern von ländlichen Ausschreitungen gehörte 1848 auch die jüdische Bevölkerung, wobei diese antijüdischen Angriffe regional sehr unterschiedlich ausfielen: Während in Hessen-Darmstadt in 15 Orten Gewaltakte gegen Juden festgestellt werden konnten, mit Schwerpunkten in Oberhessen, dem Odenwald und Rheinhessen, waren es in Kurhessen acht Orte (hier vor allem in der Provinz Hanau, aber auch in Niederhessen und Fulda), in Waldeck ein Ort und in Nassau ebenfalls nur ein Ort.[135] Viele der antijüdischen Ausschreitungen der Revolutionszeit wurden von der Forschung fälschlich der bäuerlichen Bevölkerung zugerechnet. Etwa die Hälfte der Orte, an denen sich diese Ausschreitungen ereigneten, waren Kleinstädte und die Angreifer stammten aus den städtischen Unterschichten oder kleingewerblich-handwerklichen Kreisen – diese Gewaltakte sind Gegenstand des folgenden Kapitels. Die Ziele der antijüdischen Angriffe auf dem Land waren dagegen überwiegend Einzelpersonen, die als Gläubiger hervorgetreten waren. Sie wurden meist Opfer von »Katzenmusiken«, traditionellen Rügebräuchen, bei denen durch öffentlichen Lärm und Spott, manchmal aber auch durch Belagerung des Hauses, körperliche Angriffe, Sachbeschädigungen, Beschmutzen der Tür oder Einschlagen von Fenstern eine öffentliche Bestrafung vollzogen wurde. Plünderungen oder Brandstiftungen sind dagegen nur in Ausnahmefällen nachweisbar, so in Kurhessen, wo offenbar Eigentumsdelikte nicht nur gegen Juden – möglicherweise infolge der dortigen besonderen sozialen Notlage – verbreitet auftraten.[136] Die Ausschreitungen beruhten auf verbreiteten Ressentiments gegen angeblichen »jüdischen Wucher und Schacherhandel«. Gerade auf dem Land spielten jüdische Kreditgeber eine nicht zu unterschätzende Rolle. Bei der Verarmung der Landbevölkerung, die die Gläubiger nicht zu verantworten hatten, war die Vergabe von Krediten aber riskant. Die Tätigkeit als Kleinhändler und Hausierer führte wiederum zu Konflikten mit dem dörflichen Handwerk, das darin eine unlautere Konkurrenz sah. Festzuhalten ist aber, dass nur in einer einzigen bekannten hessischen ländlichen Petition aus den Orten Enzbach, Unter- und Ober-Ostern im Odenwald antijüdische Forderungen erhoben wurden, und zwar nach einer Beschränkung des jüdischen Hausierhandels.[137] In den Forderungskatalogen der Landbevölkerung im Frühjahr 1848 spielten antijüdische Aspekte keine Rolle. Neben den antijüdischen Ausschreitungen, die meist zwischen März und Juni 1848 stattfanden, kam es in Hessen-Darmstadt und Nassau vor allem gegen Ende der Revolutionszeit zu Fällen, bei denen Gemeinden, wie beispielsweise Langsdorf und Steinbach in der Wetterau, Juden die Aufnahme in den Gemeindeverband und die aus dem Gemeindebürgerrecht erwachsenden Rechte und Zuteilungen verweigerten. In Kurhessen begannen solche Konflikte der Verweigerung der Beteiligung von Juden am »Bürgernutzen« bereits im Rahmen des Gesetzes vom 29. Oktober 1833, das eine weitgehende rechtliche Gleichstellung vorschrieb.[138]

Von den Agrarprotesten waren besonders standesherrliche Gebiete betroffen. Die Landbevölkerung war hier in die traditionellen grundherrlichen Abhängigkeiten eingebunden und sah sich zugleich den finanziellen Ansprüchen des modernen Steuer- und Verwaltungsstaates ausgesetzt. Dies bedeutete eine größere Abgabenlast und eine doppelte Abhängigkeit im Vergleich zu den nicht standesherrlichen Bauern. Von einem »drückende[n] Mißverhältnis« und einer »große[n] Ungleichheit« der Lage der Bewohner der standesherrlichen Gebiete im Vergleich zum übrigen Großherzogtum sprach der Paulskirchenabgeordnete Ludwig Bogen. In den hessen-darmstädtischen Standesherrschaften waren nur wenige Grundlastenablösungen durchgeführt worden, während diese für die Dominialgebiete bereits 1836 größtenteils eingeleitet worden waren. Durch die Getreidepreiserhöhungen seit 1846 verschlechterte sich aber bei noch nicht abgelösten Zehntabgaben das Verhältnis zusätzlich für die Bauern. Die ländlichen Gemeinden verlangten daher eine möglichst günstige Ablösung der Abgaben und eine Abschaffung der standesherrlichen Vorrechte und Ansprüche. Hierzu zählten insbesondere die vielen standesherrlichen Abgaben, die von den Landbewohnern in diesen Gebieten zu entrichten waren: »Leibeigenschafts-Reductions-Gelder, standesherrliche Kirchen- und Gemeinde-Zehnten, Martini- und andere Zinsen, Forsthafer, Zinshühner, Beeten, Gülten u. s. w. und wie diese Blut- und Marksaugende Abgaben sonst benannt sind […]«, so der Abgeordnete Bogen.[139] Besonders angespannt war die Lage in den armen Mittelgebirgsregionen des Vogelsberges, Taunus und Westerwalds. Hier war 1848 die Neigung zu gewalttätigem Protest besonders ausgeprägt. Die Vorgehensweise war dabei ähnlich: Gesandtschaften der Dorfgemeinschaften verständigten sich auf gemeinsame Forderungen und zogen meist mit einem Massenanhang von Landbewohnern zu den Schlössern der Standesherren, die auf diese Weise unter Druck gesetzt wurden, den Forderungen zuzustimmen, um eine Zerstörung von Gebäuden und Archiven zu verhindern. Gleichzeitig verweigerten die Dorfgemeinschaften weitere Zahlungen und Dienste. Das jeweilige Verhalten der Standesherren und ihr Verhältnis zu den Landbewohnern konnten dabei den Ablauf der Proteste entscheidend bestimmen. Eine wichtige Rolle spielten Vertreter der Regierung, deren Vermittlerrolle vor Ort nicht einfach war. Das hessen-darmstädtische Ministerium erkannte generell standesherrliche Verzichtserklärungen nicht an, wenn diese auf Druck oder auf ungesetzlichem Weg zustande gekommen waren.

Schwere Ausschreitungen ereigneten sich in der Riedeselschen Herrschaft am Vogelsberg, wo sich die Standesherrschaft weigerte, den Forderungen der Landbewohner nachzugeben, und von der Regierung »nichts als Energie [verlangte], wovor alle Unruhe sofort legen werde«.[140] Angeblich soll Freiherr Riedesel zu Eisenbach gesagt haben, »ehe er den Forderungen nachgebe, werde er lieber seine Rechte und Besitzungen an den Rothschild verkaufen, der solle dann den Bewohnern des Bezirks erst recht noch das Mark aussaugen«.[141] Die Verbreitung dieses angeblichen Ausspruchs führte am 25. März 1848 in Lauterbach zu einer raschen Eskalation, die zur Verwüstung des dortigen Schlosses und am folgenden Tag zur Zerstörung des Inventars des Riedeselschen Schlosses in Eisenbach führte. Die hessen-darmstädtische Regierung musste am 28. März Militär in das Riedeselsche Gebiet schicken, um die Unruhen zu beenden. Die Ausschreitungen gingen von Bauern des Gerichts Engelrod aus, die besonders erbitterte Gegner der Riedesel waren. Bereits 100 Jahre zuvor hatte es einen gewaltsamen Zusammenstoß mit der Standesherrschaft gegeben. Derartige alte Traditionen der Widerständigkeit waren nicht ungewöhnlich. So gab es hessische Ortschaften, die seit dem Bauernkrieg von 1525 Zentren des Aufruhrs waren. Ministerialrat Eigenbrodt sah sich als Vertreter der Regierung im Odenwald, »als wäre ich in die Bauernunruhen des 16. Jahrhunderts versetzt, als hätte ich den Bundschuh mir gegenüber, als wären Gedanken und Anschauungen von jener Zeit bis in unsere Tage in dieser Schichte der Bevölkerung unverändert fortgeerbt«.[142]

Besonders blutig verliefen die Proteste in dem zu Preußen gehörenden Gebiet des Fürsten von Solms-Braunfels, der zunächst am 18. März 1848 den Dorfgemeinschaften seines Gebietes aufgrund des großen Zuzugs nach Braunfels und der drohenden Haltung der Landbevölkerung weitreichende Zugeständnisse gemacht hatte: Etwa 3000 Dorfbewohner sollen an diesem Tag in Braunfels versammelt gewesen sein, die den entschädigungslosen Erlass aller Grundabgaben, die Erstattung geleisteter Zahlungen, die Abschaffung des »Beamtenholzes« (einer Abgabe), den Verzicht auf Jagd und Fischerei in den Gemeindegemarkungen sowie die Überlassung der Bergwerke an die Gemeinden verlangten. Auch in den Solms-Braunfelser Gemeinden hatte der bäuerliche Widerstand gegen die Herrschaft eine lange Tradition, die sich gegen Abgaben, Eingriffe in die Rechte der Gemeinden und Eigenmächtigkeiten herrschaftlicher Beamter richtete. Als »Jägerfürst« genoss Fürst Ferdinand wenig Sympathie in der Landbevölkerung. Von den ihm abgepressten Zugeständnissen rückte der tief gedemütigte Fürst aber wenig später wieder ab. Dies führte zu einer Eskalation des Konflikts, infolge dessen am 15. und 16. April Braunfels von bewaffneten Landbewohnern der Standesherrschaft belagert wurde, die mit Erstürmung und Brandstiftung drohten, bis es dem in Braunfels stationierten preußischen Militär gelang, die Bauern mit Waffengewalt zu vertreiben. Insgesamt sollen vier, nach anderen Quellen sieben Bauern getötet und eine unbekannte Zahl verletzt worden sein, während auf der Seite des Militärs offenbar nur ein Soldat Verwundungen erlitt.[143] Ganz anders verliefen die Agrarproteste im benachbarten Gebiet des Fürsten von Solms-Hohensolms-Lich, der am 25. März 1848 mit seinen Dorfgemeinden eine gütliche Übereinkunft treffen konnte, die dann auch gültig blieb. Die Grundlage dafür war, dass beide Seiten bereit waren, Zugeständnisse einzugehen. Von einem kleinen Aufruhr Mitte April abgesehen, blieb das Gebiet von weiteren Unruhen verschont. Auch im Solms-Braunfelser Gebiet wurden standesherrliche Vorrechte schließlich aufgrund von Vereinbarungen abgeschafft und eine Ablösung der Grundabgaben eingeleitet.

Generell ist für die Agrarproteste im hessischen Raum festzustellen, dass die Landbevölkerung, von Ausnahmen wie in Solms-Braunfels abgesehen, direkte Konfrontationen mit regulären Truppen vermied. Eine Mischung aus gewaltsamem Vorgehen da, wo die Bauern den örtlichen Repräsentanten der Obrigkeit überlegen waren, sowie aus passivem Widerstand kennzeichnete die Agrarproteste. Bemerkenswert war bei den Unruhen im Gebiet der Riedesel und der Fürsten von Solms-Braunfels, dass Stadtbewohner mit den Bauern gelegentlich sympathisierten. Dies traf auf die Bewohner von Lauterbach und Wetzlar zu, nicht aber auf die von Braunfels. Die Teilnehmer der Braunfelser Unruhen stammten, wie Forschungen erwiesen haben, aus allen dörflichen Bevölkerungsgruppen. Die Gemeinde-Gesandtschaften rekrutierten sich sogar bei allen standesherrlichen Protestaktionen aus der Honoratiorenschaft der dörflichen Gemeinden.

Die Märzministerien versuchten, den agrarischen Forderungen entgegenzukommen. In Hessen-Darmstadt gab es schon eine Regelung für die Ablösung des Zehnten, die allerdings in den meisten standesherrlichen Gebieten noch keine Anwendung gefunden hatte. In Hessen-Darmstadt wurden durch das Gesetz »die Verhältnisse der Standesherren und adeligen Gerichtsherren betreffend« vom 7. August 1848 die Aufhebung der standesherrlichen Vorrechte sowie die Unterordnung unter die staatliche Gesetzgebung festgelegt und dadurch die Zehntablösung eingeleitet. In Nassau hatte die Zehntablösung schon 1840/41 in breitem Umfang eingesetzt. Sie war hier mit dem 25-fachen Jahresertrag relativ hoch festgesetzt, im Vergleich etwa mit dem 18-fachen Betrag in Hessen-Darmstadt. Um den Bauern eine Möglichkeit zur Erlangung günstiger Kredite für die Zehntablösung zu bieten, war in Nassau 1840 die »Landes-Credit-Casse« geschaffen worden, sodass bereits vor Ausbruch der Revolution der überwiegende Teil der Ländereien abgelöst war. An den Protesten gegen den Zehnten dürften sich 1848 neben den standesherrlichen hessischen Bauern vor allem jene nassauischen Bauern beteiligt haben, die so unvermögend waren, dass sie auch mit Krediten der Landes-Credit-Casse die Ablösung nicht finanzieren konnten, oder durch die schlechten Ernteerträge in Zahlungsschwierigkeiten geraten waren. Wie wichtig das Thema der Zehntablösung in Nassau noch war, zeigt die Tatsache, dass die Ämter, die 1837 hohe Zehntertragswerte hatten, wie Diez, Höchst, Weilburg, Limburg und Nastätten, in der Revolutionszeit zu den Gebieten mit zahlreichen Agrarprotesten gehörten. Von den liberalen Reformen der Jahre 1848/49 profitierte besonders die ländliche Bevölkerung, dies belegten in Hessen-Darmstadt das erwähnte Gesetz über die Verhältnisse der Standesherren und adeligen Gerichtsherren sowie Gesetze über die Neuordnung der Jagd- und Fischereirechte und die Einsetzung gewählter Bezirksräte, in Kurhessen ein Gesetz zur Aufhebung der Jagdgerechtsame und Verhütung des Wildschadens, ein Ablösungsgesetz und die Errichtung von Hilfskassen, in Nassau das Gemeindegesetz, ein Jagdgesetz und ein Gesetz über die Neuregelung der Zehntablösung. Allerdings blieben diese Errungenschaften weit hinter den Erwartungen zurück, das zeigte beispielsweise die Neuregelung der Zehntablösung in Nassau, die die Ablösung zum 16-fachen Jahresertrag vorsah, wobei die Zehntpflichtigen nur den 14-fachen Betrag selbst aufbringen mussten.[144] Von der Landbevölkerung, die von den städtischen Demokraten unterstützt wurde, war aber die entschädigungslose Abschaffung des Zehnten gefordert worden. In allen Staaten im hessischen Raum klaffte eine Lücke zwischen den Wünschen der Landbevölkerung und dem Entgegenkommen der liberal-konstitutionellen Regierungen.

Die Agrarunruhen dauerten bis in den Spätsommer 1848 an und flammten in einigen Gebieten im Frühjahr 1849 erneut auf. Sie wurden von den Regierungen zunehmend durch massiven Einsatz von Militär unterdrückt. Die Märzministerien befanden sich hierbei in dem Dilemma, einerseits für Ruhe und Ordnung sorgen zu müssen, andererseits jedoch mit ihrem repressiven Vorgehen gegen lokale Unruhen jenen revolutionären Boden in den Gemeinden zu zerstören, dem sie ihre Macht letztlich verdankten. Durch die »Verfügung, die Aufrechterhaltung der gesetzlichen Ordnung betreffend« wurde am 6. Juli 1848 in Hessen-Darmstadt die Grundlage für das Vorgehen der Regierung geschaffen und zugleich die Forstpolizei wieder verschärft.[145] Mancherorts gab es offenen Widerstand, so in Unterschönmattenwag (Odenwald) und in Zwingenberg, doch letztlich war die Vorgehensweise der Regierung erfolgreich. Ähnlich ging auch die nassauische Regierung vor, wobei zunehmend das Mittel der Einquartierung von Militär eingesetzt wurde, für deren Unterbringung und Verpflegung dann die Gemeinden aufkommen mussten. Außerdem wurden die Gemeinden durch das Gesetz vom 15. Juli 1848 zum

Ersatz von Schäden verpflichtet, die auf ihrem Gebiet durch Ausschreitungen entstanden.[146] Nicht immer war die Regierung mit Strafmaßnahmen erfolgreich. So scheiterte im Sommer 1848 der Versuch, Militär in den sogenannten Bassenheimischen Ortschaften im Hohen Taunus einzuquartieren, denn »die Dörfer, in welche zur Strafe Einquartierung gelegt werden sollte, waren so arm, daß die Soldaten dort sicher hätten verhungern müssen«.[147] Eine letzte Welle gewaltsamer ländlicher Proteste ereignete sich zwischen Januar und März 1849, mit Schwerpunkten im Westerwald, der Isenburgischen Herrschaft um Büdingen, der Herrschaft Itter um Vöhl und auch in Kurhessen.

Einen Hauptanlass für neue Unruhen bildete in Nassau die Neuordnung des Gerichtsvollzieher-Dienstes vom 23. Dezember 1848,[148] durch die der Gerichtsvollzug staatlichen Gerichtsvollziehern übertragen wurde. Aufgrund der allgemeinen Verschuldung der Landbevölkerung war diese in besonderem Maße von der Neuregelung betroffen. Die Gerichtsvollzieher wurden mit Steinhageln in die Flucht geschlagen oder verprügelt. Im Zug dieser Proteste nahmen auch die Gewalttätigkeiten gegen Forstbeamte wieder zu. Zentren der Unruhen bildeten die nassauischen Ämter Hadamar und Rennerod sowie in geringerem Maße die Ämter Weilburg und Runkel. Die lokalen Behörden waren machtlos und die Bürgermeister paktierten häufig offen mit der Dorfbevölkerung. Als eine 40 Mann starke Reservekompanie aus Hadamar am 31. Januar 1849 die für Steuerrückstände verfügten Pfändungen vollziehen wollte, kam sie damit schlecht an: »In Oberweyer angekommen, verweigerte vorerst der Bürgermeister jede Mitwirkung, z.B. Bezeichnung der Wohnungen der Debenten; dann rotteten sich die Bauern in verschiedenen Abtheilungen, mit Knitteln und allerlei Werkzeugen bewaffnet, sehr zahlreich zusammen, und erklärten der Reservemannschaft, daß sie sich nicht unterstehen solle, eine Pfändung zu vollziehen, sonst würde man gegen sie Gewalt brauchen. An Verhöhnungen fehlte es auch nicht [...]. Die Reservemannschaft zog sich zurück, begab sich hier [in Hadamar] in pleno auf die Amtsstube und legte einstimmig die Erklärung ab, daß sie bei etwa weiteren Aufforderungen zu gewaltsamem Einschreiten durchaus den Gehorsam verweigern, und keinen Befehlen gehorchen werde!«[149] Erst die Entsendung von zwei Kompanien Linienmilitär konnte die Ordnung wiederherstellen, wenn auch der Erfolg des gesamten Unternehmens zweifelhaft war, denn: »Sobald das Militär den Rücken wendet, gibt man sich ohne weiteres der frechen Zügellosigkeit hin.«[150] Durch Drohungen eingeschüchtert, wagten es viele Gerichtsvollzieher nicht, Militär zu requirieren. Im Amt Rennerod weigerte man sich, den ortsfremden Gerichtsvollziehern die Wohnungen der Schuldner zu zeigen. »Der Gerichtsvollzieher, ganz fremd in den Ortschaften, kann daher unverrichteter Sache wieder nach

Hause gehen.«[151] Die »Gerichtsvollzieherexzesse« dauerten mindestens bis zum Mai 1849 an, doch letztlich fehlte hier wie bei vielen traditionellen Agrarprotesten eine übergeordnete Perspektive.

Neben den oft spontanen, gewalttätigen Protesten kam es aber auch zu Formen gewaltfreier und zielorientierter Interessenwahrnehmung der Landbevölkerung. So wandten sich die Odenwälder Landbewohner, die in den Märztagen 1848 nach Darmstadt gekommen waren, ganz gezielt mit ihren Beschwerden an »ihre« Landtagsabgeordneten. Mit Unterstützung liberaler und demokratischer Politiker wurden die Forderungen der Bauern formuliert und dem Ministerium überbracht. So hatten sich die Odenwälder auch an der Adressbewegung des Frühjahrs 1848 beteiligt und in einer am 1. März 1848 verfassten und mit mehr als 1000 Unterschriften versehenen »Petition vieler Bürger und Einwohner des Odenwaldes« in Punkt 1 die »Abschaffung aller standesherrlichen Vorrechte« und in Punkt 6 »gerechte Besteuerung« sowie in Punkt 10 die »Selbständigkeit in der Gemeindeverwaltung« gefordert.[152] Ein Beispiel für eine gut organisierte Interessenwahrnehmung bildete das Vorgehen der Odenwälder Landbevölkerung gegen die Praxis der Forstverwaltung, den Forstbeamten für Anzeigen auch kleinerer Waldfrevel Prämien zu erteilen: »Um ihren desfallsigen Beschwerden mehr Nachdruck zu geben, sind die Landleute schon in Masse hierher gekommen und haben vor dem Sitzungslokal der gr[oßherzoglichen] Oberforstdirection Front gemacht, in anständiger Haltung hoher Entschließung sich gewärtigend. Sowohl der Herr Minister des Innern, als auch ein Mitglied der Oberforstbehörde haben den vor dem Kanzleigebäude versammelten Petitionären theils mündlich, theils schriftlich die gewünschten Aufschlüsse ertheilt und ihnen die erforderlichen Weisungen an die Localbehörden mit nach Hause gegeben.«[153]

Auch bei der weiteren Auseinandersetzung mit den Standesherren bemühten sich die dörflichen Honoratioren im Odenwald um gewaltfreie Aktionen. Auf der Volksversammlung in Michelstadt am 29. März 1848 kamen die Vertretungen von Odenwälder Gemeinden zusammen und verfassten unter Mitwirkung des republikanischen Abgeordneten Zitz ihre Forderungen unter dem Titel »Offener Brief an die Standesherren des Großherzogthums Hessen«, der in der Form zwar ultimativ, aber inhaltlich mit der zwölffachen Ablösesumme für den Zehnten kompromissbereit war.[154] Zugleich bildete sich ein »Komitee« von Vertrauensleuten aus 35 Gemeinden des Odenwaldes, meist dörfliche Bürgermeister, Gemeinderäte und Beigeordnete. Mit dem Odenwälder Komitee, das Verbindungen zur demokratischen Bewegung besaß, war der Schritt zum planmäßig organisierten kollektiven Handeln vollzogen. Die meisten im Komitee vertretenen Gemeinden nahmen später an dem im

Oktober/November 1848 gegründeten »Verein der Güterbesitzer und sonstigen Einwohner in den Standesherrschaften Erbach, Fürstenau & Schönberg, sowie Löwenstein und Leiningen« teil, der insbesondere die Forderung nach Zehntablösung zum zwölffachen Betrag wieder erhob. Die Vereinsnachrichten wurden im »Odenwälder« regelmäßig veröffentlicht, auch dies war ein wichtiger Schritt hin zur rationalen und zielorientierten Interessenwahrnehmung. In Paragraph 1 der Vereinsstatuten hieß es: »Der Verein hat den Zweck, die Güterbesitzer sowie sonstige Einwohner der rubricirten Standesherrschaften gegen jedwede Forderung der Standesherren sowie einiger Stadtgemeinden und Kirchenfonds an sogenannten gutsherrlichen Abgaben, als: Zehnten, Gilten, Grund-, Martini- und anderen Zinsen und wie dergleichen Abgaben sonst benannt werden mögen und sich früher eingeschlichen haben, mit Ausnahme des s[o] g[enannten] großen Körnerzehnten, welchen man im 12fachen Betrag, unter Beihülfe der Gr[oßherzoglich] Hess[ischen] Staatsschuldentilgungskasse, abzulösen bereit ist, gegen einander zu schützen und mit allen dem Verein zu Gebote stehenden gesetzlichen Mitteln dahin zu wirken, die fraglichen Forderungen, welche man – in Folge der Errungenschaften der Märztage und der damals überall gemachten deßfallsigen Versprechungen – fernerhin zu leisten nicht schuldig zu sein überzeugt ist, abzuweisen und die angeblichen Pflichtigen davon immer zu befreien.«[155]

Kleinstädte wie Erbach und Michelstadt sowie 39 dörfliche Gemeinden waren bis Januar 1849 dem Verein beigetreten, der bis Ende April 1849 nachgewiesen werden kann. Ausdrücklich stellte er sich auf den Boden der Märzerrungenschaften und lehnte die Ansprüche der Standesherren als historisches Unrecht ab. Der Verein, der sich mit dem Ablösemodus der Regierung nicht zufriedengab, stellte eines der ersten Beispiele eines modernen landwirtschaftlichen Interessenverbandes dar. Die im Odenwald deutlich gewordenen Verbindungen zu städtischen demokratischen Vereinen sind auch für Wetzlar, Rheinhessen, Oberhessen und für einige nassauische Ämter nachweisbar. Sie mündeten vielfach in die Gründung ländlicher demokratischer Vereine und verwiesen damit auf neue Formen politischer Willensbildung und Interessenwahrnehmung. Auch in anderen Gebieten ist dies belegt. So hatte in der Wetterau das Dorf Niederwöllstadt die Führung bei den Protesten gegen die Standesherrschaft Solms-Rödelheim inne. Hier bildete sich ein demokratischer Verein, der sich im Dezember 1848 dem »Wetterauer Vereinsverband« anschloss. Welche Folgen dies für das bäuerliche Selbstbewusstsein hatte, zeigte sich daran, dass Niederwöllstadt im März 1849 als eine der ersten Gemeinden den Namen der Standesherrschaft vom Ortsschild entfernte.[156] Traditionelle bäuerliche Legitimationsmuster wurden vielfach auch anderswo aufgegeben und stattdessen sogar, wie in bäuerlichen Petitionen aus den nassauischen Ämtern Hadamar und Limburg, auf »die Wohlthaten französischer Freiheit«[157] verwiesen: »In Frankreich hat man alle Lasten des Eigenthums mit einem Federstrich abgeschafft, man hat der Vernunft Rechnung getragen, und selbst die früher Bergischen Distrikte in Nassau haben wenigstens ein Jahr die Früchte dieser großartigen Maaßregel der Freiheit und Gerechtigkeit genossen und das linke Rheinufer ist noch im Besitz dieser Errungenschaft. – Wir wollen hinter den Franzosen nicht zurückstehen.«[158]

Die Agrarrevolution bildete allerdings keine Einheit, dies galt auch für den hessischen Raum. Neben Beispielen zielgerichteter Interessenwahrnehmung in der einen Region standen spontane Gewaltaktionen in der anderen. Obwohl viele Beziehungen zwischen ländlichen Bewegungen benachbarter Länder bestanden und diese sich wechselseitig beeinflussten, gab es keine zusammenhängende ländliche Revolutionsbewegung. Die Ziele der Agrarproteste in der Revolution von 1848/49 bezogen sich stets auf die jeweiligen lokalen und regionalen Verhältnisse, die oft ähnlich waren, sich aber auch unterscheiden konnten. Die ländliche Revolution von 1848/49 stellte somit ein Konglomerat verschiedenartiger regionaler und lokaler Agrarbewegungen dar, deren Vorgehensweise, innere Logik und Ziele sich zwar meist deckten, vielfach aber auch erhebliche Unterschiede erkennen ließen, die durch differierende rechtliche und herrschaftliche Rahmenbedingungen bestimmt waren, beispielsweise zwischen staatlichen Gütern und standesherrlichen Gebieten. Auch bestanden hinsichtlich der Verbindungen zu städtischen politischen Organisationen und des Organisationsgrads der ländlichen Bewegungen sehr deutliche Unterschiede. Entsprechend verschieden waren auch die Erfolge der Agrarbewegungen.

Reformpolitik und Verfassungsdiskussionen

Nach den Regierungswechseln im März 1848 begann in allen Staaten ein umfangreiches Reformprogramm. Neben der Umsetzung der Märzforderungen umfasste dieses insbesondere Gesetze zur Gewerbereform sowie zur Ablösung oder Abschaffung von grundherrlichen Abgaben und Rechten zur Jagd und zur Forstnutzung. Zusätzlich dazu wurden weitere Reformgesetze verabschiedet, die Ausdruck der jeweiligen einzelstaatlichen Bedürfnisse und Besonderheiten waren. In den meisten Fällen wurde auch eine neue verfassungsmäßige Grundlage angestrebt, wobei die Gegensätze zwischen Demokraten und Liberalen deutlich hervortraten: Die Demokraten und Republikaner, die in den Landtagen die Linke bildeten, trugen die liberalen Reformen zwar mit, doch waren sie aus ihrer Sicht meist nicht ausreichend. Stattdessen wurden weitergehende Forderungen nach Parlamentarisierung und Demokratisierung des politischen Systems auf verfassungsmäßiger Grundlage erhoben.

In Kurhessen wurde das neue Ministerium unter Leitung von Bernhard Eberhard durch den Landtag unterstützt, dem bei seinem Zusammentreten im März 1848 viele seiner altständischen adligen Mitglieder nicht mehr angehörten. Auch der nach dem Gesetz vom 12. Juli 1848 gewählte neue Landtag, der am 1. Dezember 1848 eröffnet wurde, hatte eine liberal-konstitutionelle Mehrheit. Ein besonderes Hemmnis für den Reformprozess bildete hier der Widerstand des Kurfürsten Friedrich Wilhelm gegen die Gesetzesvorhaben. Das Ministerium konnte sich im zunehmenden Verlauf der Revolutionszeit immer schwerer durchsetzen. Dennoch gelang es Eberhard, eine beeindruckende Zahl an Reformen auf den Weg zu bringen. Mit der Prozessrechtsreform, der Abschaffung der Polizeigerichtsbarkeit sowie der Einführung der obligatorischen Zivilehe, der Religionsfreiheit und einer erweiterten Emanzipation der Juden wurden Grundlagen des liberalen Rechtsstaats verankert. Tief in die Rechte des Kurfürsten griff die Einschränkung der militärischen Kommandogewalt des Monarchen ein. Eine Beschneidung der kurfürstlichen Entscheidungsgewalt stellte auch die Mitwirkung des Landtags bei der Besetzung des Oberappellationsgerichts, des höchsten Zivilgerichts, dar. Im Militärwesen gab es nun keine ausschließlich dem Kurfürsten vorbehaltenen Bereiche mehr und das Verwaltungssystem wurde grundlegend reformiert. Allein bis Ende Oktober 1848 verabschiedete das Ministerium 31 Reformgesetze.[159] Ein neues Wahlgesetz, das nach langen Verhandlungen schließlich am 2. Februar 1849 beschlossen wurde, hob zwar die Vorrechte des Adels auf, privilegierte dafür aber die Höchstbesteuerten und erweiterte das Wahlrecht geringfügig. Eine Revision der ohnedies sehr liberalen kurhessischen Verfassung von 1831 lehnten das Ministerium und die liberal-konstitutionelle Landtagsmehrheit dagegen ab.

Dem hessen-darmstädtischen Märzministerium gelang es ebenfalls, zahlreiche Reformen auf den Weg zu bringen. Da Heinrich von Gagern durch seine Aufgaben als Präsident der Nationalversammlung, dann als Ministerpräsident der provisorischen Reichsregierung zunehmend in Anspruch genommen wurde, übernahm der liberale Staatsrechtler und Präsident des Staatsrats Karl Jaup am 16. Juli 1848 den Vorsitz des Gesamtministeriums. Mit dem Gesetz vom 7. August 1848 wurden die Vorrechte der Standesherren bis auf die Landstandschaft in der Ersten Kammer des Landtags beseitigt, und auch diese fiel schließlich durch das Gesetz vom 3. September 1849. Zu den weiteren Revolutionsgesetzen zählten neben den bereits erwähnten eine Verwaltungsreform,

Heinrich von Gagern (1799–1880), Leitender Minister des Großherzogtums Hessen, Präsident der Deutschen Nationalversammlung, Reichsministerpräsident.

die unter anderem gewählte Bezirksräte einführte, um »die Verwaltungseinrichtungen mit den Bedingungen der Selbstthätigkeit des Volkes für seine öffentlichen Angelegenheiten in Einklang zu bringen und das Volk bei wichtigeren Zweigen der Bezirksverwaltung durch Männer seiner Wahl zu betheiligen«,[160] die Aufhebung von »Handels- und Gewerbsprivilegien«[161] und des Polizeistrafgesetzbuchs sowie die Einführung des mündlichen und öffentlichen Strafverfahrens mit Schwurgerichten und die allgemeine rechtliche Gleichstellung der Juden in allen Provinzen des Großherzogtums. In Hessen-Darmstadt regierte das Ministerium mit dem vormärzlichen Landtag weiter. Eine Verfassungsrevision, die von rheinhessischen und oberhessischen Demokraten gefordert wurde, verhinderte das liberale Ministerium und zögerte auch die Reform des restriktiven Wahlrechts hinaus. Ganz offenbar befürchtete das Ministerium nicht zu Unrecht eine Stärkung der demokratischen Linken durch ein erweitertes Wahlrecht. Wegen der Aufschiebung eines neuen Wahlgesetzes traten der Mainzer Franz Zitz und drei weitere Abgeordnete der Linken am 15. Juni 1848 sogar vorübergehend aus dem Landtag aus. Erst am 4. September 1849 trat ein neues Wahlgesetz in Kraft, das dann Grundlage der Neuwahl des Landtags wurde, der am 27. Dezember 1849, nach dem Ende der Revolution, seine Sitzungen begann.

Im Herzogtum Nassau wurde noch vom alten Landtag am 28. März 1848 ein neues Wahlgesetz auf Grundlage eines allgemeinen, gleichen und geheimen, jedoch indirekten Wahlrechts beschlossen, das am 5. April 1848 veröffentlicht wurde. Am 22. Mai trat der neu gewählte Landtag zusammen, der nur noch aus einer Kammer bestand und dem Ministerium unter Leitung von August Hergenhahn eine solide parlamentarische Mehrheit bot. Aus der Reihe der Reformgesetze stach insbesondere die bereits erwähnte neue Gemeindeordnung vom 12. Dezember 1848 hervor, die statt des bisherigen bürokratisch-zentralistischen Systems die kommunale Selbstverwaltung einführte und ein einheitliches Gemeindebürgerrecht schuf. In den Kreisen wurden Kreisbezirksräte mit weitreichenden Befugnissen eingeführt. Die Domänen wurden zum Staatseigentum erklärt und gemeinsam mit den Steuereinkünften verwaltet. Provisorisch wurden eine progressive Einkommenssteuer und eine Kapitalsteuer beschlossen, außerdem wurde die Armenpflege neu geordnet. Grundlegend waren auch die Reformen im Justizbereich, wo ein Strafgesetzbuch und Schwurgerichte eingeführt sowie Justiz und Verwaltung auch in der unteren Instanz getrennt wurden. Offen blieben eine Verfassungsrevision und ein neues Wahlrecht, die vor allem von der Landtagslinken gefordert wurden. Schon in Paragraph 52 des Wahlgesetzes vom 5. April 1848 war dessen provisorischer Charakter betont und dem Landtag die Aufgabe einer Revision des Wahlgesetzes aufgetragen worden, das »mit den dann zumal zu erlassenden neuen verfassungsmässigen Bestimmungen in Einklang zu bringen« sei.[162] Am 3. April 1849 leitete das Ministerium dem Landtag schließlich den Entwurf für eine neue Verfassung und ein Wahlgesetz zu, der aber wegen des vorgesehenen Zweikammersystems auf heftigen Widerstand der Landtagslinken und der demokratischen Vereine im Lande stieß. Da eine Einigung nicht erreicht werden konnte, blieb es vorerst beim bisherigen Wahlgesetz vom 5. April 1848.

Bereits während der Märzbewegung von 1848 wurde in Frankfurt die Forderung nach einer Revision der städtischen Verfassung erhoben, der Konstitutions-Ergänzungsakte von 1816, die noch in wesentlichen Teilen auf der alten reichsstädtischen Verfassung beruhte. Damit verbunden war die Forderung nach staatsbürgerlicher Gleichstellung von nichtchristlichen Konfessionen, Dorfbewohnern und Beisassen mit den Stadtbürgern. Schließlich wurde am 25. Oktober 1848 eine »Constituierende Versammlung der Freien Stadt Frankfurt« (auch Konstituante genannt) gewählt, in der die demokratische Linke die Mehrheit hatte, und die seit dem 6. November 1848 eine Verfassung erarbeitete. Ihre Vorsitzenden waren zunächst der Jurist Friedrich Kugler, dann der Pädagoge und Journalist Nikolaus Hadermann. Erst am 3. Dezember 1849 schloss die Konstituante die Arbeit an einem Verfassungsentwurf ab, der die Genfer Kantonsverfassung von 1847 zur Grundlage hatte. Inzwischen hatte sich die politische Lage in Deutschland aber bereits tiefgreifend geändert und die Zeit für eine umfassende Verfassungsreform war verstrichen. Auch führte die Abkehr von der Frankfurter Verfassungstradition zugunsten eines demokratischen Verfassungsmodells zu einer breiten Gegnerschaft in der Öffentlichkeit Frankfurts. Befürworter der alten Ordnung und Konstitutionelle gründeten den »Patriotischen Verein«, initiierten zahlreiche Petitionen gegen die Konstituante und schufen sich mit dem »Frankfurter Volksboten« ein publizistisches Sprachrohr. Ein konservativ-liberales Bündnis war im Patriotischen Verein entstanden, das ein Zeitgenosse so beschrieb: »Immerhin aber schlossen sich auch freisinnige und keineswegs reactionäre Männer dem neuen Vereine an; die höhere Bourgeoisie fiel ihm ganz zu. Der Verein mußte aber allerdings auch einen bösen Schweif mitsichschleppen, der nicht nur das Überstürzende, sondern auch, und zwar vorzüglich, das Gute und Zeitgemäße in dem Verfassungsentwurfe der Constituante haßte.«[163] Der Senat lehnte die Annahme des Verfassungsentwurfs der Konstituante ab und stellte diesen auch nicht zur Abstimmung. Bis zur Annexion der Stadt durch Preußen 1866 blieb die Konstitutions-Ergänzungsakte die Frankfurter Stadtverfassung.

Auch in Waldeck und Hessen-Homburg wurden von Anfang an Verfassungsforderungen erhoben. So enthielten schon die Märzforderungen in der Landgrafschaft Hessen-Homburg den Wunsch nach einer Verfassung für den Kleinstaat. Der Landgraf beauftragte daher den liberalen Staatsrechtler und späteren leitenden Minister des Großherzogtums Hessen, Karl Jaup, mit der Erarbeitung eines Verfassungsentwurfs. Außerdem wurde am 28. Juli 1848 ein provisorisches Wahlgesetz für die Wahl der Abgeordneten eines Konstituierenden Landtags erlassen, der über diesen Entwurf beraten sollte. Der Konstituierende Landtag bestand aus einer Kammer und war nach einem direkten, allgemeinen und gleichen Wahlrecht gewählt. Am 20. Februar 1849 wurde der Verfassungsentwurf veröffentlicht, der nach einigen Änderungen am 3. Januar 1850 in Kraft trat, ohne jedoch in der veränderten politischen Lage Wirkung entfalten zu können. Bereits 1852 wurde die Verfassung von Landgraf Ferdinand aufgehoben. Im Fürstentum Waldeck, das eine altständische, oktroyierte Verfassungsurkunde besaß, machte die politische Bewegung des Frühjahrs 1848 den Weg frei zu der von dem Landsyndikus und späteren Staatsrat Wolrad Schumacher entworfenen liberalen Verfassung für die Fürstentümer Waldeck und Pyrmont, die am 23. Mai 1849 in Kraft trat. Sie enthielt einen Grundrechtekatalog, garantierte die kommunale Selbstverwaltung sowie das Gesetzesinitiativrecht und das Budgetrecht des Landtags, der in direkter, allgemeiner und geheimer Wahl zustande kam. 1852 wurde von Fürst Georg Viktor eine Änderung von Verfassung und Wahlrecht erzwungen.

Die neuen liberalen Ministerien beruhten seit ihrer Entstehung im Frühjahr 1848 durchweg auf der Unterstützung von Landtagsmehrheiten. Die Revolution von 1848/49 markierte daher auch den Beginn des Parlamentarismus im hessischen Raum. Er war gekennzeichnet durch Auseinandersetzungen zwischen Regierungsanhängern und Opposition sowie durch Kompromissfindung und Konsensbildung in den Landtagen, die letztlich eine Kooperation mit den Regierungen ermöglichten. Auch für die Abläufe in den Landtagen brachte die Revolutionszeit einen Wandel. Wie die neue, als Entwurf bereits am 6. Dezember 1848 vorliegende Geschäftsordnung des Darmstädter Landtags vom 10. Oktober 1849 zeigte, wurde die Landtagsarbeit durch »Abteilungen« modernisiert.[164] In den Landtagen in Darmstadt, Kassel und Wiesbaden waren während der Revolutionszeit bereits politische Fraktionen nachweisbar. Am frühesten bildeten sich diese in Darmstadt, wo sich schon bald nach der Eröffnung des Landtags im Dezember 1847 neben den Liberalen eine Linke um die Demokraten Franz Zitz und Christian Heldmann formierte. Diese bildete 1848 die Opposition gegen das liberale Ministerium. Im Wiesbadener Landtag kam es erst im Laufe des Jahres 1848 zur Entstehung einer linken Fraktion um die Abgeordneten Adolph Raht, Friedrich Lang und Karl Braun. Am 25. Januar 1849 schlossen sich die demokratischen Abgeordneten zu einem förmlichen »Club der Linken« zusammen und gaben sich ein Programm, das den Landtag zur verfassunggebenden Versammlung erklärte und die Grundrechte der Nationalversammlung als »das geringste Maß von Recht und Freiheit des Volkes« bezeichnete, während die verfassunggebenden Versammlungen in den Ländern »in den von ihnen zu errichtenden Verfassungen und organischen Gesetzen weitergehen« könnten.[165] Dagegen bildeten die Anhänger der Regierung im Wiesbadener Landtag am 27. Juli 1849 einen »Club der Rechten«. Auch im Kasseler Landtag entstand seit dem Sommer 1848 eine linke Fraktion, als deren Wortführer der Marburger Philosophieprofessor Karl Bayrhoffer auftrat. Die frühen Fraktionen besaßen 1848/49 noch eine lockere, heterogene Struktur ohne

Zug des deutschen Parlaments nach der Paulskirche in Frankfurt a. M. am 18. Mai.

Einzug der Abgeordneten
in die Paulskirche zu Frankfurt a. M. am 18. Mai 1848.

Fraktionsdisziplin und ohne feste Mitgliedschaften. Die Übergänge zwischen ihnen waren fließend, da sich politische Orientierungen und Positionen erst herausbilden mussten. Neben Demokraten und Liberalen wurden beispielsweise im Kasseler Landtag auch liberal-demokratische, liberal-konstitutionelle, konservativ-konstitutionelle und konservative Positionen deutlich.[166]

Bei Nachwahlen und den Neuwahlen des Jahres 1849 in Hessen-Darmstadt und Kurhessen gelangten zunehmend Demokraten in die Landtage, wo sie die linken Fraktionen stärkten und die liberalen Minister immer mehr unter Druck setzten. Einerseits mussten diese ihre Reformvorhaben gegen widerstrebende Monarchen durchsetzen, andererseits wurden sie im Landtag mit den Forderungen der erstarkenden Linken nach weitgehenderen Reformen konfrontiert. In Kassel kam es bereits im Sommer 1848 zu einer für das Ministerium schwierigen Situation, als die kurhessischen Demokraten eine Petitionsbewegung für ein neues Wahlgesetz mobilisierten und im Landtag auch Unterstützung von liberalen Abgeordneten erhielten. Am 14. Oktober 1848 legte das Ministerium daraufhin einen Gesetzesentwurf für ein restriktives Wahlgesetz vor, das die Vorherrschaft der Liberal-Konstitutionellen im Landtag bewahren sollte und daher bei der Linken auf Kritik stieß. Die kontroverse Debatte zeigte dabei auch, wie weit die Parlamentarisierung in Kurhessen vorangeschritten war, denn das Ministerium benötigte eine Mehrheit im Landtag und war auf eine Konsensfindung zwischen den Fraktionen angewiesen. In Kassel bildete sich daher eine liberal-konstitutionelle Regierungsfraktion heraus, die den Kurs des Ministeriums Eberhard unterstützte.[167]

Die Reformen in den Einzelstaaten fanden 1848 vor dem Hintergrund der Verfassungsdiskussionen in der Nationalversammlung in Frankfurt statt. Nach den vorangegangenen politischen Lagerbildungen im Vorparlament begannen bereits unmittelbar vor der Konstituierung der Nationalversammlung am 18. Mai 1848 nach politischen Richtungen getrennte Zusammenkünfte der Abgeordneten, aus denen Fraktionen entstanden. Sie wurden nach den Lokalen benannt, in denen sich die Abgeordneten trafen, und unterschieden sich in politischer Hinsicht oft nur geringfügig. Diese Fraktionen organisierten die politischen Kräfte in der Nationalversammlung und waren für die parlamentarische Arbeit von großer Bedeutung. Die Republikaner, die die äußerste Linke der Nationalversammlung bildeten, versammelten sich im »Donnersberg«, darunter waren sämtliche rheinhessische Abgeordnete und der Hanauer Abgeordnete August Rühl. Der größte Teil der Demokraten um Blum und den Gießener Karl Vogt, die auf der Volkssouveränität und einer starken Stellung des Parlaments bestanden, somit auch mit einer parlamentarischen Monarchie einverstanden gewesen wären, bildete den »Deutschen Hof«, und gemäßigte Demokraten und Liberale traten der Fraktion »Westendhall« bei, wo sie sich für eine konstitutionelle Monarchie mit freiheitlich-demokratischer Ausgestaltung einsetzten – hierunter unter anderem Bruno Hildebrand aus Marburg, Venedey aus Homburg, Jucho aus Frankfurt und der Hessen-Darmstädter Theodor Reh. Das linke Zentrum setzte sich aus den Fraktionen »Landsberg« und »Württemberger Hof« zusammen, die das Vereinbarungsprinzip ablehnten und auf der alleinigen Kompetenz der Nationalversammlung in der Verfassungsgebung bestanden. Die Fraktion »Casino«, die das rechte Zentrum der Nationalversammlung bildete und für eine erbkaiserliche konstitutionelle Monarchie eintrat, unterstützte die Politik Heinrich von Gagerns. Ihr gehörten beispielsweise sein Bruder Max und Hergenhahn aus Wiesbaden sowie der Hessen-Darmstädter Jaup und der Kurhesse Bernhardi an. Mitglied in der konservativen großdeutschen Abspaltung vom »Casino«, dem »Pariser Hof«, war der Wetzlarer Johannes Münch. Der Rechten im »Café Milani«, die auf dem Vereinbarungsprinzip bestand, gehörten keine Abgeordneten aus dem hessischen Raum an. Der politische Katholizismus war in der Nationalversammlung nicht durch eine Fraktion vertreten, vielmehr schlossen sich Abgeordnete, die sich den politischen Zielen der katholischen Vereinsbewegung verbunden fühlten, im »Katholischen Klub« zusammen, einer interfraktionellen Vereinigung in der Paulskirche. Angehörige der Arbeiterbewegung hatten in der Nationalversammlung keine Mandate, stattdessen vertrat die äußerste Linke deren soziale und politische Anliegen.

Die große Bedeutung, die die deutsche Einigung und die Reichsverfassung für die liberalen Politiker im hessischen Raum hatte, zeigte sich daran, dass mit Heinrich von Gagern, August Hergenhahn und Karl Jaup drei leitende Minister auch als Abgeordnete in der Nationalversammlung in Frankfurt mitwirkten. Von den im Frühjahr 1848 gewählten Abgeordneten hatte fast die Hälfte auch in den Landtagen der Einzelstaaten während der Revolutionszeit ein Mandat, hinzu kamen prominente Kommunalpolitiker, darunter der Hanauer Oberbürgermeister August Rühl. Zwei Hessen, Heinrich von Gagern (vom 19. Mai bis 16. Dezember 1848) und Theodor Reh (vom 12. bis 30. Mai 1849) waren Präsidenten der Nationalversammlung. Vor allem Heinrich von Gagern prägte als erster Präsident der Nationalversammlung und schließlich von Dezember 1848 bis Mai 1849 als Reichsministerpräsident der Provisorischen Zentralgewalt sowie als Wortführer der konstitutionellen Liberalen die Politik der Nationalversammlung. Gagern wurde mit der überwältigenden Mehrheit von 305 Stimmen von insgesamt 397 gewählt und siebenmal in Folge mit hohen Zustimmungsraten wiedergewählt. Die Bedeutung der Aufgabe der Nationalversammlung war ihm bewusst. In seiner Antrittsrede am

Nationalversammlung in der Paulskirche mit Heinrich von Gagern auf dem Präsidentenstuhl.

19. Mai 1848 formulierte er diese so: »Wir haben die größte Aufgabe zu erfüllen. Wir sollen schaffen eine Verfassung für Deutschland, für das gesammte Reich. Der Beruf und die Vollmacht zu dieser Schaffung liegt in der Souveränität der Nation.«[168] Die Schaffung einer Provisorischen Zentralgewalt ging ebenfalls auf die Initiative Gagerns zurück, der am 24. Juni 1848 in einer Rede vom »kühnen Griff« beantragte, die Nationalversammlung solle aus eigener Machtvollkommenheit eine Zentralgewalt schaffen und den österreichischen Erzherzog Johann als Reichsverweser einsetzen. Die Hoffnungen, die mit der Zentralgewalt, dem Reichsverweser und dem Amt des Reichsministerpräsidenten verbunden waren, sollten sich allerdings nicht erfüllen. Zur Durchsetzung ihrer Aufgaben, die »vollziehende Gewalt zu üben in allen Angelegenheiten, welche die allgemeine Sicherheit und Wohlfahrt des deutschen Bundesstaates betreffen«, und die Oberleitung der »gesammten bewaffneten Macht zu übernehmen, und namentlich die Oberbefehlshaber derselben zu ernennen« fehlten ihr nämlich die Machtmittel, da sie letztlich auf die Truppenverbände der Einzelstaaten angewiesen war. Auch die Aufgabe, »die völkerrechtliche und handelspolitische Vertretung Deutschlands

auszuüben«, scheiterte an der mangelnden völkerrechtlichen Anerkennung durch die europäischen Großmächte.[169]

Das Verfassungswerk der Nationalversammlung konnte dagegen erfolgreich abgeschlossen werden. So wurden erstmals in der deutschen Geschichte Grundrechte auf nationaler Ebene kodifiziert und ihnen Rechtskraft verliehen. Durch Reichsgesetzgebung am 27. Dezember 1848 in Kraft gesetzt, beinhalteten die »Grundrechte des deutschen Volkes« über individuelle Freiheitsrechte hinaus auch institutionelle Garantien für Rechtsstaatlichkeit, Minderheitenschutz, kommunale Selbstverwaltung sowie für die Einzelstaaten Verfassungen mit Volksvertretung und Ministerverantwortlichkeit.[170] Da der österreichische Ministerpräsident Felix Fürst zu Schwarzenberg sich am 27. November 1848 für den Fortbestand der staatlichen Einheit des Habsburgerreiches aussprach und damit keinen Spielraum für eine großdeutsche Lösung ließ, konnte Gagern für sein Konzept eines deutschen Nationalstaats unter preußischer Führung ohne Österreich eine breite Unterstützung in der Nationalversammlung gewinnen, wobei zunächst noch an ein Bündnis des zu schaffenden deutschen Reiches mit Österreich gedacht war. Nach langen Verhandlungen gelang es Gagern, durch eine Vereinbarung mit Heinrich Simon, Wortführer der gemäßigten Linken in der Nationalversammlung, am 26. März 1849 eine Mehrheit für eine kleindeutsche Reichsgründung und die Verabschiedung der Reichsverfassung zu erreichen, die dann am 28. März 1849 verkündet wurde.[171]

Die Grundrechte und die Reichsverfassung bildeten eine Messlatte für die einzelstaatlichen Verfassungen, die den von demokratischer Seite vorgebrachten Reformwünschen und Forderungen nach Verfassungs- und Wahlrechtsrevision Rückhalt gaben. Dies galt insbesondere für die Stadt Frankfurt selbst, wo die Konstitutions-Ergänzungsakte von 1816 auf der Rechtsungleichheit der Einwohner und der Diskriminierung nichtchristlicher Religionen beruhte. Doch auch in Kurhessen hatten die Grundrechte und die Reichsverfassung Auswirkungen, wobei das Ministerium diese andererseits auch dazu nutzen konnte, um innenpolitische Problemfelder zu umgehen.[172] Nicht zuletzt nahmen die Menschen im hessischen Raum regen Anteil an den Verhandlungen der Nationalversammlung. Am 17. Mai, dem Vorabend der Eröffnung, loderten mächtige Freudenfeuer auf den Bergen des Taunus.[173] Wie bereits beim Vorparlament, so kamen auch zur Nationalversammlung »dichtgedrängte Zuhörermassen«, darunter viele Frauen, die auf der Galerie und in den Logen der Paulskirche die Verhandlungen verfolgten. Etwa 1500 bis 2000 Zuschauer waren zeitweise auf der Galerie anwesend, das Fünffache der Abgeordneten.[174] Über den feierlichen Einzug der Mitglieder der Nationalversammlung am 18. Mai 1848 berichtete der schlesische Abgeordnete

Theodor Paur: »Kanonendonner geleitete unseren Zug durch ein glänzendes Spalier der Nationalgarden bis in die Paulskirche, welche zum Sitzungssaal der Nationalversammlung eingerichtet ist. Daß ganz Frankfurt auf den Beinen war und alle Galerien von Zuschauern besetzt waren, lässt sich denken.«[175] Das Publikum beschränkte sich nicht auf das Schauen und Hören, sondern nahm an den Verhandlungen durch Zwischenrufe und Zustimmungs- bzw. Unmutsbekundungen teil, die immer wieder Ordnungsmaßnahmen hervorriefen. Der als Journalist bei den Verhandlungen im Frühsommer 1848 anwesende Bamberger berichtete darüber: »Was den Verhandlungen in der Paulskirche ihren besonderen Ton gab, war die aktive Mitbeteiligung der Zuhörer auf der Galerie. Natürlich trug das nicht zur Erhöhung der Würde und Feierlichkeit bei, aber es hinderte doch, daß die Sache gar zu ledern verlief. Man kann wirklich hier den trivialen Ausdruck anwenden, das Mitspielen des Publikums brachte doch etwas Leben in die Bude, und da die Galerie selbstverständlich auf Seiten der fortgeschrittensten Parlamentarier war, so empfanden wir Anhänger derselben das noch besonders angenehm. Es wurde aus Leibeskräften applaudiert und gezischt.«[176]

Bürgerwehren und Volksbewaffnung

Den wichtigsten Rückhalt der Märzministerien bildeten die Bürgerwehren und Bürgergarden, die während der revolutionären Ereignisse im März 1848 überall aufgestellt oder neuformiert wurden. Charakteristisch für die Ziele dieser Bürgerwehren war der Aufruf des Stadtrates und Stadtvorstandes von Wiesbaden vom 2. März 1848 zum Eintritt in die neu zu bildende Bürgergarde: »[…] Zwei Gefahren müssen uns vor Augen stehen: daß nicht durch Uneinigkeit, [sic] Excesse und Unsicherheit des Eigenthums entstehen, und daß die große nationale Bewegung der deutschen Bevölkerungen nicht durch Verbindungen mit dem Feinde des Vaterlandes ihres sichern Erfolges und ihrer Ehre verlustig gehe. Deutsche Männer und treue Bürger! Treten wir zusammen und ergreifen die Waffen. Die Regierung wird uns kein Hinderniß in den Weg legen. Sie muß uns vertrauen, unserm Muthe und unsrer deutschen Gesinnung. Jeder treue Bürger lasse sich einschreiben zu den Schaaren unserer Bürgergarde, zur Vertheidigung der köstlichen Güter des Vaterlandes und unsres eignen Heerdes.«[177]

Die gemäßigte und im Grunde loyale Tendenz des Flugblattes und sein hausväterlicher Ton entsprachen der Haltung der bürgerlichen Kreise, an die er gerichtet war. Nicht etwa um die Durchsetzung liberaler Forderungen mithilfe der Volksbewaffnung ging es hier, sondern um die innere und äußere Sicherheit. Dies war charakteristisch für alle Bürgerwehren. Diese formierten sich zur Abwehr des inneren und äußeren Feindes, zur Wahrung von »Sicherheit und Ordnung«. Der innere Feind, die »Anarchie«, war präsent in den gewaltsamen Unterschichtenprotesten. Die »Verbindungen mit dem Feinde des Vaterlandes« wiesen auf jene Radikalen hin, von denen befürchtet wurde, sie würden wie die deutschen Jakobiner von 1792/93 mit dem revolutionären Frankreich gemeinsame Sache machen. Gerüchte über bewaffnete Züge deutscher Emigranten aus Frankreich schürten solche Ängste. Als der äußere Feind aber wurde hier offenbar Frankreich angesehen – zu übermächtig war die Erinnerung an die Zeit der Revolutionskriege und die Invasion französischer Truppen. Vor allem in den Residenz- und Garnisonsstädten wurden die Bürgerwehren nicht selten aus den Waffenbeständen des Linienmilitärs bewaffnet. Etwa 2000 Gewehre und Munition wurden im März 1848 allein an die Wiesbadener Bürgerwehr verteilt, ein Beweis dafür, wie sehr die nassauische Regierung auf die Unterstützung der Bürger angewiesen war.

Zwar schien die Errichtung von Bürgerwehren im Frühjahr 1848 in der Tradition früherer Bürgerbewaffnungen oder des Landsturmes von 1814 zu stehen. Tatsächlich aber waren die Bürgerwehren, mit deren Aufstellung allenthalben begonnen wurde, ein Ergebnis der Revolution. Schon sprachlich knüpfte die häufig verwendete Bezeichnung »Nationalgarde« an die revolutionären Garden nach französischem Vorbild an. Der erste Kommandant der Wiesbadener Bürgerwehr vom 2. bis 9. März 1848 war der 60-jährige Uhrmacher und Gastwirt Georg Böhning, Oberleutnant der Reserve im nassauischen Landsturm und Freischärler im griechischen Freiheitskrieg, ein stadtbekannter Oppositioneller, der am Hambacher Fest teilgenommen hatte, Verbindungen zu den Frankfurter Wachenstürmern von 1833 besessen und im Vormärz einem revolutionären Geheimbund angehört hatte. Im benachbarten Mainz stand mit Franz Zitz ebenfalls ein radikaler Demokrat an der Spitze der Bürgerwehr, und in Hanau war der gleichgesinnte August Schärttner Anführer der Turnerwehr als Teil der Bürgergarde.

Leitungs- und Aufsichtsgremien für die Aufstellung von Bürgerwehren waren in Nassau im März 1848 die Sicherheitskomitees, in Hessen-Darmstadt die Gemeindevorstände und Bürgermeister. In Kurhessen unterstanden die Bürgerwehren nach dem Bürgergarden-Gesetz vom 23. Juni 1832 zwar dem Innenministerium, doch organisierten auch hier die kommunalen Gremien deren Aufstellung und Bewaffnung. In Hanau besaß im Frühjahr 1848 die Mobilmachungskommission der Volkskommission eine bestimmende Rolle bei der Volksbewaffnung.[178] Im Herzogtum Nassau betrieb das Wiesbadener

Sicherheitskomitee auch die Aufstellung von Bürgerwehren im Lande. Bereits am 7. März 1848 veröffentlichte das Komitee »Vorläufige Bestimmungen über die Bildung der Nationalgarde zu Wiesbaden«, die zu den frühesten Vorschriften des Jahres 1848 für die Volksbewaffnung im hessischen Raum zählten. Mit ihnen wurde eine Bürgerwehrpflicht festgelegt, durch die »Jeder Nassauische hier ansässige Staats-Bürger vom 20ten bis zum 54ten Lebensjahre« zum Eintritt in die Bürgerwehr verpflichtet wurde und nur Krankheit oder »schlechter Leumund« als Ausschlusskriterien galten.[179] Die »Gymnasiasten der oberen Klassen« sowie die oberen Klassen des Realgymnasiums konnten freiwillig in die Bürgerwehr eintreten und bildeten dort eine eigene Gymnasiastenkompanie. Die Offiziere wurden in Nassau wie in den hessen-darmstädtischen Bürgerwehren von ihren Mannschaften demokratisch gewählt. In Kurhessen erstreckte sich die freie Wahl lediglich auf die Unteroffiziere und Offiziere unterhalb der Ebene der Bataillons- und Regimentskommandeure.

Bereits am 11. März 1848 löste in Nassau ein landesherrliches Edikt die vorläufigen Bestimmungen ab, machte die Bürgerwehr rechtlich verbindlich und präzisierte und modifizierte die Regelungen. Zur Zweckbestimmung hieß es in Paragraph 1 des Ediktes: »Die zur Garantie der Volksrechte bestehende Volkswehr (Bürgergarde, Nationalgarde) ist bestimmt zur Erhaltung der inneren Ordnung und Sicherheit der Person und des Eigenthums, sowie in den näher zu bestimmenden Fällen zur Landesvertheidigung.«[180] Einerseits wurde daher die Wahrung der »Volksrechte« zu den Aufgaben der Bürgerwehr gezählt, diese aber gleichzeitig als Instrument zur Aufrechterhaltung von Sicherheit und Ordnung, gegebenenfalls auch zur Landesverteidigung festgeschrieben. Sie konnte auf Anforderung der Behörden sowie der Sicherheitskomitees zu Hilfeleistungen verpflichtet werden. Nur bei »augenscheinlicher Gefahr« waren die Befehlshaber der Bürgerwehren befugt, aus eigener Initiative bewaffnet einzuschreiten.[181] In Nassau entstanden im Frühjahr 1848 Bürgerwehren in allen Teilen des Landes, sogar in Dörfern, und waren hier deutlich verbreiteter als in den Nachbarstaaten. Außerdem wurde in dem herzoglichen Edikt das Dienstalter auf das vollendete 16. Lebensjahr gesenkt, dies war das niedrigste Dienstalter überhaupt. Von der Bürgerwehr befreit waren in Nassau neben den Militärangehörigen die Geistlichkeit und Teile der Beamtenschaft. Die »Ehrbarkeit« und der gute Leumund bildeten in allen Bürgerwehren der Revolutionszeit Voraussetzungen für die Aufnahme der Bürgerwehrmänner. Aufgrund der Dienstpflicht umfassten die nassauischen Bürgerwehren im Frühjahr 1848 tatsächlich alle Sozialschichten. Sie waren damit im Vergleich mit den hessischen Nachbarstaaten zumindest von ihrer Zusammensetzung und Aufstellung her am sozial integrativsten. Bemerkenswert ist die Tatsache, dass bei der Aufstellung der Bürgerwehren im hessischen Raum keine religiösen Diskriminierungen bekannt wurden. Für jüdische Nassauer und Kurhessen bestand, wie für Christen, die Bürgerwehrpflicht, und auch in Hessen-Darmstadt gab es jüdische Bürgerwehrmänner. Im nassauischen Weilburg hielt der dortige Rabbiner sogar anlässlich der Fahnenweihe der Bürgerwehr neben den Geistlichen der christlichen Religionen ein öffentliches Gebet auf »die Banner des vereinten Deutschlands«.[182]

In Hessen-Darmstadt wurde für die Bürgerwehren erst mit der großherzoglichen Verordnung vom 1. November 1848 ein rechtlicher Rahmen geschaffen. Im Gegensatz zu Kurhessen und Nassau bestand keine Bürgerwehrpflicht; die Bildung von Bürgerwehren wurde vielmehr in die Entscheidungsfreiheit der Gemeindevorstände gelegt, und der Eintritt in die Bürgerwehren war freiwillig. Die Zielsetzung wurde gemäß Artikel 1 der Verordnung eingeschränkt »zur allgemeinen Vertheidigung und zum Schutze der durch Gesetze gesicherten Ordnung«.[183] Mit dem vollendeten 21. Lebensjahr als Mindestalter bestand ein deutlicher Unterschied zum Nachbarstaat Nassau. Als Voraussetzung für den Beitritt wurde der Besitz »eines brauchbaren Feuergewehrs« vorgeschrieben, »insofern ihm dieß nicht von der Gemeinde zum Dienstgebrauch übergeben wird«, und der Gemeindevorstand entschied über die Zulässigkeit der Teilnahme an der Bürgerwehr.[184] Indem Gewehr und Seitengewehr als einzig zulässige Waffen festgelegt wurden, schloss die Verordnung die in vielen Bürgerwehren bestehende Bewaffnung von Gardisten mit Piken oder Sensen aus. Ein Gewehr konnte sich die Mehrzahl der Gemeindebürger nicht leisten, und die meisten Gemeinden waren ebenfalls nicht zum Ankauf von Gewehren in der Lage. Die hessen-darmstädtischen Bürgerwehren waren daher sozial exklusiver als die in Nassau und ihre Mitglieder im Wesentlichen auf das wohlhabende Bürgertum beschränkt. Deutlich früher als die hessen-darmstädtische Verordnung, aber wesentlich später als in Wiesbaden gab sich die Bürgergarde in Darmstadt am 19. Mai 1848 ein Reglement in Protokollform, das aber hauptsächlich die Befugnisse und die Einsetzung eines Ehrengerichts beinhaltete. In der Zweckbestimmung fehlte ebenso wie in der Verordnung ein Hinweis auf die freiheitlichen Errungenschaften, vielmehr ging es den Darmstädtern ausschließlich um die »Aufrechterhaltung der Ruhe, Ordnung und Gesetzlichkeit«.[185]

In Kurhessen kam in der Revolutionszeit kein neues Bürgerwehrgesetz zustande, stattdessen blieb das Gesetz vom 23. Juni 1832 Grundlage für die Bürgergarden, das jedoch mit der Wahl der Offiziere durch die Wehrmänner bereits Ziele der Revolutionszeit vorwegnahm. Demnach bestand eine Bürgerwehrpflicht für alle männlichen Bürger zwischen 22 und 50 Jahren, soweit diese nicht Militärdienst leisteten. Das Mindestdienstalter war somit das höchste im hessischen Raum, und die Zusammensetzung der kurhessischen Bürgerwehren war sozial besonders exklusiv: Von der Bürgerwehr ausgeschlossen waren »Lehrlinge, Gesellen und Tagelöhner, Dienstboten, Leute ohne festen Wohnsitz und solche, welche milde Unterstützung erhalten«, ferner Staatsbürger, die noch militärdienstpflichtig waren.[186] Damit konnten jüngere Männer, unterbürgerliche Schichten und Teile der Landbevölkerung nicht den Bürgerwehren beitreten. Ihre Aufgabe war ausschließlich die »Aufrechterhaltung der gesetzlichen Ordnung« und die Unterstützung der Polizei.[187] Die Bürgergarden waren bis 1848 in Kurhessen dezidiert bürgerliche Milizen zur Abwehr von Aufläufen und Angriffen durch Menschen »ohne Besitzthum und sicheren Erwerb«, um »Thron, Herd und Altar zu schirmen«.[188] Erst während der Märzbewegung traten mit den Turnerwehren und Arbeiterkorps auch vermehrt unterbürgerliche Schichten vor allem in Hanau den Bürgerwehren bei.

Das Hauptproblem bei der Volksbewaffnung stellte überall der Mangel an Waffen dar. In Nassau, wo die Organisation noch am besten war, wurde das Wiesbadener Sicherheitskomitee mit Anfragen nach Gewehren förmlich überschüttet, sodass es am 15. April 1848 öffentlich erklären musste, den vielen Anforderungen nicht nachkommen zu können. Auch die nach der Auflösung des Sicherheitskomitees am 29. April 1848 gebildete »Kommission für die Volksbewaffnung« vermochte das Bewaffnungsproblem nicht zu lösen. Dennoch gehörten die nassauischen Bürgerwehren zu den bestausgerüsteten der Revolutionszeit im hessischen Raum. Je kleiner die Gemeinde war, desto schlechter war allerdings ihre Bewaffnung, und selbst in größeren Städten waren manche Bürgerwehrmänner nur mit Piken ausgestattet, soweit dies nicht wie in Hessen-Darmstadt verboten war. Manche Bürgerwehren in kleineren Gemeinden ähnelten daher eher »Krähwinkeler Knüppelgarden« als ernstzunehmenden Truppen.[189] Erfolgreich war die Volksbewaffnung dagegen meistens dort, wo Bürgerwehren aus den Beständen von Garnisonen ausgestattet worden waren. Die Grenzen der Einsetzbarkeit von Bürgerwehren zeigten sich schon im Frühjahr 1848, als diese in kleineren Städten und auf dem Lande nicht in der Lage waren, die dortigen Proteste einzudämmen. Zunehmend erwiesen sich die Bürgerwehren auch in den großen Städten als unzuverlässig, und bei sozialen und politischen Protesten scheuten die meisten Wehrmänner die Konfrontation oder sympathisierten gar mit den Protestierenden. Die Märzministerien in Wiesbaden, Darmstadt und Kassel sahen sich schon ab April 1848 veranlasst, »mobile Kolonnen« des Linienmilitärs zu entsenden, um Unruhen und Proteste zu unterdrücken. Hinzu kam, dass sich der Bürgerwehrdienst als schwer vereinbar mit den beruflichen Verpflichtungen der

Bürger erwies. Schon nach wenigen Monaten klang daher die Begeisterung der Bürgerwehrmänner für zeitraubende Wachdienste, Exerzier- und Waffenübungen ab, zumal die Bürgerwehr auch zu Polizeidiensten herangezogen wurde. Die Zahl der Verstöße gegen die Bürgerwehrpflichten, vor allem das Fernbleiben vom Dienst, nahm daher im Laufe der Zeit deutlich zu. Unter 622 Dienstvergehen, die bis zum 11. Juli 1849 bei der Wiesbadener Bürgerwehr verzeichnet waren, betrafen 580 das Fernbleiben oder die unerlaubte Entfernung vom Dienst.[190]

Dort wo keine Bürgerwehrpflicht bestand, lösten sich die Wehren meist von selbst auf, und auch in Nassau bestanden viele um die Mitte des Jahres 1849 nur noch nominell. Hier versuchte der Landtag in Wiesbaden, durch eine Gesetzesinitiative gegenzusteuern: Noch gegen Ende der Revolutionszeit, am 17. Mai 1849, wurde ein Bürgerwehrgesetz für das Herzogtum Nassau veröffentlicht, das bereits Ausdruck der veränderten politischen Verhältnisse war. Jegliche Eigeninitiative der Bürgerwehren wurde ausgeschlossen und die bisherige freie Wahl der Offiziere durch die Wehrmänner eingeschränkt. Das Mindestalter wurde auf das 18. Lebensjahr, das Pflichtdienstalter auf 20 Jahre erhöht. Die Volkswehr wurde nun dem Innenressort unterstellt, sollte »auf das an die Befehlshaber zu stellende gesetzliche Ersuchen der Staatsbehörden bewaffnete Hülfe« leisten und »nur zu Dienstübungen auf Befehl ihrer Anführer bewaffnet« zusammentreten. Damit wurde die nassauische Bürgerwehr wie die anderer Staaten auch auf hilfspolizeiliche Tätigkeiten beschränkt. In Paragraph 4 hieß es sogar, dass die Wehrmänner »in ihren dienstlichen Versammlungen nicht über öffentliche Angelegenheiten berathen« dürften.[191] Die Wehrmänner unterlagen damit einem Verbot politischer Erörterung im Dienst, wie es ähnlich auch für das reguläre Militär galt. Zu größerer Begeisterung für den Bürgerwehrdienst trug das Gesetz nicht bei.

Soziale Proteste und »Exzesse« in den Städten

Auch die Städte waren, vor allem in den ersten Monaten nach Beginn der Revolution, Schauplatz zahlreicher gewalttätiger Proteste. Die Akteure dieser Proteste entstammten in der Mehrzahl der Fälle den unterbürgerlichen Schichten, sie waren Tagelöhner, Dienstboten, Kutscher, Handwerksgesellen und Arbeiter. Bei den Protestierenden handelte es sich aber nicht nur um Männer, sondern in besonderem Maße um Frauen aus der Unterschicht. Daneben spielten auch Handwerksmeister, Kleingewerbetreibende, kleine Ladenbesitzer und Wirte eine wichtige Rolle. Bereits im Vormärz hatten sich viele der nachfolgend beschriebenen Formen kollektiver Gewalt ereignet, doch in der Revolutionszeit kam es zu einer deutlichen Zunahme der Anzahl und der Gewaltsamkeit. Soweit Vergleichszahlen bekannt sind, zählte der hessische Raum zu den Gebieten mit relativ hohen Protest-Frequenzen.[192]

Am weitesten verbreitet waren 1848/49 die auch auf dem Land üblichen »Katzenmusiken«, die sich in Städten beispielsweise gegen missliebige, als hartherzig, ungerecht oder wucherisch angesehene individuelle Geschäftsleute, Autoritäten oder Amtsträger richteten, die gegen sozialmoralische Normen verstoßen hatten. Im Verlauf der Revolutionszeit wurden sie »politisiert« und zum Bestandteil des Revolutionsalltags. Zum Ziel wurden nun politisch missliebige Honoratioren, Mandatsträger, Beamte oder Journalisten. In Hanau nahm am 17. März 1848 eine solche Katzenmusik das Ausmaß eines regelrechten Tumultes an, als von einem Wirtshaus ausgehend eine Menschenmenge von zuletzt mehreren tausend Menschen nacheinander die Wohnungen von zwölf Personen, darunter die des Landrats und des Regierungsdirektors, von Beamten und Wohlhabenden angriff, unter gellendem Lärm Fenster einwarf, zum Teil in die Häuser eindrang, um schließlich vor dem Polizeigebäude zu randalieren. Unter der Menge, als deren Anführer ein Kutscherknecht, ein Hutmacher und ein Steindecker verhaftet wurden, befanden sich »besonders viele Jungen und Weibspersonen«, was generell bei traditionellen Protesten nicht selten war.[193] In den Märztagen standen die Polizeibehörden den Ausschreitungen hilflos gegenüber, und selbst die in den Städten aufgestellten Bürgerwehren vermochten oft wenig gegen sie auszurichten. Hanau zählte dabei neben Mainz zu den Zentren kollektiver Gewaltakte im Rhein-Main-Gebiet. Die gewaltsamen Proteste richteten sich in Hanau nicht mehr nur gegen Einzelpersonen, sondern gegen die Vermögenden insgesamt. Am 17. April 1848 wurde beispielsweise die Versammlungsstätte der Gesellschaft »Assemblee«, der die bürgerliche Oberschicht der Stadt angehörte, von etwa 40 Angehörigen der »untersten Volks-Klasse« besetzt, die ihre Aufnahme in den Klub verlangten.[194] Bürgergardisten, die zum Schutz anrückten, wurden persönlich bedroht und die Gesellschaft löste sich infolgedessen auf. Die große Gewaltbereitschaft und Radikalität der Proteste, die in Hanau zum Ausdruck kam, bildete jedoch eher eine Ausnahme.

Von den Handlungsabläufen, dem zugrundeliegenden Normsystem und den Zielen der Katzenmusiken sehr ähnlich waren die Markttumulte. Die Märkte waren selbstregulierende Systeme, die vor allem bei der unterbürgerlichen Bevölkerung durch sozialmoralische Vorstellungen eines gerechten Preises bestimmt waren und in denen die Aktionsräume der Repräsentanten der Obrigkeit, der Händlerinnen und Händler sowie der Käuferinnen und Käufer austariert waren. Grenzüberschreitungen eines Akteurs konnten daher zur Sanktionierung durch die anderen Beteiligten führen. Charakteristisch waren die »Gossi-Tumulte« in Mainz im März 1849, bei denen der wegen seiner Eigenmächtigkeiten unbeliebte Marktmeister Gossi von der Menge gewaltsam und mit einem Bombardement von allen Marktständen vertrieben wurde, bis schließlich der Regierungsdirektor Freiherr von Dalwigk persönlich die Absetzung Gossis zusicherte, um eine weitere Eskalation zu verhindern. Nicht nur von konservativer und liberaler, auch von demokratisch-republikanischer Seite wurden solche traditionellen Volksunruhen generell abgelehnt. Im Mainzer Demokratischen Verein wurde am 21. März 1849 der Wunsch, der Verein möge sich gegen die Wiedereinstellung Gossis einsetzen, mit der Begründung abgelehnt, »weil es kleinlich wäre, an diesem einzelnen Subjecte zu haften, während so viele Subjecte in Aemtern und Würden säßen, die seit dem vorigen Jahre für immer daraus sollten entfernt sein [...].«[195] Die Begründung zielte offensichtlich auf den bei den Demokraten verhassten Regierungsdirektor von Dalwigk, der nach dem März 1848 nicht abgesetzt worden war.

Aus traditionellen Protesten konnten regelrechte Unruhen und Kämpfe entstehen. Ein klassisches Beispiel dafür stellte im hessischen Raum der sogenannte »Sachsenhausener Aufstand« dar, der wegen zu kleiner Brötchen und schlechten Brotes ausgebrochen war. Da der verantwortliche Bäckermeister im Frankfurter Stadtteil Sachsenhausen seiner Kundschaft auf deren Beschwerden auch noch derbe Beschimpfungen zu hören gab, wurden ihm in der Nacht vom 6. Juli 1848 bei einer Katzenmusik die Fensterscheiben eingeworfen. Durch das ungeschickte Vorgehen der Frankfurter Behörden, die angesichts des bevorstehenden Einzuges des Reichsverwesers in Frankfurt ein Exempel statuieren wollten, um Ruhe und Ordnung in der Stadt zu wahren, eskalierte dieser Vorfall am folgenden Tag zu einem förmlichen Schusswechsel zwischen einer Abteilung Linienmilitär und Sachsenhausener Einwohnern. Ein Soldat wurde dabei erschossen, und das Militär musste unter blamablen Umständen das Feld räumen. Eine Abteilung »Freiwilliger Jäger«, eine Bürgerwehreinheit, die ohnehin zumeist aus Sachsenhausenern bestand und als Verstärkung gedacht war, ging fast geschlossen zu den »Aufständischen« über. Barrikaden wurden gebaut und insbesondere die Brückenbarrikade am Main durch Posten der Aufständischen bewacht. Zur Eskalation hatte neben dem Selbstbehauptungsbestreben der Sachsenhausener vor allem der Gegensatz zwischen Bürgerschaft und Militär beigetragen. Sachsenhausen war am Abend des 7. Juli 1848 in den Händen der Protestierenden, dennoch verlief die Nacht völlig ruhig. Nachdem der Frankfurter Senat den Sachsenhausenern eine Art Generalamnestie zugesichert hatte, wurden die Barrikaden am folgenden Tag von diesen geräumt. Zwar fanden in Frankfurt während der Unruhen in Sachsenhausen Zusammenrottungen von Arbeitern statt und angeblich wurde auch versucht, die Sachsenhausener Vorgänge für einen politischen Aufstand zu nutzen, beweisbar ist dies jedoch nicht. In Frankfurt wurden mehrere Personen verhaftet, darunter Christian Esselen, der Vorsitzende des Arbeitervereins, der ohne Aufenthaltserlaubnis in der Stadt aufgegriffen wurde, obgleich er am 24. Mai 1848 ausgewiesen worden war. Es kam aber nicht zu Verurteilungen. Sogar die angeblich »aufständischen« Sachsenhausener hatten den Frankfurter Behörden bei der Suche nach möglichen Verschwörern mitgeholfen und »mehrere verdächtige Fremde an die Polizei abgeliefert«.[196]

Ein weit verbreitetes, nicht nur städtisches Phänomen waren ökonomisch motivierte defensive Sozialproteste von Lohnarbeitern oder Angehörigen handwerklicher oder anderer gewerblicher Berufe, die sich in ihrem Erwerb eingeschränkt oder bedroht sahen. In der Form sogenannter »Maschinenstürmereien« entstanden sie dort, wo Fabriken, Eisenbahnen oder Dampfschiffe zum Einsatz kamen. So wurden am 5. April 1848 die Schienen der Taunus-Eisenbahn, die Telegrafenleitung und mehrere Bahnwärterhäuschen bei Kastel, Hochheim und Hattersheim von einer Volksmenge zerstört. In einem Zeitungsartikel hieß es darüber: »Ein Dutzend Leute kamen auf den Einfall, die Schienen der Taunuseisenbahn einzureißen, und da sie ungehindert die Sache ins Werk setzten, so fanden sie bald Gesellschaft und wuchsen zu mehr als hundert an. [...] diese Verwüstung soll bald auf allen Stationen Nachahmung gefunden haben, der Art, daß sie sich bis gegen Höchst erstreckt hatte.«[197] Auch am folgenden Morgen kam es nochmals zu Zerstörungen an der Schienenstrecke. Der Protestverlauf war charakteristisch für derartige kollektive Gewaltaktionen des Frühjahrs 1848. Erst spät griffen Ordnungskräfte ein, die offenbar noch unter dem Eindruck der Märzereignisse standen. Die lawinenartige Zunahme des Protestes spiegelte die allgemeine Unzufriedenheit wider. Die Hauptgruppe unter den Protestierenden waren hier Lohnkutscher aus Mainz und Kastel, die sich durch die Konkurrenz der Eisenbahn um ihren Verdienst gebracht sahen. Aber auch Schiffer und Hafenarbeiter waren an den Protesten beteiligt, weil für sie die rechtsrheinische Eisenbahn eine der wesentlichen Ursachen für die wirtschaftlichen Einbußen des Mainzer Hafens darstellte. Da die Zerstörungen bis weit in nassauisches Gebiet hineinreichten, müssen auch Nassauer an den Ausschreitungen beteiligt gewesen sein. Die Mainzer Bürgerschaft schritt zunächst nicht ein, und die »Mainzer Zeitung« beklagte, »daß wir hier und dort auch aus dem Munde nicht betheiligter, wie es schien wohlgesitteter Leute Reden vernehmen mußten, welche jene unglückseligen Thaten billigten und durch laute Vertheidigung dazu aufmunterten«.[198]

Die offene Sympathie, auf die die Protestierenden stießen, belegt die große Abneigung, die in Mainz gegen die rechtsrheinische Eisenbahn herrschte. Die Handlungsweise der Kutscher, die sich gegen die Beschneidung ihrer »Nahrung« wehrten, galt auch in den Augen von Mainzer Bürgern als legitim.
Zur gleichen Zeit wie die Zerstörungen an der Strecke der Taunuseisenbahn ereigneten sich in Mainz und im Rheingau auch Gewaltaktionen gegen die Dampfschifffahrt, durch die sich neben Segelschiffern vor allem »Fähranzieher«, Voranzieher und Treidler, die die Schiffe mithilfe von Tauen zogen, und »Karcher«, Fuhrleute und Lastenträger, in ihrem Gewerbe beeinträchtigt fühlten, darunter auch weibliche Arbeiterinnen: Hatten die Fähranzieher bislang Lastschiffe rheinaufwärts am Mainzer Ufer entlang gezogen, so konnte dies nun von Dampfschleppschiffen übernommen werden. Hinzu kam die Praxis von Mainzer Kaufleuten, mit eigenen Fuhrwerken ihre Waren direkt von den Schiffen zur Eisenbahn oder zum unteren Hafen weiterzubefördern, was bislang das Vorrecht der Karcher war. Bereits Ende März 1848 kam es in Mainz zu ersten Bedrohungen von Dampfschiffen, und am 1. April wurde der Kapitän eines Schleppers von Fähranziehern und Schiffern misshandelt sowie ein weiterer Dampfschlepper und zwei Kähne besetzt. Auch im nassauischen Geisenheim und in Kaub bedrohten am 2. April Schiffer aus Rüdesheim und Lorch Dampfschiffe, wurden aber dort von den örtlichen Bürgerwehren verjagt oder festgenommen. Anders verliefen die Proteste in Mainz, wo weder die Behörden noch die Bürgerwehr eingriffen und sich am 4. und 5. April Angriffe gegen Dampfschleppschiffe wiederholten. Als am 14. Mai 1848 erneut ein Dampfschleppschiff in Mainz von etwa 30 bis 40 Fähranziehern besetzt wurde, erschien die Bürgerwehr, die für die Fähranzieher jedoch Verständnis zeigte. Auch der populäre Bürgerwehrkommandant und Landtagsabgeordnete Franz Zitz vermochte seine Wehrmänner nicht zum Einschreiten zu bewegen. Der Journalist Bamberger beschrieb die Szene als Augenzeuge: »Als ich ans Ufer kam, war der Konflikt gerade auf seinem Höhepunkt. Die Fähranzieher hatten sich wieder eines der Schiffe bemächtigt, und da sie auf Zureden es nicht freigeben wollten, ward befohlen, sie auseinander zu treiben. Aber große Theile der Bürgerwehr war dazu gar nicht zu haben. Als Zuschauer einer solchen Szene der Weigerung mischte ich mich selbst in das Gedränge und stellte einige der Mannschaft, behäbige Bürger, zur Rede. Wie erstaunte ich, als ich von ihnen hörte, daß sie für die Anzugreifenden Partei nahmen und mir erklärten, die Leute hätten ganz recht.« [199] Für Bamberger war dies umso unbegreiflicher, als bereits unter französischer Herrschaft in Rheinhessen die Gewerbefreiheit eingeführt worden war: »Und dies geschah in einer Provinz, die seit einem halben Jahrhundert keine Spur von Zunftzwang mehr gekannt hatte [...].«[200] Bereits

am 18. März 1848 veröffentlichte der Mainzer Kaufmann Henri Staedel ein Flugblatt, in dem allen Ernstes verlangt wurde:

»1) Den Transit von Frachtgütern auf der Eisenbahn durch das hessische Gebiet zu untersagen;
2) Zu untersagen, daß Schleppschiffe Güterschiffe an Mainz vorüberschleppen;
3) Die Rheinschifffahrts-Convention vom 31. März 1831 den betheiligten Regierungen aufzukündigen und die Convention von 1804 mit einigen zeitgemäßen Aenderungen wieder an deren Stelle treten zu lassen.«[201]

Letztlich lief das realitätsferne Verlangen des Verfassers auf eine Wiederherstellung des im Mittelalter und in der Frühen Neuzeit bestehenden Mainzer Stapelrechts hinaus, bei dem durchziehende Kaufleute ihre Waren für einen bestimmten Zeitraum in der Stadt zum Verkauf anbieten mussten.

Eine ähnliche Vorgehensweise wie Karcher und Fähranzieher in Mainz zeigten auch die Lahnschiffer, die gegen Bergwerksgesellschaften protestierten, welche zunehmend ihr Erz mit eigenen Schiffen transportierten. Am 13. Dezember 1848 wurde daher in Diez ein Nachen der metallurgischen Gesellschaft von Schiffern und Schiffsknechten überfallen und der Verwalter der Gesellschaft samt seinen Bediensteten misshandelt. Zu gewaltsamen Aktionen gegen technische und wirtschaftliche Innovationen kam es auch im damals zu Kurhessen gehörigen Asbach (Stadtteil von Schmalkalden). Hier wurde im März 1848 eine Draht- und Stiftnägelfabrik von notleidenden Nagelschmieden aus dem nahen Steinbacher Grund gestürmt, die Maschinen zerstört und mehrere Personen verwundet. Wie bei den Zerstörungen der Taunuseisenbahn und der Besetzung von Dampfschleppschiffen in Mainz, so ereigneten sich die Ausschreitungen bei Schmalkalden nicht isoliert, sondern hier in Zusammenhang mit Übergriffen gegen Beamte und Kaufleute, und sie wiederholten sich im April 1848. Der Schmalkaldener Landrat berichtete an die Regierung in Kassel: »Das Volk richtet seine Bitterkeit gegen alles, wodurch es sich bedrückt meint. […] Das veraltete Zunftwesen wird mit leidenschaftlicher Heftigkeit von allen Zunftgenossen angegriffen, aber sonderbarerweise wird dabei auf die Erweiterung der Monopole und Beschränkung des Warenverkehrs gedrungen.«[202] Auch in Mainz war unmittelbar nach den Zerstörungen an der Taunuseisenbahn eine Gruppe der daran Beteiligten vor das Haus des Mainzer Bauunternehmers Christian Lothary gezogen und hatte ihm mit ausgerissenen Eisenbahnschienen die Läden und Fenster eingeschlagen. Als auch die Häuser des Möbelfabrikanten Bembé und der Buchdrucker Kupferberg und Prickarts angegriffen wurden, vertrieben Militär, Bürgerwehr und Turner die

Angreifer. Vor allem der Angriff auf den Unternehmer Lothary offenbarte die kleinräumlichen und kleingewerblichen Orientierungsmuster der Protestierenden, denn dieser, eigentlich Maurermeister, hatte durch die Einstellung von Schreinern, Tünchern und Schlossern die handwerkliche Selbstbeschränkung auf den erlernten Beruf verletzt und war zudem durch seine Lohnpolitik in Verruf geraten. Das wirtschaftliche Handeln des Unternehmers war, ähnlich wie das der metallurgischen Gesellschaft, Ausdruck einer neuen Wirtschaftsweise, die im Widerspruch zur herkömmlichen lokal begrenzten moralischen Ökonomie stand, die auf der Wahrung auskömmlicher Erwerbsmöglichkeiten aller Beteiligten beruhte.

Charakteristisch für die Protestierenden war daher ihr Glaube, im Recht zu sein und ihre legitimen Ansprüche zu vertreten. In der »Mainzer Zeitung« veröffentlichten die Mainzer Schiffsknechte einen Artikel, in dem sie ihre Handlungsweise gegenüber der kritischen Berichterstattung in der Presse verteidigten: »Welche Ueberredungskünste auch der Referent anwenden möge, um namentlich die arbeitende Volksklasse zu überzeugen, daß der Nachtheil ihrer durch das Maschinen- und Fabrikwesen entstandenen Nahrungslosigkeit sich durch den Vortheil des wohlfeilern Bezugs der Consumtionsmittel ausgleiche – für die geschlagene Wunde ist jedenfalls das offerirte Pflaster zu klein.«[203] Trotz ihrer Gewaltsamkeit und der defensiven Zielsetzung der Proteste können diese nicht pauschal als antimodern bezeichnet werden. Sie wiesen vielmehr hinsichtlich ihrer Protestformen zahlreiche moderne Elemente auf. Dazu zählen die erwähnten Zeitungsartikel, in denen Schiffer, Schiffsknechte und Kutscher ihren Standpunkt in der Öffentlichkeit darlegten. Karcher und Fähranzieher richteten ihre Beschwerden an den Mainzer Gemeinderat und an die hessische Regierung. Die Segelschiffer bildeten in mehreren Städten Schifferkomitees, die miteinander in Verbindung standen, mit den Dampfschifffahrtsgesellschaften verhandelten und Petitionen an die Nationalversammlung schickten.[204] Die wirtschaftliche und technische Entwicklung konnte dies nicht aufhalten: Die Umwälzung im Verkehrswesen, die sich in den 1840er Jahren durch Eisenbahn und Dampfschifffahrt, aber auch durch neue Unternehmensorganisationen vollzog, führte zu einem tiefen Umbruch und zu einer Vervielfachung des Personen- und Güterverkehrs. Der Strukturwandel legte die Grundlage für die Industrielle Revolution und – dies zeigten die Proteste – veränderte Geschäftsfelder und Berufsbilder. Aus ehemals selbstständigen Kleingewerbetreibenden wurden vielfach lohnabhängige Arbeiter.

Von der organisierten Arbeiterbewegung der Region wurden Zerstörungen von Maschinen durchweg abgelehnt. So wurde in den Arbeitervereinen in

Mainz und Wiesbaden im April/Mai 1848 der technologische Wandel und das Verhältnis zwischen »Maschinen und menschlichen Arbeitskräften« diskutiert. Der Arbeiterverein Mainz stellte dabei fest, dass die Einführung von Maschinen auch die Kenntnisse der Arbeiter erweitert habe: »Wer also gegen die Maschinenkraft spricht, der spricht gegen die Zivilisation, gegen jeglichen Fortschritt des Menschengeistes, gegen die Verbreitung feinerer Genüsse.« Selbst wenn die Zerstörung aller Maschinen in einem Land gelänge, so gäbe es doch immer noch Länder, wo dies nicht stattfände. Ein solches Land würde dann die ganze »Industrie an sich ziehen, durch seine wohlfeileren Produktionskosten uns vom Weltmarkte verdrängen, unsern Handel zu Grunde richten, unsere Beziehungen zu auswärtigen Nationen zerstören«.[205] Allerdings solle durch eine Art Maschinenabgabe zur Entschädigung der als Folge der Technisierung arbeitslos gewordenen Arbeiter beigetragen werden. Gewaltsame traditionelle Volksproteste galten der Arbeiterbewegung generell als kontraproduktiv. So empfahl der Präsident des Frankfurter Arbeitervereins, Christian Esselen, im Mai 1848 den Vereinsmitgliedern ein »edles, würdiges Betragen« und fuhr weiter fort: »Der Arbeiter darf keine Schritte thun, mit denen er nicht einen praktischen, bedeutenden und erreichbaren Zweck verbindet. Es ist nöthig, daß in diesen wichtigen Tagen kein Theil der Volkskraft verloren gehe. Deßhalb [...] spreche ich mich gegen die Straßenskandale und Katzenmusiken aus [...]. Außerdem kann durch solche nichtssagende Tumulte die Reaktion, welche ja in letzterer Zeit an allen Orten unseres deutschen Vaterlandes sehr geschäftig ›wühlt‹, Veranlassung bekommen, Truppen nach Frankfurt zu senden [...].«[206] Auch von anderen Demokraten wurde häufig auf die Gefahr hingewiesen, dass die Behörden solche Krawalle zum Vorwand nehmen könnten, um gegen die demokratische Bewegung vorzugehen.

Das gewalttätige Vorgehen gegen Fabriken, Eisenbahnen und Dampfschiffe war, wie an den vorangegangenen Beispielen zu sehen ist, eng verwandt mit Selbsthilfeaktionen handwerklicher Produzenten gegen Unternehmer, die mehrere Gewerke beschäftigten, gegen Verkaufsläden und als unlauter verstandene Konkurrenz.[207] Während gewaltsame Aktionen gegen technische und wirtschaftliche Innovationen vergleichsweise äußerst selten waren, zählten Handwerkerproteste zu den am meisten verbreiteten Protesten der Revolutionszeit, die überwiegend mit Drohungen, gelegentlich aber auch mit Gewalttätigkeiten und einer antikapitalistischen Rhetorik verbunden waren. Die Stimmung unter den Handwerkern im hessischen Raum war sehr gereizt, so schrieb ein Darmstädter Handwerker im März 1849: »Das Maas ist voll, das Handwerk wird bald nur noch dem Namen nach bestehen, denn es ist zum Tagelöhner des Capitals herabgesunken.«[208] Neben der industriellen

Konkurrenz sahen Handwerker das Hauptübel zunächst und vor allem in der Gewerbefreiheit, die zum Überhandnehmen von »Pfuschern« ohne ordentliche Ausbildung führe. Die Gewerbefreiheit, so wurde argumentiert, lasse die kleinen Handwerksmeister schutzlos gegen die »Uebermacht des Kapitals« und mache tausende brotlos, damit wenige verdienen könnten. Darüber hinaus fehle es dadurch an Instanzen, die auf die Qualität der Ausbildung und der angefertigten Produkte achteten. Es seien »einige Handwerke vernichtet und der Arbeitslohn vieler Meister unter den des gewöhnlichen Tagelöhners gekommen«, hieß es in einer Petition von 238 Gießener Handwerksmeistern vom September 1848 an die Nationalversammlung.[209] Vom Staat wurde unter anderem verlangt, dass die Herstellung von Handwerkserzeugnissen durch Inhaftierte in Gefängnissen oder durch Soldaten in Kasernen beendet werden müsse. Für die Vergabe öffentlicher Arbeiten sollten sich keine Fabrikanten und Gewerbetreibende ohne Meistertitel bewerben dürfen, und auch die dabei praktizierte Vergabe zum niedrigsten Preis wurde verurteilt, weil diese zum gegenseitigen Unterbieten führe.

Ein weiterer wichtiger Beschwerdegrund lag für das Handwerk in der Niederlassungsfreiheit, gegen die auch Kleinhändler und Wirte protestierten. Die Mehrzahl der hessischen und nassauischen Gewerbetreibenden sah in dem jeweiligen lokalen Markt ihre persönliche Pfründe, die sie gegen Eindringlinge mit Nachdruck verteidigten. Diese Denkweise zeigte sich etwa in der »Bitte und Warnung« sämtlicher Schreinermeister Wiesbadens an die Bürger der Stadt, sich ihre Möbel nicht aus Mainz liefern zu lassen, sondern nur bei den hiesigen Meistern zu bestellen, da diese sonst »leider nicht dafür stehen [könnten], daß es bei Auslieferung fremder Möbel nicht einmal zu schlimmen Auftritten kommt«.[210] Besonders kritisch wurde vom Handwerk der Handel mit industriellen Fertigprodukten, besonders aber einerseits der Hausierhandel, andererseits Möbel- und Kleidermagazine angesehen. Als die Schneidermeister Darmstadts im März 1848 eine Versammlung über die Sicherung ihrer gewerblichen Interessen abhielten, verbreiteten sich Gerüchte, dass die Bekleidungsläden gestürmt werden sollten. Daher »wurde den Kleiderhändlern der [...] Rath von amtlicher Seite ertheilt, die Ausstellung ihrer Waare an den Läden vorläufig einzustellen [...]«.[211] Wegen einer ähnlichen Beeinträchtigung ihrer gewerblichen Interessen durch die Möbelhändler hatten auch die Schreiner Darmstadts eine Zusammenkunft noch im März 1848 angekündigt. Als auswärtigen Kaufleuten die Niederlassung in bereits ersteigerten Läden in Wiesbaden nicht genehmigt wurde, galt dies den dortigen Kaufleuten als lobenswertes Beispiel verbesserten Gewerbeschutzes.

Kleingewerbetreibende und Handwerker bildeten zusammen mit städtischen Unterschichten bedeutende Trägergruppen antijüdischer Ausschreitungen in der Revolutionszeit. Wichtige Motivationen für solche Gewaltakte durch Gewerbetreibende und Handwerker waren sehr häufig die Interessenkonflikte mit dem Handel, dann aber auch die gravierenden Finanznöte der Gewerbetreibenden, die zur Verschuldung bei jüdischen Kreditgebern führten. Beispielhaft dafür war der Tumult, der sich am 12. März 1848 im oberhessischen Alsfeld ereignete. Der Kreisrat berichtete, eine Menschenmenge sei aus den Wirtshäusern »unter Gesang und wüthendem Geschrei nach den Wohnungen zweier vermögenden, aber sehr verhaßten Juden, Moses Schaumberg und Benedict Spier und demolirten hier alle Läden und Fenster, in der unteren und mittleren Etage, sowie die Haustüren. [...] Wie ich mich bei dem vorgefallenen Tumulte überzeugt habe, war es nur wenigen besseren Bürger[n] um ein ernstliches Einschreiten zu thun.« Doch nicht nur die örtlichen Juden waren Ziele der Ausschreitungen, denn anschließend zerstörten die Angreifer die Fenster des Gesellschaftsgebäudes der »Concordia«, einer Kasino-Gesellschaft, in der sich die Beamten und wohlhabenden Bürger trafen. Auch der Kreisrat wurde mehrmals bedroht. Die Sympathien beim Alsfelder Bürgertum lassen vermuten, dass es sich bei den Angreifern keineswegs nur um einen »Haufen Volks aus der niedersten Classe« handelte, sondern auch um handwerklich-kleingewerbliche Kreise.[212] Dies bestätigen die Forderungen, die von den Beteiligten am Krawall erhoben wurden, so berichtete der Kreisrat später: »Soviel ich vernommen betreffen die Beschwerden die neue Verordnung über den Hausirhandel, den Verkauf von Fabrikschlössern, Fensterglas, Zuschnitt desselben, in Fabriken gefertigten Posementirarbeiten durch Kaufleute und Krämer, die dahier eingeführten Brodtaxen, Mehlwaage und dergl[eichen] m[ehr].«[213] Nicht Feindschaft gegen Juden erscheint hier als Motiv der Ausschreitungen, sondern Ressentiments gegen Wohlhabende generell und das Gefühl der Bedrohung durch den Handel und durch Lebensmittelverteuerungen. Ähnlich lagen die Verhältnisse vermutlich auch bei den Tumulten in anderen Städten, wie im Fall der antijüdischen Ausschreitungen in Alzey im März/April, in Gießen am 13. März, in Bingen im April 1848 und in Friedberg am 3. und 4. Juni 1848. Die gewalttätigen Angriffe in Alzey beurteilte der dortige Rabbiner Samuel Adler so: »Gewaltthätigkeit war zu allen Zeiten und ist überall bei der rohen Masse natürlich gegen eine unterdrückte und im Staate geringer geachtete Klasse [gerichtet, M.W.], von der man glaubt, daß sie leicht eingeschüchtert und keinen Beistand finden werde. [...] wir haben in den jüngsten Wochen das Beispiel erlebt, daß eine aufrührerische Rotte laut ihrem Operationsplan verkündet hat, bei den reichen Juden zu beginnen und mit den reichen Christen fortzufahren [...].«[214]

Davon verschieden waren die gravierenden Ausschreitungen gegen jüdische Einwohner in den kurhessischen Städten Hofgeismar und Rotenburg, wo sich schwere Gewaltakte im Zeitraum von März bis Juni 1848 gegen die jüdischen Einwohner insgesamt oder zumindest eine Mehrheit von ihnen richteten und den Charakter von antisemitischen Pogromen hatten. In Rotenburg wurden sogar Beamte und Bürger, die es wagten, sich schützend vor die Juden zu stellen oder die Täter zur Rechenschaft zu ziehen, von dem Mob terrorisiert. Aus Hofgeismar und Rotenburg, aber auch aus Melsungen und Breitenbach flohen zahlreiche jüdische Einwohner wegen der Angriffe nach Kassel oder Karlshafen, und in Rotenburg wurde Militär einquartiert.[215] Die Tumulte ereigneten sich vor dem Hintergrund antisemitischer Flugblätter, Schriften und Karikaturen, die in vielen Städten des hessischen Raums verbreitet wurden.[216] Auch die im August 1848 von den Zunftvorstehern in Eschwege an die Nationalversammlung gesandte Petition richtete sich pauschal gegen den »jüdischen Wucher« und forderte die »Zurückweisung der Juden in die Schranken des natürlichen bürgerlichen Erwerbs«, wodurch insbesondere die Kleidermagazine und der Hausierhandel eingestellt werden sollten.[217] In Eschwege waren bereits im März 1848 die örtlichen Juden um Geld erpresst worden, weitere Ausschreitungen ereigneten sich am 1. September 1848. Angriffe gegen jüdische Einwohner scheinen in vielen dieser Fälle mit verbreiteten antisemitischen Stereotypen in Verbindung gestanden zu haben, dies wird in einer Eingabe aus Rotenburg vom 20. Juni 1848 deutlich, die von Juden als »volksschädliche Elemente« sprach und in dreister Weise Täter als Opfer stilisierte.[218] Charakteristisch für antisemitische Pogrome war die Auffassung der Angreifer, im Recht zu sein, und die Wiederholung über einen längeren Zeitraum. Die Schwere der Gewaltakte in Hofgeismar und Rotenburg könnte damit zusammengehangen haben, dass die Täter hier Unterstützung durch das gehobene Bürgertum erhielten, was zu einem verminderten Unrechtsbewusstsein führte. In Rotenburg lag eine wesentliche Ursache für die extremen Gewaltausbrüche und den hier grassierenden »tiefen Haß gegen die Juden« darin, dass die Emanzipation der Juden, die in Kurhessen bereits durch das Gesetz vom 29. Oktober 1833 eingeleitet worden war, für die Verarmung der »mittleren und unteren Klassen« der Bevölkerung verantwortlich gemacht wurde.[219] Die Argumentation der Rotenburger Petenten ähnelte damit bereits der antisemitischen Propaganda der 1880er Jahre in Kurhessen.

Es bleibt festzuhalten, dass antijüdische und antisemitische Gewaltakte einen Bestandteil der Revolution von 1848/49 auch in hessischen Städten und ländlichen Regionen bildeten. Offenbar bestanden deutliche regionale Unterschiede: Schwere Ausschreitungen ereigneten sich vor allem in Kurhessen, während für Nassau kaum antijüdische Angriffe bekannt sind. In der Öffentlichkeit wurden die antijüdischen Exzesse 1848 fast durchweg verurteilt. Die Emanzipationsgesetzgebung blieb ein selbstverständlicher Bestandteil der Agenda der Märzministerien. Insgesamt erhielt die Gleichberechtigung und Emanzipation der jüdischen Minderheit in der Revolutionszeit zwar einen deutlichen Schub, doch wurden bereits damals auch gegen die Emanzipation gerichtete antisemitische Ressentiments deutlich.

Zu den verbreiteten Krawallen der Revolutionszeit zählten die Militärexzesse, die unterschiedliche Ursachen und Handlungsabläufe hatten. Die Besonderheit war hier die Tatsache, dass Angehörige der Ordnungsmacht als Krawallbeteiligte oder Aggressoren auftraten. An Orten, an denen Militär stationiert war, kam es vor allem unter Alkoholeinfluss immer wieder zu tätlichen Auseinandersetzungen zwischen Soldaten und Zivilisten oder Bürgerwehrmännern. Nicht nur bei den Bürgerwehrmännern, auch beim Militär war die Disziplin in der Revolutionszeit schlecht. Soldaten waren oft unzufrieden über die herabwürdigende Behandlung durch ihre Vorgesetzten oder wegen Benachteiligungen gegenüber den Offiziersanwärtern. Es kam sogar vor, dass betrunkene und aggressive Soldaten truppweise durch die Straßen zogen und Passanten belästigten. Selbst in der vergleichsweise ruhigen kurhessischen Hauptstadt ereigneten sich wiederholt Auseinandersetzungen zwischen Militär und Zivilisten. In der sogenannten zweiten Gardes-du-Corps-Nacht am 9. April 1848 griffen Angehörige der Gardes-du-Corps mit gezogenen Säbeln wehrlose Kasseler Bürger an, weil eine Demonstration gegen Militärkommandeure vermutet wurde. Auch Bürgerwehrmänner und sogar der Polizeidirektor wurden von den Soldaten verwundet. Ein Tumult entstand, in dessen Verlauf eine Volksmenge das Zeughaus und die Kaserne stürmte, sich bewaffnete und Barrikaden errichtete. Die Soldaten zogen daraufhin aus Kassel ab und der Kurfürst wurde noch in der Nacht auf den 10. April genötigt, die Garde aufzulösen.[220] Zu einem weiteren blutigen Konflikt kam es am 30. April 1849 in Kassel, als Soldaten mit Säbeln und Hirschfängern Zivilisten bedrohten. In den daraus entstehenden Schlägereien, an denen vor allem Angehörige der Unterschichten beteiligt waren, griff schließlich die Bürgerwehr ein und vertrieb die Soldaten mit gefälltem Bajonett.[221]

Wie das Beispiel der »Offenbacher Mordnacht« zeigt, spielten bei Militärunruhen Gerüchte und Missverständnisse eine wichtige Rolle: Nachdem schon in der Nacht vom 16. Mai 1848 das Verhältnis zwischen Militär und Bürgerschaft durch Zusammenstöße beeinträchtigt worden war, gelang es am Abend des 11. Juni 1848 meuternden Soldaten, inhaftierte Kameraden aus einer Kaserne zu befreien, wobei sie offenbar von einzelnen Bürgern unterstützt wurden oder zumindest Sympathiebekundungen erhielten. Der Tumult und wilde Gerüchte lockten zahlreiche Schaulustige an, zugleich entstand durch falsche Nachrichten über einen angeblich in der Stadt ausgebrochenen Brand ein zusätzlicher Menschenauflauf. Eine Abteilung Soldaten aus der zweiten Kaserne Offenbachs, die zur Verstärkung angerückt war, missdeutete die Lage und feuerte in die Menge der Schaulustigen und Passanten, die in Panik die Flucht ergriffen. Die Ursache dieses Fiaskos, das zahlreiche Verletzte zur Folge hatte, lag im Versagen der militärischen Führung, die in Verkennung der tatsächlichen Umstände den Schießbefehl erteilte. Die Bürgerschaft Offenbachs war erbittert über diese »Mordnacht« und verlangte, allerdings vergeblich, den Abzug der Garnison. Zu vermuten ist, dass hier die militärische Führung äußerst nervös war, weil die Zuverlässigkeit und Loyalität der Soldaten infrage gestellt waren. Die Meuterei und die Gefangenenbefreiung von Soldaten bildeten ebenso wie die Einflussnahme von Zivilisten der demokratischen Hochburg Offenbach auf das Militär ernst zu nehmende Angriffe auf das militärische Fundament der Monarchie. Überall dort, wo die Zuverlässigkeit und Einsatzbereitschaft des Militärs in Gefahr gerieten, reagierten die Offiziere meist mit großer Entschiedenheit und Brutalität. Entscheidend für den Einsatz von Gewalt war dabei aber auch die Einschätzung der örtlichen Offiziere, sich damit durchsetzen zu können.

Wie berechtigt die Sorge der militärischen Führung vor Befehlsverweigerungen und Widersetzlichkeiten der Soldaten war, belegte die Meuterei im 1. und 2. nassauischen Infanterieregiment im September 1848. Hierbei weigerten sich mehrere Soldaten, zur Niederschlagung des zweiten badischen Aufstandes auszuziehen. Zuvor hatte es Versuche von demokratischer Seite gegeben, Einfluss auf die Regimenter zu nehmen. Auch wenn einige Soldaten Friedrich Hecker hochleben ließen und es für ungerecht hielten, einem Volk eine unerwünschte Staatsform aufzuzwingen, so lag die Ursache für die Befehlsverweigerung wohl weniger in Sympathien für die Aufständischen begründet als vielmehr darin, dass diese Einheiten nach einem zermürbenden Feldzug ohne Heimaturlaub direkt in den nächsten Einsatz geschickt wurden. Auch das kurhessische Militär hatte mit Disziplinproblemen zu kämpfen, so im Frühjahr 1848 in Hanau.[222] Anders dürften die Verhältnisse bei den Aktionen nassauischer und hessischer Militärdienstpflichtiger gelegen haben, die mancherorts mit roten Abzeichen und republikanischen Parolen zu den Rekrutierungsstellen zogen.[223] Im kurhessischen Marburg kam es am 10. November 1848 zur Rebellion militärdienstpflichtiger Männer, bei der unter Hochrufen auf die »deutsche und rothe Republik« der Rekrutierungssaal demoliert wurde.[224] Proteste von Militärdienstpflichtigen ereigneten sich Ende Oktober auch in Rinteln und Anfang November in Kassel. Die Proteste gingen dabei über Provokationen und Unmutsbekundungen hinaus, denn die Konskribenten entwickelten erstmals eine Agenda. In Offenbach und in Mainz entstanden Komitees der Militärdienstpflichtigen, die eine Verschiebung der Rekrutierung bis zur Entscheidung der Nationalversammlung über die künftige Wehrverfassung forderten und Petitionen an das hessen-darmstädtische Ministerium und die Nationalversammlung richteten. Ihre Anliegen wurden von den Demokraten unterstützt, so auf der Versammlung im nassauischen Hochheim am 11. Juni 1848. In der Öffentlichkeit wurde die Lage der Soldaten intensiv und kontrovers diskutiert. Die Militärdienstpflichtigen stellten dabei die traditionelle Rolle des Soldaten in Frage. Gefordert wurde der »denkende« Soldat, »er hört nicht auf, Bürger zu sein, sondern übt während der Dienstzeit nur eine Bürgerpflicht«.[225] Dieses demokratische soldatische Selbstverständnis war freilich mit der Haltung der militärischen Führungen jener Zeit kaum zu vereinbaren.

Eine Minderheit traditioneller Proteste im hessischen Raum bildeten studentische Tumulte und Ausschreitungen in den Universitätsstädten Gießen und Marburg. Traditionelle Protestformen umfassten Katzenmusiken, auch als nächtlich dargebrachte Schmährufe, dem »Pereat«, studentische Boykottaktionen, den Auszug aus der Universitätsstadt oder gewalttätige Auseinandersetzungen mit Ordnungskräften, wobei die Studenten eine ausgeprägte Gruppenzusammengehörigkeit besaßen. Das Beispiel Gießen bewies diese studentische Solidarität gegen Ordnungskräfte: Ende August 1848 randalierte ein betrunkener Student und wurde von der Bürgerwehr festgenommen. Um ihn zu befreien, drang eine Gruppe anderer Studenten in die Vorhalle des Rathauses ein, wurde aber von der Bürgerwehr zurückgedrängt, die nun von den Studenten mit Steinen beworfen wurde. Dabei fiel ein Schuss, der einen Studenten tödlich traf. Die Gießener Studenten beriefen daraufhin eine Versammlung ein, die eine Suspendierung des Bürgerwehrkommandanten und die Aufhebung der polizeilichen Befugnisse der Bürgerwehr verlangte. Andernfalls drohten die Studenten, die Universität Gießen in Verruf zu erklären und eine Verlegung der Universität zu beantragen. Der Bürgerwehrkommandant wurde daraufhin abgesetzt und eine Untersuchung der Ereignisse durchgeführt. Von demokratischer Seite wurden solche studentischen Tumulte heftig kritisiert, ein »dummer, principienloser, hirnverrückter Straßenkrawall« sei dies gewesen, meinte der von ehemaligen Studenten redigierte »Jüngste Tag« aus Gießen.[226]

Studentische Proteste konnten jedoch auch einen explizit politischen Charakter tragen. Die Marburger Studenten und Bürger setzten bereits am

28. Februar 1848 mit einer politischen Demonstration für die liberalen Landtagsabgeordneten Theodor Bergk und David Lederer ein politisches Zeichen und schreckten auch vor einer Konfrontation mit der Polizei nicht zurück. Als ein Student von der Polizei verhaftet wurde, forderte eine Studentenversammlung die Suspendierung des als Reaktionär verhassten Marburger Polizeiwachtmeisters Schmitt, was durch einen Vorlesungsboykott und mit Unterstützung des Marburger Oberbürgermeisters Uloth auch tatsächlich durchgesetzt wurde. Auch der Polizeidirektor Wangemann, der noch am 4. März geglaubt hatte, mit einer Ausgangssperre die Revolution eindämmen zu können, und weitere Polizeibeamte mussten Marburg verlassen. Im Gegensatz zu den Vorgängen in Gießen handelte es sich beim Streik der Marburger Studenten um eine politische Aktion, an der sich von Anfang an auch Bürger beteiligten. Schmitt konnte nicht mehr wagen, sein Haus zu verlassen, ohne von einer aufgebrachten Menge angegriffen zu werden. Allerdings bildeten die politisch aktiven Studenten der hessischen Universitäten nur eine Minderheit. Selbst an der Petition Marburger Studenten an den Senat, bei der wohl eher die studentische Solidarität, nicht zwangsläufig das politische Bewusstsein ausschlaggebend war, hatten sich gerade 143 von insgesamt 255 im Sommersemester in Marburg immatrikulierten Studenten beteiligt.[227]

Die politisch motivierten Proteste und Ausschreitungen bildeten in der Revolutionszeit ein zunehmendes Phänomen. Traditionelle Protestformen wurden sehr häufig gegen den politischen Gegner eingesetzt, auch wenn diese in der Presse meist verurteilt wurden. Charakteristisch für diese Art der politischen Willensbekundung waren die Katzenmusiken als Missfallensbekundungen gegen die Verhaftung von Soldaten, die sich am Geburtstag des Kurfürsten am 20. August 1848 in Kassel mit den Bürgern verbrüdert hatten. Die politischen Auseinandersetzungen konnten bis zu regelrechten Prügeleien und Sachbeschädigungen gehen. Während Katzenmusiken meist von radikaldemokratischer Seite ausgingen, gab es andererseits Beispiele von gewalttätigen Angriffen Konservativer gegen Versammlungen von Demokraten, so in Diez vom 8. bis 10. Juli, in Kranichstein bei Darmstadt am 23. Juli und in Friedberg am 20. August 1848. In Kranichstein gingen konservative Veteranen und Anhänger des Darmstädter »Konstitutionell-monarchischen Vereins« auf einer Volksversammlung, an der 12 000 bis 15 000 Menschen teilnahmen, gewaltsam gegen demokratische Teilnehmer vor. Im nassauischen Diez ereignete sich über mehrere Tage eine Serie von Krawallen, bei denen konservative Schiffer und Sackträger eine für den 9. Juli 1848 geplante demokratische Volksversammlung verhinderten und das Lokal und die Turngeräte des demokratischen Turnvereins verwüsteten, da sie die Demokraten für ihre wirtschaftliche Misere verantwortlich machten. Handfeste Auseinandersetzungen zwischen Anhängern unterschiedlicher politischer Strömungen sind für den Juni/Juli 1848 auch für Eltville, Höhn (Amt Marienberg), Höchst und Idstein nachgewiesen. Die Ausschreitungen ereigneten sich vor dem Hintergrund der aufgeregten und hysterischen Grundstimmung im Frühsommer 1848 und demonstrierten die Gewaltbereitschaft zwischen den politischen Lagern. Aus nichtigen Anlässen konnten Gewaltakte und Überreaktionen der Ordnungskräfte entstehen.

3. ALLTAG IN DER REVOLUTION UND REVOLUTIONSWENDE (MAI – DEZEMBER 1848)

Einführung: Von den Mainzer Unruhen zum Frankfurter Septemberaufstand

Das Frühjahr und der Sommer 1848 waren durch eine zunehmende politische Polarisierung, zahlreiche »Katzenmusiken« und eine allgemeine Hysterie und Aufregung gekennzeichnet. Die Furcht vor einer sozialen Revolution und Gerüchte von weit verzweigten, geheimen Verschwörungen waren weit verbreitet. Sie lösten Massenpaniken aus, die bekannteste dieser Art war während der Revolutionszeit der sogenannte »Franzosenlärm« Ende März 1848, bei dem große Landstriche in Baden und in angrenzenden Ländern durch Gerüchte einer Invasion aus Frankreich in Furcht und Schrecken versetzt wurden. So breitete sich auch in Wiesbaden eine Kriegsstimmung aus, und eifrige Patrioten verfassten bereits antifranzösische Kriegsgedichte.[228] Ereignisse wie der Heckeraufstand in Baden, dessen Unterstützung durch eine Legion von in Paris lebenden deutschen Emigranten unter Führung von Georg Herwegh, und Geheimbünde wie der Bund der Kommunisten, schienen die Ängste im Bürgertum zu bestätigen, und sie ergriffen auch Behörden und Regierungen. Allgemein wurde angenommen, die badischen Revolutionäre würden in landesverräterischer Absicht mit Frankreich zusammenarbeiten oder doch zumindest durch französische Freischaren unterstützt. Auch den hessischen und nassauischen Demokraten und ihren Vereinen wurden Verschwörungen und die Vorbereitung von Anschlägen unterstellt. Diese wiederum argwöhnten, liberale Politiker würden mit reaktionären Behörden zusammen durch inszenierte Exzesse Vorwände für ein Eingreifen preußischer Truppen in Süddeutschland provozieren.[229] Wiederholt wurden die Bürgerwehren alarmiert, manchmal mitten in der Nacht. Auch später kam es noch zu obskuren Fehlalarmen, so im Februar 1849, als die Bürgerwehren Wiesbadens und Biebrichs ebenso wie das Militär auf bloße Gerüchte hin einen ganzen Tag lang in Alarmbereitschaft versetzt wurden: »Den ganzen Tag hindurch mußten beträchtliche Abtheilungen der Bürgerwehr unter den Waffen bleiben, und trotz dem, daß auch nicht das mindeste während des Tags vorgefallen war, verbreitete sich in Biebrich das Gerücht: Die Wiesbadener wollten hinauskommen, um dort, Gott weiß, welche Gräuelscenen aufzuführen, so daß auch dorten die ganze Bürgerwehr zu den Waffen eilte, und der Herzog, welcher in Frankfurt gewesen war, sogar durch Expressen davon benachrichtigt worden sein soll. Das Militär stand in dem Kasernenhofe zu Wiesbaden unter dem Gewehre, kurz Alles war vorbereitet, die Aufrührer und Mordbrenner zu empfangen; aber kein Mensch wußte, woher sie kommen sollten.«[230]

Neben Demokraten und Republikanern wurden vor allem vagierende Bettler und Handwerksburschen vom besitzenden Bürgertum als Bedrohung angesehen. Zu Beginn der Märzbewegung waren in allen größeren Städten Spendensammlungen zur Linderung der Not der »arbeitenden Klasse« durchgeführt worden. Doch das besitzende Bürgertum nahm mit Schrecken wahr, dass Bittsteller bei der grassierenden Erwerbslosigkeit nicht mehr mit der traditionellen Demut und Verschämtheit um Almosen baten, sondern sie regelrecht einforderten. So hieß es aus Wiesbaden im Juni 1848: »Die Bettelei, besonders durch Handwerksbursche, nimmt bei uns sowohl in der Stadt, als den öffentlichen Promenadewegen auf eine furchtbare Weise überhand. In den Häusern statten sie ihre Besuche von den untersten bis in die obersten Stockwerke ab und machen ihre Forderungen nicht selten in gebieterischem Ton.«[231] Ähnlich war auch die Einschätzung der Frankfurter Bürgerin Clotilde Koch(-Gontard) im September 1848, die sich in der Koch'schen Villa außerhalb der Stadt nicht mehr wohlfühlte und an eine Freundin schrieb: »Ich gedenke, bald in die Stadt zu ziehen, weil ich es einsam und unheimlich hier finde. Massen von Gesindel streifen um die Stadt, und man ist von unheimlichen Bettlern förmlich belagert.«[232] Schon im Frühjahr nahm das Sicherheitsempfinden ab, denn es wurden außerhalb der Stadttore Frankfurts Raubüberfälle beklagt. Der Frankfurter Zunz berichtete in seinem Tagebuch am 8. April 1848: »Auch die Landstraßen sind nicht mehr ganz sicher, man muss sich fast fürchten, nach sieben Uhr abends zum Tor hinauszugehn. Zwei hiesige Bankiers, die vor dem Tor wohnen, wurden ihrer Uhr und des Geldes das sie bei sich trugen, beraubt, als sie spät abends nach Hause gingen.«[233]

Im Bürgertum wurden nun zunehmend Stimmen laut, die die Not der unterbürgerlichen Schichten auf deren Arbeitsunwilligkeit zurückführten. Wilhelm Heinrich Riehl meinte als Schriftleiter der »Nassauischen Allgemeinen Zeitung«, die Arbeiter seien »Faullenzer« geworden, weshalb er ihnen empfahl, sie sollten »doppelt und dreifach ihre Kräfte anspannen in dieser schweren Zeit, und nicht auf die Quacksalber und Marktschreier hören, welche von einer Arbeiter-Glückseligkeit faseln«.[234] Als in Paris vom 24. bis 28. Juni 1848 ein Arbeiteraufstand nach der Schließung der Nationalwerkstätten unter dem Oberbefehl von General Louis-Eugène Cavaignac blutig niedergeschlagen wurde, rief das in Deutschland Erleichterung hervor, denn hier wurden die Ereignisse in Paris als soziale Revolution wahrgenommen. Da 1848 eine wirtschaftliche Stockung eingetreten war und viele Geschäftsleute schwere Umsatzeinbußen hinnehmen mussten, machten Wiesbadener Bürger die demokratische Agitation dafür verantwortlich: »Der in ganz Deutschland und auch in Nassau immer noch die weit überwiegende Mehrheit bildende achtbare Bürgerstand ist der Hetzereien und Wühlereien, wodurch er der letzten Reste seines Wohlstandes beraubt werden muß, über die Maßen satt, und findet eine auch nur noch kurze Fortdauer dieses Zustandes völlig unerträglich; hierzu kommt, daß die letzten blutigen Pariser Ereignisse [der Juniaufstand, M.W.] auch die blödesten Augen über die Absichten jener Partei, die nicht nur bei uns ganz dieselben Zwecke verfolgt, wie in Paris, sondern […] in förmlich organisirter, vaterlandsverrätherischer Verbindung steht, geöffnet haben müssen.«[235]

Ein Meinungsumschwung in weiten Teilen des Bürgertums war eingetreten, das nun ein härteres Vorgehen der Behörden nicht nur gegen Unterschichtenproteste, sondern auch gegen Demokraten und Republikaner verlangte. Auch Liberale traten jetzt für die Einschränkung zentraler Märzerrungenschaften und Grundrechte wie der Pressefreiheit, des Petitionsrechtes, des Vereinswesens und des Versammlungsrechtes ein. Der festliche Empfang, der Ende April 1848 den nach der Niederschlagung des Heckeraufstandes aus Baden zurückkehrenden hessischen Truppen in Darmstadt bereitet wurde, war ein Indiz für die konservative Grundstimmung, die besonders in den Residenzstädten um sich griff. Noch bevor sich die revolutionären Errungenschaften in der Praxis bewähren konnten, ergriff die Revolutionsangst auch das liberale Bürgertum. Konstitutionelle Vereine wurden im Juni 1848 nicht selten explizit als Vereine zum Schutz gegen die soziale Revolution und den politischen Umsturz gegründet. So schlug Georg Wilhelm von Wedekind, Mitglied des Vaterländischen Vereins und Wahlmann in Darmstadt, bereits im März 1848 die Gründung eines »Constitutionellen Sicherheitsvereins für das Großherzogthum Hessen« vor, der sich richten sollte gegen die

»Zwei Gefahren […] der besseren Ordnung, der Freiheit und Gesittung Deutschland's:

1) die *Republik* mit ihren Uebergängen zum Bürgerkrieg, zur Schreckensregierung und zur Tyrannei,
2) *der Krieg der Besitzlosen gegen die Besitzenden* mit seinen Uebergängen zur Barbarei und auch zur Tyrannei. Gegen diese beiden Gefahren müssen sich die Gutgesinnten bei Zeiten einigen und gliedern.«[236]

Auch anderenorts entstanden konstitutionelle und konservative Vereinsinitiativen, bei denen der Schutz des Eigentums ein wichtiger Aspekt war.

Rückblickend schrieb die konstitutionell-liberale »Darmstädter Zeitung« zu Beginn des Jahres 1849: »[…] die Reaction ist nicht an den Höfen und in den Heerlagern der Feldmarschälle zu ihrer jetzigen Macht und Ausdehnung gelangt, sondern in der öffentlichen Meinung, welche […] sich aus Widerwillen gegen das Treiben der wildesten Umsturzparthei blindlings aus einem Extrem, aus der Freiheitsraserei, in das andere, in den Fanatismus der Ruhe, gestürzt hat […].« Das »Spießbürgerthum […] in den großen Residenzen und in den durch Handel und Wandel reich gewordenen Städten« sei es, das nach der Obrigkeit zur Niederschlagung der »Anarchie« rufe, dabei aber auch den »ächten Liberalismus« preisgebe.[237] Bereits am 6. Juli 1848 griff das hessen-darmstädtische Ministerium die demokratische Linke in der großherzoglichen »Verkündigung, die Aufrechterhaltung der gesetzlichen Ordnung betreffend« direkt an, indem es dort hieß: »Die große Mehrheit der Hessen […] erkennt die Früchte an, welche Wir im Verein mit den Ständen bereits erzielt haben, und sieht der vielseitig begonnenen Entwickelung mit Vertrauen entgegen. Diese Entwickelung zu stören, hat sich eine Parthei zum Ziele gesetzt, welche immer unverhüllter ihre Pläne, die auf Umsturz alles Bestehenden durch unausgesetzte Anfeindung aller öffentlichen Autorität, durch Drohung und Gewalt gerichtet sind. Diesem Treiben entgegenzutreten, die Freunde der Ordnung zu beruhigen und zu thätiger Unterstützung der Ordnung zu ermuthigen, die Irregeleiteten zu warnen, wenden Wir uns an Unser Volk, mit der Versicherung, daß alle gesetzlichen Mittel zur Bekämpfung der Feinde der Ordnung angewendet werden sollen.«[238]

In der angespannten und aufgeregten Zeit zwischen dem Frühjahr und dem Sommer 1848, die durch zunehmende politische Radikalisierung und Polarisierung sowie durch Gewaltbereitschaft gekennzeichnet war, ereigneten sich im Rhein-Main-Gebiet eine Reihe bewaffneter Auseinandersetzungen, die in den Septemberaufstand in Frankfurt mündeten. Sie veränderten die Kräfteverhältnisse zugunsten der militärischen Macht und prägten den weiteren Revolutionsverlauf entscheidend. Den Anfang machte die Festungsstadt Mainz. Festungsstädte waren von Militärexzessen besonders betroffen, wobei in Mainz erschwerend die politischen, konfessionellen und Mentalitäts-Gegensätze zwischen preußischem Militär und rheinhessischer Bevölkerung hinzukamen. Wohl nicht zufällig entstanden hier die weitaus meisten Konflikte mit preußischen Soldaten, nicht mit Angehörigen des ebenfalls in Mainz stationierten österreichischen Truppenkontingents. Bei einer Truppenstärke von mehr als 8000 Soldaten, die zeitweilig auf 13 000 Soldaten erhöht werden konnte, bestand eine hohe militärische Präsenz insbesondere in den Gaststätten und Wirtshäusern, die auch von Angehörigen der städtischen Unterschichten und von Handwerkern besucht wurden.

Unter Einfluss von Alkohol kam es dabei schon seit dem Vormärz immer wieder zu Rangeleien und Tätlichkeiten. Der preußische Vizegouverneur der Festung Mainz, Generalleutnant Heinrich von Hüser, musste zugeben, dass es mit der Disziplin seiner Truppen nicht zum Besten stand: »Die einberufenen Kriegsreserven waren eingetroffen, aber auch bei ihnen machte sich die Zuchtlosigkeit dieser Zeit geltend. Unwillig über ihre Einberufung, gaben sie viel Anlaß zur Klage. Häufig betrunken mit blanken Säbeln durch die Straßen ziehend und überall Streit anfangend, ja sogar ruhige und wohlgesinnte Bürger insultirend, wurden sie die Ursache des größten Verdrusses für mich.«[239] Und auch um die Disziplin der Bürgerwehr stand es schlecht, wie die Episode mit den Fähranziehern zeigte, als die Bürgerwehrmänner die Befehle ihres Kommandanten verweigerten. Die latent angespannte Situation verschärfte sich seit dem März 1848 zu einem Dauerkonflikt. Da die demokratische Presse das preußische Königshaus angriff, zu dem insbesondere preußische Unteroffiziere und Reservisten ihre Anhänglichkeit bekundeten, bekam der Konflikt auch einen politischen Charakter. Zwar versuchte man, durch gemischte Patrouillen aus Bürgerwehrmännern und Soldaten das Verhältnis zu entschärfen, doch wurde die Mainzer Bürgerwehr wegen ihrer geringen militärischen Qualitäten von den preußischen Soldaten verspottet. Konfliktverschärfend wirkte insbesondere, dass das Festungsgouvernement in Mainz die Rolle der Bürgerwehr als Polizeigewalt nicht anerkannte. Der hochkonservative, in überkommenen Vorstellungen verhaftete Vizegouverneur von Hüser lehnte vor allem den Bürgerwehrkommandanten und Abgeordneten Zitz ab, den er für »ein gemeines Subjekt« hielt, und nahm Anstoß an der Bewaffnung der Bürgerwehr.[240] Er war empört darüber, dass in Mainz mit Genehmigung der hessen-darmstädtischen Regierung eine bewaffnete Bürgerwehr unter republikanischen Anführern bestand, und verlangte, dass das Festungsgouvernement vor einem Alarm der Bürgerwehr um Zustimmung zu fragen sei, was ihm der Bürgerwehrkommandant verweigerte.[241] Eine gedeihliche Zusammenarbeit zur Wahrung von Ruhe und Ordnung in der Stadt konnte so nicht entstehen.

Im Mai 1848 spitzten sich die Auseinandersetzungen zwischen Soldaten und Bürgern in Mainz weiter zu, als sich aus Schleswig-Holstein zurückkehrende Freischärler abfällig über die angebliche Untätigkeit der dortigen preußischen Truppen äußerten. Am 19. Mai kam es zu einer Wirtshausschlägerei, bei der die Bürgerwehr eingriff und einen preußischen Unteroffizier verhaftete, was die Erbitterung unter dem preußischen Militär noch steigerte.

Blutige Auseinandersetzung zwischen Mainzer Zivilisten
und preußischen Soldaten 19. bis 21. Mai 1848.

Die Soldaten, die ohnedies einen starken Corpsgeist besaßen, fühlten sich wie in einer feindlichen Stadt. Gegen den Protest des Vizegouverneurs veranstaltete die Bürgerwehr am Morgen des 21. Mai, einem Sonntag, eine demonstrative Exerzierübung, außerdem wurde scharfe Munition an die Wachen der Bürgerwehr ausgeteilt. Da an diesem Tag in der Garnison der Sold ausgezahlt worden war, fanden sich wieder preußische Soldaten in den Wirtshäusern ein, und in den Abendstunden kam es erneut zu Schlägereien, die zu förmlichen Kämpfen

Mainzer Bürgerwehr schießt auf preußische Soldaten vor dem Mainzer Theater am 21. Mai 1848.

mit einzelnen Bürgerwehrtrupps führten. Waren die Ausschreitungen zunächst noch mehr oder minder auf Wirtshäuser begrenzt gewesen, so weiteten sich diese nun auf die gesamte Stadt aus, und unbeteiligte Passanten und Frauen wurden von den Soldaten wahllos angegriffen oder belästigt. Vizegouverneur von Hüser ließ angesichts des Tumults Generalmarsch schlagen, und als die Soldaten zum Sammelplatz an der Hauptwache der Bürgerwehr vorbeilaufen wollten, glaubten die Bürgerwehrmänner, es handele sich um einen Angriff und schossen auf die Soldaten, von denen vier getötet wurden.

Die Wirtshausschlägereien waren somit zu bewaffneten Kämpfen eskaliert. Sie waren das Ergebnis von Desinformation und gravierenden Fehlleistungen der militärischen wie der Bürgerwehrführung: Das Festungsgouvernement hätte früher Maßnahmen zur Verhinderung von Wirtshausprügeleien ergreifen und statt einer Lohnauszahlung in der angespannten Situation ein Ausgehverbot verhängen müssen. Die Bürgerwehrführung wiederum hätte auf die Exerzierübung und die Ausgabe scharfer Munition verzichten müssen. Der Vizegouverneur veranlasste daraufhin die Schließung der Stadttore und befahl die Soldaten auf die Wallanlagen. Er erließ ein Zusammenrottungsverbot, ordnete die sofortige Auflösung der Bürgerwehr und die Entwaffnung aller Bürger binnen zweier Stunden an, anderenfalls werde die Stadt beschossen. Glühende Kugeln und schussbereite Kanonen unterstrichen die Ernsthaftigkeit und

Brutalität der Drohung: Ein Beschuss mit glühenden Kanonenkugeln war in einer Stadt mit Fachwerkhäusern und unzureichenden Löschmöglichkeiten mit der Gefahr einer unkontrollierbaren Feuersbrunst verbunden.[242] Sie hätte vor allem die Schwächsten, Kinder und alte Menschen, in Lebensgefahr gebracht. Die Frist wurde zwar auf die inständigen Bitten der Bürgerschaft hin verlängert, die Entwaffnung aber schließlich durchgeführt. Das politische Klima in Mainz war nun nachhaltig vergiftet. Übergriffe von preußischen Soldaten gegen die Zivilbevölkerung kamen auch nach diesen Ereignissen immer wieder in Mainz vor, so bereits am 23. Mai 1848. Selbst der Untersuchungsbericht des Staatsprokurators des Kreisgerichts Mainz zu den Ereignissen des 21. Mai räumte Bedrohungen der Bürgerschaft durch preußische Soldaten ein, befand aber, dass »die Grenzen der Nothwehr und der rechtmäßigen Vertheidigung sehr bald überschritten« worden seien.[243] Neben den vier erschossenen Soldaten starben weitere an ihren Verwundungen. Unter den Zivilisten wurde ein Mann bei den Auseinandersetzungen getötet, zwei weitere Zivilisten wurden in den folgenden Tagen von Soldaten aus nichtigem Anlass erschossen.[244]

Besonders gravierend war der politische Aspekt der Auseinandersetzung. Schon der Mainzer Journalist Bamberger, ein Augenzeuge der Ereignisse, meinte, dass der Vizegouverneur den Anlass »als einen willkommenen Vorwand [ergriffen habe], um der ihm mißfälligen Soldatenspielerei ein Ende zu machen«.[245] Diese Einschätzung wurde auch von anderen Zeitgenossen geteilt.[246] Die Mainzer Unruhen bildeten einen Wendepunkt in der Revolutionsgeschichte des Rhein-Main-Gebietes. Der militärische Machtapparat trat aus seiner bislang eher defensiven Rolle heraus und ging in die Offensive über, wobei er bereit war, seine militärischen Mittel rücksichtslos einzusetzen. Von nun an wurde der Handlungsspielraum der demokratischen Bewegung immer weiter eingeengt. Der Stadt Mainz mit ihrer großen Garnison kam dabei eine strategische Bedeutung zu. Durch ihre verkehrsgünstige, zentrale Lage war die Festung für konterrevolutionäre Interventionen im Rhein-Main-Gebiet hervorragend geeignet. Da die Bürgerwehr in Mainz aufgelöst und die Bürgerschaft entwaffnet war, hatte das Festungsgouvernement keine Unruhen in der Stadt mehr zu befürchten. In der Folgezeit blieben der Waffenbesitz verboten sowie das Versammlungsrecht und auch die Pressefreiheit eingeschränkt, da keine preußenkritischen Veröffentlichungen erscheinen durften. Die Mainzer Ereignisse standen dabei keineswegs isoliert da, sie waren vielmehr Teil einer ganzen Reihe erfolgreicher militärischer Aktionen gegen städtische Volksbewegungen in Europa, die mit der Beschießung Krakaus durch den österreichischen Festungskommandanten am 26. April 1848 begonnen hatte. Die Androhung oder Durchführung eines Bombardements stellte eine Steigerung der Brutalität einer gegen revolutionäre Unruhen gerichteten Kriegsführung dar, die bislang nur gegen feindliche Festungsstädte angewandt wurde.

Die Ereignisse in Mainz stießen über Hessen-Darmstadt hinaus auf große Aufmerksamkeit und lösten Proteste aus. In der zeitgenössischen Öffentlichkeit wurden auch die Zusammenhänge im Vorgehen des Militärs wahrgenommen, so hieß es in einer demokratischen Zeitung aus Darmstadt: »Das deutsche Volk zieht wohl Analogien zwischen den Vorfällen in Posen, Krakau, Mainz, Prag und anderen Orten.«[247] Der Mainzer Abgeordnete Franz Zitz rief am 23. Mai 1848 die Nationalversammlung in Frankfurt dazu auf, die Rücknahme der Anordnungen des Festungsgouvernements zu verlangen. Eine Kommission der Nationalversammlung unter Leitung des nassauischen Ministers und Abgeordneten Hergenhahn wurde zum Festungsgouvernement gesandt, um nähere Erkundigungen einzuziehen. Dabei wurde deutlich, dass das Festungsgouvernement, General von Hüser und der österreichische Festungskommandant, General August Freiherr von Jetzer, die Nationalversammlung aufgrund »der ganz ungewissen Stellung, welche das Parlament zu unsern Regierungen [der preußischen und der österreichischen, M.W.] einnahm«, nicht anerkannten. Die Kommissionsmitglieder, darunter immerhin auch der leitende Minister eines Nachbarstaates und der ehemalige sächsische Minister Bernhard von Lindenau, wurden »natürlich nur als Privatpersonen« in Hüsers Wohnung empfangen und ihnen nur »aus Artigkeit alle von ihnen erbetene Auskunft« gegeben.[248]

In der Nationalversammlung übernahm Hergenhahn am 26. Mai 1848 die Darstellung des Festungsgouvernements und bezeugte »einen günstigen Eindruck von den Bemühungen des Festungs-Gouvernements, die Ordnung aufrecht zu erhalten [...]«.[249] Offenbar war Hergenhahn die Geringschätzung, mit der die Kommission der Nationalversammlung empfangen wurde, völlig entgangen. Die Mehrheit der Kommission empfahl in Übereinstimmung mit dem Mainzer Stadtrat, bei der Bundesversammlung einen »theilweisen Wechsel der Garnison« zu veranlassen, ein Bataillon großherzoglich hessisches Militär nach Mainz zu verlegen und die Mainzer Bürgerwehr zu reorganisieren, sobald ein hessisches Bürgerwehrgesetz vorläge und dies »unter Beobachtung der durch das Festungs-Reglement vorgeschriebenen Formen«.[250] Trotz des Protestes von Zitz wurde der Kommissionsbericht von der Nationalversammlung angenommen. Die Empfehlungen der Kommission blieben folgenlos. Die »Freiheit des Moments«, die Bamberger Mitte März 1848 festgestellt hatte, also der Vorteil des Augenblicks, den die revolutionäre Bewegung durch die Erschütterung der alten Gewalten besessen hatte, diese Freiheit war seit dem Mai 1848 unwiderruflich verloren.[251]

Schon bald sollte die Gelegenheit zu einer Intervention durch die in der Festung Mainz stationierten Truppen kommen, und es war eine Ironie der Geschichte, dass Hergenhahn dabei erneut eine maßgebliche Rolle spielen sollte. Am 16. Juli 1848, einem Sonntag, fand um 17 Uhr eine Versammlung des Wiesbadener Arbeitervereins statt, an der auch Artilleriesoldaten teilnahmen. Auf deren Klagen hin, dass 26 ihrer Kameraden wegen Fehlens beim Appell zu drei Wochen verschärftem Arrest verurteilt worden waren, erklärte der Vereinsvorstand, er wolle sich für die Inhaftierten einsetzen. Als Delegation des Arbeitervereins begaben sich die Vorstandsmitglieder Friedrich Graefe, Oswald Dietz und Georg Böhning zum Kommandanten der Artillerie, Oberst Heinrich Hellmuth von Hadeln, den sie gegen 19:30 Uhr antrafen. Die Besprechung verlief in eisiger Atmosphäre. Böhning bezeichnete dabei die strenge Bestrafung der Soldaten als ein Werk der »Reaction« und ließ sich zu der Bemerkung hinreißen, dass die versammelte Menge sehr aufgeregt sei und daher für Ruhe und Ordnung nicht garantiert werden könne, wenn die Kanoniere nicht freikämen.[252] Dem späteren Untersuchungsbericht zufolge hatte Böhning darüber hinaus gesagt, »daß im Weigerungsfalle 300 Mann bereit ständen, ihm sofort vor das Haus zu rücken und er ihn für Alles verantwortlich mache, was daraus entstehen werde«.[253] Vor dem Hintergrund der angespannten Stimmung in der Stadt und der als zweifelhaft eingeschätzten Zuverlässigkeit besonders der nassauischen Artilleriesoldaten fasste der Oberst dies als ernsthafte Drohung auf. Er behauptete später, den Unterhändlern des Arbeitervereins gegenüber keine Zugeständnisse gemacht zu haben.[254] Umgehend meldete er dem Stadtamtmann, eine gewaltsame Aktion hunderter Aufständischer stünde bevor. In einer Beratung, an der auch Generalmajor Georg Alefeld und der Bürgerwehroberst Wilhelm Goedecke teilnahmen, wurde beschlossen, die gesamte Bürgerwehr antreten zu lassen und dann die drei Abgesandten des Arbeitervereins zu verhaften. Herzog Adolph nahm am 16. Juli an der Fahnenweihe der Bürgerwehr in Weilburg teil, er befand sich also während der Juliunruhen nicht in Wiesbaden.

Die im Lokal des Arbeitervereins verbliebene Menge war sehr unruhig, es soll gefragt worden sein, ob die Versammelten »vorrücken sollten«,[255] einige riefen: »Heute noch müssen die Artilleristen freikommen«,[256] zu nachweisbaren Tumulten kam es jedoch nicht. Ob die Versammlungsteilnehmer nach der Rückkehr der Abgesandten zu einem Demonstrationszug »in Masse« in die Stadt zogen oder erst aufgrund des Generalmarsches der Bürgerwehr zu ihren Sammelplätzen gerufen wurden, ist nicht restlos geklärt.[257] Jedenfalls fanden sich die Bürgerwehrmänner, darunter auch Mitglieder des Arbeitervereins, vorschriftsmäßig an ihren Sammelplätzen ein. Es war inzwischen gegen 21

Uhr, und es wurde allmählich dunkel. Oswald Dietz, einer der Delegierten des Arbeitervereins, war Hauptmann der ersten Kompanie, die Aufstellung genommen hatte. Als Oberst Goedecke in Begleitung eines Beamten auf ihn zutrat und Dietz vor der Front seiner Bürgerwehrmänner verhaften wollte, rief dieser angeblich aus: »Soll ich vor meiner Compagnie arretirt werden?«[258] Bei den Bürgerwehrmännern der ersten Kompanie löste der Versuch der Verhaftung ihres Hauptmanns Empörung aus, »da den Meisten die Ursache dieser Maßnahme nicht bekannt war«.[259] Verschiedene Wehrmänner sollen Oberst Goedecke umringt und »unter Drohungen ihren Unwillen über die beabsichtigte Verhaftung des Dietz kund« getan haben.[260] Rufe wie »Wir geben unseren Hauptmann nicht her« erschollen.[261] Auch die zweite und die dritte Kompanie befolgten den Verhaftungsbefehl des Kommandanten nicht.[262] Zu Gewalttätigkeiten gegen den Obersten kam es dabei aber offenkundig noch nicht.[263] Goedecke begab sich daraufhin schleunigst in die Friedrichstraße und holte die sechste und siebte Kompanie zur Hilfe. Diese stellten sich den drei ersten Kompanien gegenüber auf. Als Goedecke rief »Ihr werdet entwaffnet!«[264], kam es zu tumultuarischen Szenen. Die Formation der ersten drei Kompanien löste sich völlig auf. Mehrere Wehrmänner luden ihre Waffen und richteten sie gegen den Kommandanten und die ihn begleitenden Kompanien. Oberst Goedecke wurde von zwei Angehörigen der ersten Kompanie, dem 26-jährigen, aus Regensburg stammenden Buchdruckergesellen Johann Grünewald und dem 27-jährigen Wiesbadener Buchbinder Hermann Gläser, bedroht. Grünewald soll sein Gewehr auf ihn angelegt und abgedrückt haben, es löste sich aber kein Schuss – offenbar, weil er vergessen hatte, die Patronenhülse zuvor aufzureißen und das Pulver in den Lauf des Vorderladers zu schütten.[265] Gläser behauptete später, er sei der Auffassung gewesen, dass der Bürgerwehrkommandant nicht das Recht gehabt habe, ganze Bürgerwehrkompanien zu entwaffnen. Einige Wiesbadener Bürger versuchten zu beschwichtigen, und Goedecke verzichtete auf sein Vorhaben, um Blutvergießen zu vermeiden. Dietz versprach seinerseits, sich zwar nicht polizeilich verhaften zu lassen, sich aber dem Gericht zum Verhör stellen zu wollen.

Am Morgen des 17. Juli fanden sich Dietz und Graefe beim Kriminalgericht ein, wo sie inhaftiert wurden. Auch gegen Kaution wollte man Dietz nicht freilassen. Böhning hingegen zog es vor zu fliehen. Zugleich wurden die ersten drei Kompanien aufgefordert, ihre Waffen abzuliefern, doch nur etwa 20 Gewehre wurden beim Rathaus abgegeben. Die Bürgerwehrführung machte daraufhin Zugeständnisse und verlängerte die Frist bis drei Uhr nachmittags. Als dies auch nichts half, beschlossen die Bürgerwehroffiziere schließlich, dass das Disziplinargericht der Bürgerwehr über die Abgabe der Waffen entscheiden solle, dem dies formal zustand. Vor dem Schützenhof, wo das Gericht zusammentrat, versammelten sich auch Angehörige der rebellischen Kompanien. Die Stimmung unter den Versammelten war auf das Äußerste gereizt, Riehl berichtete darüber: »Welche Stimmung sich der im Schützenhof angesammelten Masse bemeistert hatte, mag man daraus ersehen, daß ein ehrenwerter Mann, der zur Ablieferung der Waffen ermahnte mit den prophetischen Worten, sonst werde man bald die Mainzer Weißröcke in Wiesbaden einmarschieren sehen, gröblich mißhandelt wurde.«[266] Auf die Nachricht, dass die Ablieferung der Waffen erneut aufgeschoben worden sei, verlangten die anwesenden Bürgerwehrmänner auch die Freilassung von Dietz und Graefe. Mittlerweile hatte eine Menschenmenge bereits den 21-jährigen Wiesbadener Fuhrmannssohn Wilhelm Knecht aus den Händen einer Bürgerwehr-Eskorte befreit, die diesen zum Kriminalgericht bringen wollte. Knecht hatte am Abend des 16. Juli versucht, Bauern der Umgebung, zunächst in Bierstadt, zu einem bewaffneten Zug nach Wiesbaden zu überreden, war jedoch gefangengenommen worden.

Vor dem Kriminalgerichtsgebäude versammelte sich gegen Abend des 17. Juli allmählich eine große Menschenmenge, die lautstark die Herausgabe der Gefangenen verlangte. Mit Äxten und Pickeln wurde die Tür zum Haus des Gefängniswärters eingeschlagen und die Aufrührer drangen in den Hof vor dem Gefängnis ein. Aus Furcht vor der Übermacht gaben die Wachleute die Gefangenen frei. Im Triumphzug führte die Menge die Befreiten durch die Stadt und sammelte sich schließlich vor dem Ministerialgebäude, wo dem Minister Hergenhahn Schmähungen und Beleidigungen dargebracht wurden. Als daraufhin zwei Kompanien nassauisches Linienmilitär aufmarschierten, zogen sich die Protestierenden widerstandslos zurück. Eigentlich wäre dies nun die Stunde der Aufständischen gewesen, der »Triumph- und Siegestag der Widerspenstigen«. Das Polizeiamt forderte den Bürgerwehr-Kommandanten auf, die Bürgerwehr zusammenzurufen, doch dieser erklärte sich außerstande, Ruhe und Ordnung zu gewährleisten. Dennoch blieb es den ganzen Abend und die Nacht über ruhig. Nur nach Mitternacht wurden einige Mainzer, die nach Oswald Dietz fragten, von Bürgerwehrmännern verhaftet, da bei ihnen »Pistolen, Dolche und [ein reicher] Vorrat von Schießbedarf« gefunden wurden.[267] Zu einem Aufstand kam es jedoch nicht. Weder wurden die gefangenen Artilleriesoldaten im Zuge der Unruhen befreit noch nach der Demonstration vor dem Ministerialgebäude zielgerichtet im Umland um bewaffnete Unterstützung geworben.[268] Ganz offensichtlich besaßen die Mitglieder des Arbeitervereins weniger revolutionäre Energie, als ihnen unterstellt wurde. Stattdessen feierten diese im Lokal des Arbeitervereins im Nerotal feuchtfröhlich ihren »Sieg«: »Weither hörte man aus dem Tal die donnernden Hochs schallen, bis bei einbrechender Dunkelheit die Rotte unter Anstimmung des Heckerliedes nach Hause marschierte.«[269] Die Zahl der an den Unruhen beteiligten Personen dürfte eher klein gewesen sein, vermutlich waren es wenige hundert Menschen.[270] Eine ernsthafte Gefahr für das in Wiesbaden stationierte Militär stellten sie nicht dar.[271] Dass überhaupt Ausschreitungen stattgefunden hatten, war letztlich auf Fehleinschätzungen der Lage und ein ungeschicktes Vorgehen der Bürgerwehrführung und der Behörden zurückzuführen. Mit dem Gerede von einer »Schreckensherrschaft [...] verwegener Tollköpfe«[272] sollte wohl eher von eigenen Fehlern abgelenkt werden.

Dennoch wurde die Lage im Ministerium als sehr ernst eingeschätzt. Möglicherweise haben Zweifel hinsichtlich der Stärke und der Loyalität des vorhandenen nassauischen Linienmilitärs dazu geführt, dass sich der Minister schließlich nach längerem Zögern für die Requirierung von Bundestruppen entschied. Hergenhahn zeigte der provisorischen Reichsgewalt die kritische Lage in Wiesbaden an, doch erst die erneute Requisition direkt beim Gouvernement der Bundesfestung in Mainz hatte schließlich den gewünschten Erfolg. Im Morgengrauen des 18. Juli besetzten daraufhin 2000 österreichische und preußische Soldaten Wiesbaden. Es handelte sich dabei um das dritte Bataillon des österreichischen Regiments Erzherzog Rainer, das zweite Bataillon des preußischen 40. Infanterieregiments, den ersten Zug des preußischen vierten Dragonerregiments sowie zwei preußische und zwei österreichische Geschütze.[273] Das Militärkontingent war auf Straßenkämpfe und Heckenschützen gefasst, fand jedoch eine friedliche Stadt vor und traf auf keinerlei Gegenwehr. Artillerie und Kavallerie konnten schon am folgenden Tag wieder nach Mainz zurückkehren; die Infanterie blieb noch bis zum 23. Juli.[274] Das Staatsministerium erließ am 18. Juli 1848 folgende Bekanntmachung: »Nachdem die Bürgerwehr der hiesigen Stadt bei den Ereignissen der letzten Tage nicht im Stande gewesen ist, die öffentliche Ordnung aufrecht zu halten, nachdem sie sich Gefangene hat entreißen lassen, und Einzelne sowohl als ganze Abtheilungen in offener Widersetzlichkeit gegen ihre Führer sich aufgelehnt haben, sind zur Verstärkung unsers in geringer Anzahl gegenwärtigen Militärs Reichstruppen aus Mainz hierher beordert worden, um die Ordnung wieder herzustellen und den von der Reichsgewalt ausgesprochenen Landfrieden aufrecht zu halten. Die Bürgerwehr wird sofort neu organisirt werden, und ist zu dem Ende die Ablieferung sämmtlicher Gewehre erforderlich. Von den Bürgern Wiesbadens wird erwartet, daß sie sich dieser Maßregel, welche unsere Freiheit nicht gefährden, sondern sichern soll, willig unterordnen und anschließen.«[275]

Die »Aufrührer« wurden von der Besetzung der Stadt durch Bundestruppen völlig überrascht – ein weiterer Beleg für ihre Harmlosigkeit. Dietz berichtete später darüber: »Am andern Morgen, den 18. in der Frühe, war mein Erstaunen nicht gering, als ich mit dem Bemerken geweckt wurde, die Preußen und Oesterreicher stünden vor der Stadt. Ich eilte hinaus, um zu sehen, ob es wahr sei und in der That standen die Preußen schon in den Thoren – wir sahen uns verrathen und verkauft!«[276] Böhning, Dietz und Graefe sowie weitere führende Mitglieder des Arbeitervereins oder maßgeblich an den Unruhen Beteiligte wurden steckbrieflich gesucht. Dietz floh zunächst nach Idstein und in die Gegend von Camberg, wo er zusammen mit einigen Anhängern vergeblich versuchte, einen Zug nach Wiesbaden zu organisieren. Als auch dies gescheitert war, floh er verkleidet nach Straßburg und später in die Vereinigten Staaten. Böhning war bereits geflohen. Graefe konnte sich dagegen offenbar bei einer befreundeten Familie in Wiesbaden verbergen. Mit der Anforderung von Truppen leistete das Ministerium in Wiesbaden den konterrevolutionären Kräften Vorschub und schwächte letztlich auch die eigene Position. Hergenhahn mag dies geahnt haben. Noch in den späten Abendstunden des 17. Juli 1848 stand er angeblich der Requirierung von Bundestruppen ablehnend gegenüber, soll aber vor allem von Max von Gagern schließlich umgestimmt worden sein.[277] Schon die Bekanntmachung vom 18. Juli verriet, dass es sich der Minister mit seiner Entscheidung nicht leicht gemacht hatte und er die Kritik an seinem Vorgehen voraussah. Da der Einsatz fremder Truppen anrüchig war, bemühten sich regierungsnahe Kreise frühzeitig darum, die Ereignisse so darzustellen, als ob die Entscheidung für die Truppenentsendung von der Reichsgewalt ausgegangen sei.[278] Zwar wurde das Verhalten Hergenhahns in Teilen der Wiesbadener Öffentlichkeit kritisiert, aber vom nassauischen Landtag erhielt Hergenhahn am 18. Juli ein überwältigendes Vertrauensvotum.[279]

Die »Aufrührer« in den Juliunruhen in Wiesbaden entsprachen nicht dem Klischee von Abenteurern und verkommenen Subjekten. Die Anführer gehörten zur bürgerlichen Mittelschicht Wiesbadens, und zwei von ihnen waren zeitweise Mitglieder des Sicherheitskomitees gewesen. Dietz entstammte sogar einer angesehenen Honoratiorenfamilie. Beim Vergleich der beruflichen Struktur der »rebellischen« mit der der »loyalen« Kompanien waren nur geringfügige Unterschiede festzustellen. Auffällig war dagegen die unterschiedliche Altersstruktur: Während die erste bis dritte Kompanie der ersten Altersklasse der 17 bis 30-Jährigen angehörte, waren die sechste und siebte Kompanie der zweiten Altersklasse der 31 bis 45-Jährigen zuzurechnen.[280] Berücksichtigt werden muss ferner, dass die jüngeren Männer im handwerklich-gewerblichen Bereich in der Regel zu den Handwerksgesellen gehörten, während in den älteren Altersstufen eher auch Meister zu finden waren. Die Einheit des Wiesbadener Bürgertums hatte unübersehbare Risse erhalten: In den Märztagen hatten Hergenhahn, Graefe und Böhning noch Seite an Seite gestanden. Diese gemeinsame Basis bestand spätestens seit dem Juli 1848 nicht mehr. Die politischen Konflikte hatten sich auch auf die Bürgerwehr ausgewirkt und Bürger hatten Bürgern mit der Waffe in der Hand gegenübergestanden. Die Bürgerwehr und ihre Führung hatten auf der ganzen Linie versagt. Die Fähigkeit des städtischen Bürgertums, vereint sowohl für Ruhe und Ordnung als auch für liberale Reformen einzutreten, war die Grundlage für die Bildung des liberalen Märzministeriums in Wiesbaden gewesen, sie war nun in Frage gestellt. Auch wenn Hergenhahn innenpolitisch seine Stellung vorübergehend stärken konnte, so erlitt sie doch langfristig schweren Schaden. Indem das nassauische Staatsministerium zur Aufrechterhaltung der Ordnung preußisches und österreichisches Militär requirierte, schwächte es seine eigene Stellung und machte sich von den Kräften, die sie rief, abhängig. Zeitgenossen befürchteten sogar eine Mediatisierung Nassaus.[281]

Die Juliunruhen und die Intervention der Bundestruppen in Wiesbaden hatten weitreichende Konsequenzen über die Region hinaus. Es war dies der erste Fall einer Requirierung von Bundestruppen nach den Märzereignissen. Sie führte in Nassau und anderswo zu einer Aufwertung und einem Wiedererstarken von Militär und Beamtenschaft als den Säulen des bürokratischen Obrigkeitsstaates. Dies wird in dem Bericht des Mainzer Festungsgouvernements an das Reichsministerium des Krieges vom 19. Juli 1848 über die Truppenentsendung deutlich, der nicht frei von Zynismus war und auch erkennen ließ, dass es Hüser um die Niederschlagung revolutionärer Bestrebungen generell ging: »Dergleichen Expeditionen scheinen für die Truppen in jeder Beziehung vortheilhaft zu sein; ihre Gedanken werden auf andre Gegenstände gelenkt und die Einförmigkeit des Garnisondienstes dadurch wohlthätig unterbrochen, auch dürfte es in moralischer Beziehung sehr nützlich sein, wenn die Mainzer Garnison recht oft dazu gebraucht wird, die Ordnung in der Umgegend wiederherzustellen [...].« Vizegouverneur von Hüser ersuchte das Reichsministerium um die Ermächtigung, »direct an dasselbe gerichteten Requisitionen um militairische Assistenz unter seiner Verantwortlichkeit genügen zu dürfen ohne erst dieserhalb eine Anfrage an ein hohes Ministerium richten zu müssen«, um künftig schneller reagieren zu können.[282] Ganz unumwunden erklärte der Vizegouverneur, dass der Einsatz des Militärs auch der Stabilisierung der Truppe diente. Das Militär gewann Selbstvertrauen zurück und hatte das Trauma der Märzrevolution überwunden. Dies bedeutete letztlich eine Machtverschiebung, die auch zu Lasten der regierenden liberalen

Ministerien ging. Die Ereignisse reihten sich in die europäische Revolutionswende des Sommers 1848 ein. Von nun an war auch in Nassau die Revolution in der Defensive.

Das nassauische Ministerium ging jetzt mit aller Härte gegen die Demokraten im Lande vor, auch wenn sie nicht an den Juliereignissen in Wiesbaden beteiligt gewesen waren. Nach der Besetzung der Stadt wurde die gesamte Bürgerwehr entwaffnet und »reorganisiert«: Politisch unzuverlässig erscheinende Personen wurden aus der Bürgerwehr ausgeschlossen und die Kompanien teilweise neu zusammengesetzt. Die Reorganisationsmaßnahmen wurden dazu benutzt, die sich in Wiesbaden formierende demokratische Opposition systematisch zu schwächen. So bildete der Ausschluss aus der Bürgerwehr ein beliebtes Instrument, um Oppositionelle zu diskriminieren, wie beispielsweise den angesehenen Buchhändler Heinrich Fischer, der später, am 15. Januar 1849, erster frei gewählter Bürgermeister von Wiesbaden wurde. Gegen die Willkür bei der »Reorganisation« wurde immer wieder geklagt.[283] Das Vorgehen des Ministeriums Hergenhahn gegen Demokraten unterschied sich kaum von dem vormärzlicher Regierungen. Zahlreiche Verhaftungen wurden vorgenommen: Am 23. Juli 1848 befanden sich 44 Personen wegen Teilnahme an den Unruhen in Gewahrsam des Kriminalgerichts, die Inhaftierten der Militärgefängnisse nicht eingerechnet. Insgesamt 15 Personen wurden am 25. Januar 1849 zu Haftstrafen zwischen sechs Monaten Korrektionshaus und vier Jahren Zuchthaus verurteilt. [284] Die Berufe der Verurteilten spiegelten die Sozialstruktur der kleinen Gewerbetreibenden, Handwerker und Arbeiter der Stadt wider. Sie waren den unteren bis mittleren Sozialgruppen zuzuordnen, und die große Mehrheit von ihnen ging einem handwerklichen Beruf oder einem ordentlichen Gewerbe nach, hatte größtenteils Kinder und lebte in geordneten Familienverhältnissen. Ein Klima der üblen Nachrede setzte im Anschluss an die Juliunruhen ein: »Das Spionieren und Denuncieren soll so sehr überhand genommen haben, und namentlich von vielen Bürgern in so eifriger Weise betrieben werden, daß selbst die Beamten ihre Entrüstung darüber nicht unterdrücken können.«[285]

Die Ausgangsbedingungen für einen städtischen Aufstand waren seit den Ereignissen in Mainz und Wiesbaden im Rhein-Main-Gebiet extrem ungünstig. In der Bundesfestung Mainz befanden sich interventionsbereite preußische und österreichische Truppen, und in Mainz und Wiesbaden waren die Bürgerwehren entwaffnet worden. Dass dennoch im September 1848 in Frankfurt gewaltsame Unruhen ausbrachen, war daher einer spontanen Volkserhebung, nicht aber einem durchdachten Kalkül zuzuschreiben. Den unmittelbaren Anlass für den Septemberaufstand bildete der Waffenstillstand von Malmö, den Preußen am 26. August 1848 auf den Druck der europäischen Großmächte hin mit Dänemark im Schleswig-Holsteinischen Krieg abschloss. Dieser beinhaltete, dass sich die dänische Armee und die deutschen Bundestruppen aus Schleswig-Holstein zurückziehen mussten und die beiden Herzogtümer von einer gemeinsamen preußisch-dänischen Regierung verwaltet werden sollten. Sowohl die Provisorische Zentralgewalt als auch die Nationalversammlung wurden dabei von Preußen übergangen und die Interessen der deutschen Nationalbewegung missachtet. In der nationalistisch aufgeladenen öffentlichen Meinung löste dies eine allgemeine Empörung aus, weil darin ein »Verrat« an den deutschen Interessen in Schleswig-Holstein gesehen wurde. Sowohl demokratische als auch konstitutionell-liberale Vereine verurteilten den Vertrag zutiefst. Hinzu kam, dass die Freiwilligen, die aus ganz Deutschland kamen und in Freikorps in Schleswig-Holstein gekämpft hatten, von geringer Wertschätzung durch das preußische Militär und dessen mangelndem Einsatz für die nationale Sache berichteten. Die im hessischen Raum nach den Ereignissen in Mainz und Wiesbaden verbreitete preußenfeindliche Stimmung erhielt dadurch neue Nahrung. Zunächst lehnte die Nationalversammlung den Waffenstillstand am 5. September 1848 ab. Vor allem die linken Fraktionen forderten die Wahrung der nationalen Interessen und eine Fortführung des Krieges gegen Dänemark ohne die preußische Armee. Damit verbunden war auch die Hoffnung, vor dem Hintergrund der allgemeinen Empörung eine von der Linken und dem Zentrum getragene Reichsregierung bilden zu können und damit den demokratischen Bestrebungen Auftrieb zu geben. Nachdem einige Abgeordnete ihre Auffassung aus realpolitischer Einsicht änderten, stimmte die Nationalversammlung dem Waffenstillstand nach langen Debatten in einer zweiten Abstimmung am 16. September 1848 mit knapper Mehrheit schließlich doch zu. Nach Lage der Dinge blieb der Nationalversammlung wohl kaum eine realistische Alternative zu diesem Beschluss. Er enthüllte jedoch die Machtlosigkeit des Parlaments und dessen Abhängigkeit von den Armeen der deutschen Großmächte. Die großen nationalen und freiheitlichen Hoffnungen, die zur Schaffung der Nationalversammlung geführt hatten, wurden jäh enttäuscht. Ein erheblicher Vertrauensverlust war die Folge. Der liberal-konservative Abgeordnete Jakob Grimm kommentierte diese Wende in einem Brief an seinen Bruder Wilhelm am 17. September 1848: »Dieser Beschluß wird dem Ansehen der Nationalversammlung Abbruch tun, also auch der deutschen Sache schaden und in Süddeutschland Mißstimmung hervorrufen, aber freilich war mit Preußen, das sich einer undeutschen Handlung schuldig gemacht, nicht anders abzukommen.«[286] Der Frankfurter Handlungsgehilfe Zunz schrieb in sein Tagebuch: »Welcher Deutsche muss nicht von gerechtem Unwillen durchdrungen werden, bei dem Gedanken, wie Preußen die Ehre Deutschlands verletzt hat, indem es seine Vollmachten nicht allein überschritt, sondern es auch auf eine fürs übrige Deutschland nachteilige und schimpfliche Art und Weise tat.«[287]

In der explosiven Stimmung des Sommers 1848 wirkte dieses Ereignis daher wie ein Funke. Nach der Schließung der Sitzung der Nationalversammlung am 16. September brachen erste spontane Unruhen aus, die sich hauptsächlich gegen Mitglieder der Rechten der Nationalversammlung und deren Unterkünfte richteten. Gruppen zogen lärmend und randalierend durch die Stadt, wobei die »Westendhall«, eigentlich Treffpunkt der gemäßigten Demokraten, und der »Englische Hof« verwüstet wurden. Am selben Abend trafen sich Delegierte demokratischer Frankfurter Vereine, des »Montagskränzchens«, des Demokratisch-republikanischen, des Demokratischen und des Arbeitervereins im »Nürnberger Hof« und beschlossen für den folgenden Tag eine große Volksversammlung auf der Pfingstweide. Bereits zu diesem Zeitpunkt zeigten sich große Differenzen unter den Demokraten sowohl hinsichtlich der Beurteilung des Beschlusses der Nationalversammlung als auch der nun zu ergreifenden Schritte. Von radikalen Republikanern wurde der Waffenstillstand von Malmö in den Kontext einer konterrevolutionären Entwicklung im Sommer 1848 gerückt. Sie nahmen an, dieser sei eine Verschwörung, um Truppen zur Unterdrückung demokratischer Tendenzen in Deutschland zur Verfügung zu haben und gleichzeitig den russischen Zaren, der gemeinsam mit Großbritannien zu dem Waffenstillstand gedrängt hatte, als konterrevolutionären Bündnispartner zu gewinnen.[288] Aus Sicht der radikalen Republikaner war daher nun die Zeit zum Handeln gekommen: Da sich die Majorität der Nationalversammlung weigere, gegen die konterrevolutionäre Politik Preußens Stellung zu beziehen, müsse die linke Minorität aus dem Parlament austreten und sich als die wahre Vertretung des deutschen Volkes konstituieren. Den Majoritätsabgeordneten sollten dagegen die Wähler die Mandate entziehen. Durch die Entrüstung über den Waffenstillstand hofften die Radikalen, auf der Basis einer breiten Volksbewegung der demokratischen Republik zum Sieg verhelfen zu können. Derartigen Vorstellungen standen gemäßigte Demokraten jedoch reserviert gegenüber. Der dem rechten Flügel der demokratischen Bewegung angehörende Deutsche Verein in Frankfurt nahm angesichts der radikalen Forderungen an der Volksversammlung am folgenden Tag gar nicht erst teil. Am späten Abend des 16. September zog eine Delegation der demokratischen Vereine Frankfurts noch zum Versammlungsort der linken Parlamentsfraktionen, wo deutlich wurde, dass die Abgeordneten gegenüber deren Forderungen eine überwiegend hinhaltende bis ablehnende Position bezogen und zu Gewaltlosigkeit aufriefen. Nur wenige Abgeordnete zeigten sich bereit, ein revolutionäres Gegenparlament zu konstituieren.

Bei der Volksversammlung auf der Pfingstweide, die am Nachmittag des 17. September stattfand und von mehr als 10 000 Teilnehmern besucht worden sein soll, die auch aus Offenbach, Mainz und Hanau kamen, hatten die radikalen Republikaner die Mehrheit.[289] Die Vertreter des Montagskränzchens, dessen Präsident, der Arzt Johann David Behaghel, zunächst den Vorsitz der Versammlung innehatte, zogen sich zurück, als sie mit ihren Vorschlägen zu einer Protestadresse an die Nationalversammlung nicht durchdrangen. Gustav Hörfel, Präsident des Frankfurter Arbeitervereins und ein radikaler Republikaner, übernahm nun das Präsidium. Die fünf anwesenden Abgeordneten der Nationalversammlung waren in ihrer Haltung gespalten: Während Zitz aus Mainz meinte, es müsse nun Fraktur gesprochen werden, riefen Louis Hentges aus Heilbronn und Ludwig Simon aus Trier zur Unterlassung von Gewalttätigkeiten auf. Die Beschlüsse der Volksversammlung fielen jedoch im Sinne der Radikalen aus, die offen zur Gewalt bereit waren, wobei besonders die Mainzer Germain Metternich, Friedrich Jakob Schütz und Philipp Jakob Schöppler, sowie aus dem Arbeiterverein und dem Demokratisch-republikanischen Verein in Frankfurt die Handlungsgehilfen Gustav Hörfel und Arnold Reinach, der Journalist Karl Krug und der Rechtsanwalt Friedrich Kapp als Wortführer hervortraten. Eine Deputation solle am folgenden Tag zur Paulskirche mit einer Adresse geschickt werden, in der die Majoritätsmitglieder als »Verräther des deutschen Volks, der deutschen Freiheit und Ehre« erklärt wurden.[290] Diese sollten aufgefordert werden, ihr Mandat zurückzugeben, wobei ihnen mündlich mitgeteilt werden solle: »Sie seien elende Kerls und Krautjunker, Verräter am Volk. Sie hätten die Ehre Deutschlands in den Staub getreten, und da sie das Vertrauen der deutschen Nation nicht besäßen, so sollten sie freiwillig ihren Platz räumen.«[291] Würde der Delegation der Eintritt in die Paulskirche verwehrt, so solle er erzwungen werden.

Wie ebenfalls auf der Volksversammlung beschlossen, wurde noch am selben Abend des 17. September eine Deputation an die im »Deutschen Hof« tagenden linken Minoritätsfraktionen entsandt, um diese aufzufordern, aus dem Parlament auszutreten und sich zur wahren Vertretung der Nation zu konstituieren. Nach langen Beratungen verwarf jedoch eine deutliche Mehrheit der linken Abgeordneten diese radikalen Forderungen. Vielmehr entschied man sich für die parlamentarische Auseinandersetzung und den Appell an die Wählerschaft. Von einem bewaffneten Kampf versprachen sich die meisten Abgeordneten entweder keine großen Erfolgschancen, oder sie lehnten ihn grundsätzlich ab. Eine Deputation von 15 Mitgliedern, bestehend aus den Wortführern der Volksversammlung auf der Pfingstweide und den Vorständen des Demokratisch-republikanischen Vereins und des Arbeitervereins, versuchte vergeblich, die Abgeordneten noch umzustimmen. Auf die Ablehnung reagierten die Deputierten teils mit Resignation, zum Teil aber auch mit unverhohlenem Zorn und Beschimpfungen. Die Deputation zog zurück zum »Gräberschen Lokal«, dem Versammlungslokal beider Vereine, wo sich zahlreiche Vereinsmitglieder und Teilnehmer der Volksversammlung auf der Pfingstweide eingefunden hatten. Der Beschluss der Linken stürzte die Anwesenden in große Verwirrung. Bis tief in die Nacht wurde debattiert, wobei es zu heftigen Auseinandersetzungen kam. Einige Teilnehmer, darunter angeblich die Mainzer Schöppler und Schütz, verließen daher schon früher die Versammlung. Sie hielten den Zeitpunkt für einen offenen Kampf für ungünstig, da die demokratische Bewegung in dieser Frage gespalten war und die linken Fraktionen der Nationalversammlung diesen nicht unterstützten. Radikale Aktivisten unter der Führung des Mainzers Germain Metternich forderten dagegen, nun müsse sich das Volk auf seine eigene Kraft verlassen und notfalls auch gegen die linken Abgeordneten vorgehen. Sie beschlossen daher, am Vormittag des 18. September eine bewaffnete Volksversammlung auf dem Roßmarkt in Frankfurt abzuhalten.

Die Bürgerwehr hatte sich bereits bei den ersten Ausschreitungen am 16. September 1848 als unzuverlässig erwiesen, denn nur ein Bruchteil der Wehrmänner war beim Generalmarsch erschienen. Auch jetzt waren nur wenige Wehrmänner zum Dienst bereit, stattdessen sollen Angehörige der Bürgerwehr die Aufständischen unterstützt haben. In einem Brief an eine Freundin schrieb Clotilde Koch am 23. September: »Hier, wo sich der rechtliche Sinn so lange kräftig erhielt, ist durch Wühlerei der Boden so faul geworden, daß die Bürgergarde den Dienst nicht mehr tun will.«[292] Nach Beratungen zwischen dem Frankfurter Bürgermeister, dem Provisorischen Reichskriegsministerium und dem hessen-darmstädtischen Militärbevollmächtigten forderte der Frankfurter Senat angesichts der unsicheren Lage in der Stadt am 17. September bei dem Festungsgouvernement in Mainz Bundestruppen an. Bereits am 18. September um drei Uhr in der Nacht rückten daraufhin zwei Bataillone preußischer und österreichischer Truppen in Frankfurt ein, die nachfolgend durch weitere Militäreinheiten verstärkt wurden.[293] Der Einmarsch insbesondere preußischer Soldaten steigerte angesichts des verbreiteten Preußenhasses die Erregung in der Bevölkerung jedoch noch mehr. Beim Versuch einer Delegation, in die laufende Sitzung der Nationalversammlung gewaltsam einzudringen und die Adresse der Volksversammlung zu überreichen, kam es vor der Paulskirche zu einem Volksauflauf. Die bereitstehenden preußischen Soldaten räumten

Gefechte während des Aufstandes in Frankfurt am 18. September 1848.
Ankunft hessen-darmstädtischer Truppen an der Konstablerwache.

den Platz mit gefällten Bajonetten und verwundeten dabei mehrere Zivilisten. Gerüchte, die die Vorfälle grotesk verzerrten, verbreiteten sich in der Stadt und führten zum Ausbruch des allgemeinen Aufstands. Spontan entstanden Barrikaden an insgesamt mehr als 40 Stellen in der Altstadt,[294] die Augenzeugenberichten zufolge zunächst vor allem von Jugendlichen errichtet wurden.

An den nachfolgenden Kämpfen nahmen den gerichtlichen Untersuchungsakten zufolge hauptsächlich Personen im Alter zwischen 25 und 39 Jahren teil, darunter auch Frauen. Ihrer beruflichen Herkunft nach waren die am Aufstand Beteiligten überwiegend Tagelöhner, Kleinhändler, Handwerksgesellen und aus dem Umland stammende nicht-zünftische Handwerker.[295] Vergeblich versuchten einige Abgeordnete der Nationalversammlung, das Blutvergießen zu verhindern. Der spontane Aufstand wurde noch am selben Tag niedergeschlagen. Unterstützung für die Aufständischen kam vor allem aus den nahegelegenen Orten Bockenheim, Bornheim, Ginnheim und Rödelheim, doch war diese zu gering.[296] Aufgrund des planlosen Vorgehens der Aufständischen wurden wichtige militärische Zufahrtswege nicht gesperrt. Ungestört konnte ein Hilfskontingent hessen-darmstädtischer Artillerie heranfahren und in Position gebracht werden, das dann durch gezieltes Feuer die Infanterie unterstützte und zum raschen Zusammenbruch des Aufstandes entscheidend beitrug. 62 Soldaten und mindestens 33 Aufständische sollen bei dem Aufstand getötet worden sein, weit mehr noch wurden verwundet.[297] Auch zwei preußische Abgeordnete der Casino-Fraktion, Felix Fürst von Lichnowsky und Hans von Auerswald, wurden bei einem Ritt vor dem Friedberger Tor von Aufständischen angegriffen und ermordet. Ihr Tod löste eine allgemeine Verurteilung des Aufstandes und eine Welle der Empörung auch in der demokratischen Presse aus. Fast 4000 Personen wurden im Zusammenhang mit dem Aufstand von der Polizei verhört, darunter etwa 15 Prozent Frauen.[298] Mehr als 600 Beschuldigte wurden vor Gericht angeklagt und am 22. September 1848 befanden sich noch insgesamt 187 Personen in Haft.[299]

Der planlose Aktionismus der Anführer des Aufstandes stieß bei republikanischen Gesinnungsgenossen in der Region auf Ablehnung. So hatte Germain Metternich, einer der prominenten Redner der Volksversammlung auf der Pfingstweide, versucht, Hilfe aus Hanau herbeizuholen. Dort erhielt er von August Schärttner und Oberbürgermeister August Rühl, beide entschiedene Republikaner, eine Absage, da diese von der Aussichtslosigkeit des Aufstandes überzeugt waren. In Zusammenarbeit mit der Polizei und der Hanauer Bürgergarde verhinderte Rühl einen bewaffneten Marsch von Hanauern nach Frankfurt.[300] Von seinen Mainzer Parteifreunden wurde Metternichs Verhalten scharf kritisiert. Als Vorsitzender des Mainzer Demokratischen Vereins urteilte Bamberger über den Frankfurter Septemberaufstand am 23. September 1848: »Wer nicht sein Gefühl bezwingen kann, der möge seine Hand aus dem Treiben der politischen Parteien lassen. Da gibt es keinen Schritt zu thun, als welchen der Verstand für erfolgreich halten darf. [...] Das Unternehmen vom 18. September müssen wir als das Resultat blinder Leidenschaft mißbilligen.«[301] In Gießen entschieden sich die Demokraten, zunächst eine Deputation zu ihrem Abgeordneten Vogt nach Frankfurt zu schicken. Als dieser ihnen von einer Unterstützung des Aufstandes abriet, zog nur eine kleine Freischar unbeirrter Bewaffneter los, kehrte aber unverrichteter Dinge wieder nach Gießen um, als sie Nachrichten über die Niederlage erhielten. Auch in Wiesbaden und Höchst soll es zu Versuchen gekommen sein, Freischarenzüge nach Frankfurt zu organisieren, die jedoch sämtlich über Ansätze nicht hinauskamen. Im nassauischen Höchst ereigneten sich Ausschreitungen bei der Durchreise des Reichsministers der Provisorischen Zentralgewalt, Johann Gustav Heckscher, der sich nur mit Mühe retten konnte. Auf die Nachricht vom Aufstand in

Frankfurt begann in Baden ein Revolutionsversuch, der als Struve-Putsch bekannt wurde. Gustav Struve proklamierte am 21. September in Lörrach die deutsche Republik und versuchte mit Freischaren einen Umsturz im Großherzogtum Baden zu erreichen. Der schlecht geplante, unrühmliche Aufstand Struves wurde schon nach wenigen Tagen von badischem Militär beendet. An der badischen Grenze oberhalb Weinheims zerstörten Odenwälder Demokraten allerdings in der Nacht des 23. September auf die Nachricht des Struve-Putsches hin die Eisenbahnlinie, um eine Intervention des hessischen Militärs zu verhindern und Struve zu unterstützen.

In Frankfurt wurden Soldaten einquartiert und vom Reichsverweser der Belagerungszustand verhängt. Sämtliche politischen Vereine und Versammlungen wurden verboten. Zwar erfolgte später wieder eine Zulassung politischer Vereine unter strenger Beobachtung und Registrierung durch die Behörden, das Versammlungsverbot unter freiem Himmel blieb jedoch in einem Umkreis von etwa 40 km um Frankfurt bestehen. Der Septemberaufstand wurde zum Anlass für die systematische und koordinierte Überwachung und Unterdrückung oppositioneller Bestrebungen genommen. Ausgehend von der Provisorischen Zentralgewalt in Frankfurt erfolgte die Bündelung politisch-polizeilicher Kompetenzen. Mit dem Rundschreiben des Reichsministeriums der Justiz an die Justizminister der Länder gegen »den immer maßloser um sich greifende[n] Mißbrauch der Presse zu verbrecherischen Zwecken« vom 24. September 1848 ging die Zentralgewalt auch gegen die demokratische Presse vor.[302] Auf Initiative des Reichsministeriums des Innern wurden die Polizeiaktivitäten zwischen den Regierungen der drei hessischen Staaten, Nassaus und Frankfurts koordiniert, die Überwachung von Volksversammlungen, Presse und Vereinen in die Wege geleitet und eine Verfolgung verdächtiger Personen über Landesgrenzen hinweg ermöglicht. Dabei griff das Reichsministerium auf die Empfehlungen einer Denkschrift des aus Mannheim stammenden Abgeordneten und Unterstaatssekretärs Friedrich Daniel Bassermann zurück, der schon vor dem Septemberaufstand ein entsprechendes Reichsgesetz empfohlen hatte.[303]

In einem Rundschreiben an die Innenministerien der Einzelstaaten vom 7. Oktober 1848 ersuchte das Reichsministerium des Innern die Regierungen um Informationen über die politischen Vereine in ihren Ländern, deren Tendenzen, Statuten, auffallende Beschlüsse, Einfluss auf das Volksleben, Mitgliederzahl und Verbindungen von Vereinen untereinander.[304] Besonders eifrig waren die hessen-darmstädtischen Behörden. Bereits am 11. Oktober antwortete der leitende hessische Minister Jaup mit einem ausführlichen Memorandum und zahlreichen Anlagen. Offenbar standen die politischen Vereine in Hessen-Darmstadt schon vor dem Septemberaufstand unter genauer Beobachtung der Polizei. Obgleich das Großherzogtum vom Aufstand in Frankfurt nur am Rande betroffen war, erklärte Jaup den Reichsministerien des Innern und der Justiz, dass er bereits beabsichtigt habe, die demokratischen und Arbeitervereine zu verbieten. Lediglich die Einsicht, dass ein Vereinsverbot zwecklos wäre, wenn es nicht im gesamtdeutschen Rahmen durchgeführt würde, habe verhindert, dass diese Maßnahme bereits umgesetzt wurde.[305] Grundlage für die Bereitschaft zu so drastischen Freiheitsbeschränkungen war eine Bürgerkriegsstimmung, wie sie auch bei Jaup deutlich wurde. So schrieb er beispielsweise in seinem Memorandum an das Reichsministerium: »Die demokratischen Vereine bilden neben der gesetzlichen Regierung eine eigene Regierung, die alle Gesetze höhnt u[nd] durch Terrorismus herrscht. Die gesellschaftlichen Zustände fallen hierdurch zusammen; nicht blos die politischen und religiösen, sondern auch die socialen. [...] Es ist ein Kampf der Nichtbesitzenden gegen das Eigenthum; es ist der Beginn einer practischen Einführung des Communismus. [...] Nicht allein diese oder jene Einrichtung des Staats wird angegriffen, sondern die Grundlage aller gesellschaftlichen Einrichtungen, die Bedingungen des menschlichen Fortschritts. Darum müssen, tritt nicht schnell ein Damm ein, alle, denen die Civilisation heilig ist, das Schlimmste befürchten, [...].«[306]

Diese überzogene Darstellung hatte mit einer nüchternen Lageanalyse nichts mehr gemein. Sie macht deutlich, dass führende konstitutionell-liberale Politiker seit Mai/Juni 1848 von einer Revolutionshysterie beherrscht waren. Umso erschütternder ist dies, als Jaup selbst noch im Vormärz als liberaler Oppositioneller Opfer von Repressalien gewesen war. Nun war er, wie andere hessische und nassauische Politiker, bereit, zur Bekämpfung der demokratischen Gegner zentrale liberale Freiheiten zur Disposition zu stellen. Das Reichsministerium des Innern versuchte sogar, im Zuge des Vorgehens gegen revolutionäre Tendenzen in die inneren Angelegenheiten der Staaten einzugreifen. So wurde der Bevollmächtigte Kurhessens aufgefordert, auf die Beseitigung der kurhessischen Volksräte hinzuwirken. Auch wurden im Gefolge des Septemberaufstands Privatpersonen und Bürgerwehren in Bergen und Bockenheim durch Bundestruppen entwaffnet. Ihre Souveränität ließen die Einzelstaaten aber trotz aller Revolutionsfurcht nicht antasten: Auf den scharfen Protest des kurhessischen Bevollmächtigten hin erhielten die kurhessischen Bürgergarden ihre Waffen zurück.[307] Die Maßnahmen der Provisorischen Zentralgewalt nach dem Septemberaufstand bildeten den Beginn der Reaktion als ein sukzessive erfolgender, allmählicher Prozess der Einschränkung politischer Rechte und einer graduellen Zunahme von Repressionen. Die Gewinner des Septemberaufstandes waren jedoch nicht die konstitutionell-liberalen Politiker, sondern die alten obrigkeitsstaatlichen Gewalten. In Wiesbaden und anderswo waren die Ministerien auf das Linienmilitär angewiesen, während sich die Bürgerwehren als unzuverlässig erwiesen hatten. Die Ohnmacht der Nationalversammlung und der Zentralgewalt, ihre Abhängigkeit von den Militärkontingenten der Einzelstaaten, war ebenfalls unübersehbar geworden.

Insgesamt war der Septemberaufstand in Frankfurt ein Fiasko für die demokratische Bewegung. Er bildete den End- und Höhepunkt einer Entwicklung, die faktisch einer Vorentscheidung für den Sieg der Konterrevolution im gesamten hessischen Raum gleichkam. Zugleich waren innerhalb der demokratischen Bewegung gravierende Gegensätze hinsichtlich des politischen Kurses und der zu ergreifenden Mittel deutlich geworden. Der Septemberaufstand war Teil der Europäischen Revolutionswende, in der sich die staatliche Macht konsolidierte und die Handlungsspielräume der revolutionären Kräfte eingeengt wurden. Er war Bestandteil einer ganzen Reihe von städtischen Auseinandersetzungen und Revolten, bei denen das Militär durch brutale Gewalt oder Drohungen siegreich war, wie in Paris und Prag im Juni 1848. Sie wurde fortgesetzt von der Wiener Oktoberrevolution, die mit dem Einmarsch kaiserlicher Truppen am 31. Oktober 1848 endete, und von der Berliner Gegenrevolution, bei der das preußische Militär unter General Friedrich von Wrangel am 10. November 1848 in Berlin einmarschierte, die Preußische Nationalversammlung auflöste und den Belagerungszustand erklärte. Vor allem die Erschießung des Abgeordneten der Nationalversammlung Robert Blum in Wien unter Missachtung seiner parlamentarischen Immunität am 9. November 1848 löste eine Welle der Betroffenheit und Empörung aus. In den beiden deutschen Großmächten hatte die Reaktion gesiegt und das monarchische Prinzip wiederhergestellt. Von nun an war die Revolution in der Defensive und es ging für die Demokraten im Grunde nur noch um die Verteidigung von Märzerrungenschaften.

Revolutionäre Öffentlichkeit: Volksversammlungen, Presse und Petitionen

Der Revolutionsalltag war 1848/49 geprägt durch eine Gier nach neuesten Nachrichten. Die Stimmung in der Stadt Frankfurt zu Beginn der Reichsverfassungskampagne beschrieb das »Frankfurter Journal« anschaulich: »Hier in der ganzen Stadt, in den Straßen, in den Kaffee- Wein- und Bierhäusern große Aufregung. Der Eine fragt den Andern: was ist, was geschieht? Jeder erzählt Neuigkeiten, Jeder fragt darnach [sic]; sogar die Buben auf den Gassen wissen und schreien es laut aus, was in den Cabinetten vorgeht; Frauen machen sogar ernste Gesichter und sprechen von den Gefahren, die von allen Seiten über das deutsche Volk hereinbrechen.«[308] Neu war neben der enormen Informationsnachfrage die Erweiterung des Publikums. Auch Frauen und Jugendliche, dies wurde in vielen Berichten hervorgehoben, zeigten großes Interesse an politischen Nachrichten. Die Poststationen wurden zu beliebten Sammelpunkten von Volksaufläufen bei dem Eintreffen von Postkutschen mit den neuesten überregionalen Zeitungen. In Kirberg, einer nassauischen Kleinstadt, befragte die Jugend des Ortes die Passagiere der Eilkutsche aus Wiesbaden allabendlich nach den neuesten Nachrichten. Selbst in Gießen, der oberhessischen Provinzhauptstadt, war dies nicht viel anders, so berichtete Alexander Büchner später: »Unsere regelmäßige Verbindung mit der Außenwelt vermittelte sich durch die Post von Frankfurt nach Kassel und das Frankfurter Journal, welches in Gießen Nachmittags um fünf anzukommen pflegte. Um diese Stunde harrte eine vielköpfige Menge an der Haltestelle der Fahrpost auf die Nachrichten aus Paris, und durch eine stillschweigende Übereinkunft wurde das Blatt sogleich in die Hände Rudolf Fendt's geliefert, welcher die betreffenden Depeschen mit seiner dröhnenden Stimme verlas.«[309]

Die Verspätung oder gar das Ausbleiben der Post führte – ebenso wie eine Verstärkung von Wachposten oder ein schneller Truppenabmarsch – gleich zu den wildesten Gerüchten, denen nur mit Mühe begegnet werden konnte. Vor allem zu Beginn der Revolutionszeit fanden fast täglich, zumindest aber wöchentlich Volksversammlungen statt, in denen auch die neusten Nachrichten verbreitet wurden und sich die verschiedenen politischen Richtungen manifestierten. Über die Versammlungen in Wiesbaden im April 1848 schrieb Friedrich Ludwig Burk in seinem Tagebuch: »Es sind bisher faßt täglich Besprechungen und Vorlesungen und noch große Unruhen unter den Bürgern gewesen, und ist jetzt Zweispalt, indem der eine Theil Parlament, der andere Theil Republik haben will.«[310] Um Ordnung in die gelegentlich chaotisch ablaufenden Volksversammlungen zu bringen, gab der Verleger Karl Friedrich Leske in Darmstadt »Versammlungs-Regeln für das deutsche Volk« heraus: »Man muß dafür Sorge tragen, daß das Vereins- und Versammlungsrecht nicht durch wilden Ungestüm getrübt werde, daß sich Alles in Ordnung und Besonnenheit dabei bewege. Es muß für die Leitung der Berathung, und daß Jeder sich dabei betheiligen könne, es muß für mögliche Zwischenfälle, es muß endlich für eine regelmäßige Abstimmung Sorge getragen werden.«[311]

Die Pressefreiheit, die zu den wichtigsten Märzforderungen gehörte, eröffnete der politischen Berichterstattung und Meinungsäußerung völlig neue Möglichkeiten, sodass allenthalben zahlreiche neue Zeitungen gegründet wurden. Die Nachfrage nach neusten Nachrichten war enorm, die Zeitungen »werden verschlungen«, schrieb das »Frankfurter Journal« im März 1848.[312] Die Begeisterung über die neue Errungenschaft veranlasste die liberale Zeitung »Der Odenwälder« aus Michelstadt zu einem Jubelgedicht über »Die Preßfreiheit«, das mit den Versen begann:

»Die Kette bricht! Frei heben die Gedanken
Sich aus der vollen Brust! – Entfesselt ist das Wort!
Der Geist wird hell und leuchtet durch die Schranken,
Die nun zertrümmert sind, wie Sonnenschein hinfort.«[313]

Die erste Nummer der ersten politischen Zeitung in Nassau erschien unmittelbar in der turbulenten Wiesbadener Revolution am 3. März 1848 mit dem Motto »Freiheit und Recht!« als »Freie Zeitung« und wurde von dem Buchhändler und späteren Wiesbadener Bürgermeister Heinrich Fischer herausgegeben. Die ersten Nummern waren dabei noch sehr schmal und hatten fast den Charakter von Flugblättern. Mit ihnen und ihren Beilagen griffen Fischer und das Sicherheitskomitee mit verlässlichen Informationen in den Revolutionsprozess ein und beruhigten die Versammelten.[314] Im Herzogtum, wo es seit 1819 außer Amts- und Wochenblättern keine Zeitungen gegeben hatte, entstanden 1848 acht politische Zeitungen, von denen allerdings sechs bis zum folgenden Frühjahr wieder eingestellt wurden. Die nassauische Presselandschaft war die mit Abstand schwächste im hessischen Raum. In Kurhessen bestanden dagegen in der Revolutionszeit 23 im weitesten Sinne politische Zeitungen, von denen allerdings zwölf sehr kurzlebig waren. Die meisten politischen Zeitungen in Relation zur Einwohnerzahl gab es in Hessen-Darmstadt mit 38 und in Frankfurt mit 17 Zeitungen.

Die Kurzlebigkeit vieler neu gegründeter Zeitungen war charakteristisch für die Presse der Revolutionsjahre. Sie war ein Ergebnis der harten Konkurrenz auf dem Pressemarkt, aber auch von politischen Konflikten. Sie führten zur Aufgabe oder zur Übernahme durch andere Zeitungen, oft mit dem jeweiligen Redakteur. Beispielhaft dafür war die im März 1848 von dem konstitutionell-liberalen Publizisten und Politiker Friedrich Oetker in Kassel gegründete »Neue Hessische Zeitung«, die zwei Zeitungen gleicher politischer Tendenz übernahm, die »Kasselsche Allgemeine Zeitung« und die Zeitung »Der neue Verfassungsfreund« aus Marburg mit ihrem Redakteur Adam Pfaff.[315] Im Politisierungs- und Polarisierungsprozess des Jahres 1848 entwickelten sich Zeitungen, die als im weitesten Sinne liberal und national gesinnte Blätter gegründet worden waren, zum Sprachrohr der einen oder anderen politischen Richtung. Der Trend zur

Parteinahme brachte auch Konflikte zwischen Redakteuren und Verlegern mit sich. In Darmstadt führte die Auseinandersetzung zwischen dem republikanisch gesonnenen Verleger des »Rheinischen Volksblattes«, Karl Friedrich Leske, und seinem liberalen Redakteur Karl Buchner zu dessen Kündigung und ab dem 1. Juli 1848 zur Neugründung als »Neues Rheinisches Volksblatt« unter der Schriftleitung des radikalen Journalisten Karl Ohly. Bitter bemerkte Buchner »Zum Schluß« über die politische Polarisierung: »Das Rheinische Volksblatt, indem es die Mitte zu Halten suchte, entbehrte dadurch den Vortheil, welcher für die Darstellung in jeder extremen Ansicht liegt. [...] In dieser Zeit tiefer Risse und Spaltungen in Politik und Gesellschaft hat gerade die gemäßigte Meinung die schwierigste Lage.«[316] Bei der konservativen »Frankfurter Oberpostamtszeitung« musste dagegen der Redakteur Adolph Wiesner nach kurzer Zeit am 7. Juni 1848 seinen Abschied nehmen, weil er mit seinen liberalen Auffassungen bei den Inhabern aneckte.[317] Die von den Republikanern August Becker und Rudolf Fendt redigierte Zeitung »Der Jüngste Tag« in Gießen stellte zum Jahresende 1848 ihr Erscheinen ein, obgleich der Verleger Carl Schild sie »in einer weniger schroffen Form« fortsetzen wollte.[318] Stattdessen wurde sie von Becker unter dem Titel »Wehr' Dich!« als demokratische Zeitung fortgesetzt, während Schild nur noch mit dem Druck beauftragt war.[319]

Mit Zeitungen wurde durch die Wahl der Redakteure Politik gemacht, dies galt auch für Wiesbaden. Hier suchte der Verleger August Schellenberg gezielt nach einem Redakteur, der einen entschieden konstitutionellen Kurs garantierte. Er fand ihn in Wilhelm Heinrich Riehl, der zuvor Redakteur bei der »Frankfurter Oberpostamtszeitung« und der »Karlsruher Zeitung« gewesen war. Seit dem 1. April 1848 übernahm er für Schellenberg die Schriftleitung der »Nassauischen Allgemeinen Zeitung«, die das Wiesbadener Märzministerium publizistisch unterstützte. Schellenberg und Riehl gehörten danach dem Gründerkreis des konstitutionellen Vereins in Wiesbaden an. Zeitungen konnten auch Politiker für Regierungsämter empfehlen. So lenkte die von einem Redaktions-Ausschuss um die Hochschullehrer Bruno Hildebrand, Heinrich von Sybel und Karl Ludwig herausgegebene konstitutionell-liberale Zeitung »Der neue Verfassungsfreund« die Aufmerksamkeit der öffentlichen Meinung auf Karl Wilhelm Wippermann als künftigen kurhessischen Innenminister.[320] Zeitungen wurden zu Organen der entstehenden politischen Parteien und ihre Redakteure übten eine nicht zu unterschätzende Rolle für die Politik des jeweiligen politischen Vereinsverbandes aus.

Viele Zeitungen entwickelten sich zu Organen von Parteivereinen: »Wehr' Dich!« für die oberhessischen Demokraten, die »Freie Zeitung« für die nassauischen Demokraten, das »Wetterauer Volksblatt« für den demokratischen

Wilhelm Heinrich Riehl (1823–1897), Redakteur der »Nassauischen Allgemeinen Zeitung«.

Wetterauer Vereinsverband und das »Darmstädter Journal« für den Verband der liberal-konstitutionellen Vereine von Hessen-Darmstadt und Nassau. Reine Vereinszeitungen waren dagegen meist kurzlebig: Nicht dauerhaft und mit finanziellen Problemen behaftet war 1849 die Herausgabe der »Blätter des nationalen Vereines für Deutschland« durch den Bürgerverein in Kassel, der Vorort des Nationalen Vereins war. Auch die nur wenige Nummern umfassende, von Christian Esselen und Eduard Pelz im Mai/Juni 1848 redigierte »Allgemeine Arbeiter-Zeitung« des Frankfurter Arbeitervereins, der seit April 1849 in Frankfurt herausgegebene »Katholische Vereins-Bote für das teutsche Reich« und der seit Juli 1849 nachgewiesene »Correspondent der Piusvereine in der Diöcese Fulda« stellten ihr Erscheinen bald wieder ein. Selbst die im Auftrag des Frankfurter »Central-Comitees« der Buchdrucker in Kassel herausgegebene »Deutsche Buchdruckerzeitung« konnte sich nur wenig mehr als sieben Monate halten. Die Presse wurde auch von Fraktionen der

Nationalversammlung genutzt, die in Frankfurt Pressepolitik betrieben: So redigierte Robert Blum als Wortführer der Linken die hier vermutlich seit Mai 1848 erscheinende »Deutsche Reichstags-Zeitung«, während Mitglieder der konstitutionell-liberalen Casino-Fraktion, darunter der für Eschwege in die Nationalversammlung gewählte Karl Bernhardi, seit Juni 1848 die »Flugblätter aus der Deutschen Nationalversammlung« veröffentlichten. Einige Fraktionen der Nationalversammlung gaben auch sogenannte Parlamentskorrespondenzen heraus, die Nachrichten an die Presse lieferten. So erschienen in lithografierter Form seit dem 7. Dezember 1848 die Parlamentskorrespondenz der Centren, die für das erbkaiserliche Lager um die Fraktion Casino sprach, seit 4. März 1849 die Parlamentskorrespondenz der linken Fraktionen und des Centralmärzvereins, die von Karl Vogt aus Gießen geleitet wurde, und schließlich die von Heinrich Wuttke seit März 1849 herausgegebene Großdeutsche Korrespondenz.[321]

Nicht nur Lesevereine, sondern vor allem die größeren politischen Vereine der Revolutionszeit sorgten dafür, dass mindestens eine oder mehrere Zeitungen ihrer politischen Richtung abonniert wurden. In den Vereinslokalen lagen sie dann zur Lektüre aus und in den Vereinssitzungen wurden die wichtigsten Nachrichten vorgelesen und erörtert. Auf diese Weise erreichten die Zeitungen ein weitaus größeres Publikum, als die Auflagenstärke widerspiegelte. Stark nachgefragt waren in der Revolutionszeit auch Flugschriften, Lieder, illustrierte Drucke und Karikaturen, die von fliegenden Händlern, in Buchhandlungen oder auf Märkten verkauft wurden und die aktuellen politischen Ereignisse zum Gegenstand nahmen. Von besonderem Interesse beim weiblichen Publikum sollen die belletristischen Beilagen zu den Zeitungen gewesen sein, die unterhaltenden, aber auch belehrenden oder politischen Charakter haben konnten. Am weitesten verbreitet war die »Didaskalia. Blätter für Geist, Gemüth und Publicität«, die als belletristische Beilage zum »Frankfurter Journal« bereits seit 1823 erschien. Auch kleinere Zeitungen konnten Unterhaltungsbeilagen besitzen, so die in Gießen erscheinende »Wilde Rosen«, eine kurzlebige Beilage zum »Jüngsten Tag«.

Änderungen der politischen Richtung von Zeitungen aufgrund von Redaktionswechseln oder der jeweiligen politischen Entwicklung in den Ländern waren verbreitet. Hier soll ein knapper Überblick über die hessische Presselandschaft in der Revolutionszeit gegeben werden:[322]

Zu den einflussreichsten zählten insgesamt die konstitutionell-liberalen Zeitungen, die in den jeweiligen Ländern die Sprachrohre der Märzregierungen waren. Hierzu gehörte insbesondere die auflagenstärkste Zeitung im Großherzogtum Hessen, die »Darmstädter Zeitung« unter ihrem Redakteur Karl

Ferdinand Dräxler(-Manfred) mit 2800 Exemplaren, die »Neue Hessische Zeitung« in Kassel, die auflagenstärkste kurhessische Zeitung, und die »Nassauische Allgemeine Zeitung« in Wiesbaden, die jedoch hier nur auf dem zweiten Platz lag. Zu den konstitutionellen Zeitungen zählte auch das »Darmstädter Journal«, das allerdings deutlich konservative Züge trug. Eine ebenfalls große Gruppe bildeten die liberal-demokratischen und gemäßigt demokratischen Zeitungen, hier vor allem das weit verbreitete »Frankfurter Journal« mit angeblich 12 000 Exemplaren, die »Freie Zeitung« aus Wiesbaden, mit 2300 Exemplaren die auflagenstärkste nassauische Zeitung, und die »Kurhessische Volkszeitung«, die von Heinrich Henkel in Kassel herausgegeben wurde und zu den größeren Zeitungen Kurhessens zählte.[323] Allerdings schwankten die Auflagen der Zeitungen in der Revolutionszeit stark, die Auflage der meisten Zeitungen lag nur bei etwa 500 Exemplaren. Eine weitere Gruppe stellten die radikaldemokratischen und republikanischen Zeitungen dar, die zwar sehr rührig und zahlreich, aber meist weniger verbreitet und kurzlebiger waren. Eine Ausnahme bildete vor allem die zunächst vom Buchhändler Justus Raabé in Kassel herausgegebene auflagenstarke Zeitung »Die Hornisse – Zeitung für hessische Biedermänner«, die weit über ein bloßes politisches Satireblatt hinaus zu einem führenden Presseorgan der kurhessischen Demokraten wurde. Zu den kleineren demokratischen Zeitungen zählte »Wacht auf!«, die in Fulda von Adam Trabert und Friedrich Hornfeck redigiert wurde. In Hessen-Darmstadt gab es gleich mehrere längerlebige radikaldemokratische Blätter, »Der Jüngste Tag« und seine Nachfolge-Zeitung »Wehr' Dich!« aus Gießen, die »Neue Rheinische Zeitung« aus Darmstadt sowie vor allem die rheinhessische demokratische Presse, die »Mainzer Zeitung«, die zeitweise von Ludwig Bamberger redigiert wurde, »Der Demokrat«, das »Mainzer Tagblatt« und »Die neue Zeit« aus Worms. Die von den Mitgliedern des Bundes der Kommunisten Otto Lüning und Joseph Weydemeyer redigierte »Neue Deutsche Zeitung« erschien in der Revolutionszeit bei Leske in Darmstadt, ab dem 1. April 1850 in Frankfurt und verstand sich als »Organ der Demokratie«, war aber eher deren radikalem Flügel zuzurechnen. Das Organ der Frankfurter Demokraten war das unter Mitarbeit von Nikolaus Hadermann herausgegebene »Frankfurter Volksblatt«. Vor allem kirchenpolitischen Charakter besaß der seit dem 29. August 1848 in Darmstadt, seit 1849 in Frankfurt herausgegebene »Lucifer oder Süd-Westdeutscher Kirchenteufel«, der als »Organ der freien Gemeinden Süddeutschlands« Forderungen im Sinne der auch im hessischen Raum stark verbreiteten freien Gemeinden erhob. Aufgrund der großen Nähe von Freireligiösen und Deutschkatholiken zur demokratischen Bewegung war der »Lucifer« politisch auf der Linken beheimatet.

Konservative Zeitungen hatten es in der Revolutionszeit schwer. Neben der traditionsreichen »Frankfurter Oberpostamts-Zeitung« ist im Rhein-Main-Gebiet allenfalls noch der konstitutionell-liberale »Frankfurter Volksbote« zu nennen, der von August von Rochau redigiert wurde und seit dem 4. April 1849 erschien. Er war das Sprachrohr der Gegner der Konstituante um den »Patriotischen Verein« in Frankfurt und besaß konservative Züge. Das erste und einzig dezidiert konservative Presseorgan der Revolutionszeit im hessischen Raum, »Der Hessische Volksfreund«, wurde in Marburg seit dem 22. März 1848 von dem Gymnasialdirektor August Vilmar in antirevolutionär-reaktionärem Sinne herausgegeben. Die Tatsache, dass sich in Kurhessen in der Revolutionszeit eine offen konservative Zeitung halten konnte, ist ein weiterer Beleg für die insgesamt geringere revolutionäre Dynamik im Norden Hessens. Der politische Katholizismus besaß 1848/49 ebenfalls vergleichsweise wenige Presseorgane im hessischen Raum. Eine Ausnahme bildete Mainz, wo mit dem »Mainzer Journal«, den »Katholischen Sonntagsblättern zur Belehrung und Erbauung« und der Zeitschrift »Der Katholik« einflussreiche Presseerzeugnisse erschienen und mit dem Theologen Franz Sausen ein engagierter Redakteur für das »Mainzer Journal« arbeitete. Der Versuch, im Juli 1848 mit dem »Nassauischen Zuschauer« in Hadamar eine katholische Zeitung im Bistum Limburg zu etablieren, scheiterte dagegen nach wenigen Monaten.

Schon bald war allerdings der »hessische Pressefrühling« wieder vorbei,[324] denn irritiert durch die Artikel in radikalen Zeitungen und deren verbale Angriffe gegen Beamte und Politiker gingen die Märzminister noch im Jahr 1848 gegen Zeitungen und ihre Redakteure mit Anklagen wegen »Pressvergehen«, aber auch mit Verlautbarungen, Verordnungen und Gesetzen vor. Bereits am 26. August 1848 wurde in Kurhessen das Gesetz »wider Preßvergehen« veröffentlicht,[325] und in Hessen-Darmstadt wurden die Behörden und Beamten durch eine »Bekanntmachung, den Mißbrauch der Presse und der Volksversammlungen betreffend«, am 18. Oktober 1848 »nachdrücklich« angewiesen, »gegen Verbrechen, welche durch die Presse und bei Volksversammlungen verübt werden, die gesetzliche Verfolgung ungesäumt eintreten zu lassen«. Die »Freunde der Ordnung« wurden dagegen beruhigt und »im treuen Zusammenhalten« bekräftigt.[326] In Nassau wurde am 27. September 1848 den Behörden befohlen, »alle Vergehen und Verbrechen« zu verfolgen, die durch die Presse oder durch den Missbrauch des Vereins- und Versammlungsrechts verübt werden.[327]

Ausdruck der gesteigerten politischen Anteilnahme der Bevölkerung und der Hoffnungen und Stimmungen, die mit den politischen Veränderungen verknüpft wurden, waren die massenhaften Petitionen, die 1848/49 an die Monarchen, die Regierungen und die Parlamente gerichtet wurden. Im Grunde begann die Revolution im Frühjahr 1848 als eine Petitionsbewegung, die durch den Zuzug vor allem ländlicher Bevölkerung breite Unterstützung erhielt. Das Petitionsrecht, verstanden als »das Recht, Wünsche u[nd] Bitten unmittelbar bei dem Landesfürsten, den höheren Staatsbehörden od[er] den Landständen auszusprechen«[328], war in den hessischen Staaten bereits im Vormärz verankert, unterlag aber Beschränkungen, die durch die Revolution entfielen. Petitionen wurden nun zum Massenphänomen und zum breit angenommenen Weg, Meinungen, Forderungen oder auch Proteste vorzubringen. Sie konnten Unzufriedenheit mit bestehenden Verhältnissen ausdrücken und auf diese Weise zu einem wichtigen Agitations- und Druckmittel werden. Als niederschwellige Form der Willensäußerung wurden Petitionen auch von Personengruppen genutzt, die bislang von der politischen Mitbestimmung ausgeschlossen waren. Auch Frauen oder Juden unterschrieben Petitionen an die Deutsche Nationalversammlung, die keineswegs nur in Städten, sondern selbst in zahlreichen Landgemeinden verfasst wurden.[329] Adressaten der zahlreichen Petitionen waren neben Monarchen und Regierungen zunehmend die Landtage der Einzelstaaten sowie vor allem die Nationalversammlung in Frankfurt. Die Nationalversammlung selbst legte in der von ihr erarbeiteten Reichsverfassung die Grundlage für das bis heute gültige Petitionsrecht. So räumte der Paragraph 159 jedem Deutschen das Recht ein, sich einzeln oder in Gemeinschaft mit anderen »mit Bitten und Beschwerden schriftlich an die Behörden, an die Volksvertretungen und an den Reichstag zu wenden«.[330]

Allein an die Deutsche Nationalversammlung gingen 1848/49 dem Petitionsregister zufolge insgesamt 8850 Eingaben ein, wobei in einer Eingabe oft mehrere Petitionen enthalten sein konnten.[331] In jedem Fall dürfte die Gesamtzahl der Petitionen deutlich höher gelegen haben. Etwa 2,6 bis 2,8 Millionen Menschen sollen damals als Unterzeichner von Petitionen an die Nationalversammlung aufgetreten sein, eine enorme Zahl bei rund 45 Millionen Menschen auf dem Gebiet des Deutschen Bundes.[332] Stattliche 1900 Petitionen sind aus dem hessischen Raum nachgewiesen, wobei ihre tatsächliche Zahl höher gewesen sein dürfte. Dabei bestanden ausgeprägte regionale Unterschiede: So beteiligten sich Frankfurt und sein Umland mit 135 Petitionen überproportional stark an der Petitionsbewegung, aber auch Nassau mit 559 und das hessen-darmstädtische Oberhessen mit 277 Petitionen waren petitionsfreudig. Nicht nur politische Forderungen, sondern vor allem auch wirtschaftliche und soziale Fragen bildeten den Gegenstand dieser Petitionen. Schon in der Revolutionszeit nutzten Interessenvertretungen und politische Parteien das Petitionswesen und lösten mithilfe von vervielfältigten Vordrucken Massenpetitionen aus.[333]

Besonders frühzeitig war hierbei der politische Katholizismus aktiv, der eine Petitionsbewegung für die Freiheit der Kirche durchführte, während die demokratischen Vereine gegen Ende der Revolutionszeit Massenpetitionen für die Durchführung der Reichsverfassung organisierten. Die handels- und gewerbepolitischen Petitionen wurden wiederum vor allem vom Handwerk und von wirtschaftlichen Vereinen und Verbänden initiiert. Die meisten Petitionen der Revolutionszeit waren somit drei thematischen Bereichen zuzuordnen: Fragen der Kirche und der Schule, der Gewerbeordnung und der Handelspolitik sowie schließlich der Reichsverfassung und des Wahlgesetzes. Petitionen von individuellen Petenten zu individuellen Fragen blieben dagegen in der Minderheit.

Hessische Frauen in der Revolution von 1848/49

Die Revolution von 1848/49 stellte eine Bündelung verschiedener sozialer und politischer Bewegungen dar, die an vielen Fronten die herkömmlichen gesellschaftlichen Strukturen erschütterten. Sie ermöglichte eine erweiterte Beteiligung von Frauen an der politischen Willensbildung, wenn auch noch immer in engen Grenzen. Die vielfältigen Äußerungen von Frauen zu politischen Fragen und ihre Anteilnahme an den politischen Vorgängen und den Sitzungen der Nationalversammlung zeigten ihr großes Interesse, das in Konflikt mit tradierten Rollenbildern geriet. Die Frankfurter Kaufmannsgattin Clotilde Koch schrieb am 22. März 1848 dem Heidelberger Hochschullehrer und späteren Paulskirchenabgeordneten Karl Mittermaier: »Wir leben hier in der letzten Zeit in großer Aufregung. Die politischen Neuigkeiten werden mit unglaublicher Ungeduld erwartet, die Post von Berlin wird förmlich abends belagert. Doch ich höre Sie sagen: Es ist mit dem Weibergeschwätz wieder kein Ende, in die Kinderstube und an den Strickstrumpf gehört die Frau, der Mann nur ist berufen zum Handeln nach außen. Jetzt weniger als jemals noch mag ich meine Stellung in dieser Beziehung begreifen, und es macht mir recht viel Mühe, die Küche als den Hauptschauplatz meiner Tatkraft anzusehen.«[334] Clotilde Koch war eine wohlhabende Salonnière und Gastgeberin, in deren Haus sich herausragende Persönlichkeiten der liberal-konstitutionellen Fraktionen der Nationalversammlung trafen und zeitweise auch dort logierten. Sie war eine rege Besucherin der Sitzungen des Vorparlaments und der Nationalversammlung, wobei sie sich auch über Anordnungen hinwegsetzte. Trotz des Verbots der Teilnahme von Frauen bei der letzten Zusammenkunft des Vorparlaments am 3. April 1848 schmuggelte sie sich unerkannt ein. Als die Nationalversammlung bei ihren öffentlichen Sitzungen die Galerien für das

Clotilde Koch, geborene Gontard (1813–1869), Frankfurter Bürgerin und Salonnière. Eine der seltenen Darstellungen politisch aktiver Frauen in der Revolutionszeit.

Publikum öffnete, bekamen Zuschauerinnen eigene Sitze reserviert. Vorbild der Öffnung der Nationalversammlung für Zuschauerinnen war die Praxis in einigen deutschen Landtagen, so im kurhessischen Landtag in Kassel. Sie war aber auch eine Folge des großen Interesses von Frauen, wobei nicht zuletzt die Fürsprache von Ehefrauen von Abgeordneten eine wichtige Rolle gespielt haben dürfte. In einem Brief an eine Freundin vom 25. Mai 1848 bekannte Clotilde Koch: »Ich gehe täglich in die Sitzungen und kann die Politik nicht lassen, obgleich ich fühle, dass wir Frauen uns der Sache nicht so leidenschaftlich hingeben sollten.«[335] Mit ihrer Leidenschaft für die Politik war sie nicht allein: In der Paulskirche war der Zuschauerbalkon für Frauen bald zu klein und musste um einen Bereich im Parterre erweitert werden. Rund 200 Plätze sollen für Frauen reserviert gewesen sein, und diese waren immer am dichtesten besetzt.[336] Es kam auch vor, dass sich Frauen auf Plätze setzten, die eigentlich den Berichterstattern der Presse vorbehalten waren, worüber diese sich beschwerten.[337] Trotz der Hitze im Sommer und der nicht immer spannenden Reden nahmen Frauen aufmerksam teil, ohne den Platz zu verlassen. Eine gut informierte Beobachterin urteilte: »Und manche derselben hatten mehr Liebe, Ernst, klare Besonnenheit und Treue für die deutsche Sache als die Männer des Parlaments.«[338]

Obgleich Frauen von der männlichen politischen Sphäre ausgeschlossen waren, bezogen sie 1848/49 klare Positionen und ergriffen auch Partei bei politischen Auseinandersetzungen. Dies wurde schon bei den Märzereignissen 1848 deutlich, über die Louise Willet, die einer wohlhabenden bürgerlichen Familie in Wiesbaden angehörte, an ihren Bruder Gustav schrieb, der in der niederländischen Kolonie Batavia geschäftlich tätig war. Voller Bürgerstolz grenzte sie sich dabei sowohl vom geringen »Volk« ab, als auch vom Adel, dem ihr ganzer Hass galt: »Der Adel – ist ab! – Nieder mit dem Adel!! Diese Menschen, die den Fürsten belogen, betrogen und sich über die Maßen bevorrechteten!« Stattdessen, so schrieb sie weiter, gehe es um moralische Werte, nicht mehr um die Privilegien der Ständegesellschaft: »Wir stehen auf dem schönsten Höhepunkt des *eigenen* moralischen Werthes [...]: der Mensch gilt künftig *nur das*, was er ist an innerer Tüchtigkeit und dem Vaterland zu leisten vermag, keine Tittel, kein von, kein Geld, kein Rock, kein ererbter Ruhm, nichts gilt mehr, nur der eigene reelle Werth.«[339] Wie sehr Frauen von den Tagesereignissen bewegt wurden, zeigt der öffentliche Leserbrief einer Darmstädterin unter dem Titel »Gefühle einer deutschen Frau«, angesichts der Niederlage des Antrages des Abgeordneten Karl Theodor Welcker in der Nationalversammlung am 12. März 1849 und des Schwindens der Hoffnungen auf die Verabschiedung der Reichsverfassung: »Träumen! Und die *Einheit*, die *Macht*, die *Größe* unseres Vaterlandes wäre auch nur ein Traum gewesen? Wir müssen sie zu Grabe tragen sehen, uns're begeisterten Hoffnungen und können Nichts dagegen thun. – Nichts – denn Frauen ziemt stilles Dulden.«[340]

Das bloße Zuhören war auch liberal gesonnenen Frauen bald nicht mehr genug, dies zeigten die Briefe und Tagebuchaufzeichnungen von Clotilde Koch, die Heinrich von Gagern nahestand und sich im Juni 1848 darüber beklagte, dass Frauen in der Politik nur eine passive Rolle zugestanden wurde: »Ich habe es in den letzten Zeiten recht schmerzlich empfunden, nur eine Frau sein zu müssen, die das Zusehen hat, und doch mit Gefühl und Tatkraft im Leben begabt ist.«[341] Sie bot Gagern an, seine Politik auch als Informantin und durch ihre Vermittlungstätigkeit zu unterstützen, da sie wie »wohl kein Mann« Möglichkeiten habe und »das Sandkorn womöglich genutzt werde für die große Sache«.[342] Es unterliegt keinem Zweifel, dass zahlreiche hessische und nassauische Frauen offene Sympathien für die nationale Einigung hegten. In Darmstadt verfertigten Frauen blaue Kornblumen für die Mitglieder des Konstitutionell-monarchischen Vereins und trugen selbst schwarz-rot-goldene Bändchen.

An den Vereinsfesten dürften Frauen sicherlich teilgenommen haben, sogar bei konstitutionellen Vereinskongressen waren sie als Zuschauerinnen anwesend, so beispielsweise auch an dem Gründungskongress des Nationalen Vereins in Kassel im November 1848. Auch konservativ eingestellte Frauen waren zu politischer Parteinahme fähig, wie die Spendensammlung Darmstädter Frauen im Juni 1849 für hessische Soldaten zeigte, die bei der Niederwerfung des badisch-pfälzischen Aufstandes verwundet worden waren.[343]

Das Sammeln von Spendengeldern, insbesondere für eine deutsche Kriegsflotte zur Unterstützung des Kampfes der schleswig-holsteinischen Armee gegen Dänemark, eröffnete Frauen ein national erwünschtes Feld des öffentlichen Engagements. Zu diesem Zweck wurden in allen größeren hessischen und nassauischen Städten auch Verlosungen oder Basare mit Handarbeiten oder gespendeten Waren veranstaltet. Ein besonderes Feld weiblichen patriotischen Handelns bot der Einsatz für eine nationale, protektionistische Schutzzollpolitik, die im süddeutschen Liberalismus sehr populär war. So griff in Darmstadt ein bereits bestehender karitativ engagierter Frauenverein entsprechende Anregungen aus schutzzöllnerischen Kreisen auf, und in Wiesbaden wurde am 11. April 1848 ein »Verein der Frauen und Jungfrauen Wiesbadens zur Unterstützung der deutschen Industrie und einheimischen Gewerbe« gegründet. In seinen Statuten legte dieser Verein als Zweck fest, »daß die Mitglieder desselben so viel als möglich für ihre Haushaltung und sonstigen Bedürfnisse vorzugsweise von deutschen und insbesondere von einheimischen Erzeugnissen Gebrauch machen, und bei ihren Einkäufen zunächst die hiesigen Geschäftsleute berücksichtigen«.[344] 90 Frauen trugen sich in der Gründungsversammlung als Mitglieder ein und wählten einen Vorstand. Dieser bestand aus Frauen des wohlhabenden und besitzenden Wiesbadener Bürgertums. Die Vorsitzende war Pauline Hergenhahn, die Frau des nassauischen Ministers. Der Verein richtete einen »Frauenvereins-Laden« ein, der insbesondere einheimische Strickwaren verkaufte oder verloste, und führte Wohltätigkeitskonzerte und Sammlungen zugunsten unbeschäftigter Arbeiterinnen und anderer Bedürftiger durch. Obgleich dieser Verein sich weitgehend in den traditionellen weiblichen Tätigkeitsbereichen bewegte und keine politische Programmatik entwickelte, war er dennoch im weiteren Sinne politisch. Gerade durch den deutschen Nationalstaat, so hieß es, erhalte die Frau ein neues Aufgabenfeld, beispielsweise durch die Erziehung der Jugend zu nationalem Bewusstsein und durch die Unterstützung der nationalen Sache. Dazu passten auch die vom Frauenverein durchgeführten Sammlungen von Spenden und Verbandmaterial für die verwundeten deutschen Soldaten in Schleswig-Holstein.

Diese Vereine, die eine nationale oder liberale Haltung mit wohltätigen Aktivitäten verknüpften, hatten im hessischen Raum Tradition: Bereits während der sogenannten Befreiungskriege gegen die napoleonischen Armeen wurden Frauenvereine in mehreren hessischen und nassauischen Städten gegründet, die sich der Pflege von Verwundeten, angesichts der schweren Hungerkrise 1816/17 auch der Wohltätigkeit allgemein widmen wollten. Im Zuge der Polenbegeisterung 1832 kümmerten sich Frauenvereine um die »gastliche Pflege polnischer Patrioten«.[345] Ein karitatives Engagement in der Öffentlichkeit war für Frauen gesellschaftlich akzeptiert und daher ein klassischer Ansatzpunkt für weibliche Vereinsgründungen. Im Veranstaltungs- und Festablauf der Revolutionszeit erhielten Frauen eine zentrale Rolle. Deutlich wurde dies bei den zahllosen Fahnenweihen von Bürgerwehren und Turnvereinen. Dabei wurden die schwarz-rot-goldenen Fahnen zuvor von Frauen aufwändig angefertigt und in einer feierlichen öffentlichen Zeremonie von meist weiß gekleideten Frauen übergeben – weiß diente dabei als Farbe der Reinheit, Klarheit und Jungfräulichkeit. Frauen waren als Pendant zu wehrhaften Männern für die Inszenierung nationaler Einheit unverzichtbar. Für Frauen boten die Fahnenweihen ein Forum für einen weit beachteten öffentlichen Auftritt. Sogar in ländlichen Gemeinden hielten Frauen bei der Fahnenweihe Reden, was ein konservativer Beobachter fassungslos mit den Worten kommentierte, »soweit ist es bei den früheren Landmädchen schon gekommen«.[346] Dennoch waren die Mitwirkungsmöglichkeiten für Frauen im nationalen und liberalen Spektrum begrenzt und gingen über die definierten Rollenzuweisungen nicht hinaus.

Ebenfalls eng waren die Spielräume von Frauen im katholischen Vereinswesen der Revolutionszeit. Allerdings gab es schon seit Beginn der 1840er Jahre Elisabethvereine, in denen sich weibliche katholische Laien im Bereich der Wohltätigkeit engagierten, sodass auch hier bereits Organisationserfahrungen bestanden. Die Elisabethvereine widmeten sich verstärkt den weiblichen Dienstboten, und in Bingen entstand ein solcher Verein ausdrücklich als »Frauen-Verein zur Pflege armer Dienstboten«.[347] Im katholischen Vereinswesen wurden Frauen 1848/49 in vielen Fällen zu Veranstaltungen, Kongressen und in Ausnahmefällen zu Vereinssitzungen als Zuhörerinnen zugelassen. So nahmen schon an den öffentlichen Veranstaltungen des Ersten Katholikentages in Mainz vom 3. bis 6. Oktober 1848 viele Frauen teil, ebenso an der vom Mainzer Piusverein veranstalteten Volksversammlung auf dem Johannisberg am 22. Juli 1849. Um die Zulassung von Frauen zu Sitzungen des Piusvereins Mainz kam es dagegen seit September 1848 zu Auseinandersetzungen. Der Vereinsvorstand und auch der Mainzer Katholikentag entschieden noch im

Oktober 1848 gegen die Zulassung von Frauen, »da es dem Character und dem Berufe des Frauengeschlechtes nicht entspricht, an dem öffentlichen Leben und den deßfallsigen Verhandlungen Theil zu nehmen; vielmehr christliche Frauen und Jungfrauen ihren Wirkungskreis im Schooße der Familien haben [...]«.[348] Ein Jahr später wurde die Entscheidung revidiert, wobei den Anstoß zu einem Wandel wohl der Zweite Katholikentag in Breslau vom 9. bis 12. Mai 1849 gab, der feststellte, dass Frauen als hörende Mitglieder an Vereinsversammlungen teilnehmen dürfen.[349] Um Frauen zuzulassen, wurde vom Mainzer Piusverein dann sogar der Umbau und die Erweiterung des Vereinslokals beschlossen. Das Beispiel zeigt, dass die Teilnahme von Frauen am öffentlichen Leben auch in eher konservativen Vereinen eine Eigendynamik entwickelte.

Die weitesten Beteiligungsmöglichkeiten boten den Frauen das demokratische Vereinswesen und die mit ihr verbundene Turnbewegung. Wie weit die Beteiligung von Frauen gehen sollte, war dabei umstritten. Allgemein akzeptiert war die Rolle von Frauen bei der Anfertigung von Turnvereinsfahnen und als Zuschauerinnen bei Veranstaltungen von Männer-Turnvereinen. Doch auch die Anfänge des Mädchen- und Frauenturnens sind nachweisbar: Bereits 1838 hatte der Turnlehrer August Ravenstein in Frankfurt eine Turnanstalt gegründet, die auch Schülerinnen aufnahm, und 1849 turnten hier schon 38 Mädchen.[350] Im Oktober 1848 wurde in Frankfurt schließlich ein »Frauen-Turnverein« gegründet und mit den Worten angezeigt, es habe »sich eine Anzahl nicht blos jüngerer, sondern auch älterer Damen zusammengefunden«, um Gymnastik zu treiben.[351] Für die Anleitung sorgten offenbar Ravenstein und seine Frau. Einige der Turnerinnen waren Verwandte oder Ehefrauen von Paulskirchenabgeordneten, darunter Cleophea Fröbel, die Frau des republikanischen Abgeordneten Julius Fröbel, der sich für die Frauenemanzipation einsetzte. Wie die männlichen Turner trugen sie praktische, für die Übungen geeignete Kleidung, »ungeschnürt in linnener Turnkleidung«.[352] Dabei ging es in ideeller Hinsicht darum, »einfach zu werden, nämlich allen eitlen Schmuck als Tand zu verachten und zu verbannen«.[353] Der Frauen-Turnverein trug somit, wie in gewisser Weise die Turnbewegung überhaupt, den Charakter einer Lebensreformbewegung, die zu Gesundheit und Natürlichkeit führen wollte.

Im demokratischen Vereinswesen wurde bereits im Juni 1848 die Mitgliedschaft von Frauen diskutiert, die von dem Mainzer Ludwig Bamberger befürwortet wurde. Im »Demokratischen Verein« in Mainz wurden Frauen nachweislich seit Juli 1848 als Zuhörerinnen zugelassen, Bamberger berichtete später darüber: »Im Verlauf der Zeit führten wir auch den Brauch ein, daß das weibliche Element Zutritt hatte, und dies war uns begreiflicher Weise für unsere Propaganda so nützlich wie angenehm. Die Damen saßen auf den vordersten Bänken, der Estrade des Vorstandes und der Rednerbühne zunächst. Aktiv beteiligten sie sich nicht an den Verhandlungen, aber ihre passive Assistenz leistete doch das ihrige.«[354] Der Andrang gerade auch der Frauen zu den Vereinssitzungen war so gewaltig, dass viele männliche Mitglieder keinen Platz mehr im Sitzungssaal fanden. Auch die Vermehrung der Sitzungen und die Ausgabe von Karten für Frauenplätze halfen wenig, weil diese binnen einer halben Stunde vergriffen waren und sich lange Schlangen bildeten.[355] Auch bei der Tagung des demokratischen Wetterauer Vereinsverbandes in Friedberg am 4. März 1849 nahmen erstmals in dieser Stadt Frauen an den Verhandlungen eines politischen Vereins als Zuschauerinnen teil, und in Gießen schmückten Frauen im Oktober 1848 den Versammlungssaal des demokratischen Vereins und hörten bei dessen Tagung zu.[356]

Vor allem gegen Ende der Revolutionszeit bildeten sich auch eigene demokratische Frauenvereine, solche sind in Mainz, Worms, Gießen, Wiesbaden, Diez, Kastel, Frankfurt, Offenbach, Hanau sowie als ländliche Frauenvereine in Freiendiez, Bretzenheim und Westhofen nachgewiesen. Ihr Haupttätigkeitsfeld war die Unterstützung politischer Flüchtlinge und der Angehörigen geflüchteter, inhaftierter oder gefallener demokratischer Freischärler. Diese Hilfe umfasste die Aufbringung und Verteilung von Geldmitteln, aber auch das Verfassen von Gnadengesuchen und die persönliche Betreuung von Gefangenen oder Angehörigen. Während der Reichsverfassungskampagne wurde darüber hinaus Verbandmaterial und Kleidung für die demokratischen Freischärler gesammelt. Vielfach waren freireligiöse und deutschkatholische Frauen unter den Vereinsgründerinnen, und manche demokratischen Frauenvereine entstanden aus karitativ orientierten deutschkatholischen Frauenvereinen, so in Hanau. Die Frauenvereine unterhielten Beziehungen untereinander und zu den »männlichen« demokratischen Vereinen. Auch Filialverhältnisse zwischen Frauenvereinen sind bekannt, so etwa zwischen den Vereinen in Diez und Freiendiez. Die Frauenvereine besaßen Statuten, Vorstände und Tagesordnungen. Sie erreichten oft eine beachtliche Größe, der Frauenverein in Diez hatte 130 Mitglieder, der Mainzer Frauenverein »Humania. Mainzer Frauenverein für vaterländische Interessen« im Sommer 1849 sogar 1647 Mitglieder. Letzterer war durch den Zusammenschluss zweier Vereine entstanden, eines »Frauenvereins für vaterländische Interessen« unter dem Vorsitz von Amalia Bamberger, der seit dem 14. Mai 1849 bestand, und des Frauenvereins »Humania«, der sich zwei Tage später unter Leitung von Kathinka Zitz gebildet hatte.[357] Viele Mitglieder der Frauenvereine waren mit demokratischen

Männern verwandt oder verheiratet. Eine politische Gleichstellung der Frauen wurde von den Vereinen nicht angestrebt. Immerhin ist es aber bemerkenswert, dass sich Frauen 1848/49 erstmals in politischen Vereinen mit dezidiertem Parteistandpunkt betätigten. Die Lektüre von Zeitungen, die politischen Vorträge und Diskussionen gehörten ebenso wie die humanitären Aktivitäten zum Alltag in Frauenvereinen. Sie waren Ausdruck einer breiten Politisierung, die auch Frauen erfasste.

Die demokratischen Frauenvereine und die Aktivitäten von Frauen besaßen eine starke Eigendynamik. Die Grundrechte, die in der Nationalversammlung beraten wurden, warfen die Frage auf, welche Folgen sich daraus für die Stellung von Frauen ergaben. Forderungen nach Emanzipation kamen auf und wurden von demokratischen Männern geteilt. Ein Motor der Entwicklung waren die freien und deutschkatholischen Gemeinden, deren Mitglieder oft auch in demokratischen Vereinen engagiert waren. Der Vorsitzende des Marburger demokratischen Vereins, Karl Bayrhoffer, gehörte zu den führenden Freireligiösen im hessischen Raum, und mit Kathinka Zitz und Bertha Dünkelberg waren die Vorsitzenden der Frauenvereine in Mainz und Diez Deutschkatholikinnen. In den freien Gemeinden aber hatten Frauen eine weitgehend gleichberechtigte Stellung. Hier wurde nicht nur über die Emanzipation der Frauen diskutiert, sondern ihnen gleiches Wahlrecht und sogar Mitarbeit in Entscheidungsgremien eingeräumt.[358] Dies musste auch für Diskussionsstoff in den demokratischen Vereinen sorgen. Mit Malwida von Meysenbug aus Kassel und Louise Dittmar aus Darmstadt stammten zwei führende deutsche Frauenrechtlerinnen der Revolutionszeit, die sich für die Gleichberechtigung von Frauen einsetzten, aus Hessen. Dittmar trat durch Publikationen und Vorträge hervor, gründete 1849 die Zeitschrift »Die sociale Reform« und veröffentlichte ihre Schriften bei den demokratisch orientierten Verlegern Karl Friedrich Leske in Darmstadt und Gustav André in Offenbach. Die Kritik von Dittmar und anderen Frauen richtete sich insbesondere gegen die untergeordnete rechtliche Stellung von Frauen in der Ehe.[359] In einem anonymen, mit »Eine deutsche Frau« unterzeichneten Artikel in der Didaskalia wurde im Mai 1848 unter der Überschrift »Aufruf an Deutschland's Frauen, bezüglich des Eherechts im künftigen deutschen Gesetzbuche« vom deutschen Parlament gefordert: »Es möge bei der Abfassung des neuen deutschen allgemeinen Gesetzbuches dahin wirken, daß die Frauen in der Ehe mit den Männern gleichgestellt werden, und diesen keine anderen Vorrechte verbleiben, als die drei, die allerdings nothwendig sind, nämlich: daß die Frauen ihren Namen aufopfern, des Mannes Stand, sey er auch niedriger als der ihre, theilen, und daß ihm die Bestimmung des Wohnorts zukomme.«[360] Diese Forderungen blieben allerdings auch unter demokratischen Frauen eine Minderheitenposition, und so wurde Dittmar wegen ihrer Radikalität selbst von Kathinka Zitz abgelehnt.

Dennoch wurde ein Umdenken in der demokratischen Gesellschaft deutlich. So sprach Ludwig Bamberger für den Mainzer Turnverein in seiner Dankesrede bei der Überreichung der Turnerfahne durch das Mainzer Frauenkomitee am 17. August 1848 davon, dass nun die Beteiligung von Frauen am öffentlichen Leben begonnen habe: »Ich nehme die Fahne, die Sie uns überreichen, nicht blos als ein Zeichen der Sympathie, das Sie, nur von fern her unser großes Ziel ahnend, zum Andenken, zur Ermunterung überreichen, weil es Ihnen wohlgefällt, daß wir Großem nachstreben. Ich nehme sie als das Zeichen eines Bundes, eines dauernden, zum lebendigen Verhältniß sich gestaltenden Bundes, dessen Inhalt ist: die Betheiligung der Frauen am öffentlichen Leben, an der großen menschlichen Bewegung, an der Erringung der höchsten Güter; eines Bundes, dessen Resultat sein wird die Umgestaltung des öffentlichen Lebens aus einem blos zweckdienlichen und anstrengenden zu einem schönen und heiteren.«[361] Insbesondere von konservativer Seite wurde die weibliche Beteiligung am öffentlichen Leben, so bescheiden sie zumeist war, kritisiert oder lächerlich gemacht. Aus dem Nassauischen war zu hören: »Aber auch selbst das Weib und die Jungfrau wie haben sie die Märzereignisse umgewandelt! Die stillen friedlichen Beschäftigungen sind hie und da gewichen, und die großen Zeitungen müssen gelesen werden, was auch Küche und Keller dazu sagen mögen, sie ereifern sich über die Tageshelden und man hört nicht selten Redensarten, die einem Robespierre keine Schande machen würden.«[362] Selbst unter Demokraten war das politische Engagement von Frauen umstritten. Befürchtet wurde, dass die revolutionäre Veränderung von Staat und Gesellschaft die traditionelle Familienstruktur nicht unangetastet lassen würde.

Am 9. Dezember 1848 beantragte der Vorsitzende des »Demokratischen Vereins« von Westhofen, Johann Georg Sponnagel, als Mitglied des rheinhessischen Bezirksrats, Witwen als Haushaltsvorständen das aktive Wahlrecht bei Gemeindevorstands- und Bürgermeisterwahlen zu gewähren. Auf die Ablehnung durch einen Artikel eines anderen Demokraten antwortete er: »Nur nicht allzuängstlich! Die Beantwortung dieser Frage [der ›ausgedehnteren Emanzipation des weiblichen Geschlechts‹] gehet, wie alle großartigen Ideen, nicht auf einmal, sondern nach und nach in Erfüllung. Ist ja die Emanzipation der Israeliten auch nicht auf einmal, sondern nur nach und nach durchgegangen, und heute sitzt ein Jude auf dem Präsidentenstuhl der deutschen Reichsversammlung in Frankfurt a.M. und hilft einen deutschen Kaiser machen; ein Anderer wurde in der ehemaligen freien Reichsstadt Worms zum Bürgermeister dieser

Stadt erwählet. So ändern sich die Verhältnisse.«[363] Diese Sätze waren bemerkenswert für einen Angehörigen der hessischen ländlichen Honoratioren. Nicht viele hätten in dieser Konsequenz die politische Emanzipation der Juden mit der der Frauen verglichen und daraus eine langfristige Unaufhaltsamkeit der Entwicklung abgeleitet. Echte Demokraten, so Sponnagel, dürfe dies nicht ängstigen. Es ist nicht erstaunlich, dass in Westhofen auch ein demokratischer Frauenverein bestand. Die Revolution von 1848/49 politisierte auch viele hessische Frauen und viele von ihnen wollten aktiv politisch mitwirken. In der Revolutionszeit blieben Frauen zwar die aktiven Bürgerrechte und das Wahlrecht verwehrt, es begann aber unverkennbar die Teilnahme von Frauen an den männlichen politischen Aktionswelten und eine Diskussion über die politische Teilhabe und rechtliche Stellung der Frau. Ein Beleg dafür, wie sehr die Emanzipation der Frau mit der Revolution von 1848/49 verknüpft wurde und diese herkömmliche Rollenbilder in Frage stellte, war der Journalist Wilhelm Heinrich Riehl. In seinem wirkungsmächtigen konservativen Buch »Die Familie« brachte er die Bedrohung durch die Revolution in Verbindung mit der Emanzipation der Frau und den »Frauenklubs«, die er als eine »Auflehnung der verfeinerten Frauen wider die geschichtliche Familie und Gesellschaft« ansah.[364] Die Niederlage der Revolution von 1848/49 bedeutete auch ein Scheitern der Emanzipationsbestrebungen von Frauen.

Arbeitskämpfe, Handwerker und gewerkschaftliche Bestrebungen

Die Arbeitskämpfe, die in der Revolutionszeit im hessischen Raum stattfanden, verliefen zwar oft auch in traditionellen Formen meist handwerklicher Proteste, sie waren aber deutlich gewaltärmer als die oben beschriebenen traditionellen Sozialproteste. Die wichtigste Trägerschicht der Arbeitskämpfe waren Handwerksgesellen, die meist mit Streiks und Ausständen für bessere Arbeitsbedingungen, Lohnerhöhungen oder Arbeitszeitverkürzungen kämpften. Den Arbeitskampfmaßnahmen gingen stets Verhandlungen voraus, sie richteten sich gegen die Arbeitgeber einer Berufsgruppe oder Branche und waren auf die Verbesserung konkreter Arbeitsverhältnisse oder von Entlohnungen gerichtet. Arbeitskämpfe konnten zwar insofern defensiv sein, als sie Verschlechterungen der Arbeitsbedingungen oder Lohnkürzungen verhindern sollten, doch verteidigten die Streikenden ihre Forderungen hierbei nicht durch althergebrachte Rechte, sondern in der Regel durch den Vergleich mit dem Lohnniveau in der Branche oder durch den Hinweis auf ihre schlechten Lebensverhältnisse. Kompromisse waren durch diese Form der Begründung eher möglich.

Die Streikenden durchbrachen allerdings mit ihrem Anspruch, als gleichberechtigte Vertragspartner eines Arbeitsverhältnisses gegenüber den Arbeitgebern auftreten zu dürfen, das Modell der paternalistischen Ökonomie, nach welcher der Geselle vom Brotherrn und Hausvater allenfalls eine Gunst erwarten durfte.

Das Verhältnis der frühen Arbeiterbewegung und der demokratischen Vereine zu den Arbeitskämpfen im hessischen Raum war insgesamt positiv. Dies galt beispielsweise für den Ausstand der Wiesbadener Buchdruckergesellen am 28. Juli 1848, der die Forderungen der Mainzer Buchdruckerversammlung nach einem Minimaltarif durchsetzen sollte. Bei den Streiks der stark auf ihre Autonomie bedachten Handwerksgesellen konnten aber auch Probleme mit den auf Disziplin bedachten Arbeitervereinen auftreten. Dies zeigte sich bei dem Ausstand der Bäckergesellen in Frankfurt vom Mai 1848. Diese forderten von den Meistern:

1) Betten als Schlafstellen und nicht wie bislang die Werkbank,
2) alle 14 Tage eine Feiernacht,
3) das Recht, die Gesellenlade selbst zu verwalten,
4) Vertragsgleichheit bei der Kündigung gegenüber den Meistern und
5) Abgabe der Wanderbücher bei der Polizei, nicht bei den Geschworenen, die Geld dafür verlangten.

Trotz der Bitte des Arbeitervereins, der mit der Vermittlung beauftragt war, mit weiteren Schritten noch zu warten, begannen die Bäckergesellen nach der Weigerung der Meister am 17. Mai 1848 ihren Ausstand und zogen von Frankfurt nach Offenbach. Seine Ziele erreichte der Streik nicht, denn weder hatten die Gesellen Bevollmächtigte für Verhandlungen zurückgelassen, noch konnte die Versorgung mit Brot fühlbar gedrosselt werden, da dieses aus der Nachbarschaft lieferbar war.

Handwerkliche, aus zünftischen Traditionen stammende Denkmuster, die den eigenen Berufsstand im Fokus hatten, waren bei den meisten Handwerksgesellen immer noch stärker verbreitet als die Idee einer berufsübergreifenden Solidarität aller Arbeiter. Dies wurde auch beim Streik der Maurer in Frankfurt deutlich, die zwar einerseits für Arbeitszeitverkürzung eintraten sowie für Lohnerhöhung und Aufhebung des Zwangs für Gesellen, nach Aufkündigung einer Stelle die Stadt verlassen zu müssen, andererseits aber die Schaffung einer Maurergesellenzunft verlangten. Letztlich waren sie wie auch der Streik der Schneidergesellen in Hanau um Lohnerhöhung und Verkürzung der Arbeitszeit vom April 1848 erfolglos. Dagegen konnten die Hanauer Hutmacher die von ihnen geforderte Lohnerhöhung im März 1848 durchsetzen. Verursacht wurden die Misserfolge der Streikenden oft durch mangelhafte Planung und Koordination der Arbeitskampfmaßnahmen sowie ihre isolierten und räumlich begrenzten Aktionen. Hier brachte die Revolution keine erkennbare Modernisierung des Arbeitskampfes mit sich. Welche Gegensätze auch innerhalb der Arbeiterschaft bestanden, zeigt der Protest der Zigarrenarbeiter der Tabakfabrik von Emil Blachière in Hanau am 19. Februar 1849, der sich, allerdings vergeblich, gegen die Beschäftigung von Arbeiterinnen wandte.[365] Diese waren schlechter bezahlt als die Männer und wurden nicht nur von Handwerkern, sondern auch von Arbeitern angefeindet.

Neu war dagegen in der Revolutionszeit die Entwicklung von gewerkschaftlichen Organisationen, die jeweils die Interessen einer gesamten Berufsgruppe zu wahren versuchten. Vorreiter waren dabei die Buchdrucker, die schon auf einer Gesellenkonferenz am 23. April 1848 in Heidelberg die Gründung einer National-Buchdrucker-Vereinigung beschlossen. Als Vorort wurde Frankfurt bestimmt, weitere Vereine bestanden im hessischen Raum in Wiesbaden, Darmstadt und Mainz. Vom 11. bis 14. Juni 1848 fand in Mainz die erste deutsche Buchdruckerversammlung statt, die von 44 Delegierten besucht wurde, die Buchdrucker aus 141 deutschen Staaten vertraten. Die Forderungen der Gesellen richteten sich gegen die unbegrenzte Einstellung von Lehrlingen sowie gegen die Sonntagsarbeit und den Verlust von Arbeitsplätzen durch den zunehmenden Maschineneinsatz. Die Hauptforderung des Kongresses war ein allgemeiner Minimaltarif für alle deutschen Druckereien. An den Staat wurde die Forderung nach einem Arbeiterministerium und dem Schutz der Interessenvertretungen der Buchdrucker gegen Verfolgungen durch die Polizei gerichtet. Zur Zusammenarbeit mit den Druckereiinhabern war man ausdrücklich bereit, und auf dem Mainzer Kongress waren auch Meister anwesend. Eine eigentümliche Mischung aus traditionellen und modernen Elementen kennzeichnete den Kongress, dessen Vereinsverband aber letztlich an internen Differenzen scheiterte. Nach einem weiteren Gründungsversuch Ende September gelang erst im Dezember 1848 die Konstituierung eines dauerhafteren nationalen Vereins der Buchdruckergesellen auf der Grundlage der Mainzer Beschlüsse mit dem Namen »Gutenbergbund«. Wie schon beim Vorgängerverein lag dem Gutenbergbund ein Unterstützungskassen-System zugrunde, das zur sozialen Absicherung der Gesellen beitragen sollte. Unter dem Bezirksvorort Frankfurt schlossen sich bis Ende 1849 Vereine in Mainz, Darmstadt, Wiesbaden, Offenbach und Kassel an. Unter den 218 Mitgliedern des Gutenbergbunds in Frankfurt stammten 1849 insgesamt 108, also fast die Hälfte, aus Frankfurt und seinem Gebiet, weitere 68 aus den hessischen und nassauischen Staaten.[366] Hier handelte es sich somit um eine ausgesprochen ortsfeste Mitgliedschaft, ganz im Gegensatz zu der des gleichzeitig in Frankfurt bestehenden Arbeiterlesevereins. Erfolge der Buchdruckergesellen, wie bei dem Tarif oder der Sonntagsarbeit, auf die viele hessische und nassauische Zeitungen ganz oder teilweise verzichteten, waren jedoch in der Revolutionszeit nur da möglich, wo Zeitungsverleger und Druckereibesitzer Entgegenkommen zeigten.

Neben den Buchdruckern bestanden am Ende der Revolutionszeit und danach im hessischen Raum noch Organisationen der Buchbinder und Portefeuille-Arbeiter, die 1850 einen Verein in Offenbach gründeten, sowie Lokalvereine der Zigarrenarbeiter-Organisation in Biebrich, Kassel und Hanau, seit 1850 auch in Offenbach und Frankfurt. Der Grad der Beteiligung von Buchdruckern und Zigarrenarbeitern an den Arbeitervereinen war je nach lokalen Verhältnissen unterschiedlich. In Wiesbaden gehörte der Vorsitzende des Buchdruckervereins, Friedrich Karl Hertter, zeitweilig dem Vorstand des dortigen Arbeitervereins an, und in Mainz wurde der Gründer und Vorsitzende des Buchdruckervereins, Karl Wallau, Präsident des Mainzer Arbeitervereins. Eine umfangreiche Gruppe innerhalb der »arbeitenden Klassen« bildeten Dienstboten und Handarbeiter. Sie waren zahlenmäßig gleich groß oder größer als alle Handwerksgesellen und -lehrlinge zusammen und bestanden bei den Dienstboten zum großen Teil aus Frauen. Aufgrund der vielen Fragmentierungen und Fluktuationen innerhalb dieser Gruppe sowie ihrer sehr unterschiedlichen Arbeitsverhältnisse ist eine Interessenwahrnehmung hier jedoch schwer greifbar. Eine Ausnahme bildeten die Proteste der Voranzieher, Fuhrleute und Lastenträger am Mainzer Hafen. Organisationsbestrebungen waren insbesondere bei den Dienstmädchen nachweisbar, die auch in anderen Regionen Deutschlands aktiv wurden. So gab es im April 1848 einen Aufruf zur gemeinsamen Interessenwahrnehmung der Dienstmädchen in Darmstadt und im Juni 1849 bestand eine »Dienstmädchenassociation« in Mainz.[367]

Die Handwerksmeister engagierten sich in der Revolutionszeit in starkem Maße in der Gewerbe- und Zollpolitik. Sie traten ganz überwiegend für die Einschränkung des Handels und von Fabriken ein, die als unlautere Konkurrenz empfunden wurden, sowie gegen Gewerbe- und Niederlassungsfreiheit. Gefordert wurden von ihnen stattdessen die Einführung von Gewerbeordnungen und Zwangsinnungen sowie hohe Zolltarife. 1848/49 bildeten Handwerk und Gewerbe die bedeutendste Trägergruppe der Schutzzollbewegung. Dies wurde auch an der großen Zahl an handwerklichen Petitionen an Vorparlament, Fünfzigerausschuss, Nationalversammlung und Volkswirtschaftlichen Ausschuss deutlich, die fast ausnahmslos eine restriktive Gewerbeordnung mit Zwangsinnungen sowie Beschränkungen von Handel und Fabriken verlangten.

Dabei wurden auch regionale Unterschiede im Handwerk deutlich: Die meisten Petitionen zur Gewerbe- und Zollpolitik im hessischen Raum kamen aus dem vergleichsweise kleinen Nassau, wo die Handwerker gegen die dort bestehende Gewerbefreiheit protestierten. Vom 14. Juli bis 18. August 1848 fand in Frankfurt der erste deutsche Handwerker- und Gewerbekongress statt, der eine Gewerbeordnung mit Zwangsinnungen entwarf, die auch der Nationalversammlung vorgelegt wurde.[368] Für die Eröffnung eines Handwerksbetriebs sollten die Meisterprüfung und das Bürgerrecht Voraussetzung sein. Das Ziel der Gewerbeordnung war es unter anderem, die Konkurrenz zu beschränken und eine auskömmliche Existenz der niedergelassenen Handwerksmeister zu gewährleisten. Auf dem Kongress wurden aber auch die Gegensätze innerhalb des Handwerks deutlich. Die Handwerksmeister wollten die Gesellen nicht als stimmberechtigte Mitglieder des Kongresses zulassen, sodass diese einen eigenen Kongress veranstalteten. Die paternalistische Grundhaltung der Meister gegenüber Lehrlingen und Gesellen ließ eine gleichberechtigte Teilnahme nicht zu. Eine weitere Konfliktlinie bestand gegenüber den Dorfhandwerkern, die von städtischen Handwerksmeistern nicht anerkannt wurden. Eine Minderheit bildete beim Meisterkongress die Gruppe der sogenannten »Föderalisten« um den Professor an der Höheren Gewerbeschule in Kassel und späteren Landtagsabgeordneten Karl Georg Winkelblech. Dieser trat für eine »Organisation der Arbeit« durch ein »soziales Parlament« ein. Ziel war eine gewerbliche Innungsverfassung bei Freiheit des Berufswechsels als Grundlage einer harmonischen Kleinproduzenten-Gesellschaft. Auch wenn sich Winkelblech auf dem Meisterkongress in Frankfurt nicht durchsetzen konnte, so übernahm beispielsweise der Gewerbeverein in Darmstadt zumindest Teile seines Programms.

Aus heutiger Perspektive werden die Zielsetzungen von Handwerkern und Gewerbetreibenden der Revolutionszeit oft als rückwärtsgewandt und konservativ gewertet. Doch die betroffenen Zeitgenossen hatten eine ganz andere Sichtweise. So formulierte ein Anhänger von Winkelblech eine eigene Vorstellung von Fortschrittlichkeit: »Die eine Parthei, worunter oft die politischen Reaktionäre gehören, verlangt eine vollständige Gewerbeanarchie (die sogenannte Gewerbefreiheit!); eine andere Parthei – worunter oft die politisch Lieberale, – spricht sich für das Gewerbewesen den Monopolismus [Zwangsinnungen, M.W.] [aus]; die dritte Parthei endlich will einen geordneten, gesetzlichen socialen Zustand, in welchem Jeder nach seinen Kräften und Fähigkeiten frei sich bewegen kann und in seiner Thätigkeit weder durch Monopole und Gewerbsprivilegien, noch durch die Tyrannei der Geldmacht gehemmt wird.«[369] In der Auffassung vieler Handwerker von 1848/49 stellte sich die

Gewerbefreiheit als reaktionär dar, denn durch sie werde der Mittelstand brotlos. Viele Handwerker erkannten durchaus die Notwendigkeit von Reformen an und wollten keine einfache Wiederherstellung des Zunftzwangs, allerdings verlangten sie Schutz gegen die Auswirkungen des Strukturwandels. Auch herrschte unter Handwerkern eine bemerkenswerte Lernbereitschaft. Trotz des verbreiteten Traditionalismus hatten Handwerker, Gesellen wie Meister, ein Bildungsideal verinnerlicht. Sowohl in Handwerker- und Arbeitervereinen als auch in Gewerbevereinen stellten Bildungsveranstaltungen daher eine tragende Säule dar.

Der vom 20. Juli bis 20. September 1848 in Frankfurt separat tagende Gesellenkongress legte ebenfalls einen Gewerbeordnungsentwurf vor, der auf einer Innungsverfassung beruhte, allerdings unter Beteiligung der Gesellen. Auch die Gesellen waren somit nicht frei von handwerklichen Traditionen und Ordnungsvorstellungen. Stark beeinflusst war der Gesellenkongress durch das »Föderal-System« von Karl Georg Winkelblech, so wurde beispielsweise ein Arbeitsministerium befürwortet, und Arbeitgeber und Arbeitnehmer sollten in den Innungen eigene Kommissionen bilden. Weiterhin wurden Mindestlöhne, Höchstarbeitszeiten, Pensionskassen, Niederlassungsfreiheit und das Wahlrecht für Gesellen gefordert. Ein staatliches allgemeines und gewerbliches Bildungswesen wurde verlangt, wobei auch die »politische und sociale Fortbildung« Bestandteil sein sollte.[370] Im Verlauf der Tagung benannte sich der Gesellenkongress in »Allgemeiner deutscher Arbeiterkongress« um und regte die Gründung eines allgemeinen deutschen Arbeitervereins an.[371] Der Frankfurter Gesellenkongress bildete damit einen der Ausgangspunkte der 1848 entstehenden deutschen Arbeiterbewegung. Das »Bedürfniß, unsern Gesichtskreis zu erweitern«, mit dem die Gesellen die Umwandlung in einen Arbeiterkongress begründeten, lässt nur schwach erahnen, wie revolutionär die Verwendung des egalitären Arbeiterbegriffs angesichts der starken handwerklichen Traditionen unter den Gesellen und den Binnendifferenzierungen innerhalb der »arbeitenden Klassen« tatsächlich war. Eine maßgebliche Rolle bei der Umbenennung dürfte der Vorsitzende gespielt haben, der aus Prag stammende radikaldemokratische Handlungsgehilfe und Journalist Gustav Hörfel, ein Anhänger Winkelblechs, der auch Präsident des Frankfurter Arbeitervereins und Mitglied des demokratisch-republikanischen Vereins war.

Die Förderung des einheimischen Gewerbes besaß für nassauische und hessische Demokraten und Liberale höchste sozial- und wirtschaftspolitische Priorität. Die soziale Frage bedeutete für sie neben dem Pauperismus der unterbürgerlichen Schichten vor allem auch die Verarmung des Mittelstandes, und Handwerker und Gewerbetreibende bildeten die soziale Basis sowohl der

Demokraten wie der Liberalen. Der industriekapitalistischen Entwicklung in England standen die hessischen und nassauischen Liberalen überwiegend kritisch bis ablehnend gegenüber, ein Wirtschaftsliberalismus moderner Prägung war hier 1848/49 nicht verbreitet. Die hessischen und nassauischen Liberalen definierten sich eher über politische und soziale als über wirtschaftliche Leitbilder. In den hessischen Staaten und Nassau traten Demokraten und Liberale daher auch mehrheitlich für die Belange der Handwerksmeister, für Schutzzölle und eine »zeitgemäße« Gewerbeordnung ein. So wurde die bestehende Gewerbefreiheit in Nassau am 10. Januar 1849 durch eine vom Landtag verabschiedete Gesetzesvorlage eingeschränkt, und bereits seit dem 1. Mai 1848 tagte hier eine Kommission zur Beratung »auf Schutz und Förderung der Arbeit bezüglichen Einrichtungen«, in denen auch der Gewerbeverein vertreten war.[372] Durch die Umwandlung der Landes-Credit-Casse in die Nassauische Landesbank und die Erweiterung ihrer Befugnisse am 14. April 1849 sollten Handwerker und Gewerbetreibende günstige Kredite erhalten können und so ihre Finanzprobleme gelöst werden. Das Entgegenkommen demokratischer und liberaler Politiker fand jedoch da eine Grenze, wo es um die elementaren Interessen des Handels und der Industrie ging.

Polarisierung in politischen Vereinen und Turnvereinen

Kulminationspunkte des politischen Lebens vor Ort waren in der Revolutionszeit die politischen Vereine. Sie entstanden bereits unmittelbar nach Ausbruch der Revolution aus Versammlungen, Wahlkomitees und informellen Zirkeln, in einigen Fällen auch aus bereits bestehenden Vereinen. Sie waren in der Regel liberal-demokratische Sammlungsvereine, in denen unterschiedliche Positionen im Spektrum der vormärzlichen politischen Opposition vertreten waren. Beispiele für Neugründungen waren die »Vaterländischen Vereine« in Offenbach und Darmstadt, der »Bürgerclubb« in Gießen sowie die »Bürgervereine« in Friedberg und Höchst. Wichtige Ziele dieser Vereine waren die politische Bildung und die »Verständigung über die Rechte und Pflichten des Volkes und die Mittel sie zu bewahren«.[373] Umwandlungen scheinbar oder tatsächlich unpolitischer Gründungen des Vormärz in politische Vereine gab es mit Einschränkungen in Marburg mit dem »Bürgerverein« und vor allem in Frankfurt mit dem »Montagskränzchen«. Dieses gab sich 1848 den Untertitel »Volksverein zu Frankfurt am Main« und wurde zum einflussreichsten liberal-demokratischen Verein der Stadt. Es nannte als Ziel, »den geistigen und politischen Fortschritt zu fördern, seine Mitglieder für vaterländische Bestrebungen zu vereinigen, und den volksthümlichen Gesinnungen Vertretung und allgemeine Geltung zu verschaffen«.[374] Sowohl der Darmstädter Vaterländische Verein als auch das Montagskränzchen regten Gründungen gleichgesinnter Vereine und deren Zusammenschluss an. Bereits am 9. Mai 1848 veröffentlichte das Montagskränzchen einen entsprechenden Aufruf und entwarf wenig später Statuten für einen »allgemeinen deutschen Volksverein«, dessen Ziele unter anderem die »Behauptung der wahren Volkssouverän[i]tät« und die »Erhaltung der Einheit und Brüderlichkeit im deutschen Volke« war.[375] Die Einigungsbestrebungen beider Vereine scheiterten letztlich an der zunehmenden Radikalisierung und Polarisierung, die eine Zusammenarbeit zwischen Demokraten und Konstitutionellen erschwerte.

Die politischen Vereine veranstalteten Volksversammlungen, verfassten Petitionen, leisteten politische Bildungsarbeit, stellten Kandidaten für die Wahlen zu Volksvertretungen und kommunalen Körperschaften auf, organisierten den Wahlkampf und betrieben Öffentlichkeitsarbeit. Schon im Vormärz zeichneten sich unterschiedliche politische Richtungen ab, doch arbeiteten Demokraten und Liberal-Konstitutionelle in den Komitees und Vereinen im März 1848 zunächst noch zusammen. Der entscheidende Anstoß für die politische Polarisierung und die Trennung der ehemals in der Opposition zusammengeschlossenen Demokraten und Liberalen kam durch die Wahlen zur Nationalversammlung im April 1848, bei denen sich beispielsweise in Kassel, Marburg und Wiesbaden eigene republikanische Wahlkomitees bildeten. Der erste Demokratenkongress, der im Juni 1848 in Frankfurt stattfand und sich zur Republik als Staatsform bekannte, trieb den Polarisierungs- und Politisierungsprozess weiter voran. Viele der ursprünglich übergreifenden Sammlungsvereine entschieden sich nun für eine eher demokratische oder eher konstitutionell-liberale Ausrichtung. Die Vereinsbezeichnungen waren dabei nicht immer ausschlaggebend: So entwickelte sich der Vaterländische Verein in Offenbach im Juli 1848 zu einem gemäßigt demokratischen Verein, während der Vaterländische Verein in Darmstadt den konstitutionell-liberalen Vereinen zuzurechnen war.

Mit der Ausdifferenzierung verschiedener politischer Richtungen erforderten Wahlsiege bei Neu- oder Nachwahlen zunehmend auch die Unterstützung durch politische Vereine und die regionale Presse. Auf diese Weise wurden die Bindungen zwischen den Vereinen vor Ort und den Abgeordneten und ihren Fraktionen in den Landtagen und der Nationalversammlung verstärkt. Nach politischen Richtungen getrennt, formierten sich die Vereine zu Bezirks- und Landesverbänden, die unter der Leitung eines Vereinsvorortes oder eines bestimmten Gremiums standen. Aus lokalen Vereinen entstanden auf diese

Weise Frühformen politischer Parteien. Ein System politischer Vereinsorganisationen entstand, bestehend aus der Arbeiterbewegung, den Demokraten, den konstitutionellen Liberalen und dem politischen Katholizismus. Der Konservatismus konnte dagegen im hessischen Raum im Gegensatz zu Preußen keine eigenständige Vereinsorganisation entwickeln, war aber in konstitutionell-liberalen Vereinen und in Piusvereinen vertreten. In Ansätzen war damit 1848/49 ein Parteiensystem entstanden, das für die weitere deutsche Parteienentwicklung bestimmend wurde. Bis zum Sommer 1849 gab es im hessischen Raum fast 660 Vereine mit politischer Tendenz, wobei die im linksliberalen bis republikanischen Spektrum angesiedelten demokratischen Vereine mit etwa 430 Ortsvereinen und fast 50 000 Mitgliedern den größten Anteil besessen haben dürften. Eng mit diesen verbunden waren die 14 Arbeitervereine und zwölf demokratischen Frauenvereine. Schwächer als die demokratische Konkurrenz waren die etwa 150 liberalen und konstitutionellen Vereine und die rund 50 katholischen Piusvereine. Bei allen Einschränkungen, die hinsichtlich der häufig lockeren und kurzfristigen Mitgliedschaften im damaligen Vereinswesen sowie der oft nur kurzen Existenz solcher Vereine zu machen sind, stellt dies dennoch ein eindrucksvolles Zeugnis für die Breitenwirkung der Revolution dar. Das Hauptverbreitungsgebiet war Hessen-Darmstadt mit mehr als 360 Vereinen, während Kurhessen mit fast 160 Vereinen eine deutlich geringere Vereinsdichte besaß. In Nassau und Frankfurt gab es rund 140 Vereine.

Zu den wichtigsten vormärzlichen Vereinen, von denen sich viele 1848 in offen politische Vereine umwandelten, zählten die Turnvereine, deren Mitglieder überwiegend der demokratischen Linken zuneigten. Doch auch hier führte der Politisierungs- und Polarisierungsprozess der Revolutionszeit zu Spaltungen. Der Erfolg der Märzerhebung von 1848 löste zunächst eine Welle von Turnvereinsgründungen aus. Nun konnten auch die Pläne für einen Zusammenschluss der deutschen Turnvereine endlich verwirklicht werden: Auf dem Turntag in Hanau am 2. und 3. April 1848 wurde von Vertretern von 40 Vereinen der »Deutsche Turnerbund« als Dachverband aller deutschen Turnvereine konstituiert. Dabei waren allerdings vorwiegend hessische, badische und württembergische Turnvereine vertreten. Aus dem nördlichen Deutschland schlossen sich nur die Turnvereine von Köln und Hamburg an. Als gemeinsamer Nenner diente die nationale Zielsetzung; so hieß es in Paragraph 2 der Beschlüsse des Turntags: »Der Zweck des Turnerbundes ist, für die Einheit des deutschen Volkes thätig zu sein, den Brudersinn und die körperliche und geistige Kraft des Volkes zu heben.«[376] Entscheidungen sollten auf den Turntagen nach dem Mehrheitsprinzip erfolgen, wobei die Stimmenzahl auf der Grundlage der Mitgliederstärke der Einzelvereine festgelegt wurde. In Paragraph 12 der Turntagsbeschlüsse wurden die Turner aufgefordert, sich zu bewaffnen. In den allenthalben neu gebildeten Bürgerwehren bildeten die Turner oft eigenständige bewaffnete Einheiten. Am 20. Mai 1848 bot Hanau als Vorort des Deutschen Turnerbundes der Nationalversammlung den militärischen Schutz durch die Turnvereine an und erklärte sich bereit, binnen 20 Stunden sämtliche bewaffnete Turner der Umgebung Frankfurts der Nationalversammlung zu unterstellen.[377] Wie auf dem Hanauer Turntag vereinbart, schlossen sich die Vereine zu Bezirksverbänden des Deutschen Turnerbunds zusammen. Den Anfang machte im hessischen Raum der Bezirksverein für »sämmtliche in der Umgegend des Taunus und des Westerwaldes bestehende Turngemeinden« unter dem Vorort Limburg am 7. Mai 1848, gefolgt am 14. Mai von dem unter Leitung des Mainzer Turnvereins gebildeten »mittelrheinischen Bezirksverband« und am 25. Juni 1848 vom »Lahnbezirksverein«, in dem sich grenzüberschreitend die Turnvereine von Gießen, Butzbach, Lich, Laubach, Marburg und Wetzlar zusammenschlossen.

Trotz dieser Erfolge hatte der Hanauer Turntag die unterschiedlichen Positionen innerhalb der Turnbewegung deutlich werden lassen. Die Turntagsbeschlüsse stellten kaum mehr als den kleinsten gemeinsamen Nenner dar, auf den sich die Turner noch einigen konnten. Zwar wurden die Hanauer Beschlüsse auch von radikaleren Vereinen befolgt, doch vermissten sie ein klares Bekenntnis zu demokratischen Zielsetzungen. Der am 14. Mai 1848 unter Leitung des republikanisch gesonnenen Mainzer Turnvereins abgehaltene »Turntag mittelrheinischer Turngemeinden« forderte eine »baldmöglichste« Einberufung eines neuen allgemeinen deutschen Turntages »zur näheren Prüfung der Hanauer Beschlüsse« und zur Organisation des Turnerbundes.[378] Die demokratischen Turnvereine strebten in ihrer Vereinsarbeit die Verwirklichung einer republikanischen Staatsform an und verstanden sich als dezidiert politische Vereine. Dies zeigte der erste Demokratenkongress, der im Juni 1848 in Frankfurt stattfand und die Republik als Staatsform forderte: An ihm nahmen auch Delegierte der Turnvereine Frankfurt, Hanau, Hochheim, Offenbach, Rödelheim und vermutlich Wiesbaden gleichberechtigt neben demokratischen und Arbeitervereinen teil.[379] Wenig später, am 2. Juli 1848, wurde in Hanau der zweite Turntag einberufen, zu dem sich 800 Teilnehmer von mehr als 150 Vereinen versammelten.[380] Hier schienen sich die Republikaner zunächst durchsetzen zu können: Der demokratische Mainzer Turner Bamberger wurde zum ersten Vorsitzenden der Versammlung gewählt, als zweiter Vorsitzender dagegen Theodor Georgii aus Esslingen, der eine Festlegung auf eine bestimmte Staatsform ablehnte. Der Versuch, das Bekenntnis zur republikanischen Staatsform in die Statuten des Turnerbundes aufzunehmen, scheiterte knapp, und die

Versammlung wurde geschlossen. Am folgenden Morgen erklärten mehrere Turnvereine, die mit der Majorität gestimmt hatten, dass sie sich anders besonnen hätten und nun für den republikanischen Antrag seien, wodurch möglicherweise sogar Stimmengleichheit hätte entstehen können. Zu einer neuen Auszählung der Stimmen kam es jedoch nicht mehr, da sich die Positionen als unvereinbar erwiesen.

Die republikanische Minderheit konstituierte noch am 3. Juli 1848 den »Demokratischen Turnerbund«, dessen Ziel es war, »durch geistige und körperliche Ausbildung und Verbrüderung aller Deutschen hinzuwirken auf ein freies und einiges Vaterland, welches in dem volksthümlichen Freistaat – der demokratischen Republik – seine entsprechende Form findet«.[381] Der bisherige provisorische Vorort Hanau, der zu den radikalen Turnvereinen zählte, wurde nun Vorort des Demokratischen Turnerbundes und die »Mainzer Zeitung« sein publizistisches Organ. Er suchte in der Folgezeit engen Anschluss an die demokratischen Vereine und an den demokratischen Zentralausschuss in Berlin. Die Majorität nannte sich dagegen nach einigen Satzungsänderungen weiterhin »Deutscher Turnerbund«, dessen Vorort zunächst Marburg, später Leipzig wurde. Als Zweck nannte dieser Verband, »einen Mittelpunkt für die turnerischen Bestrebungen der einzelnen Vereine zu bilden und dadurch für die Weckung des Brudersinnes und für die Kräftigung, Einigung und Freiheit des deutschen Volkes thätig zu seyn«.[382] Das turnerische Element galt hier als Selbstzweck und wurde neben den nationalen und freiheitlichen Zielsetzungen als konstitutiv für den Turnerbund bezeichnet. Die Mitglieder des Deutschen Turnerbundes waren allerdings nicht zwangsläufig konstitutionelle Liberale, wie oft behauptet wurde. Vielmehr ging es in erster Linie um die Frage, ob das Turnen oder die politischen Ziele Hauptzweck der Turnvereine sein sollten. Zum anderen befürchtete die Majorität, dass durch eine offene Festlegung auf die republikanische Staatsform die Ausbreitung der Turnbewegung in Norddeutschland erschwert werde.

Von den Turnvereinsverbänden im hessischen Raum bezogen die rheinhessischen Turnvereine unter Leitung von Mainz am eindeutigsten Partei für den »Demokratischen Turnerbund«. Eine andere Haltung nahmen der Bezirksverband an Taunus und Westerwald und der Lahnbezirksverband ein, die sich dem »Deutschen Turnerbund« anschlossen. Abspaltungen von Vereinen, die eine andere Haltung als ihr Verband wollten, und Spaltungen von Turnvereinen waren die Folge, so in Marburg, Gießen und Wiesbaden.[383] Auch in Höchst trennten sich die Turner ebenfalls, und die Radikaleren schlossen sich dem Niedermain-Bezirksverband des Demokratischen Turnerbundes an, der Anfang 1849 als letzter der Turnbezirksverbände in der Region unter Leitung

Frankfurts gegründet wurde.[384] Der Versuch des politisch sehr gemäßigten Darmstädter Turnvereins, einen Bezirksverband der Turnvereine der »Gegend zwischen Main und Neckar« des Deutschen Turnerbundes zu gründen, scheiterte hingegen. Die Reaktionen der Turnvereine im hessischen Raum auf die Ergebnisse des Zweiten Hanauer Turntages belegen eine starke Verbreitung republikanisch-demokratischer Überzeugungen, doch war die Haltung der Turner gespalten. Während für die einen mit dem Turnen eine demokratische politische Überzeugung im Vordergrund stand, wollten die anderen in ihren Vereinen in erster Linie turnen und kritisierten die sogenannten »Maulturner«. Viele radikale Turnvereine wurden daher zu den demokratischen Vereinen gezählt und unterschieden sich nur durch ihre Turnaktivitäten und das meist jugendliche Alter der Turner von ihnen. Das Wiesbadener Polizeiamt urteilte in einem Bericht vom 18. Oktober 1848, die Turner seien die »Gallopins [frz. galopins, Straßenjungen] der Revolutionsanführer« und »eine mobile Colonne, wenn es darauf ankommt, die Unruhen zu befördern«.[385]

Demokratische Partei und demokratische Basis

Die republikanischen Wahlkomitees im April 1848 hatten nur ein verhaltenes Echo hervorgerufen. Ein wichtiger Anstoß für die Gründung von Vereinen und die Anfänge einer Parteibildung im demokratischen Spektrum kam dagegen vom ersten Demokratenkongress, der vom 14. bis 17. Juni 1848 in Frankfurt stattfand. Er ging auf eine Einladung des Vorsitzenden des »Demokratisch-sozialistischen Vereins« und des Arbeitervereins in Marburg, Karl Bayrhoffer, an sämtliche, die »konsequente Durchführung der Demokratie bezweckenden Vereine« zurück.[386] Dies war der erste nationale Kongress politischer Vereine in Deutschland überhaupt. Der Marburger Philosophieprofessor Bayrhoffer war ein Wortführer der entschiedenen Republikaner in Kurhessen und Abgeordneter im Landtag in Kassel. Unter den 89 Vereinen und Komitees, die auf dem Kongress von 234 Delegierten vertreten wurden, befanden sich auch zahlreiche Arbeitervereine und Turnvereine, die mit zu den demokratischen Vereinen gezählt wurden. So traten die demokratischen Turner im Wiesbadener Turnverein auf dem Kongress als demokratischer Verein auf.[387] Der Kongress, der unter Leitung des aus Thüringen stammenden linken Abgeordneten der Nationalversammlung Julius Fröbel stand, forderte die Einberufung Friedrich Heckers in die Nationalversammlung und eine Amnestie der am badischen Aufstand Beteiligten, erklärte die demokratische Republik zu seinem Ziel und richtete einen »Central-Ausschuss« ein, der seinen Sitz in Berlin haben sollte.

Mit insgesamt 41 Vereinen und Komitees hatte der hessische Raum einen starken Anteil am Kongress. Hessen-Darmstadt lag mit 24 Vereinen an der Spitze, gefolgt von Kurhessen mit sieben, Nassau mit sechs und Frankfurt mit vier Vereinen. Die Pläne einer Organisation und »Zentralisation« der demokratischen Vereine unter Leitung des Zentralausschusses in Berlin, der weit entfernt von den Hauptverbreitungsgebieten des Vereinswesens lag, erfüllten sich jedoch nicht. Immerhin gab der Kongress Impulse für die Entstehung einer demokratischen »Partei« und hatte zahlreiche Vereinsgründungen zur Folge. Außerdem trieb der Demokratenkongress die Differenzierung des politischen Vereinswesens und die Entwicklung einer demokratischen Programmatik voran.

Ein demokratisches und plebiszitäres Verständnis von Volkssouveränität, eine starke Stellung des Parlaments, ein Einkammersystem sowie allgemeine, gleiche und direkte Wahlen bildeten gemeinsame Nenner in den Programmen demokratischer Vereine. Die Gemäßigten unter ihnen waren bereit, einen »schwachen« Monarchen bei parlamentarischer Regierungsbildung zu akzeptieren, während radikale Republikaner die republikanische Staatsform nötigenfalls mit Gewalt durchsetzen wollten und zur Lösung der sozialen Frage Forderungen, wie die nach einem Arbeitsministerium, dem Recht auf Arbeit, einer progressiven Einkommensteuer und Nationalwerkstätten erhoben. Charakteristisch für eine gemäßigt demokratische Haltung war das Bekenntnis des Theologiestudenten Jakob Schaub aus Büdesheim (Schöneck), Präsident des Volksvereins Friedberg, des demokratischen Vereinsverbands der Wetterau und des Vaterländischen Vereins beider Hessen, auf einem Vereinstag im März 1849: »Nach dem Gesagten könnte es leicht scheinen, als komme es der Demokratie weniger auf die Staatsform als auf den Inhalt der *Staatsbürgerrechte* an. Und dem sei allerdings so. Gebe der constitutionelle Staat, was die Demokratie erstrebe, so werde diese mit allen Mitteln den consti[tutio]nellen Staat aufrecht erhalten.«[388] Gemeinsam war den Demokraten aller Schattierungen die hohe Wertschätzung des Vereinswesens als politisches Erfahrungs- und Übungsfeld, Forum für politischen Meinungsaustausch und politische Bildung sowie als Instrument für die Mobilisierung von Anhängern und Propagierung politischer Ziele. Ähnlich wie bei den Arbeitervereinen war auch für die demokratischen Vereine die politische Bildung von besonderer Bedeutung. Bildung galt vielen Demokraten als ein Schlüssel zur Lösung der vielfältigen Fragen und Probleme in ganz unterschiedlichen Bereichen. Sie standen damit in der Tradition des optimistisch-aufklärerischen Glaubens an die Kraft der Vernunft. Wie in Lesevereinen wurden Zeitungen abonniert und diskutiert. In vielen Fällen verstanden sich demokratische Vereine auch als Lesevereine, so in Darmstadt der »Volksleseverein«, der zum wichtigsten demokratischen Verein der Stadt wurde.

Häufig bestanden in größeren Städten und Universitätsstädten mehrere demokratische Vereine nebeneinander, die die unterschiedlichen politischen Richtungen und sozialen Gruppen innerhalb der demokratischen »Partei« repräsentierten und mehr oder minder enge Verbindungen pflegten. Neben dem liberal-demokratischen Montagskränzchen entstanden beispielsweise in Frankfurt während der Revolutionszeit ein demokratischer Turnverein, ein Vaterländischer Verein, der sich in »Demokratisch-republikanischer Verein« umbenannte, ein jüngerer »Demokratischer Verein«, aus dem vermutlich der Volksverein hervorging, ein Arbeiter(bildungs)verein, ein liberal-demokratischer »Deutscher Verein« und ein demokratischer Frauenverein, die alle im weitesten Sinne dem demokratischen Spektrum zuzuordnen waren. Im kleinen Gießen existierten außer dem demokratischen Turnverein, dem Arbeiter(bildungs)verein und dem demokratischen Frauenverein zeitweise drei demokratische Vereine nebeneinander, die schon im Juli 1848 einen Zentralausschuss bildeten: Ein eher gemäßigt-demokratischer »Märzverein«, ein »Demokratischer Verein« und ein »Republikanischer Verein«. Hinzu kam im November 1848 noch ein kurzlebiger »Akademischer Demokratenverein«. Doppelmitgliedschaften gerade zwischen demokratischen Vereinen, Turn- und Arbeitervereinen waren häufig. Auch gab es zwischen den Vereinen im demokratischen Spektrum eine Art »Arbeitsteilung«: So fanden sich die jüngeren und die unvermögenderen Demokraten eher in Turnvereinen oder Arbeitervereinen zusammen, wo die Mitgliedsbeiträge geringer waren.

Erst ab August 1848 schlossen sich die demokratischen Vereine nachweislich zu Bezirks- und Landesverbänden zusammen. Den Anfang machte Rheinhessen am 13. August 1848, gefolgt vom großherzoglichen Oberhessen am 2. und 3. September 1848, wobei aber daneben noch regionale Verbände bestanden, wie der vom Friedberger Volksverein ausgehende »Wetterauer Vereinsverband« mit 23 Mitgliedsvereinen und der ländliche »Vogelsberger Vereinsverband« mit 13 Mitgliedsvereinen (jeweils der Stand vom März 1849).[389] Deutlich später formierten sich der nassauische demokratische Bund unter Leitung des Wiesbadener Vereins am 12. November 1848 und der Bezirksverband für Starkenburg unter Leitung des Volkslesevereins Darmstadt am 10. Februar 1849. Mit Ausnahme der Provinz Hanau konnten demokratische Vereine in Kurhessen nur schwer Fuß fassen, und ein kurhessischer Bezirksverband entstand offenbar nicht. Schon im Mai 1848 wurde von den Gießener Republikanern ein Versuch unternommen, Verbindungen mit den Kasseler Demokraten aufzunehmen, um die kurhessischen und hessen-darmstädtischen demokratischen Vereine zusammenzuschließen. Die Initiative blieb zwar folgenlos, doch scheinen sich zumindest zeitweise einige kurhessische demokratische Vereine im

Grenzgebiet dem bereits im Juli 1848 gegründeten »Vaterländischen Verein aus beiden Hessen« angeschlossen zu haben.[390] Dies galt insbesondere für den Hanauer Demokratischen Verein, mit dessen zeitweiligem Präsidenten, dem kurhessischen Landtagsabgeordneten Gottfried Ludwig Theobald, Verbindungen bestanden.[391]

Die demokratischen Bezirksverbände unterschieden sich deutlich voneinander und reichten vom eher gemäßigten nassauischen Bund bis hin zum republikanischen rheinhessischen Bezirksverband. Während der rheinhessische Bezirksverband im Februar 1849 82, im Mai 1849 sogar 120 Mitgliedsvereine zählte, besaß der oberhessische Bezirk im Februar 1849 nur 41 angeschlossene Vereine, der nassauische Demokratenbund hatte im März 1849 etwa 50 und der starkenburgische Bezirksverband 46 Vereine im Mai 1849. Vor allem in Oberhessen schlossen sich viele demokratische Vereine dem Bezirksverband nicht an. Früh zeichneten sich Verdichtungszonen der demokratischen Vereine in Rheinhessen, dem Rhein-Main-Gebiet, der Wetterau und im Lahn-Taunus-Gebiet ab. In weiten Teilen des nördlichen Kurhessen und im Westerwald gab es dagegen vergleichsweise wenige demokratische Vereine. Eine Ausnahmestellung mit ihrem jeweils regen und vielfältigen Vereinswesen nahmen in Oberhessen die Universitätsstädte Gießen und Marburg ein. Zwar gab es vor allem im Rhein-Main-Gebiet zahlreiche Beziehungen zwischen den demokratischen Vereinsverbänden im hessischen Raum, zu einem großen Zusammenschluss der Demokraten Kurhessens, Hessen-Darmstadts, Frankfurts und Nassaus ist es in der Revolutionszeit nicht gekommen, obgleich der Wunsch danach vorhanden war.

Wichtige Anstöße für die Entstehung demokratischer Vereine gaben gerade die zunehmenden staatlichen Repressionen gegen Demokraten seit Sommer/Herbst 1848. Vor allem im letzten Quartal des Jahres 1848 und im Frühjahr 1849 wurden daher viele demokratische Vereine gegründet. So dürften die Gründungen der nassauischen »Vereine zur Wahrung der Volksrechte« eine Reaktion auf die Einschränkungen der Märzerrungenschaften im Herzogtum seit Juni 1848 gewesen sein. Beispielhaft war hier Wiesbaden, wo am 12. Juli 1848 von einem gemäßigt demokratischen Kreis unter maßgeblicher Beteiligung des späteren Bürgermeisters Heinrich Fischer und des nachmaligen Landtagsabgeordneten Karl Braun die Gründung eines demokratischen Vereins beschlossen wurde. Als Zweck des Vereins nannten die Statuten vom 15. Juli 1848 die »consequente Durchführung des demokratischen Prinzips«.[392] Die Vereinsgründer traten für ausgedehntere Rechte der Volksvertretungen ein und lehnten das suspensive Veto der nassauischen Regierung gegenüber Landtagsbeschlüssen ebenso ab wie die Unverantwortlichkeit des Reichsverwesers.

Ihrem Verständnis von Volkssouveränität zufolge war jede Bestimmung unzulässig, die die Regierungen oder Staatsoberhäupter von den Volksvertretungen unabhängig machte. Eine Petition des Vereins an den Landtag vom 12. Juli soll 400 bis 500 Unterschriften erhalten haben.[393] Der Gründungsversuch vom 15. Juli 1848 wurde durch eine polizeiliche Untersuchung verhindert. Als am folgenden Tag die Juliunruhen in Wiesbaden ausbrachen, wurden diese von der Regierung zum Anlass genommen, um gegen prominente Vereinsinitiatoren vorzugehen, obgleich sie nichts mit den Unruhen zu tun hatten. Erst im September 1848 gelang eine demokratische Vereinsgründung in Wiesbaden unter dem Namen »Verein zur Wahrung der Volksrechte«. Die Statuten der gemäßigt demokratischen Neugründung schlossen sich in ihrer Zielsetzung eng an diejenigen vom Juli 1848 an, indem nun als Ziel benannt wurde: »Aufrechterhaltung der Volkssouveränität und consequente Durchführung der aus ihr sich ergebenden Grundsätze, insbesondere: Wahrung der Volksrechte und der persönlichen Freiheit«.[394] Auch personell knüpfte der Verein unter anderem mit Heinrich Fischer an den früheren Gründungsversuch an. Die frühere Stärke erreichte der neue Verein jedoch nicht, er hatte im Oktober 1848 lediglich 40 Mitglieder. Die Wiesbadener Republikaner scheinen diesem Verein nicht beigetreten zu sein, sondern sich eher dem Arbeiterverein oder dem demokratischen Turnverein angeschlossen zu haben.

Vor allem ab Herbst 1848 setzte auch eine breite Welle von Gründungen demokratischer Vereine in dörflichen Gemeinden und Kleinstädten ein. Durch Volksversammlungen, Zeitungen und Flugschriften übten die Demokraten großen Einfluss auf die Landbevölkerung aus, sodass sich dörfliche Vereine als »Filialvereine« von nahegelegenen städtischen Demokratenvereinen bildeten. Manchmal entstanden sie auch aus vor Ort existierenden Lesevereinen. Begünstigt wurden die Organisations- und Agitationserfolge auf dem Lande dadurch, dass sich Demokraten für Belange der Landbevölkerung einsetzten, sie in rechtlichen Fragen berieten und bei der Formulierung von Petitionen und Forderungen halfen. Vor allem bei den Kundgebungen und Volksversammlungen der bäuerlichen Bevölkerung zur unentgeltlichen oder ermäßigten Ablösung des Zehnten waren führende städtische Demokraten häufig anwesend und unterstützten deren Forderungen. Von großer Bedeutung bei den Volksversammlungen waren neueste Nachrichten, da die Landbevölkerung schlechter an Informationen gelangen konnte. Die Teilnahme von Abgeordneten des Landtags oder gar der Nationalversammlung zog besonders viele Zuhörer an, da solche Volksversammlungen eine Attraktion darstellten, für die sie weite Wege in Kauf nahmen.

Fanden solche Versammlungen regelmäßig statt, so konnte daraus ein Verein entstehen, wie im Fall des »Bürgervereins an der unteren Weil«, der bei Winden (Weilrod) in der Nähe von Weilmünster seit Juli 1848 unter freiem Himmel Vereinssitzungen veranstaltete. Der Regierungsbericht vom 8. Dezember 1848 über das politische Vereinswesen im Herzogtum Nassau hob hervor, dass dieser Verein »wohl unter allen Vereinen des Herzogthums den meisten Einfluß auf das Volksleben« hatte und seine Versammlungen von vielen Landleuten aus mehreren Ämtern »zahlreich besucht« wurden.[395] Zu den Vereinsversammlungen am 3. und 10. September 1848 kamen jeweils etwa 2000 Teilnehmer aus einem Umkreis von etwa 15 Kilometern. Der Verein wirkte als eine Art permanente, institutionalisierte Volksversammlung. Initiator und Leiter des Vereins war der evangelische Pfarrer in Langenbach Friedrich Snell, ein Neffe von Wilhelm und Ludwig Snell. Als Ziele nannte der Bürgerverein die »Förderung der politischen Bildung des Volkes« und »sich über die Rechte des Volkes zu verständigen und dieselbe[n] durch alle gesetzlichen Mittel zu wahren«.[396] Snell war ein überzeugter Republikaner, trat für eine entschädigungslose Abschaffung des Zehnten, zumindest aber eine niedrigere Ablösesumme ein und galt der nassauischen Regierung daher als Unruhestifter. Die Bezeichnung »Bürgerverein« war programmatisch, sie war auch bei anderen ländlichen Vereinen anzutreffen. So antwortete der »Bürgerverein« im oberhessischen Dorf Willofs (Schlitz) auf die spöttische Bemerkung, warum denn Bauern einen Bürgerverein bildeten, dass »es sich hier nicht um Bürger einer Stadt, sondern um Staatsbürger handelt«.[397]

Im ländlichen Bereich waren häufig kleinstädtische Demokratenvereine mit Filialvereinen in den umliegenden Dörfern anzutreffen. Auf diese Weise verschafften die Filialen dem Hauptverein einen starken Anhang und eine wichtige Agitationshilfe, vor allem bei Wahlkämpfen. Andererseits konnten selbst kleinste dörfliche Filialen bestehen, da ihre Mitglieder an den Sitzungen des Hauptvereins teilnehmen und die Programmatik übernehmen durften. Den Filialverhältnissen ähnlich waren die Zusammenschlüsse der Vereine von benachbarten Gemeinden und Kleinstädten zu einem Verbund. So verbanden sich im Januar 1849 die demokratischen Vereine von Hattersheim, Hofheim, Marxheim und Kriftel zum »Taunusdemokratenverein«, auf dessen Vereinssitzung in Hofheim am 18. Februar 1849 der Mainzer Karl Wallau eine Rede hielt.[398] Dem demokratischen »Central-Volksverein des Kreises Hersfeld« sollen angeblich 40 Filialvereine angeschlossen gewesen sein, nachgewiesen werden konnten aber nur vier.[399] Das bemerkenswerteste Beispiel eines ländlichen Vereinsverbandes war der im Dezember 1848 gegründete »Nidder-Volksbund« oder »Niddermärzverein«, dem im März 1849 bereits 42

Vereine mit etwa 3000 Mitgliedern angehörten und der in der Folge weitere Vereinsgründungen anregte. Der Niddermärzverein hatte die Vororte Nidda, Ortenberg und Hirzenhain, später auch Gedern, und hielt regelmäßig Vereinstage ab, die mit Volksversammlungen und Festen verbunden waren, bei denen bis zu 6000 Menschen zusammenkamen. Er ging auf die Initiative des populären Arztes und demokratischen Abgeordneten des Darmstädter Landtags und der Frankfurter Nationalversammlung Christian Heldmann zurück. Als Ziele wurden nach dem Vorbild des Wetterauer Vereinsverbands genannt: »Verständigung über die Rechte und Pflichten des Volkes, Ausbildung und Kräftigung dieser Rechte und Schutz derselben. Zu diesem Zweck gehört namentlich:

a. Behauptung und Ausführung der Volkssouveränität,
b. Herbeiführung und Erhaltung der Einheit Deutschlands,
c. Bekämpfung aller freiheitsfeindlichen Bestrebungen,
d. Förderung der Jugenderziehung im Geiste der Freiheit, Wissenschaft, Sittlichkeit und deutschen Einheit,
e. Herstellung baldigster allgemeiner Volksbewaffnung auf Kosten des Staates zum Schutze der Rechte und Freiheiten des Volkes gegen äußere und innere Feinde,
f. Hinwirkung auf Gleichheit der Gesetzgebung, auf gleiche Berechtigung aller religiösen Bekenntnisse, auf Gründung einer fortschreitenden Einkommenssteuer, auf öffentliche Gerichtsbarkeit und Schwurgerichte, auf Selbständigkeit der Gemeinden, auf Aufhebung der Bevorrechtigungen des Adels und der Standesprivilegien, auf Verbesserung der gesellschaftlichen Verhältnisse mit besonderer Berücksichtigung der arbeitenden Klasse (des Standes der Handwerker, der Ackerbauer) und der Lehrer.«[400]

Demokratische Vereine verstanden sich, wie es in einem Protokoll des Volksvereins Frankenberg vom 26. August 1848 hieß, als »Politische Volksschule [...], wo jedes Mitglied, indem sich *Alles* volksthümlich gestaltet, und gestalten wird, heran gebildet werden solle [...]«.[401] Das Ziel der Volksbildung kam daher auch in den Namen kleinstädtischer und dörflicher Vereine zum Ausdruck, so beispielsweise bei dem »Volkslehrverein« in Haiger und dem »Verein zur Förderung der Bildung auf dem Lande« in Griesheim (Stadtteil von Frankfurt), dem Filialen in Nied, Sossenheim und Schwanheim angeschlossen waren.

Ohne die Teilnahme zahlreicher Kleinbauern wäre die Ausbreitung des demokratischen Vereinswesens auf dem Land nicht möglich gewesen. Keinem anderen politischen Vereinswesen gelang es in der Revolutionszeit, in diesem

Umfang in ländlichen Gemeinden Fuß zu fassen. Die demokratischen Vereine kamen den Wünschen der Landbevölkerung am weitesten entgegen. Dies wurde auch in den Forderungen nach »zeitgemäßer Umgestaltung« der hessischen Gemeindeordnung und »unbedingter Selbständigkeit der Gemeinden« deutlich, wie sie beispielsweise der Demokratische Verein in Bopstadt (Bürstadt) erhob.[402] Die demokratischen Vereine bildeten zunehmend eine politische Kraft im Gemeindeleben, die sich auch bei Kommunalwahlen bemerkbar machte und der häufig keine konkurrierenden Vereine entgegenstanden. Schon aus Eigeninteresse dürften es ländliche Honoratioren daher vermieden haben, sich mit den örtlichen Demokraten anzulegen. Es entstand aber auch der Typ des politisch engagierten, liberal-demokratischen Großbauern, wie ihn beispielsweise Ludwig Born aus Langenscheid verkörperte, der sich als Abgeordneter im Wiesbadener Landtag 1849 dem Programm der demokratischen Linken anschloss. Durch das demokratische Vereinswesen wurden Teile der Landbevölkerung mit Formen politischer Meinungsbildung und Interessenvertretung vertraut gemacht. Dadurch erwachte ein neues Selbstbewusstsein. Der Versuch des evangelischen Dekans von Weilburg, Informationen über die Versammlungen von Pfarrer Snell einzuholen, scheiterte am Schweigen der Dorfbewohner, die ihm antworteten, »die Stadtbewohner brauchten nichts von diesen Dingen zu wissen«.[403]

Die demokratische »Partei« der Revolutionszeit reichte von Liberalen bis zu Republikanern und »socialen« Demokraten. Das Verhältnis zwischen den verschiedenen politischen Anschauungen innerhalb der Partei, die sich auch als solche bezeichnete, war alles andere als konfliktfrei. Offen ausgetragene Auseinandersetzungen und Flügelkämpfe waren nicht selten. In größeren Städten, vor allem auch in Universitätsstädten, bestanden daher neben (gemäßigt) demokratischen Vereinen auch dezidiert republikanische Vereine, so in Frankfurt, Gießen, Hanau, Darmstadt und Kassel. In Marburg entstand neben einem »Demokratisch-sozialistischen Verein« zeitweise ein »Verein der reinen Republikaner«. Trotz solcher Konflikte sorgte die zunehmende staatliche Repression für einen Zusammenhalt der demokratischen Partei über die Fraktionierungen hinweg. Gerade in der Endphase der Revolution entstanden Zentralkomitees und -ausschüsse der örtlichen demokratischen Vereine, um ein koordiniertes Handeln vor Ort zu gewährleisten, so in Frankfurt, Wiesbaden, Darmstadt und Gießen. Das Scheitern des zweiten Demokratenkongresses, der vom 26. bis 30. Oktober 1848 in Berlin stattfand, markierte einen weiteren Wendepunkt. Dem Kongress, an dem mehr als 230 Delegierte auf Einladung des Berliner Zentralausschusses teilnahmen, gelang es nicht, Lösungen für die Defizite in der Organisation, der internen Kommunikation und der Finanzausstattung der Zentrale der demokratischen Partei zu finden und die tiefen Differenzen innerhalb der Partei zu lösen. Von den konterrevolutionären Ereignissen in Wien und Berlin wurden die demokratischen Delegierten förmlich überrollt, ohne dass eine realitätsorientierte Gegenstrategie entwickelt wurde.

Das Scheitern des Berliner Kongresses und das Erstarken gegenrevolutionärer staatlicher Kräfte im Spätsommer/Herbst 1848 begünstigten die Entstehung einer neuen demokratischen Sammlungsbewegung unabhängig von dem als handlungsunfähig empfundenen Berliner Zentralausschuss. Bereits am 21. November 1848 wurde von Abgeordneten der Fraktion Westendhall der Vorschlag eines Zusammenschlusses liberaler und demokratischer Vereine unter Leitung der Linken der Nationalversammlung unterbreitet, dessen Ziel die Verteidigung der Märzerrungenschaften und der Volkssouveränität sein solle. Auf einer gemeinsamen Sitzung am 23. November wurde dann von Abgeordneten der linken Fraktionen Donnersberg, Deutscher Hof und Westendhall der »Centralmärzverein« in Frankfurt gegründet, um, wie der in Homburg gewählte Abgeordnete Jakob Venedey formulierte, der Paulskirchenminorität einen Agitationspunkt außerhalb des Parlaments zu schaffen.[404] Der Centralmärzverein forderte »die Berechtigung für das Gesamtvolk, wie für das Volk eines jeden einzelnen Landes, sich seine Regierungsform selbst festzusetzen und einzurichten, zu verbessern und umzugestalten wie es ihm zweckdienlich erscheint, weil jede Regierung nur um des Volkes willen und durch seinen Willen da ist«.[405] Er nahm jedoch darüber hinaus zur Frage der Staatsform keine Stellung. Die beigetretenen Abgeordneten der Nationalversammlung bildeten den »Centralverein« des Centralmärzvereins, eine Mischung aus Fraktionsausschuss und Vereinsdachorganisation. Ihm schlossen sich die Vereine entweder einzeln oder als regionale Vereinsverbände unter Leitung von Zentralausschüssen an. Eine Weisungsbefugnis des Centralvereins bestand nicht. Nur der Kongress der Vereinsdelegierten, der allerdings am 6. Mai 1849 das einzige Mal zusammentrat, konnte bindende Beschlüsse fassen, denn, so hieß es in der Einladung am 19. April 1849, »das Ganze der Vereine muß sich überdies in demokratischer Weise selbst die Richtung geben, es darf und kann sie nicht von einem Punkte aus einseitig empfangen«.[406] Diese lockere, basisdemokratische, dezentrale und föderative Struktur des Centralmärzvereins konnte weitestgehend auf den bereits bestehenden demokratischen Bezirks- und Landesverbänden aufbauen. Mit seiner institutionalisierten Verbindung zwischen den Ortsvereinen und den Parlamentsfraktionen stellte der Centralmärzverein die am weitesten entwickelte Parteiorganisation der Revolutionszeit dar. Bei der Vereinskorrespondenz profitierte der Centralmärzverein von der Portofreiheit für Abgeordnete, und eine Verteilerliste von fast 300 demokratischen

Zeitungen sorgte für die Verbreitung der Mitteilungen und Aufrufe. Im Gegensatz zu konkurrierenden Vereinsverbänden hatte der Centralmärzverein eine finanziell unabhängige Leitung.

Der Centralmärzverein gewann schnell Zulauf und entwickelte sich zur größten Vereinsorganisation der Revolutionszeit. Bis zum März 1849 umfasste er mehr als 1000 Vereine, seine Mitgliedschaft wurde auf etwa eine halbe Million geschätzt, und vermutlich waren es noch deutlich mehr.[407] Mit seiner auf eine breite Öffentlichkeit gerichteten publizistischen Arbeit und seiner Mitgliederstärke besaß er bereits Merkmale einer modernen Massenpartei. Im hessischen Raum waren dem Centralmärzverein in Kurhessen neun Mitgliedsvereine und elf Filialen angeschlossen, darunter ein »Provinzialmärzverein« für die Provinz Hanau, in Nassau der Demokratische Bund (genannt wurden zehn Vereine und 19 Filialen), in Frankfurt drei Vereine, in Hessen-Homburg zwei Vereine, der Wetzlarer Bürgerverein und Hessen-Darmstadt der Bezirksausschuss der demokratischen Vereine der Provinz Oberhessen, der Wetterauer Vereinsverband, sechs Vereine aus Starkenburg und drei Vereine aus Rheinhessen.[408] Insgesamt dürften bis zum Mai 1849 etwas mehr als 100 Vereine aus dem hessischen Raum mittelbar oder unmittelbar dem Centralmärzverein angeschlossen gewesen sein. Durch die Mitgliedsverbände und -vereine entstanden auch auf Landesebene enge Beziehungen zu Abgeordneten der linken Landtagsfraktionen in Wiesbaden, Darmstadt und Kassel. Die Erfolge des Centralmärzvereins waren vor allem auch das Ergebnis seiner Organisationsstruktur, die dem Vereinswesen der Revolutionszeit in hohem Maße entgegenkam. Dies zeigte sich auch in den regional unterschiedlichen Namen für die einzelnen Vereine, die nicht vereinheitlicht wurden. Diese Stärke bildete aber zugleich auch die entscheidende Schwäche des Centralmärzvereins, denn eine effektive Lenkung der Organisation war nicht möglich. Immerhin gelang es ihm, durch seine Aufrufe Impulse zu vermitteln und Vereinsaktivitäten zu koordinieren. Die von ihm initiierten Massenpetitionen und Volksversammlungen für die Anerkennung der Grundrechte und der Reichsverfassung zählen zu den größten der Revolutionszeit. Der Centralmärzverein entwickelte sich zur Partei der gemäßigten Demokraten, doch schlossen sich ihm zumindest zeitweilig auch einerseits konstitutionelle Vereine, andererseits republikanische Vereine an. Ausdrücklich erklärte der Centralmärzverein im Januar 1849, es gehe ihm um die »Einigung nämlich unserer, zwar verschiedenen, aber in ihrem Recht gleichmäßig bedrohten politischen Stellung zu [einem] gemeinsamen Handeln gegen den *gemeinsamen* Feind, der Reaction«. Ausdrücklich erklärte er, »daß jeder Verein, ob demokratisch, ob constitutionell und unter welchem Namen, indem er sich an den Maerzverein anschließt, weder in seiner Tendenz, noch

Karl Vogt (1817–1895), Mitglied der Zweiten Kammer des Landtags in Darmstadt und der Deutschen Nationalversammlung.

in seinen sonstigen Verbindungen, noch selbst in seinem Namen Modificationen zu erleiden braucht […]«.[409] Im Februar/März 1849 trat ihm sogar der Berliner Zentralausschuss bei, »mit Vorbehalt seiner Parteigrundsätze und Parteistellung«, obgleich dieser den Centralmärzverein noch im Januar scharf angegriffen hatte.[410] Das Verhältnis zum republikanischen Flügel blieb jedoch gespannt. Nach der Ablehnung der Kaiserkrone durch den preußischen König Friedrich Wilhelm IV. stand für die entschiedenen Republikaner der Erbkaiser als Reichsoberhaupt zur Disposition, während die gemäßigten Demokraten an der Reichsverfassung in allen Punkten festhalten wollten, um die gesetzliche Grundlage zu wahren.

Die Basis der demokratischen Partei bildeten in den Städten einerseits Handwerksgesellen, Handlungsgehilfen und Lohnarbeiter, andererseits selbstständige Gewerbetreibende, Handwerksmeister, Kaufleute, Angehörige bildungsbürgerlicher Berufe und Gastwirte. Die wichtigste Berufsgruppe war jedoch das Handwerk. In dörflichen Gemeinden waren auch Kleinbauern, Landhandwerker sowie in ländlichen Fabriken und im Heimgewerbe Beschäftigte zahlreich in den Vereinen vertreten. In den Vorständen gab es häufig Pfarrer, Volksschullehrer, Journalisten und jüngere Beamte, die aufgrund ihrer besonderen Kenntnisse und ihrer Ausbildung für die Vereinsführung sehr wichtig waren.[411] Ohne die demokratischen Volksschullehrer hätte es eine ländliche Vereinsbewegung in diesem Umfang wohl nicht gegeben. Von konservativer Seite wurde dies heftig kritisiert, so schimpfte Riehl: »Der proletarische, verschrobene Schulmeister ist gar oft der böse Dämon, der Mephisto des heruntergekommenen Bauern gewesen.«[412] Zwar war in den vorangegangenen Jahrzehnten die Ausbildung der Volksschullehrer verbessert worden, nicht aber ihr sozialer Status und ihre finanzielle Ausstattung, derzufolge sie den unterbäuerlichen Schichten vergleichbar und den Pfarrern untergeordnet waren.[413] Die Volksschullehrer forderten daher eine Verbesserung ihrer Stellung und wurden zu wichtigen Trägern des demokratischen Vereinswesens. Vor allem in Universitätsstädten waren auch Hochschullehrer und Studenten in politischen Vereinen aktiv. Die von demokratischen Vereinen organisierten Volksversammlungen wurden von hessischen Abgeordneten häufig besucht. Aus der Nationalversammlung gehörten Zitz aus Mainz, Schulz aus Weilburg, Heldmann aus Selters, Bogen aus Michelstadt und Vogt aus Gießen zu denjenigen, die besonders häufig in ihrem Wahlkreis und darüber hinaus auf Versammlungen im hessischen Raum auftraten. Der Wahlerfolg erforderte gegen Ende der Revolutionszeit zunehmend den öffentlichen Einsatz im Wahlkreis und die Unterstützung der politischen »Partei«.

Arbeiterbewegung und Arbeitervereine

Die organisierte Arbeiterbewegung befand sich in den deutschen Staaten zu Beginn der Revolutionszeit noch in ihren Anfängen. Erst allmählich zeichneten sich programmatische Profile und organisatorische Strukturen ab, die noch heterogen und uneinheitlich waren. Die ersten Gründungen von Arbeitervereinen erfolgten im Frühjahr 1848, wobei der Einfluss demokratischer und sozialistischer Intellektueller und Bildungsbürger von erheblicher Bedeutung war. In der Revolutionszeit wurden häufig sogar Kleinmeister als »Arbeiter« begriffen, da sie zwar nicht von ihrem Selbstverständnis her, aber durch ihre soziale Lage faktisch den Arbeitern gleichgestellt waren. Die Mitglieder der frühen Arbeiterbewegung waren im hessischen Raum mehrheitlich Handwerksgesellen, daneben auch Lehrlinge und Gehilfen. Sie umfassten in der Zollvereinsstatistik für Hessen-Darmstadt mehr als 20 000 Personen, wovon die Massenhandwerke der Schuhmacher und Schneider mit 4600 den größten Anteil ausmachten. Arbeiter gab es der Statistik nach knapp 24 000, davon arbeitete fast die Hälfte als Weber in Heimarbeit, im Verlags- oder Kaufsystem auf dem Land, darunter zahlreiche Frauen und Kinder. Von den übrigen 13 000 Arbeitern waren die meisten in Gewerbebetrieben oder Mühlen beschäftigt, Fabrikarbeiter im eigentlichen Sinne waren etwa 4000 bis 5000 Personen.[414] Ähnlich waren die Verhältnisse in Kurhessen, wo es fast 18 000 Handwerksgesellen und Lehrlinge gab. Zu den Arbeiterinnen und Arbeitern wurden 9500 Beschäftigte gezählt, davon alleine 4300 in Spinnereien und Webereien, hier fast die Hälfte Frauen und Kinder. Viele von ihnen waren lediglich im Tagelohn beschäftigt. Fabrikarbeiter im eigentlichen Sinne dürften rund 3000 Personen gewesen sein.[415]

Tiefe Gräben trennten die Fabrik- und Handarbeiter von den Handwerksgesellen, die Vorstellungen von Handwerksehre und der Würde ihres erlernten Berufs verinnerlicht hatten. Selbst wenn dies von der wirtschaftlichen Stellung her sogar eine Verbesserung bedeutet hätte, mochten viele Handwerker nicht in einer Fabrik arbeiten, weil dadurch ihre Handwerkerehre verletzt worden wäre. Noch viel weniger wollten die gering bezahlten Handarbeiter die in derselben Branche tätigen Arbeiterinnen als gleichwertig anerkennen. Sie betrachteten diese als unerwünschte billige Konkurrenz, da sie für geringeren Lohn arbeiten mussten. Die in Handelsstädten wie Frankfurt zahlreichen Handelsgehilfen und Commis wurden zwar in Arbeitervereinen akzeptiert, doch mochten sich diese oft nicht mit Handwerkern gemein machen. Der Arbeiterbegriff war angesichts solcher festgefügter Vorbehalte und der Heterogenität der arbeitenden Klassen revolutionär. Vom Gegensatz zwischen Kapital und Arbeit ausgehend, definierte er Lohnabhängigkeit und den Nichtbesitz an Produktionsmitteln als Zugehörigkeitskriterien. In der Realität der frühen Arbeiterbewegung wurde sein revolutionäres Potenzial allerdings nicht ausgeschöpft, da der Arbeiterbegriff den tatsächlichen Zusammenschluss aller arbeitenden Klassen beinhaltet hätte.

Sozialistische Theorien der Geheimbünde und Auslandsvereine wurden von wandernden Handwerkern und Intellektuellen bereits im Vormärz im Rhein-Main-Gebiet verbreitet, und in Wiesbaden, Hanau und Mainz bestanden auch personelle Verbindungen. Programmatisch am weitesten entwickelt war der im Exil entstandene Bund der Kommunisten, der mit dem Kommunistischen Manifest im März 1848 die Zukunftsperspektive einer sozialistischen Umgestaltung der Gesellschaft entwickelte. Die von Karl Marx und Friedrich

Engels in Paris, später in Köln geleitete Zentralbehörde des Bundes versuchte, mithilfe von Bundesgemeinden Arbeitervereine zu gründen, Einfluss auf die entstehende Arbeiterbewegung zu erlangen und diese zu zentralisieren. Ausgangspunkt sollte dabei Mainz sein, und bereits am 25. März 1848 wurde hier ein »Bildungsverein für Arbeiter« von dem Buchdrucker Karl Wallau, dem Mechaniker Paul Stumpf und dem aus Heilbronn stammenden Architekten Adolph Cluss gegründet. Obgleich aus gutbürgerlichen Familien stammend, waren diese Gründungspersönlichkeiten Mitglieder des Bundes der Kommunisten, dem auch weitere führende Mitglieder des Vereins angehörten.[416] Als Zweck des Vereins nannte die am 27. März verabschiedete Vereinsordnung »die möglichste Verbesserung des materiellen, geistigen und sittlichen Zustandes der arbeitenden Klassen herbeizuführen und auf diese Weise den Erzeugern der menschlichen Produkte ihre gebührende Stellung in der menschlichen Gesellschaft zu verschaffen«. Um dieses zu erreichen, »sollen Vorträge und Vorlesungen in allen Zweigen des Wissens gehalten, und hauptsächlich auch die Erscheinungen besprochen werden, welche uns die fortschreitende Entwicklung des Arbeiterstandes darthun«.[417]

Bereits am 5. April veröffentlichte der Mainzer Bildungsverein für Arbeiter einen Aufruf »an alle Arbeiter Deutschlands« als Flugblatt und in Zeitungen, der dazu aufforderte, »überall in Städten und Dörfern Arbeitervereine« zu bilden, »in denen unsere Verhältnisse erörtert, Maßregeln zur Abänderung unserer jetzigen Lage vorgeschlagen, Vertreter aus der Arbeiterklasse ins deutsche Parlament namhaft gemacht, erwählt und alle übrigen Schritte getan werden, die zur Wahrung unserer Interessen nötig sind. Sämtliche Arbeitervereine Deutschlands müssen ferner so schnell als möglich miteinander in Verbindung treten und darin bleiben. Wir schlagen Euch vor, *Mainz* vorläufig zum Mittelpunkte für sämtliche Arbeitervereine zu wählen und mit dem unterzeichneten Vorstande in Korrespondenz zu treten, damit wir uns über einen gemeinsamen Plan verständigen und sobald als möglich auf einer Zusammenkunft aller Vereine den Sitz des Zentralkomitees etc. definitiv bestimmen können.«[418] Zwischen dem 8. und 10. April 1848 logierten auch Marx, Engels und Ernst Dronke in Mainz.[419] Obgleich im südlichen Hessen und in Baden mehrere Arbeitervereine gegründet wurden, die Verbindungen zum Mainzer Verein hatten, kamen die Bestrebungen des Bundes nicht voran. Zwar war mit dem aus Nassau stammenden Karl Schapper ein prominenter Emissär der Zentralbehörde am 23. April mit der Reorganisation der Mainzer Bundesgemeinde befasst, und am selben Tag unterschrieb der Mainzer Verein, der mehr als »ca. 400 Mitglieder« gehabt haben soll,[420] einen Brief an den Kölner Arbeiterverein als »provisorisches Zentralkomitee der Arbeitervereine Deutschlands«.[421]

Aber vor allem gegenüber den vollmundigen Erfolgsmeldungen Schappers, wie sie in seinem Schreiben vom 26. April an die Zentralbehörde zutage traten, ist Vorsicht angebracht: So behauptete er mit einem Seitenhieb gegen Wallau, die Bundesgemeinde organisiert zu haben, und gab beim Arbeiterverein fast doppelt so viele Mitglieder an, wobei er Mainz als einen »gute[n] Boden« bezeichnete.[422] Realistischer war wohl der Bericht des Emissärs des Bundes der Kommunisten Ernst Dronke, der am 29. April die Mainzer »in einer großartigen Nachlässigkeit und vollständigen Anarchie versunken« fand.[423]

Auch die internen Verhältnisse des Arbeiterbildungsvereins stießen auf Kritik. Zwar gab es dort neben dem Fortbildungsprogramm des Redakteurs der Zeitung »Der Demokrat«, Ludwig Kalisch, vor allem von Cluss auch Vorträge und Artikel im Sinne sozialistischer Ideen zu den Themen »Über die Ursache und das Wesen des Proletariats«, »Maschinen und menschliche Arbeitskräfte« und »Kapital und Arbeit« sowie zu den Schriften des sozialistischen Theoretikers und Mitglieds der französischen Provisorischen Regierung Louis Blanc.[424] Das Mainzer Bundesmitglied Johannes Schickel schrieb jedoch am 14. April 1848 an Karl Marx: »Wenn hier einer als Kommunist aufträte, so würde er gewiß zu Tode gesteinigt, obschon diese Rinder auch nicht den verworrensten Begriff von dem, was Kommunismus ist, haben. [...] Der Arbeiter-Bourgeois-Verein zählt 300 Mitglieder, und Wallau ist Präsident, doch kommt mir dieser ganze Witz wie eine ABC-Schule vor, die Arbeiter lernen lesen, schreiben und rechnen, und Kalisch gibt wöchentlich eine Stunde, um diese Ochsen auch sprechen zu lernen! Es ist zum Tollwerden!«[425] Im Mai 1848 endeten die Zentralisierungsbestrebungen des Mainzer Vereins, stattdessen trat nun der Frankfurter Arbeiterverein in den Vordergrund. Im Mainzer Verein gewannen seit Juni 1848 Mitglieder des dortigen Demokratischen Vereins Einfluss, darunter vor allem Friedrich Jakob Schütz und Philipp Jakob Schoeppler. Als eine Adresse des Königsberger Arbeitervereins den Gegensatz zwischen Arbeitern und »Bourgeoisie« hervorhob, wurde dies im Mainzer Arbeiterbildungsverein am 21. Juni 1848 so ausgelegt, »daß dieses Wort nicht mißverstanden, nicht auf die gewerbtreibende Klasse als solche angewandt werden müsse, indem ein großer Theil derselben eben so sehr durch die gegenwärtige schlechte industrielle Einrichtung leide, als der Arbeiter. Nur die Herrschaft des Geldaristokratismus müsse man bekämpfen; dagegen nicht Feindschaft, nicht Haß unter den verschiedenen Theilen der demokratischen Partei erregen.«[426]

Zwischen Ende März und September 1848 wurde im südlichen hessischen Raum eine Reihe von Handwerker- und Arbeitervereinen gegründet, so in Darmstadt Anfang April 1848, Offenbach am 8. April, Hanau am 20. April, Marburg im Mai, Frankfurt am 14. Mai, Wiesbaden am 23. Mai, Höchst

Ende Mai 1848, Friedberg am 10. Juli 1848, Oppenheim vermutlich im Juni 1848, Worms im Juli/August 1848 und in Gießen nach einem ersten Anlauf Anfang Mai schließlich im September 1848. Den Abschluss bildeten 1849/50, also deutlich später, weitere Arbeitervereine in Butzbach und in Rödelheim bei Frankfurt. Die ersten Arbeiterorganisationen entstanden damit in gewerblichen Zentren an Rhein und Main, dagegen nicht im nördlichen Hessen. Die Arbeitervereine in Offenbach und Hanau verwiesen bei ihrer Gründung auf die Mainzer Initiative, nahmen die Mainzer Vereinsordnung zum Vorbild für die eigenen Statuten und unterhielten dorthin Kontakte. Vorsitzender des Hanauer Arbeitervereins war der Seifensieder Gottfried Una, ein Republikaner, der schon mehrfach durch radikale Reden aufgefallen war. Gewaltaktionen gingen von dem Verein in der Revolutionszeit jedoch nicht aus. In einer Veröffentlichung über den Hanauer Verein hieß es, dass dieser »nur Arbeiter im engeren Sinne (Gewerbsgehülfen), das besitzlose Proletariat umfasse, dagegen alle Arbeitgeber und Prinzipale (Fabrikanten und Meister) unbedingt ausgeschlossen seien, da von deren Teilnahme nur Reaktionsversuche und das Säen von Zwiespalt zu befürchten« stehe, wobei aber das »intelligente Proletariat«, der »Kopfarbeiter«, ausdrücklich zur Teilnahme eingeladen wurde.[427] Bei seiner Entstehung handelte es sich bei dem Verein um eine Vereinigung vor allem von in Hanau arbeitenden ortsfremden Handwerksgesellen und Arbeitern, die insbesondere darüber empört waren, dass sie von der Wahl zur Nationalversammlung ausgeschlossen wurden. Ähnlich war auch die Haltung im Offenbacher Arbeiterverein, der gleich bei seiner Konstituierung am 8. April 1848 eine »Verwahrung der deutschen Arbeiter an das deutsche Volk« beschloss, in der er gegen den Ausschluss von Arbeitern sowohl von der Volksbewaffnung als auch von den Wahlen protestierte und die direkte Wahl eigener Abgeordneter durch die nicht in ihrer Heimat wohnhaften Arbeiter forderte. Von je 10 000 Arbeitern solle in den Arbeitervereinen ein Abgeordneter gewählt werden, sodass »auf die Arbeiter in Offenbach, Hanau und Frankfurt zusammen ein Deputierter« käme. Ausdrücklich wurde betont, die »deutschen Arbeiter sind keine Kommunisten, sie wollen keinen Krieg gegen die Reichen und das Eigentum; sie verlangen nur Beschäftigung und einen für ihren Unterhalt ausreichenden Lohn für die Mühe und Arbeit; sie verlangen persönliche Freiheit, freie Presse und Gleichheit der Rechte; und darum wünschen sie den Frieden«.[428] Der Arbeiterverein Hanau schloss sich den Forderungen der Offenbacher an, indem er am 18. Mai von der Nationalversammlung verlangte, die Bildung von »Arbeiter-Wahl-Comités« zu veranlassen und alle »als nicht Einheimische von der Wahl bisher ausgeschlossenen« Wahlberechtigten nachträglich auf je 10 000 Wahlberechtigten einen Abgeordneten wählen zu lassen.[429] Die zahlreichen

Zigarrenarbeiter in Hanau traten dem Arbeiterverein nicht bei, stattdessen dominierten in dem anfangs 500 und später nur noch 70 Mitglieder zählenden Verein Handwerksgesellen und Strumpfweber. Frauen hatten in dem Verein selbst bei Festlichkeiten nur in männlicher Begleitung Zutritt.[430]

Zur handwerklichen Mitgliederstruktur passte, dass Mitglieder des Vorstands des Hanauer Arbeitervereins eine Petition an die Nationalversammlung mitunterzeichneten, die einen Kompromiss zwischen den traditionellen Forderungen des Frankfurter Meisterkongresses und denen des Gesellen- bzw. Arbeiterkongresses befürwortete.[431] Im Hanauer Verein trat, wie in allen Arbeitervereinen, die hohe Bedeutung der Bildung hervor, weshalb er auch später in »Arbeiterbildungsverein« umbenannt wurde. In einer Petition an die Nationalversammlung am 15. August 1848 forderte er als ersten und wichtigsten Punkt die »Ertheilung unentgeltlichen Jugendunterrichtes ohne Unterschiede des Standes der Eltern und nur mit Berücksichtigung der Befähigung der Kinder«. Die Petition wünschte weiterhin die Gründung einer Nationalbank zur Unterstützung der Selbstständigkeit, die Beschränkung der »verderblichen ›freien Konkurrenz‹«, Abschaffung von Standesvorrechten, Entlastung der Arbeiter und des Mittelstandes von Abgaben und stattdessen Besteuerung des Besitzes und des Reichtums, unbeschränktes aktives und passives Wahlrecht, Selbstverwaltung der Gemeinden, Verschmelzung von stehendem Heer und Volkswehr, Selbstwahl aller Beamten, Freundschafts- und Handelsbündnisse mit allen freien Völkern sowie Rede-, Presse- und Versammlungsfreiheit.[432] Diese Mischung aus politischen und sozialen Forderungen, wie sie auch in der demokratischen Bewegung erhoben wurden, und einer traditionellen wirtschaftlichen Zielvorstellung selbstständiger, nicht der Konkurrenz unterworfener auskömmlicher Kleinbetriebe, war kennzeichnend für weite Teile der frühen Arbeiterbewegung.

Der Arbeiterverein in Wiesbaden hatte in der Anfangszeit ebenfalls Verbindungen nach Mainz. Ob Schapper allerdings, wie er am 26. April gegenüber der Zentralbehörde des Bundes der Kommunisten behauptete, einen Arbeiterverein mit »an hundert Mitglieder[n]« gegründet hatte, darf bezweifelt werden.[433] Zu einer förmlichen Gründungsveranstaltung kam es erst am 23. Mai 1848 unter Leitung der beiden Vorsitzenden Graefe und Dietz, die schon Anfang April als Wortführer des republikanischen Komitees hervorgetreten waren, daneben auch Böhning und der Architekt Gustav Werren. Dem Verein traten mehr als 300 Mitglieder bei, vor allem Handwerksgesellen.[434] Als Zweck nannte er in seinen Statuten, »die politische und sociale Ausbildung seiner Mitglieder durch Anschaffung von Zeitungen und Büchern, durch Diskussionen derjenigen Fragen, welche unsere Zeit bewegen und endlich durch wissenschaftliche Vorlesungen«.[435] Die Sitzungen waren straff geleitet und enthielten zahlreiche Vortrags-Sequenzen, die zeitmäßig deutlich über den Diskussionsanteilen gelegen haben dürften. Themen der Vorträge waren aktuelle politische Ereignisse und die soziale Frage, beispielsweise die »Ausgleichung zwischen Arbeit und Kapital, und überhaupt eine sociale Reform«.[436] Die Arbeitervereine waren nur zum Teil Agitations- und Diskussionsforen, sie vermittelten auch Wissen und grundlegende Kulturtechniken wie Rechnen, Schreiben, Sprachen, Zeichnen und Geometrie. Bildung wurde als Mittel zur Befreiung des Arbeiters und zur Verbesserung seiner ökonomischen Situation verstanden. Die engen Beziehungen des Wiesbadener Vereins zum Arbeiterverein in Frankfurt belegen ausführliche Berichte über die dortigen Verhältnisse und die Tatsache, dass neben dem eigenen Vereinsorgan »Der Volksfreund« auch die »Allgemeine Arbeiter-Zeitung« aus Frankfurt bezogen wurde.

Mindestens ebenso wichtig wie die Bildung war die Geselligkeit. Der Wiesbadener Verein hatte wie viele Arbeitervereine Gesangstunden, in Darmstadt und Offenbach bestanden sogar Arbeitergesangvereine.[437] Karl Schapper trat im Arbeiterverein ab Juni 1848 in Erscheinung, als er diesen gemeinsam mit Graefe und Dietz beim ersten Demokratenkongress in Frankfurt vertrat. Die Beteiligung an diesem Kongress belegt die enge Zusammenarbeit zwischen demokratischen Vereinen und Arbeitervereinen. Aus dem hessischen Raum waren dort neben dem Wiesbadener Verein auch die Arbeitervereine von Frankfurt, Höchst, Mainz, Marburg und Offenbach vertreten. Die Handwerksmeister Wiesbadens standen dem Arbeiterverein jedoch von Anfang an ausgesprochen feindselig gegenüber. Trotz der Einladungen Graefes blieben diese dessen Sitzungen fern und ermöglichten ihren Gesellen auch nicht die Teilnahme durch abendliches Auflassen der Haustür, denn diese wohnten damals oft noch bei ihren Meistern. Handwerksgesellen, die sich als Mitglieder des Arbeitervereins zu erkennen gaben, mussten damit rechnen, entlassen zu werden, was die Gesellen wiederum mit einem Boykott beantworteten.[438] Insgesamt scheint das Verhältnis zum Wiesbadener Bürgertum gespannt gewesen zu sein, denn der Versuch des Arbeitervereins, mit dem örtlichen Leseverein zusammenzugehen, scheiterte. Nach den Juniunruhen in Wiesbaden und der Flucht der gesamten Führung des Arbeitervereins ging dessen Aktivität stark zurück und kam zeitweise zum Erliegen. Nach einem Polizeibericht vom 18. Oktober 1848 soll der Verein noch aus über 60 Mitgliedern bestanden haben, überwiegend »Handwerksburschen, Tagelöhner[n] und ärmeren Gewerbetreibenden«.[439]

Nicht konfliktfrei waren die Verhältnisse auch in Darmstadt, wo etwa zeitgleich mit dem Mainzer Verein eine Handwerksgesellenversammlung am

26. März 1848 die Grundlagen für den späteren Arbeiterverein legte, der sich zunächst Anfang April »Verein zur Verbesserung des Gewerbstandes« nannte und damit den stark gewerblich-handwerklichen Charakter des Vereins deutlich machte. Auch der Gießener Arbeiterverein nannte sich nach seiner Gründung zuerst noch »Handwerkerverein«.[440] Der Darmstädter Verein benannte sich im Mai 1848 in »Arbeiterbildungsverein« um und erklärte, er wolle die Bildung der Arbeiter heben,

»1) durch Discussionen über Verbesserung unserer geistigen und materiellen Lage und über die gesetzliche Weise, wodurch sie erreicht werden kann,
2) durch Vorlesen nützlicher Zeitschriften und Erklärungen hierüber,
3) wöchentlich 1 oder 2 Singstunden zur geselligen Erheiterung.«[441]

Die konkreten Maßnahmen, die vom Vereinsausschuss empfohlen wurden, ähnelten den Forderungen des Gesellenkongresses, sie umfassten gleiches Bürgerrecht für alle Deutschen, Verbesserung der Ausbildung und des Arbeitslohns, Beschränkung der Arbeitszeit auf zwölf Stunden, Einführung einer deutschen Gewerbeordnung, Errichtung von Industriehallen und Assoziationen für den Einkauf von Rohstoffen, Regulierung der Lehrlingszahlen sowie Vorschriften für die Meisterwerdung und die Eröffnung eines Betriebs, wobei ausdrücklich gegen die Gewerbefreiheit Stellung bezogen wurde.[442] Zum Aufbau einer Bibliothek bekam der Verein vom Darmstädter Gewerbeverein und aus dem Bürgertum Bücher geschenkt oder geliehen. Dennoch konnte sich der politisch wenig exponierte Arbeiterbildungsverein, dem zwischen 120 und zuletzt knapp 80 Mitglieder angehörten, in der Residenzstadt Darmstadt, »jenem vergifteten Pilz, der an der kräftigen Eiche unseres Hessen-Darmstadt wuchert«, wie der Vereinsvorstand am 27. Juni 1849 an das Zentralkomitee der Arbeiterverbrüderung schrieb, nicht recht gedeihen.[443] Ein daneben im Winter 1848 gegründeter »Handarbeiterverein« zu Darmstadt, der »aus ohngefähr 400–500« arbeitslosen Handarbeitern bestand und dessen Zweck es war, »sich auf gesetzlichem Wege Arbeit zu verschaffen, aber denohngeachten auch über politische Tendenzen Besprechungen zu halten«, ließ seine Sitzungen schon im April/Mai 1849 ruhen, als den Vereinsmitgliedern gedroht wurde, künftig keine Beschäftigung mehr in Darmstadt zu finden.[444]

Nach dem gescheiterten Mainzer Zentralisierungsversuch nahm der am 14. Mai 1848 gegründete Arbeiterverein Frankfurt eine Schlüsselstellung im hessischen Raum ein. Bereits vor dessen Gründung hatten seit April in Frankfurt zahlreiche Versammlungen von Handwerksgesellen stattgefunden, die von förmlichen Komitees geleitet wurden. Wie bei den Vereinen in Wiesbaden und Marburg waren auch in Frankfurt republikanische und demokratische Intellektuelle ausschlaggebend für die Vereinsgründung, die hier vom radikaldemokratischen »Vaterländischen Verein« und vom Turnverein angestoßen wurde. Eine maßgebliche Rolle spielten die Handlungsgehilfen David Adler, Arnold Reinach und Gustav Hörfel sowie der Arzt Moritz Schiff. Vorsitzender des Arbeitervereins wurde der Journalist Christian Esselen aus Hamm, der bereits Präsident des Gründungskomitees war, und Schriftführer der Journalist Eduard Pelz aus Schlesien. Zwei Grundziele des Vereins wurden in dem Gründungsaufruf hervorgehoben, »Verständigung über die gemeinsamen Angelegenheiten aller Arbeiter, Verständigung über die besonderen Angelegenheiten der einzelnen Gewerke«.[445] Hinzu kam »die politische Bildung im arbeitenden Volke anzubahnen und zu verbreiten, damit mit der vermehrten Bildung auch die politische Macht der Arbeiter wachse«.[446] In der Vereinsstruktur wurde der Kompromisscharakter des Vereins zwischen egalitären Emanzipationsbestrebungen und Interessenvertretung von Gewerken deutlich. Zwar wurde in den Statuten betont, dass unter Gewerken »nicht nur die Handwerker-Innungen, sondern alle Berufsarten« zu verstehen seien, doch in der Praxis waren fast ausschließlich handwerkliche Berufe vertreten.[447] Die relativ geringe Zahl an Industriearbeitern nichthandwerklicher Herkunft wurde dagegen nicht thematisiert. Bei dem Frankfurter Arbeiterverein trat hauptsächlich das Bestreben zutage, auch den »Handelsstand« vertreten zu sehen.[448] Der schon in Hanau und Offenbach wichtige Aspekt des Ausschlusses von auswärtigen Gesellen und Arbeitern von Wahlen war offenbar ebenfalls ein Beweggrund für die Vereinsgründung.[449] Im Stadtstaat Frankfurt besaß dies eine große Sprengkraft, denn hier bestand ein beträchtlicher Anteil der Einwohnerschaft aus rechtlich benachteiligten »Permissionisten«, Personen mit begrenzter Aufenthaltserlaubnis sowie nichtstädtischen Gesellen und Dienstboten. In der Versammlung vom 18. Mai 1848, in der die Statuten verabschiedet wurden, beschloss der Arbeiterverein auch zwei Petitionen an die Nationalversammlung, worin es zunächst um die Amnestie für alle wegen politischen Verbrechen verurteilten Personen ging und in der zweiten Petition um die sofortige Berufung einer Kommission, »die im Verein mit Arbeitern und solchen, welche die Lage und Wünsche des arbeitenden Volkes kennen, der herrschenden Noth schleunigst abhelfe, und die durchgreifenden und entschiedenen Mittel berathe, welche die Wiederkehr dieser Noth unmöglich machen«.[450]

Bald schon kam es zu Auseinandersetzungen im Verein, weil sich die Vereinsführung allgemeinpolitischen Themen widmete. In der Vereinsversammlung vom 21. Mai »rief ein Haufen zusammenstehender Leute laut und drohend, sie wollten nichts von Politik wissen, sie wollten sich um ihre Arbeiterverhältnisse kümmern«.[451] Zwar konnte sich Esselen durchsetzen, doch auch aus der Frankfurter Öffentlichkeit, selbst aus den Reihen des Montagskränzchens, erfuhr er mit seinem Kurs öffentliche Kritik. Der Arbeiterverein war zu einem Machtfaktor geworden: Am 21. Mai 1848 hatte er mehr als 2000 Mitglieder und wuchs noch immer.[452] Er war damit einer der größten politischen Vereine seiner Zeit im hessischen Raum. Mit der »Allgemeinen Arbeiter-Zeitung« hatte Esselen ein publizistisches Organ des Frankfurter Vereins geschaffen und strebte einen Zusammenschluss der Arbeitervereine an, wobei eine engere Zusammenarbeit mit den Vereinen in Hanau, Offenbach, später auch Höchst und Rödelheim entstand. Der Bund der Kommunisten bekämpfte den Frankfurter Arbeiterverein, da durch ihn seine eigenen Bemühungen, in Frankfurt Fuß zu fassen, konterkariert wurden. Nur mit Mühe konnte der Anschluss des Mainzer Arbeitervereins an Frankfurt verhindert werden.[453] Bereits am 24. Mai 1848 wurden Esselen, Pelz und ihr Vorstandskollege Moritz Löwenstein auf Verlangen der Frankfurter Bürgerschaft durch Anordnung der Polizei aus Frankfurt ausgewiesen. In einer mit 1200 Unterschriften versehenen, ebenfalls aus der Bürgerschaft stammenden Petition wurde darüber hinaus ein ähnliches Vorgehen gegen alle Aufrührer gefordert. Von Anfang an stand die Frankfurter Stadtregierung dem Arbeiterverein ablehnend gegenüber, und bereits bei dessen Gründungsversammlung war die gesamte Bürgerwehr der Stadt in Alarmzustand versetzt worden. Den unmittelbaren Anlass für die Ausweisung der Vereinsführung bildete die Furcht vor einem gewaltsamen Angriff des Arbeitervereins auf die Paulskirche, wovor auch der Frankfurter Abgeordnete Jucho warnte. Darüber hinaus behaupteten die Frankfurter Handwerksmeister, der Vereinsvorstand würde die Gesellen gegen sie aufhetzen.[454] Die Ausweisung verursachte »eine große Aufregung unter den Gehülfen der verschiedenen Gewerbe«. Viele von ihnen, vor allem viele Schneider und Schuhmacher, stellten daraufhin ihre Arbeit ein und zogen in das benachbarte Bockenheim.[455] Doch der Streik war ebenso erfolglos wie der Versuch, Esselen als Abgeordneten der Permissionisten der Städte Frankfurt, Offenbach und Hanau in die Nationalversammlung zu wählen. Die in Hanau fortgesetzte »Allgemeine Arbeiter-Zeitung« musste am 10. Juni ihr Erscheinen einstellen, und der Arbeiterverein hatte Anfang Juli 1848 nur noch 303 Mitglieder.[456]

Als neuer Vorsitzender des Frankfurter Vereins wurde Hörfel gewählt, ihm zur Seite standen Adler, Reinach und der Journalist Karl Krug aus Kurhessen. Die Verbindungen zum »Demokratisch-republikanischen Verein«, der im Juli aus dem »Vaterländischen Verein« hervorging, sowie zum demokratischen Vereinswesen insgesamt wurden nun noch enger. Hörfel war von Juli bis September 1848 auch der Vorsitzende des Gesellenkongresses, der in »Allgemeiner deutscher Arbeiterkongress« umbenannt wurde. Als Anhänger des ebenfalls anwesenden Kasseler Gewerbeschul-Professors Winkelblech setzte sich Hörfel für das »Föderal-System« ein, das eine Interessengleichheit von Meistern und Gesellen postulierte und den gemeinsamen Feind in der »Geldmacht« sah. Eine zünftische Innungsverfassung und die staatliche »Organisation der Arbeit« durch ein »soziales Parlament« und ein »soziales Ministerium« gehörten zu den zentralen Forderungen. Die beabsichtigte Gründung eines allgemeinen deutschen Arbeitervereins und die Bildung eines Zentralvorstands scheiterten letztlich an den Folgen des Septemberaufstands in Frankfurt. Hörfel und weitere Vorstandsmitglieder mussten fliehen und der Frankfurter Verein verfügte durch den Aderlass noch im Dezember über keinen geordneten Vorstand. Die Reorganisation erwies sich als mühsam. Eine »Allgemeine Deutsche Arbeiter-Zeitung« wurde von den Anhängern des »Föderal-Systems« herausgegeben, von der jedoch nur die erste Nummer vom 4. Januar 1849 erschien. Erst am 14. Januar 1849 konnte schließlich auf einem Kongress in Hanau ein Bezirksverband der »föderalistischen« Arbeitervereine in der Rhein-Main-Neckar-Region gegründet werden, dem sich die Arbeitervereine von Darmstadt, Frankfurt, Gießen, Hanau, Heidelberg, Mannheim und Offenbach anschlossen. Bereits der Arbeiterkongress in Heidelberg am 28./29. Januar 1849 beendete die Zentralisierungsbemühungen der »Föderalisten«, indem sich hier der Schriftsetzer und Wortführer der »Arbeiterverbrüderung«, Stephan Born, gegen Winkelblech durchsetzte. Unterstützung erhielt Born dabei von Otto Lüning, der seit Oktober 1848 Redakteur der radikaldemokratischen »Neuen Deutschen Zeitung« war. Die Arbeitervereine schlossen sich offenbar einzeln der Arbeiterverbrüderung an, während der Bezirksverband in der Folgezeit eingeschlafen zu sein schien. So beschwerten sich der Darmstädter Arbeiterbildungsverein am 29. April 1849 und der Arbeiterverein Hanau am 26. Januar 1850 beim Zentralkomitee in Leipzig über die andauernde Untätigkeit des Arbeitervereins Gießen, der seit Januar 1849 Vorort des Bezirksverbandes war.[457]

Im Frühjahr 1849 gehörten der Arbeiterverbrüderung deutschlandweit mehr als 15 000 Mitglieder aus etwa 170 Arbeitervereinen an. Entscheidend für den organisatorischen Erfolg der Arbeiterverbrüderung war vor allem auch ihre sozialpolitische Ausrichtung, insbesondere ihr System der Wanderunterstützungskassen. Die Bezirke und Ortsvereine blieben dagegen organisatorisch und programmatisch selbstständig. Wie schwierig die Lage infolge von internen Auseinandersetzungen, Mitgliederverlusten und der Feindschaft des lokalen Bürgertums war, zeigt die Tatsache, dass der Frankfurter Verein, der sich nun »Arbeiterbildungsverein« nannte, im März 1849 beschloss, die Frankfurter Stadtregierung zu bitten, »ihm bei seiner Reconstituirung behülflich zu seyn« und dabei auf seine revolutionspräventive Wirkung zu verweisen.[458] Durch ihre Bildungsaktivitäten konnten Arbeitervereine weiterbestehen und entgingen lange Zeit noch Vereinsverboten. So gab es in Frankfurt neben dem Arbeiterverein einen mit ihm verbundenen Arbeiterleseverein, der auch von prominenten Demokraten unterstützt wurde. Zu seinen Mitgliedern gehörte der als Frankfurter Mundartdichter bekannt gewordene Friedrich Stoltze. Erst im Februar 1850 konnte erneut ein Bezirksverband der Arbeitervereine unter der Leitung des Frankfurter Vereins gegründet werden. Ihm schlossen sich bis zum April 1850 Vereine aus Darmstadt, Offenbach, Hanau, Höchst, Mainz und Wiesbaden an. Organ des Bezirksverbands war die von den Mitgliedern des Bundes der Kommunisten Lüning und Weydemeyer redigierte »Neue Deutsche Zeitung«. Weitere Arbeitervereine in Fulda, Gießen, Kassel, Kreuznach und Marburg wurden zum Anschluss an das Bezirkskomitee Frankfurt am Main der Arbeiterverbrüderung aufgefordert, dem Arbeitervereine aus Kurhessen, Hessen-Darmstadt und Nassau angehörten.[459] Von den kurhessischen Vereinen besaßen Hanau und Marburg früh Verbindungen zu Vereinen der benachbarten Staaten. Der bereits am 12. Juli 1848 gegründete und zeitweise 1300 Mitglieder zählende Arbeiterverein in Kassel, der sich vor allem mit der Verbesserung der Lage der arbeitenden Klassen und Lohnfragen befasst haben soll, scheint sich dagegen erst 1850 dem Frankfurter Bezirk angenähert zu haben.[460] Nicht angeschlossen haben sich der Arbeiterverein in Weichersbach (Sinntal) und der Handwerkerverein Hersfeld. Gegen Ende der Revolutionszeit zeichnete sich eine Radikalisierung der Mitglieder in Arbeitervereinen ab. Die Niederlage der Revolution und die staatliche Repression verstärkten diese Entwicklung noch. Verbunden war dies mit einer tendenziellen Eigenständigkeit der Arbeitervereine innerhalb der demokratischen »Partei«. So rief das Bezirkskomitee Frankfurt am 14. April 1850 die Mitgliedsvereine auf, die Frage zu erörtern, wie sich diese »den übrigen Fraktionen der demokratischen Partei, deren Forderungen hinter den ihrigen zurückbleiben, gegenüber zu verhalten [haben] bei Wahlen zu einer allgemeinen Nationalvertretung, wenn durch eine neue Revolution das allgemeine Stimmrecht hergestellt ist?«[461] Die Arbeitervereine traten hier als revolutionäre Fraktion der demokratischen »Partei« auf.

Mitgliederlisten von hessischen Arbeitervereinen aus den Jahren 1849 und 1850 aus Frankfurt und Gießen belegen die nach wie vor starke handwerkliche Prägung und die Dominanz der »Massenhandwerke« Schuhmacher und Schneider auch in der Endphase der Revolution. Deutlich wurde dabei die hohe Mitglieder-Fluktuation als Folge der Repressalien, denen diese Vereine unterworfen waren, und der Wanderungen der Gesellen, die oft nur kurze Zeit in der jeweiligen Stadt tätig waren.[462] Das Handwerk mit seinen Traditionen prägte die Arbeitervereine der Revolutionszeit. Diese beruhten oft noch auf den früheren Gesellenbruderschaften und deren Unterstützungskassen. Verbunden waren sie mit einem normativ überhöhten Ehrbegriff, einem traditionellen Verhaltenskodex und adoleszenten Männlichkeitsritualen. Gerade der Ehrbegriff bewirkte die Integration der Mitglieder und einen hohen Grad an Disziplin. In Kreisen von Handwerksgesellen entstand ein soziokulturelles Umfeld, in dem radikale Gedanken und Flugblätter kursierten. Nicht nur die Vereine, auch Wirtshäuser, Herbergen und sogar Werkstätten wurden Kommunikationsräume für revolutionäres Gedankengut, sodass letztlich Vereinsverbote nicht mehr griffen. Über die Verhältnisse in Frankfurt hieß es in einem Polizeibericht vom 21. November 1851, also bereits in der Reaktionsära: »Uebrigens werden die Arbeiter und Gesellen nicht allein in diesen Vereinen zur socialen demokratischen Republik erzogen und verleitet, sondern in den Werkstätten und Arbeitslokalen selbst werden demokratische Blätter gehalten, tagtäglich vorgelesen und Flugschriften dieser Gattung mitgetheilt. Wir haben Notizen, daß hier kaum eine größere Schneiderwerkstätte existirt, in welcher nicht regelmäßig, ja fast den ganzen Tag abwechselnd solche Vorlesungen gehalten werden. Daß in den Werkstätten, namentlich bey den Schneidern, Hutmachern und Schreinern regelmäßige Sammlungen für politische Flüchtlinge und andere bedürftige Mitglieder der demokratischen Parthei gehalten werden, ist bekannt [...].«[463]

In einem solchen Umfeld übte die Arbeiterbewegung großen Einfluss auf die politische Sozialisation aus und wurde zur identitätsbildenden Kraft. Auch unter den 101 Vorstandsmitgliedern von Arbeitervereinen der Revolutionszeit, deren Berufe bekannt sind, waren 43 Handwerksgesellen und immerhin zwölf Handwerksmeister. Die insgesamt 26 Angehörigen bildungsbürgerlicher Berufe und Intellektuellen stellten eine einflussreiche Minderheit dar.[464] Diese waren in der Vorstandsarbeit versiert, als Journalisten publizierten sie in den Vereinsorganen und sorgten für das unentgeltliche Bildungsangebot der Arbeitervereine, die eng mit dem demokratischen Vereinswesen verknüpft waren. Das Verhältnis zu den handwerklichen Mitgliedern war dabei erstaunlich konfliktarm. Die Verarmung und Proletarisierung von Handwerkern, das oft lebenslange Gesellendasein, die damit verbundene Perspektivlosigkeit und der Zwang, auch nichthandwerkliche Arbeit anzunehmen, bildeten den sozialen Hintergrund für einen Einstellungswandel, die allmähliche Öffnung gegenüber Handarbeitern und die Entstehung von Gesellen-Arbeitern. Die Revolution entwickelte sich zu ihrem »zentralen Lernort« und der Verein zur Organisationsform der frühen Arbeiterbewegung. Die Revolution von 1848/49 stellte die »Geburtsstunde« der Arbeiterbewegung auch im hessischen Raum dar.[465]

Liberale und Konservative im konstitutionellen Vereinswesen

In mehreren Städten des hessischen Raumes kam es bereits im Frühjahr 1848 zu Gründungen von Vereinen, die sich mehr oder minder deutlich zur konstitutionellen Monarchie als Staatsform bekannten und die Politik der Märzministerien unterstützten. Im Gegensatz zu den liberalen Bürgervereinen, Volksräten und Komitees im März 1848 ging es nun nicht mehr um eine Vereinigung liberaler und demokratischer Kräfte, sondern um Abgrenzung von den als bedrohlich empfundenen Demokraten und Republikanern. Ausgangspunkt war der politische Polarisierungsprozess im Frühjahr 1848, insbesondere das Auftreten der Republikaner bei den Wahlen zur Nationalversammlung. Hinzu kam die Furcht vor einer sozialen Revolution der städtischen Unterschichten und der armen Landbevölkerung. Typisch für die frühe konstitutionelle Organisationsbildung war die Residenzstadt Wiesbaden, wo Wilhelm Heinrich Riehl bereits einen Tag nach der Konstituierung des »Comités der republikanischen Gesellschaft« in der »Nassauischen Allgemeinen Zeitung« zur Gründung einer »freisinnig konstitutionellen Partei« aufrief, deren Ziele die »vollständigste Sicherung aller Volksrechte, Wahrung und Förderung aller errungenen Freiheiten unter dem Schutze monarchischer Formen« sein sollten.[466] Nur zwei Tage später, am 7. April 1848, fand eine große Volksversammlung im Hotel Adler statt, die sich zu einem konstitutionell-monarchischen Programm bekannte, in dem es unter anderem hieß: »Wir wollen den gründlichsten, aber auch den friedlichsten Fortschritt, keine Hetzereien, die Land und Leute aufwiegeln. Diese Hetzereien bedrücken das Land schier so arg, als der alte Polizeistaat, denn sie ruiniren den Erwerb, und lassen den Arbeiter seines Fleißes nicht mehr froh werden. Der fieberhaft bewegte Zustand muß endlich aufhören, damit Handel und Gewerbe wieder zu Kraft und Gedeihen kommen.«[467] Der Hinweis auf die schwierige wirtschaftliche Lage in der Revolutionszeit war charakteristisch für die Argumentation der konstitutionellen Liberalen, deren Anhängerschaft sich in Wiesbaden in starkem Maße aus selbstständigen Gewerbetreibenden, Geschäftsinhabern und Badewirten zusammensetzte. Für sie war die Revolution nach dem Erfolg der Märzbewegung beendet. Trotz des großen Zuspruches, fast 900 Personen unterschrieben das Programm, kam es nicht zur beabsichtigten Vereinsgründung, die von einem Kreis um den Verleger August Schellenberg und seinen Redakteur Riehl forciert wurde. Den meisten Teilnehmern der Versammlung im »Adler« ging es um eine Stellungnahme gegen die Republikaner, nicht um eine Teilnahme an einem Verein. Bezeichnend war die Frage eines Ausschussmitglieds, ob »nicht aus Zeitersparniß eine Anzahl Männer von der Volksversammlung im Adler gewählt werden [sollten], welche die vorkommenden Gegenstände zuerst unter sich bespricht und die Debatten leitet? Damit wäre ein ›Verein‹ unnöthig gemacht und der wesentliche Zweck desselben doch erreicht.«[468]

In Marburg gelang dagegen durch die Initiative eines Kreises von Hochschullehrern um den Geschichtsprofessor Heinrich von Sybel am 28. April 1848 mit dem »Vaterlandsverein« eine konstitutionelle Vereinsgründung, die »der erblichen Monarchie auf breiter volksthümlicher Grundlage« als Staatsform den Vorzug einräumte, dabei aber auch gemäßigten Demokraten den Beitritt offen ließ. Ähnlich wie in Wiesbaden erklärte das Programm des Vereins, »in und für Hessen ist die Revolution, d[as] h[eißt] die Zeit der gewaltsamen Staatsänderungen geendigt«.[469] Charakteristisch für viele konstitutionelle Vereine war der allmähliche Rückgang ihrer Aktivitäten. Hatte der Vaterlandsverein im Mai noch 400 Mitglieder, so meldete der Marburger Polizeidirektor Siegmund Ungewitter am 30. Oktober 1848, dieser sei »nicht mehr in Wirksamkeit, wenigstens tritt diese nicht hervor«.[470] Außerdem war der Verein wie die meisten in der Revolutionszeit von führenden Persönlichkeiten abhängig. So ging der Niedergang des Vereins mit dem Fortgang Sybels nach Kassel einher, wo er sein Landtagsmandat antrat. Mit ihm verlor der Verein, der interne Konflikte aufwies, sein wichtigstes integrierend wirkendes Vorstandsmitglied. Auch in der anderen oberhessischen Universitätsstadt Gießen kam es schon früh, am 30. März 1848, zur Initiative für einen »Vaterländisch-konstitutionellen Verein«, der aber aufgrund massiver Störungen von republikanischer Seite erst am 26. April 1848 gegründet werden konnte und etwa 250 bis 300 Mitglieder zählte. Gegen die Gießener Demokraten, die in ihren Vereinen vier- bis fünfmal so viele Mitglieder zählten, konnte dieser sich nicht durchsetzen. Wie in Marburg gehörten auch hier liberale und konservative Hochschullehrer, Gymnasiallehrer und Beamte zu den Führungspersönlichkeiten des Vereins.

Im Mai/Juni 1848 war nach dem Beginn der Verhandlungen der Nationalversammlung die Polarisierung so weit vorangeschritten, dass eine ganze Welle von konstitutionellen Vereinsgründungen stattfand, so in Hanau (10./26. Mai), Kassel (6. Juni), Wiesbaden (10. Juni), Eltville (Mitte Juni), Darmstadt (24. Juni), Weilburg (25. Juni) und Friedberg (28. Juni). In Wiesbaden entstand ein konstitutioneller Verein unter dem Namen »Gesellschaft für Freiheit, Gesetz und Ordnung«, der damit an das Motto des Wiesbadener Sicherheitskomitees »für Freiheit, Ordnung und Gesetzlichkeit« bzw. »Freiheit, Ordnung und Recht« anknüpfte und sich ausdrücklich zu dem Ministerium Hergenhahn bekannte.[471] Mit Franz Bertram und Karl Remigius Fresenius zählten zwei Landtagsabgeordnete, die der rechten Fraktion angehörten, zum Vorstand des Vereins. Nach seinem Rücktritt als Minister wurde August Hergenhahn am

9. August 1849 sogar zum Vizepräsidenten des Vereins gewählt. Auch Angehörige des Ausschusses des konstitutionellen Gründungsversuchs vom April nahmen im neuen Verein Ämter im Vorstand ein, wo nun städtische Honoratioren dominierten, darunter mehrere Mitglieder des Stadtrats. Zu den Mitgliedern zählten neben Beamten und bildungsbürgerlichen Berufsangehörigen vor allem selbstständige Gewerbetreibende, Kaufleute und Badewirte. Vom generellen Problem vieler konstitutioneller Vereine, der Passivität der Mitgliedschaft, war auch der Wiesbadener Verein betroffen. Der Stadtpolizeiamtmann Wilhelm Reichmann, der zeitweise Vorstandsmitglied des Vereins war, berichtete am 18. Oktober 1848 über ihn: »Leider entwickelt dieser Verein [...] keine große Thätigkeit, eine Folge davon, daß er aus Mitgliedern besteht, welche mehr Behagen in der Ruhe als in der Bewegung finden, weil die Erstere ihren persönlichen Vortheilen mehr entspricht, wie die Letztere. Anfangs ziemlich zahlreich, werden jetzt seine Versammlungen nur wenig besucht, und es ist die Zahl seiner Mitglieder nicht mehr mit Sicherheit anzugeben.«[472] Riehl kritisierte den Verein, dessen Mitglied er war, weil dort »die reicheren und einflußreicheren Bürger zusammengetreten waren« und den Eindruck erwecken würden, »nur aus Furcht, etwas an Vermögen oder Einfluß zu verlieren, den Weg der Reaktion« zu gehen. Statt sich auch an die ärmeren Stadtbewohner zu wenden, »wanderte der Verein in die vornehmen Hotels, wohin ihm der Aermere nicht folgen konnte. So hielt es der Vermögendere nicht der Mühe werth oder gar unter seiner Würde, sich neben dem Lumpen seinen Platz zu suchen.« Nicht politische Gründe hätten viele zum Beitritt in den Verein veranlasst, sondern die Furcht, dass der Freiheitsdrang der Ärmeren ihnen »die erwartete gute Kur zu verderben drohte«.[473]

Gerade aufgrund solcher Vorwürfe aus den eigenen Reihen nahm der Wiesbadener Verein in sein Programm auch sozialpolitische Ziele auf, so hieß es: »Wir wollen uns der Armen annehmen. Den Arbeitslosen soll zur Arbeit verholfen werden. [...] Wir wollen Alle zusammentreten, daß schon augenblicklich nach unsern Kräften für die Abhülfe der nächsten Noth gesorgt wird; wir wollen Opfer bringen, wir wollen zeigen, daß kein Republikaner ein größeres Herz für Noth und Elend haben kann, als wir.«[474] Zu den sozialpolitischen Maßnahmen der Mitglieder des Vereins, die sich im Rahmen traditioneller Fürsorge bewegten, zählte auch die Unterstützung der »Subscription für Gründung eines Fonds zum Vortheile der Arbeiter Classen«, eines Stiftungsprojekts des Ministeriums Hergenhahn. Ansonsten wurde die Massenverarmung vor allem als ein moralisches Problem verstanden, die durch eine »sittliche Reorganisation der Arbeiter« im Sinne einer sittlich-moralischen Disziplinierung zu lösen sei.[475] Nationalpolitisch trat der Verein für einen kleindeutschen Nationalstaat mit preußischem Erbkaiser ein und unterstützte wie die anderen nassauischen und hessischen konstitutionellen Vereine, mit denen der Verein in Verbindung trat, die Politik Heinrich von Gagerns. Die nationale Komponente war bei den konstitutionellen Vereinen besonders ausgeprägt: Mitglieder des Wiesbadener Vereins positionierten sich in der Posenfrage gegen die Forderungen des polnischen Nationalkomitees und traten sogar für Annexionen zugunsten des zu gründenden deutschen Reiches ein. Seit November 1848 benannten sich der Wiesbadener Verein und die ihm angeschlossenen nassauischen Vereine in »Deutscher Verein« um. Das neue Programm vom 12. März 1849 verlieh dem Verein ein noch deutlicher konstitutionelles Profil. Der Herzog war nun nicht mehr wie beim alten Programm höchster Vertreter des souveränen Volkes, vielmehr bestand dem neuen Programm zufolge ein Gesellschaftsvertrag zwischen Fürst und Volk in Form der Märzzugeständnisse. Die stärker konservative Ausrichtung des Deutschen Vereins mit seinem neuen Programm führte dazu, dass sich in Wiesbaden im März 1849 ein liberaler »Bürgerverein« bildete, dessen Vorsitz der ehemalige Vorstand der »Gesellschaft für Freiheit, Gesetz und Ordnung«, Karl Fresenius, übernahm. Der Bürgerverein forderte für Nassau eine Verfassungsreform auf der Grundlage der Märzerrungenschaften und eine Umsetzung der Grundrechte in Gesetzgebung und Verwaltung. Er besaß damit eine große Nähe zu den Demokraten im »Verein zur Wahrung der Volksrechte«.

Die Abspaltung des Bürgervereins in Wiesbaden war Ausdruck latenter Konflikte innerhalb des konstitutionellen Vereinswesens, das durch den Zusammenschluss liberal-konstitutioneller und konservativer Mitglieder gebildet wurde. Dieses Bündnis trat vor allem dann zum Vorschein, wenn es darum ging, demokratische Kandidaten bei Wahlen zu verhindern. Sogar profilierte Gegner der liberal-demokratischen Bewegung im Vormärz traten 1848 den konstitutionellen Vereinen bei. Ein besonders eklatanter Fall war August Vilmar, der in Marburg den antirevolutionär-reaktionären »Hessischen Volksfreund« herausgab. Sein Beitritt zum Marburger Vaterlandsverein sorgte in Kurhessen für Spott. Der liberale Abgeordnete Heinrich Henkel kommentierte, dass dieser Verein »weit mehr landesväterlich als vaterländisch gesinnt« sei.[476] Zu den Mitgliedern der konstitutionellen Vereine gehörten nun auch »getreue rührige Mitarbeiter der alten Schreiberherrschaft mit ihrer Aristokratie, Bureaukratie, ihrem Höflings-, Familien- und Schmeichler-Regiment, Hofdemagogen und Andere dieses Schlags!«[477] Die Mitgliedschaft so vieler konservativer Revolutionsgegner wurde von manchen Liberalen im konstitutionellen Vereinswesen kritisch gesehen. So bezeichnete Riehl die »Reaktionäre, welche bisher als Schmarotzerpflanzen an der konstitutionellen Partei klebten«

als »gefährliche Freunde«.[478] In Darmstadt klagte das »Darmstädter Journal«, dass »die constitutionelle Partei, als die jetzt in gewissem Sinne conservative, geduldig alle Elemente, welche sich nicht zur heutigen Opposition schlagen, ohne Prüfung in sich aufnehmen [würde]«. Von diesen »Pseudo-Constitutionellen« hieß es, sie »fälschen und verwirren die Haltung der ganzen Partei«. Daher rief die Zeitung die konstitutionelle »Partei« auf, »haltet eure Reihen rein, unbefleckt durch Reactionäre, Satisfaits und Fanatiker!«[479]

Diese Stellungnahmen und Aufrufe änderten nichts daran, dass ein unterschiedlich großer Anteil der Mitgliedschaft der konstitutionellen Vereine Konservative waren, die diese Vereine auch als konservativ verstanden. So sprach der Gießener Theologieprofessor Eduard Köllner, einer der Initiatoren des »Vaterländischen Vereins«, vom »conservativen« Verein.[480] In manchen Vereinen waren diese Konservativen eine bestimmende Gruppe, was zu Konflikten mit liberalen Kräften um den politischen Kurs des jeweiligen Vereins führte. Ein Beispiel hierfür ist wieder der Vaterländische Verein in Gießen, wo am 29. Mai 1848 eine Kontroverse darüber entstand, ob der Nationalversammlung das alleinige Recht zustand, die Reichsverfassung zu formulieren. Die konservative Gruppierung um Köllner war dagegen der Auffassung, die Nationalversammlung müsse in Übereinstimmung mit dem Bundestag als dem Organ der Regierungen die Reichsverfassung beschließen, womit das Prinzip der Volkssouveränität in Frage gestellt wurde.[481] Gerade auch in Vereinen kleinerer Städte, die ländliche Unruhen in ihrer unmittelbaren Nachbarschaft erlebten, positionierten sich konstitutionelle Vereine militant antidemokratisch und antirevolutionär. Dem Verein »für Freiheit, Gesetz und Ordnung« in Weilburg gehörten auch Offiziere und Soldaten der Garnison an, und in seinen Statuten erklärte er in Paragraph 1, alle Vereine bekämpfen zu wollen, »welche nicht die Aufrechterhaltung der constitutionellen Monarchie an die Spitze stellen«.[482] In Paragraph 7 des politischen Programms machten die Vereinsmitglieder deutlich, dass sie durchaus auch handfest einzugreifen bereit waren: »Die Gesellschaft verbindet sich, nach Kräften Hand anzulegen, um im Nothfalle in unserer Umgebung gesetzliche Ordnung herstellen zu helfen, unter deren Schutz allein die wahre Freiheit gedeihen [...] kann.«[483] Im gleichnamigen Verein in Eltville, der eng mit der Bürgerwehr verbunden war, wurden sogar Waffenübungen abgehalten. Der Bürgerverein der Kleinstadt Frankenberg schloss sich dem konstitutionellen Kasseler »Bürgerverein« an und nannte unter anderem die Bekämpfung »aller Gesetzlosigkeit [und] Ruhestörung« als Vereinszweck.[484]

In der eher konservativen Residenzstadt Darmstadt, wo bereits ein unmittelbar nach der Märzbewegung gegründeter liberaler »Vaterländischer Verein«

bestand, wurde Kritik von konstitutioneller Seite an dessen wenig entschiedener Haltung laut. Am 24. Juni 1848 wurde daher ein »Konstitutionell-monarchischer Verein« gegründet, der sich dezidiert gegen die demokratische Partei positionierte, die er als »Schlange« bezeichnete, welche »den Samen des Mistrauens und der Zwietracht« sähe und sich »mit unsern bittersten Feinden« verschwöre, um »unsere schönsten Marken den Erbfeinden des Reiches auszuliefern« und »in dem schmählichen Restchen desselben ungestört ihre republikanischen Kunststückchen auszuführen [...]«.[485] Dieser neue Verein hatte zugleich den Charakter eines konservativen Schutzvereins, sagte in seinen Statuten »der zu Recht bestehenden Obrigkeit in allen gesetzlichen Dingen seine Unterstützung und kräftige Hilfe zu, und verpflichtet[e] sich ausdrücklich in Bezug auf hiesige Stadt zur Aufrechterhaltung des Stadtfriedens kräftigst mitzuwirken«.[486] Unter den Mitgliedern dieses Vereins gab es viele staatliche Beamte, Soldaten, Offiziere und Angehörige der Veteranen-Kompanie, deren Anführer, Oberst Karl Friedrich Fresenius, dem Vorstand angehörte. Mindestens 137 Mitglieder des Konstitutionell-monarchischen Vereins waren Veteranen, die ebenso wie die im Verein zahlreich vertretenen Militärangehörigen den konservativen Kreisen um den Prinzen Emil zugerechnet werden dürfen. Außerdem bestanden Verbindungen zu den preußischen »verbündeten Vereinen der Krieger aus den Jahren 1813–15«, die zum Kern des militärischen Konservatismus in Preußen zählten.[487] Vor allem die Veteranen waren zu gewalttätigen Aktionen gegen Demokraten bereit, so bei der Volksversammlung in Kranichstein bei Darmstadt am 23. Juli 1848.

Im Konstitutionell-monarchischen Verein dominierten die konservativen Kräfte, die nun infolge von Doppelmitgliedschaften auch im liberaleren Vaterländischen Verein stärker wurden, wo sie schließlich fast 40 Prozent seiner Mitgliedschaft ausmachten. Bei den Vorstandswahlen des Vaterländischen Vereins im Dezember 1848 gelang es ihnen, die bisherigen liberalen Vorstände zu verdrängen und durch konstitutionelle und konservative Mitglieder zu ersetzen. In politischer Hinsicht nahm der Konstitutionell-monarchische Verein eine dezidiert nationalistische Haltung ein und sah Deutschland ringsum »von erbitterten Feinden umgeben«.[488] Der Verein bekundete seine Treue und Verehrung für das großherzogliche Fürstenhaus und bekämpfte den Paulskirchenabgeordneten Schulz(-Bodmer), der der linksliberalen Fraktion Westendhall angehörte, sowie alle Bestrebungen zu einer Revision der hessen-darmstädtischen Verfassung. Dies erklärt, warum in der Revolutionszeit im hessischen Raum zunächst kein eigenes konservatives Vereinswesen entstand, denn die konstitutionellen Vereine verbanden Konstitutionelle und Konservative gegen die demokratische Partei. In ihnen konnten sich Konservative politisch heimisch fühlen und es bestand keine Notwendigkeit für eine eigene politische Organisationsbildung. Erst zum Ende der Revolutionszeit und danach entstanden dezidiert hochkonservativ-reaktionäre Vereine, so in Wabern im ohnedies konservativeren Norden Kurhessens, wo im November 1850 ein »Kurhessischer Treubund für Fürst und Vaterland« nach Vorbild preußischer konservativer Vereine gegründet wurde, dessen Ausbreitung jedoch begrenzt war. Allerdings besaßen nicht alle konstitutionellen Vereine einen derart großen Anteil Konservativer wie der Darmstädter Konstitutionell-monarchische Verein. So ging der Politische Verein in Hanau ein Bündnis mit den Demokraten ein, das bis in die Endphase der Revolution andauerte und ihn auch in Gegensatz zum Kasseler Märzministerium brachte. Innerhalb des »Nationalen Vereins« gehörte er zum linken Flügel.[489] Kritisch bemerkte ein Vereinsmitglied rückblickend: »Der [...] Verein [...] hätte, als damals einzig möglicher conservativer Clubb viel gegen die Revolution wirken können, wenn seine Mitglieder auch eine entschieden conservative Gesinnung und standhaften Muth besessen hätten, allein die Meinungen gingen auseinander [...].«[490] Ähnlich wie die Demokraten war die konstitutionelle Partei durch eine politische Heterogenität und unterschiedliche Positionen gekennzeichnet, was die Organisationsbestrebungen erschwerte.

Der Umfang des Vereinswesens der konstitutionellen Liberalen war mit etwa 150 Vereinen im Frühsommer 1849 deutlich geringer als bei der demokratischen Konkurrenz. Allerdings konnten die konstitutionellen Vereine in ihren Hochburgen im nördlichen Kurhessen und in der hessen-darmstädtischen Provinz Starkenburg durchaus mit den demokratischen Vereinen mithalten. Die konstitutionellen Vereine hatten ihre Anhänger vor allem in evangelischen städtisch-bürgerlichen Schichten, hier vor allem in Residenzstädten. In den größeren Städten besaßen die konstitutionellen Vereine oft eine erhebliche Mitgliederstärke, so etwa der »Patriotische Verein« in Frankfurt mit 2500 und der Konstitutionell-monarchische Verein in Darmstadt mit zeitweise 2300 Mitgliedern. Die Basis der konstitutionellen Vereine bildeten Militärangehörige, Beamte und Angehörige des Bildungsbürgertums sowie vor allem selbstständige Geschäftsleute, Handwerksmeister und Kaufleute. Angehörige unterbürgerlicher Schichten finden sich dagegen selten, Ausnahmen stellten der Bürgerverein in Kassel und der Konstitutionell-monarchische Verein in Darmstadt dar, denen Sekretäre, Buchhalter, Dienstboten, Soldaten und Amtsgehilfen beitraten. In den Vereinsvorständen waren vor allem Bildungsbürger, höhere Beamte aus Justiz und Verwaltung sowie städtische Honoratioren vertreten. Auf die Vorstände konstitutioneller Vereine traf die auf den Bürgerverein Kassel gemünzte Formulierung der »Verschmelzung der Bureaukratie mit der Bourgeoisie« durchaus zu. An der Vereinsbasis konkurrierten dagegen Konstitutionelle und Demokraten um das städtische Handwerk und die Kleingewerbetreibenden.[491] Auch Angehörige der kommunalpolitisch aktiven selbstständigen Honoratioren fanden sich in konstitutionellen Vereinen. In Residenzstädten neigten diese nicht zuletzt aufgrund der wirtschaftlichen Bedeutung des Hofes eher zu einer konstitutionellen oder konservativen Haltung.

Es bestand daneben auch ein ländliches Potenzial für konstitutionelle Organisationsbildungen. Doch waren diese ländlichen konstitutionellen Vereine eher selten und kurzlebig. So nannte beispielsweise der »Bürgerverein« in Reichelsheim (Odenwald) als Zielsetzung, »Fortschritt auf gesetzlichem Wege, der Rückschritts- wie Umsturzparthei entgegenzuwirken und so zur Aufrechterhaltung der Ordnung (ohne welche keine Freiheit) beizutragen«.[492] Im Gegensatz zu den Demokraten zeigten die städtischen Konstitutionellen wenig Initiative zur Gründung von Filialvereinen und zur Unterstützung gleichgesinnter ländlicher Vereine. Von wenigen Ausnahmen, wie dem Vaterländischen Verein Gießen abgesehen, der gut besuchte Volksversammlungen in der Umgegend abhielt, bewiesen städtische Konstitutionelle wenig Anteilnahme für die Anliegen der Landbevölkerung, der »gutmütige Leichtgläubigkeit und schlichte Einfalt« unterstellt wurde.[493] Die konstitutionellen Vereine traten vergleichsweise selten durch Volksversammlungen hervor. In ihren Sitzungen wurden aktuelle tagespolitische Themen und Fragen der nationalen Einigung sowie Grundrechts- und Verfassungsthemen diskutiert, die dann auch in Petitionen an Landtage oder die Nationalversammlung münden konnten. Manche Vereine besaßen Lesezimmer, in denen verschiedene konstitutionelle Zeitungen geführt wurden. Feste und Bankette bildeten einen festen Bestandteil des konstitutionellen Vereinslebens, die der Selbstdarstellung nach außen und dem Zusammenhalt des Vereins dienten. Dabei wurden zwar die Märzerrungenschaften gefeiert, gleichzeitig aber die Loyalität und Verbundenheit zum Fürstenhaus bekundet. Im Gegensatz zu den Festen demokratischer Vereine handelte es sich hier nicht um revolutionäre Feiern. Der Ablauf – Umzug, Gottesdienst, Kundgebung mit Ansprachen – war der traditionellen städtisch-bürgerlichen Festkultur entnommen.

Entgegen der Auffassung einer liberalen Parteienskepsis hatten die konstitutionellen Vereine schon früh Zusammenschlüsse und überregionale Organisationsbildungen angestrebt. Es gab informelle Verbindungen zwischen den Konstitutionellen im hessischen Raum, und die konstitutionellen Vereine in Darmstadt standen im Sommer 1848 in Korrespondenz mit gleichgesinnten Vereinen in Berlin, Düsseldorf, Leipzig, Nürnberg und Wiesbaden. In Nassau entstand bereits im Juni 1848 eine engere Zusammenarbeit zwischen den dortigen Vereinen »für Freiheit, Gesetz und Ordnung« in Wiesbaden, Eltville und Weilburg, und am 17. September 1848 schlossen sich auf Initiative des Vaterländischen Vereins in Darmstadt zehn hessen-darmstädtische liberal-konstitutionelle Vereine zusammen und erklärten, dass die »Staatsform der constitutionellen Monarchie auf demokratischer Grundlage [...] die meiste Gewähr für volksthümliche Entwickelung und Sicherstellung der, auf Gesetz und Ordnung gegründeten, Freiheit und der Rechte des Volkes« biete.[494] Das Gravitationszentrum der 4000 bis 4500 Vereinsmitglieder des hessen-darmstädtischen konstitutionellen Landesverbandes lag in Darmstadt, wo mehr als 2500 in den beiden Vereinen dort Mitglied waren, den Bürgerverein im benachbarten Bessungen nicht mitgerechnet. Der geschäftsführende Zentralausschuss wechselte regelmäßig zwischen Gießen, Darmstadt und Mainz, und der Verband war eine Vereinigung voneinander unabhängiger Vereine. Wohl nicht zufällig vollzogen sich die Zusammenschlüsse konstitutioneller Vereine zu einer Zeit, als sich die Fraktionen der Rechten und des rechten Zentrums in der Nationalversammlung ebenfalls Programme gaben.[495] Am 19. November 1848 schlossen sich die bisherigen nassauischen Vereine »für Freiheit, Gesetz und Ordnung«, die sich jetzt »Deutsche Vereine« nannten, den hessen-darmstädtischen konstitutionellen Vereinen als vierter Bezirksverband neben Oberhessen, Rheinhessen und Starkenburg an. Wiesbaden wurde vierter Vorort des Vereinsverbandes, der sich nun in »verbundene deutsche Vereine am Mittelrhein« umbenannte. Riehl befand, es sei »wahrlich hohe Zeit, daß die konstitutionelle Partei sich zusammenraffe, die siegreiche Stellung, welche ihr die Wendung der Zeitgeschichte gegeben, rührig ausbeute und über Verdächtigungen und philiströse Rücksichten einmal gründlich hinaussehen lerne. Wir müssen in allmählichem Fortschritte die Verbrüderung aller konstitutionellen Vereine Deutschlands anstreben, dann erst erringen wir die politische Macht, die uns gebührt.«[496] Das erklärte Ziel der konstitutionellen »Partei« war es, sich den Regierungen als geeigneter Bündnispartner gegen die Demokraten zu präsentieren. Die Siege der Konterrevolution in Frankfurt, Berlin und Wien wurden von Riehl offenbar als vorteilhaft für die eigene Politik interpretiert.

Auch bei den kurhessischen Konstitutionellen gab es Bestrebungen zu einem Zusammenschluss von Vereinen, der hier aber auf einen nationalen Verband abzielte. Bereits am 7. September 1848 ging vom Bürgerverein in Kassel ein erster Anstoß aus, dessen Resonanz so ermutigend war, dass der Verein am 10. Oktober 1848 zu einem Kongress nach Kassel einlud, um einen »Allgemeinen deutschen Vaterlands-Verein« zu bilden.[497] Die Einladung richtete sich nicht nur an konstitutionelle Vereine, verlangt wurde aber angesichts der dramatischen Ereignisse während des Septemberaufstands in Frankfurt von den teilnehmenden Vereinen Loyalität gegenüber der Nationalversammlung, worauf die Delegierten entschieden demokratischer Vereine die Tagung wieder verließen.[498] Auf dem Kongress in Kassel vom 3. bis 5. November 1848 kam es schließlich nach teilweise heftigen Auseinandersetzungen zur Gründung eines liberal-konstitutionellen Verbandes unter dem Namen »Nationaler Verein«, dessen Programm unter dem Wahlspruch »Einheit, Freiheit, Macht und Wohlfahrt« stand.[499] Die Aufnahme eines Bekenntnisses zur konstitutionellen Monarchie, wie dieses insbesondere von den hessen-darmstädtischen Delegierten gefordert wurde, scheiterte am Widerstand einer großen Minderheit, die anderenfalls mit ihrem Austritt drohte – ein Beleg für die unterschiedlichen Strömungen innerhalb der entstehenden konstitutionellen Partei. Das Programm des »Nationalen Vereins« beschränkte sich daher auf den kleinsten gemeinsamen Nenner der versammelten Vereine, das Bekenntnis zur Nationalversammlung als dem gesetzlichen Organ der Volkssouveränität, dessen Beschlüsse für ganz Deutschland bindend sein sollten und vom »Nationalen Verein« sowohl gegen »anarchische« wie »reactionäre« Angriffe verteidigt werden sollten. Außerdem bekannte sich der Nationale Verein durchaus in demokratischem Sinne zu dem Recht des Volkes auf freie politische Selbstbestimmung auch in den Einzelstaaten.[500] Vorort des Nationalen Vereins war zunächst auf ein Jahr der Bürgerverein Kassel, der einen geschäftsführenden Ausschuss bestimmte, der die Korrespondenz mit den regionalen Vereinsverbänden führte und Monatsberichte herausgab, seit Anfang Februar 1849 die »Blätter des nationalen Vereines für Deutschland«, die wöchentlich erschienen.

Der Versuch des »Deutschen Vereins« in Leipzig, eine entschieden konstitutionelle Vereinsorganisation ins Leben zu rufen, scheiterte dagegen. Der Nationale Verein blieb die einzige konstitutionelle Dachorganisation auf nationaler Ebene. Ihm schlossen sich alleine aus Kurhessen bis zum Frühjahr 1849 fast 30 Vereine an.[501] Insgesamt gehörten dem Nationalen Verein etwa 160 Vereine an, darunter auch die verbundenen deutschen Vereine am Mittelrhein. Eine deutschlandweite Verbreitung erreichte der Verband jedoch nicht, und er blieb hinsichtlich der Zahl der angeschlossenen Vereine weit hinter dem zeitgleich entstandenen demokratischen Centralmärzverein zurück. Auch fehlte eine feste institutionelle Verbindung zu Fraktionen in der Nationalversammlung. Hier gab es lediglich durch die angeschlossenen konstitutionellen Vereine personelle Verbindungen zu liberal-konstitutionellen Fraktionen, wie beispielsweise beim Vorort, dem Kasseler Bürgerverein.[502] Besonders eng war das

Verhältnis der konstitutionellen Vereine in Wiesbaden und Darmstadt, wo die Minister und Paulskirchenabgeordneten Karl Jaup und August Hergenhahn sogar Vereinsmitglieder waren. Die Vereine sorgten auch für die Aufstellung von Kandidaten der konstitutionellen »Partei« bei Wahlen in den Ländern und Kommunen. Noch im August 1849 erreichten die hessen-darmstädtischen konstitutionellen Vereine ein gemeinsames landständisches Wahlprogramm, eine Wahlkampforganisation und trotz der Gegnerschaft der Demokraten die Durchsetzung von Kandidaten bei der Wahl. Die mangelnde Organisation wurde auch von einigen Konstitutionellen als Defizit empfunden. So klagte Riehl mit Blick auf die Verhältnisse in Nassau: »So ist manches Unheilvolle beschlossen worden, blos weil unsere Partei im Ständesaale von vornherein den Muth verloren hatte und sich *von Außen her ohne Unterstützung* glaubte.«[503] Als Partei der regierenden Märzministerien fiel es den Konstitutionellen schwerer als der demokratischen Opposition, »die Partei von unten herauf zu organisiren«.[504]

Die hessischen und nassauischen Konstitutionellen erklärten sich spätestens seit Dezember 1848 für die Schaffung eines kleindeutschen Nationalstaats mit preußischem Erbkaiser. Sie bekräftigten dies durch eine Reihe von Adressen an die Nationalversammlung und entsprechenden Anträgen in den Landtagen. Beispielhaft hierfür war der Antrag der Abgeordneten Wilhelm Wernher und August Friedrich Schenck vom 28. Januar 1849 in der Zweiten Kammer des Darmstädter Landtags, die Stände sollten »es mit großer Freude begrüßen, wenn bei endlicher Feststellung der deutschen Verfassung Preußen an die Spitze von Deutschland gestellt« würde.[505] Zwar wurde er mit überwältigender Mehrheit angenommen, doch zeigte sich auch, welch starke Vorbehalte bei Demokraten gegen den preußischen König bestanden. So stellte der Abgeordnete Christian Heldmann den Gegenantrag, den »Großherzog von Hessen als Reichsstatthalter an die Spitze Deutschlands« zu stellen,[506] und verknüpfte dies mit dem Wunsch nach einer Wiedervereinigung beider Hessen. Der Beginn der Kampagne fiel mit der Übernahme des Amts des Reichsministerpräsidenten durch Heinrich von Gagern zusammen. Angesichts der verbreiteten Vorbehalte gegen Preußen und der starken großdeutschen Sympathien auch bei vielen Konstitutionellen im hessischen Raum war die Kampagne für den preußischen Erbkaiser ein großer Erfolg, für den wohl vor allem Vernunftgründe den Ausschlag gaben.

Politischer Katholizismus

Nachdem die katholische Wahlbewegung im Frühjahr 1848 im hessischen Raum ein eher verhaltenes Echo erzeugt hatte, gingen von dem Mainzer katholischen Verein im Sommer/Herbst 1848 Impulse aus, die große Auswirkungen auf die nationale Organisation des politischen Katholizismus hatten und zur Gründung zahlreicher katholischer Vereine führten. Im März 1848 als »Verein für religiöse Freiheit« gegründet, benannte er sich wie andere katholische Vereine auch nach Papst Pius IX. in »Piusverein« um. Mit dem »Mainzer Journal« besaß er seit Juni 1848 ein politisches Organ, das überregional wirksam war. Vom Mainzer Piusverein ging die Einladung zum ersten Katholikentag aus, der vom 3. bis 6. Oktober 1848 in Mainz als Versammlung katholischer Vereine stattfand, die sich hier zum »Katholischen Verein Deutschlands« zusammenschlossen. Vorort dieses nationalen Dachverbandes war bis zum nächsten Katholikentag der Mainzer Verein, dessen Vorstand die Rolle eines Zentralausschusses wahrnahm. Der Zentralausschuss hatte allerdings lediglich eine geschäftsführende und vollziehende Kompetenz. Er repräsentierte den Verband und sorgte für die Kommunikation, konnte aber selbst keine Beschlüsse für diesen fassen.[507] Die Organisation konnte sich zunächst noch kaum auf Bezirks- oder Diözesanverbände stützen. Vor allem der katholische Klerus unterstützte die Gründung von Piusvereinen – fast die Hälfte der bekannten Vereinsvorsitzenden waren im Oktober 1848 Pfarrer. Auf dem Katholikentag machten sie 26 von 82 Delegierten aus, gefolgt von 15 Professoren und Lehrern sowie 14 höheren Beamten und Advokaten.[508] Zum »katholischen Klub«, einer interfraktionellen Vereinigung kirchlich orientierter katholischer Abgeordneter der Nationalversammlung in Frankfurt, bestanden enge Verbindungen. Sechs Paulskirchenabgeordnete, darunter der spätere Mainzer Bischof Wilhelm Emmanuel von Ketteler, der einflussreiche Jurist und Förderer des Kölner Doms August Reichensperger und der populäre badische Politiker Franz Joseph von Buß, nahmen am Katholikentag in Mainz teil, bei dem Buß zum Präsidenten gewählt wurde. Von der deutschen Bischofskonferenz, die bald danach in Würzburg tagte, wurde der Katholische Verein Deutschlands ausdrücklich gebilligt.

Neben dem Netz der Pfarreien waren es vor allem die katholischen Laien, die für die Entstehung katholischer Vereine sorgten. Diese bildeten einen Bestandteil der strengkirchlichen, »ultramontanen« Massenbewegung, die in den 1840er Jahren breite katholische Bevölkerungskreise erfasste und mit einer Hinwendung zu traditionellen Frömmigkeitsformen und einer tiefen Verehrung des Papstes verbunden war.[509] Die Katholikentage waren daher von

Anfang an nicht nur Vereinsversammlungen, sie bildeten auch ein zentrales Glaubensfest der deutschsprachigen katholischen Laien. Die Mitgliedschaft der Piusvereine setzte sich aus Kleingewerbetreibenden, selbstständigen Handwerkern und Kaufleuten, aber auch aus Tagelöhnern, Arbeitern und Gesellen zusammen. Die katholischen Vereine erreichten damit ähnliche Sozialschichten wie die demokratischen Vereine. Insgesamt sind im hessischen Raum rund 50 katholische Vereine in der Revolutionszeit nachgewiesen, die längere Zeit Bestand hatten. In Nassau, wo mit dem in Camberg wohnhaften Legationsrat Moritz Lieber ein außerordentlich aktiver Vereinsvorsitzender lebte, der 1849 Präsident des zweiten Katholikentags in Breslau wurde, bestand die höchste Vereinsdichte. Am 11. und 16. Februar 1849 fanden sich Delegierte der nassauischen Piusvereine zu einem engeren Zusammenschluss in Hadamar unter der Leitung des dortigen Piusvereins zusammen. Eigenen Angaben zufolge soll es in Nassau im April 1849 insgesamt 32 Vereine mit etwa 6000 Mitgliedern gegeben haben, darunter viele aus ländlichen Gemeinden.[510] Am schwächsten war die Ausbreitung in Kurhessen, wo nur fünf Vereinsstandorte nachgewiesen werden konnten. Der größte Piusverein im hessischen Raum war der Verein in Mainz mit etwa 750 Mitgliedern im Oktober 1848.

Das karitative Engagement und die Bildungsarbeit stellten zentrale Schwerpunkte der Arbeit katholischer Vereine dar. So nannten die Statuten der Vereine in Hadamar und Wiesbaden die Behebung der herrschenden sozialen »Mißverhältnisse und Uebelstände« als ein Hauptziel.[511] Als Mittel hierzu wurden spezielle Wohltätigkeitsvereine und die Förderung der Volkspädagogik angesehen. Auf dem ersten Katholikentag wurde nach französischem Vorbild die Gründung von karitativen »Vincentius-« oder »Vinzenzvereinen« beschlossen, denen als Pendant für Frauen die »Elisabethvereine« folgten.[512] Ferner wurden Volksbibliotheken, Lesestuben, Lesevereine sowie Borromäus-Vereine zur Verbreitung katholischer Literatur initiiert, die sich vor allem auch an Handwerker und Dienstboten wandten. Der Mainzer Piusverein rief darüber hinaus eine Abendschule und einen »Bildungsverein der Gewerbtreibenden« ins Leben, der sich gegen die »sittliche Verwahrlosung« der Handwerksgesellen richtete. Vorbild waren die seit 1846 gegründeten Gesellenvereine des Geistlichen Adolf Kolping.[513] Die Standpunkte zur Lösung der sozialen Frage waren innerhalb der katholischen Vereine unterschiedlich. Eine verbreitete Sichtweise verband eine moralisierende Kritik an der »Entsittlichung« sowohl mit sozialkonservativen als auch mit freiheitlichen Ordnungsvorstellungen. Als Ursachen des Pauperismus nannte der Redakteur Franz Sausen »*die Entsittlichung der Familien, – die schrankenlose, jeder Ordnung und alles Maßes entbundene Gewerbsfreiheit – und* [den] *Untergang der freien Gemeindeverfassung*. Dem ersten Uebel kann nach unserer innigsten Ueberzeugung nur die Religion; dem zweiten nur eine auf *ein gesundes Innungswesen gegründete Gewerbeordnung*; dem dritten Uebel nur die *Herstellung der freien deutschen Gemeindeverfassung* steuern und abhelfen.«[514] Wilhelm Emmanuel von Ketteler, der am 15. März 1850 zum Bischof von Mainz ernannt wurde und sich besonders für die Arbeiterschaft engagierte, setzte bei der sozialen Frage neue Akzente, indem er die Notwendigkeit grundlegender sozialer Reformen betonte. Er gehörte zu den Begründern der Katholischen Soziallehre und sorgte bereits in der Revolutionszeit mit seinen Adventspredigten vom 19. November bis 20. Dezember 1848 im Mainzer Dom über »die großen sozialen Fragen der Gegenwart« für Aufsehen. Das soziale Engagement der katholischen Vereine dürfte ihre Attraktivität auch für unterbürgerliche Sozialschichten und jüngere Männer erklären.

Die katholischen Piusvereine bildeten einen Sonderfall innerhalb des politischen Vereinswesens der Revolutionsjahre. Im Gegensatz zu allen anderen politischen Richtungen, die umfassende politische Zielsetzungen vertraten, konzentrierte sich der politische Katholizismus im Wesentlichen auf das Verhältnis zwischen Kirche und Staat. Als außerparlamentarische Organisation strebten die Piusvereine die Wahrung der Interessen der katholischen Kirche vor dem Hintergrund des politischen und gesellschaftlichen Wandlungsprozesses an. Dabei war die von den Piusvereinen geforderte religiöse Freiheit als korporative Eigengesetzlichkeit und Unabhängigkeit der Kirche vom Staat zu verstehen. Freiheit der Kirche bedeutete für die katholischen Vereine, »daß jede kirchliche Gemeinschaft von jeder Bevormundung des Staates unabhängig sein und nach den ihr eigenthümlichen Grundsätzen und nach der ihr eigenthümlichen Verfassung sich selbst regieren und verwalten soll; daß so wenig eine Kirche sich anmaßen darf in die Gesetzgebung und Verwaltung des Staates einzugreifen, eben so wenig der Staat eine Einmischung sich erlauben darf in die inneren Angelegenheiten, in die Gesetzgebung und Verwaltung einer Kirche«.[515] Für das Ziel der »Unabhängigkeit der Kirche vom Staat« und für konfessionelle Schulen organisierte der katholische Klerus im Verbund mit den katholischen Vereinen vor allem im Juni/Juli 1848, zum Teil mithilfe von Vordrucken, eine der größten Massenpetitionen der Revolutionszeit an die Nationalversammlung, deren Umfang auch im hessischen Raum erst in der Reichsverfassungskampagne von anderen Petitionsbewegungen erreicht werden konnte. Ganz offenbar schöpften die katholischen Vereine dabei aus Erfahrungen im Vormärz, denn schon 1846 hatte Buß die erste katholische Petitionsbewegung an die Zweite Kammer des badischen Landtags initiiert. Schwerpunkte der katholischen Petitionsbewegung der Revolutionsjahre bildeten vor allem der Rheingau, Rheinhessen und die Region um Limburg. Charakteristisch für den

Inhalt der Petitionen war die vom 12. Juni 1848 aus Lampertheim, wo die Erwartung ausgedrückt wurde, »daß in dem deutschen Reichsgrundgesetze unter Aufhebung aller entgegenstehenden Gesetze der einzelnen Territorien, die religiöse Freiheit und Erziehungsfreiheit im vollsten Umfange und durch die bestimmtesten Ausdrücke ausgesprochen, anerkannt und gewährleistet werde […]«.[516] Letztlich konnten die Ziele des politischen Katholizismus bei den Beratungen der Nationalversammlung nicht im gewünschten Umfang durchgesetzt werden.

Die Enttäuschung der katholischen Vereine kam in der »Verwahrung an die deutsche Nationalversammlung« des ersten Katholikentags zum Ausdruck.[517] Seit Oktober 1848 war eine Abkehr des politischen Katholizismus von der Märzerhebung und der Nationalversammlung festzustellen. Den endgültigen Bruch bewirkten die Reichsverfassung und das damit verbundene kleindeutsche Reich mit preußischem Erbkaiser. Die ausgeprägt großdeutschen Sympathien der katholischen Vereine ließen sich mit einem Deutschen Reich ohne Österreich, aber mit einem protestantischen preußischen Herrscherhaus nicht in Einklang bringen. Ihr Ziel war dagegen ein Deutsches Reich auf katholischem Fundament.[518] Die katholischen Vereine im hessischen Raum wandten sich, soweit sie überhaupt politisch auftraten, den einzelstaatlichen Verhältnissen zu und empfahlen sich als bewahrende Kraft. So hieß es in der »Ansprache« des ersten Katholikentages: »Die Throne der Fürsten wanken und die Verfassungen der Staaten sind der Willkühr und der rohen Gewalt der Parteiung verfallen […] und wenn noch irgend ein Halt das Bestehende festigt, nicht das Gesetz, nicht das Ansehen des Staates, *das Christenthum* ist's, welches noch den schwankenden Bau in den Fugen hält: *es ist die von der Kirche gehütete Sitte*.«[519]

Die Sitzungen der Piusvereine unterschieden sich von denen anderer Vereine. Im Mittelpunkt standen ausführliche, oft erbauliche und belehrende Vorträge. Diese befassten sich vor allem mit kirchenpolitischen und historischen Themen, der sozialen Frage, moralischen Betrachtungen, Fragen der Mission und des Kultus sowie der Arbeit der katholischen Vereine. Tagespolitische oder allgemeinpolitische Themen kamen dagegen kaum vor, sie wurden, von der Schulfrage abgesehen, eher in der Form zeitkritischer Betrachtungen behandelt. An sie schlossen sich Erörterungen, aber kaum Diskussionen an. Beifallsbekundungen waren beispielsweise im Mainzer Verein untersagt, es herrschte in den Sitzungen üblicherweise andächtige Ruhe. Die Sitzungsräume waren meist kirchliche Gebäude, auch Privat- oder Mieträume, nicht jedoch Wirtshäuser wie bei vielen demokratischen und Arbeitervereinen. An die Mitglieder der Piusvereine wurden hohe Ansprüche hinsichtlich ihrer religiösen Pflichterfüllung und ihres Lebenswandels gestellt. In Zusammenarbeit mit den

Piusvereinen der Diözese Limburg wurden »Bünde« der »Jungfrauen«, »Jünglinge« und »Eheleute« initiiert, um ein Leben unter Befolgung der kirchlichen Gebote zu fördern.

Inwieweit die Piusvereine überhaupt politische Vereine sein sollten, war unter diesen umstritten. Die Statuten des im März 1848 gegründeten Mainzer Vereins erteilten allgemein politischen Tendenzen eine klare Absage: »Solche Gegenstände der Politik, welche das Interesse der religiösen Freiheit nicht berühren, sind – da dieselben in den Bürgerversammlungen verhandelt werden – von den Verhandlungen des Vereins ausgeschlossen.«[520] Die nassauischen und hessischen katholischen Vereine hielten generell größere Distanz zu allgemeinpolitischen Themen als beispielsweise die Vereine in der preußischen Rheinprovinz. Dennoch werden die katholischen Vereine zu Recht als politische Organisationen und Vorläufer der späteren Zentrumspartei verstanden, zu der viele, auch personelle Kontinuitätslinien verliefen. Schon die Beteiligung von Piusvereinen an politischen Wahlen belegt ihren politischen Charakter. Mit der religiösen Freiheit verfolgten sie ein politisches Ziel im Sinne der Eigengesetzlichkeit und Unabhängigkeit der Kirche vom Staat, und dies mit der Hilfe einer größtmöglichen Mobilisierung der katholischen Bevölkerung. Der politische Katholizismus besaß im Vergleich zu allen anderen politischen Richtungen das weiteste politische Spektrum. Eine zu weitgehende Festlegung in politischen Fragen hätte die Gefahr von Abspaltungen von Mitgliedern mit sich gebracht und dadurch die Kernziele der katholischen Vereine gefährdet.

Allerdings neigten die katholischen Vereine mit zunehmendem Revolutionsverlauf eher zu konservativen Positionen. Dies galt insbesondere für die nassauischen Vereine, wo Moritz Lieber ein Berater des Limburger Bischofs Peter Blum und Initiator von katholischen Vereinen war. Schon im Vormärz war Lieber während des nassauischen Domänenstreits als Gegner der Liberalen und hochkonservativer Anhänger der Metternich'schen Restaurationspolitik hervorgetreten. Noch am ehesten bestand eine Zusammenarbeit zwischen den katholischen Vereinen und den Konstitutionellen, die sich allerdings regional höchst unterschiedlich gestaltete. So einigten sich im Dezember 1848 der katholische »Bonifatiusverein« und der konstitutionelle Verein in Wiesbaden auf einen gemeinsamen Kandidaten für die Bürgermeisterwahl.[521] In Hadamar unterstützten der dortige katholische Verein und der »Nassauische Zuschauer« vergeblich die Gründung eines konstitutionellen Vereins. In Mainz stellte der Piusverein dem konstitutionellen Bürgerverein zeitweise sein Sitzungslokal zur Verfügung, und etwa neun Prozent der Mitglieder des Piusvereins gehörten auch dem Bürgerverein an. Im

Grunde entsprang die temporäre Zusammenarbeit der konstitutionellen und katholischen Vereine der gemeinsamen Frontstellung gegen die demokratischen Vereine und der Befürwortung der monarchischen Staatsform. Von den konstitutionellen Vereinen trennte die katholischen Vereinsführungen vor allen Dingen ihre großdeutsche Haltung.

Auf dem zweiten Katholikentag in Breslau vom 9. bis 12. Mai 1849 wurden schließlich die »corporative Betheiligung der katholischen Vereine *an rein politischen Fragen*« untersagt und die »Einzelvereine verwarnt, auf unstatthafte Weise politische Fragen des Tages in den Kreis ihrer Wirksamkeit zu ziehen […]«.[522] Der Katholikentag fand in Breslau vor dem Hintergrund des Belagerungszustands und des Verbots politischer Versammlungen statt. Lieber erstattete am 5. Juni 1849 in Hadamar den Delegierten der angeschlossenen katholischen Vereine Bericht über den Breslauer Katholikentag und verwies unverhohlen auf die Gefahren für die katholischen Vereine vor dem Hintergrund von Reichsverfassungskampagne und Reaktion. Die Basis, auf die sich der katholische Verein verständigt hätte, scheide »falsche, die katholische Sache gefährdende Tendenzen aus; sie sichert dem Vereine die pflichtgemäße, zur Beruhigung unserer hochwürdigsten Herrn Bischöfe dienende Stellung zum Episkopate und – bemerken u[nd] beherzigen Sie das wohl, sie entzieht möglichen oder wahrscheinlichen Wechselfällen der Zukunft der Staatsgewalt jeden scheinbar oder wirklich rechtmäßigen Grund, die Wirksamkeit der kath[olischen] Vereine zu beargwohnen u[nd] derselben Hinderniße entgegen zu setzen«.[523] Der gut informierte, über beste Verbindungen verfügende Lieber verwies hier ganz offensichtlich auf künftige Beschränkungen des politischen Vereinswesens, denen die Piusvereine als einzige entgingen. Mit der selbst auferlegten politischen Abstinenz geriet jedoch die Organisation der Piusvereine, die gerade auf Teilhabe an den öffentlichen Angelegenheiten ausgerichtet war, ins Stocken und die Ansätze zu einer politischen Parteibildung wurden blockiert.

Verfassung

des

Deutschen Reiches.

Amtliche Ausgabe.

Frankfurt am Main,

Druck von C. Krebs-Schmitt.

1849.

Verfassung des Deutschen Reiches vom 28. April 1849.

4. DER KAMPF UM DIE ERRUNGENSCHAFTEN DER REVOLUTION (JANUAR – JUNI 1849)

Reichsverfassungskampagne im hessischen Raum

Mit dem Beschluss der Reichsverfassung am 28. März 1849 war das Verfassungswerk der Deutschen Nationalversammlung vollendet. Zugleich wurde der preußische König als erbliches Oberhaupt mit 290 Stimmen gegen 248 Enthaltungen gewählt. Besonders deutlich war das Ergebnis bei den Abgeordneten aus dem hessischen Raum: Von insgesamt 30 Mitgliedern der Nationalversammlung aus dieser Gruppe, die sich an der Abstimmung beteiligten, stimmten nur neun der Wahl Friedrich Wilhelms IV. zum Kaiser der Deutschen nicht zu, aber 21 dafür. Die Enthaltungen kamen hier durchweg von der Linken, wobei diese ausgerechnet in Hessen-Darmstadt, dem Herkunftsland Gagerns, des Wortführers der kleindeutsch-erbkaiserlichen Fraktionen, mit sechs gegen vier Stimmen überwogen, während sonst die Zustimmung zum preußischen Erbkaiser überwältigend war. Das Kurfürstentum Hessen, das Großherzogtum Hessen, das Herzogtum Nassau, das Fürstentum Waldeck-Pyrmont und die Freie Stadt Frankfurt gehörten darüber hinaus zu jenen 28 deutschen Staaten, welche die Reichsverfassung mit dem erblichen Kaiser an der Spitze in einer Kollektivnote vom 14. April 1849 anerkannten. Doch es fehlten darunter die größeren Staaten, allen voran Preußen. Als der preußische König Friedrich Wilhelm IV. am 28. April 1849 Kaiserkrone und Reichsverfassung ablehnte, war nicht nur die Politik der kleindeutsch-erbkaiserlichen Partei der Nationalversammlung in Frankfurt, sondern auch die der konstitutionell-liberalen Minister im hessischen Raum gescheitert.[524]

Die letzte Phase der Revolution hatte begonnen, der Kampf um die Reichsverfassung und die Errungenschaften der Revolution. In der sogenannten Reichsverfassungskampagne verlagerte sich das Geschehen von den städtischen Metropolen, in denen die Gegenrevolution bereits im Herbst 1848 gesiegt hatte, in die Regionen und Länder, in denen die revolutionäre Bewegung noch immer über Rückhalt in der Bevölkerung verfügte.[525] Angesichts des drohenden Scheiterns des Verfassungswerks ergab sich kurzzeitig die Möglichkeit für ein breites Bündnis zum Schutz der Reichsverfassung. Hierbei kam es zu einer

Annäherung zwischen konstitutionellen Liberalen und Demokraten, die allerdings nicht von langer Dauer war. Beispiele bildeten das nassauische Weilburg, wo sich im Mai 1849 ein kurzlebiges gemeinsames Komitee von Demokraten und Konstitutionellen zur Durchführung der Reichsverfassung bildete, und Gießen, wo eine solche Zusammenarbeit im Rahmen einer Volksbewaffnungskommission stattfand. Am 2. Mai wurde im Wiesbadener Landtag eine Kommission für die Organisation der Bürgerwehr gebildet, in der Abgeordnete der Linken und der Rechten vertreten waren.[526] Am längsten dauerte die Zusammenarbeit wohl in Hanau, wo sich der konstitutionelle Politische Verein an der Aufstellung eines Freikorps beteiligte.[527]

Zwischen März und Ende Mai 1849 organisierten insbesondere demokratische Vereine die größten Massenpetitionen der Revolutionsgeschichte. Ihr Ziel war die Mobilisierung der Bevölkerung zur Durchsetzung der Reichsverfassung. So protestierten die Einwohner von Groß-Gerau am 27. April 1849 gegen Versuche von Regierungen, die Reichsverfassung zu ändern, und erkannten nur die Nationalversammlung als dazu berechtigt an. Die Adresse endete mit den Worten: »Wir halten […] treu und fest zur verfassunggebenden Reichsversammlung und sind bereit, sie mit allen unseren Kräften und selbst mit unserem Leben in ihrem Streben, der verkündeten Reichsverfassung allseitige Anerkennung und Durchführung zu verschaffen, zu unterstützen. Gott segne das Vaterland und lasse die Feinde seiner Einheit und Freiheit zu Schanden werden!«[528] Die Wiesbadener Bürgerwehr sagte der Nationalversammlung am 2. Mai 1849 bewaffnete Hilfe mit den Worten zu, »tretet der gefährlichsten Anarchie, der der Dynasten, muthvoll und wie es Männern geziemt entgegen. […] Die ganze deutsche Nation wird sich um Eure Banner schaaren, und jeder Widerstand der Despoten wird an dem einhelligen Willen des deutschen Volkes wie Glas zerschellen.«[529]

Auch die Landtage wurden nun zu Foren für das Bekenntnis zur Reichsverfassung. In Kassel erklärte die Regierung am 13. April 1849 in der letzten Sitzung des Landtags vor seiner Vertagung, die von der Nationalversammlung beschlossene Reichsverfassung anzuerkennen, ihr jede mögliche Unterstützung zukommen zu lassen und eine nicht verfassungsgemäße Abänderung derselben abzulehnen. Eine Annahme der Reichsverfassung könne an keine Bedingungen geknüpft werden.[530] Die Zweite Kammer des Landtags in Darmstadt verlangte am 24. April 1849 fast einstimmig die unbedingte Anerkennung der Reichsverfassung und forderte die Regierung auf, mit allen Mitteln für ihr Inkrafttreten einzutreten und der Reichsgewalt zu ihrer Verteidigung bei Bedarf auch Truppen zur Verfügung zu stellen.[531] Im Wiesbadener Landtag einigte sich am 18. April 1849 ein gemeinsamer Ausschuss aus Abgeordneten der Rechten und der Linken auf einen Antrag zur Unterstützung der Reichsverfassung, der am Tag darauf eine einhellige Zustimmung fand. Nach längeren Diskussionen konnten sich nassauische Demokraten und Liberale auch über die Forderung nach einer baldigen Vereidigung von Militär, Bürgerwehren und Beamtenschaft auf die Reichsverfassung verständigen, die am 2. Mai 1849 vom Landtag einstimmig beschlossen wurde.[532]

In den hessischen Staaten und Nassau wurden Anstrengungen unternommen, die Volksbewaffnung voranzutreiben, die Volkswehren zusammenzuschließen und den Durchmarsch von reichsverfassungsfeindlichen Truppen zu verhindern. So unterzeichnete der Wiesbadener Bürgerwehrkommandant Christoph Malm noch am 10. Mai 1849 zusammen mit linken Landtagsabgeordneten einen Aufruf zur Bildung von lokalen Ausschüssen zur Verteidigung der Nationalversammlung und der Reichsverfassung, zugleich wurde ein Zentralverteidigungsausschuss gebildet, der allerdings keine lange Wirksamkeit hatte. Bereits am 25./26. November 1848 hatten sich die demokratischen Wehrmänner der Bürgerwehren von Gießen, Butzbach und dem preußischen Wetzlar im »Lahnwehrbund« zusammengeschlossen, dem zeitweise auch die Bürgerwehren von Laubach, Lich und Marburg angehörten. Konservative Wehrmänner und die Behörden standen dem Lahnwehrbund allerdings ablehnend gegenüber.[533] Die Offenbacher Bürgerwehr strebte am 8. Mai 1849 einen Zusammenschluss von Bürgerwehren über die Landesgrenzen hinweg unter einem gemeinsamen Oberkommando an. Zu dem am 13. Mai veranstalteten Bürgerwehrkongress kamen Delegierte aus Bockenheim, Büdingen, Butzbach, Darmstadt, Frankfurt, Gießen und Hanau, doch konnte die gewünschte Einigung nicht erreicht werden.[534] In Hessen-Darmstadt, Kurhessen und Nassau wurden auf lokaler Ebene zahlreiche Wehrvereine, Volksbewaffnungskommissionen, Wehr- und Rüstungsausschüsse errichtet und Freikorps zum Schutz der Reichsverfassung aufgestellt. Sie bestanden überwiegend aus Demokraten und ihnen fehlten fast durchweg Waffen und Finanzmittel. Eine Ausnahme bildete Hanau, wo eine überparteiliche Kommission schon am 30. April 1849 aufrief, »laßt uns zum Zwecke der Unterstützung vollständiger Durchführung der Reichsverfassung mit dem Reichswahlgesetze die Errichtung eines bewaffneten Corps so weit vorbereiten, daß es im Stande sey, im eintretenden Falle, vereint mit den Schaaren der übrigen deutschen Gauen augenblicklich für jene Zwecke thätig zu werden«.[535] Ein Rüstungs- und ein Finanzausschuss wurden in Hanau zur Aufstellung eines Freikorps gebildet, obgleich das kurhessische Ministerium deutlich machte, dass Heer und Bürgerwehren die einzig gesetzmäßigen bewaffneten Mächte darstellten und Freischaren daher gesetzeswidrig seien.

Innenansicht der Paulskirche während einer Sitzung der Nationalversammlung.

Am 4. Mai 1849 rief die Nationalversammlung »die Regierungen, die gesetzgebenden Körper, die Gemeinden der Einzelstaaten, das gesammte deutsche Volk auf, die Verfassung des deutschen Reichs vom 28. März d. J. zur Anerkennung und Geltung zu bringen«.[536] Damit sollte öffentlicher Druck aufgebaut und die Unterstützung der Linken in der Nationalversammlung gesichert werden. Ein neuer Reichstag sollte gewählt und das Oberhaupt des größten anerkennenden Staates zum vorläufigen Reichsstatthalter ernannt werden.[537] Heinrich von Gagern plante bereits den Schutz der Nationalversammlung mit hessischen, kurhessischen und nassauischen Truppen gegen mögliche feindliche Interventionen.[538] Doch die Unterstützung für Gagerns politischen Kurs schwand. Schon der Beschluss vom 4. Mai konnte nur mit einer hauchdünnen Mehrheit von 190 gegen 188 Stimmen gefasst werden. Er wurde sowohl von der preußischen Regierung als auch vom Reichsverweser Erzherzog Johann als ungesetzlich abgelehnt. Anfang Mai 1849 zeichnete sich bereits das Scheitern des liberalen Konzepts der gesetzmäßigen Durchführung der Reichsverfassung und damit auch das Ende der Zusammenarbeit zwischen Liberalen und Demokraten ab. Ursachen dafür waren die Entschlossenheit der preußischen Regierung, einen Bürgerkrieg zu riskieren, und die Bereitschaft vieler Demokraten, mit Waffengewalt gegen verfassungsfeindliche Regierungen vorzugehen. Die schnelle Niederschlagung des Dresdner Aufstands vom 3. bis 9. Mai 1849 mithilfe preußischer Truppen und die Entwicklung in der bayerischen Rheinpfalz, wo ein revolutionärer Landesverteidigungsausschuss konstituiert wurde, waren Belege dafür, dass für ein friedliches Vorgehen kaum noch Handlungsspielräume bestanden. Am 9. Mai charakterisierte der Redakteur Riehl in Wiesbaden die Lage der konstitutionellen Liberalen so: »Die gemäßigte Partei [...] steht zwischen zwei Feuern und hat leider wenig Macht.«[539]

Am 10. Mai trat Heinrich von Gagern als Reichsministerpräsident zurück. Mehrere deutsche Regierungen, vor allem die preußische, erklärten das Mandat der Abgeordneten ihrer Länder bei der Nationalversammlung für erloschen.[540] Am 19. Mai entschied sich die Mehrheit der Fraktion Casino für den Austritt aus der Nationalversammlung. Nachdem schon zuvor zahlreiche Parlamentarier ihr Mandat niedergelegt hatten, folgten am 20. Mai Heinrich von Gagern und viele andere bedeutende Repräsentanten der Paulskirche, sodass nur noch etwa 190 meist linke Abgeordnete verblieben, deren Zahl weiter schwand. Aufgrund der unsicheren Lage in Frankfurt beschlossen die verbliebenen Abgeordneten der Nationalversammlung am 31. Mai 1849 die Verlegung des Sitzes nach Stuttgart, wo sich am 6. Juni 1849 noch 104 Abgeordnete einfanden. Dieses sogenannte »Rumpfparlament« setzte eine provisorische Reichsregentschaft ein, die aber von den meisten deutschen Staaten nicht anerkannt wurde.[541] Angesichts der Haltung der größeren deutschen Staaten und der allmählichen Auflösung der Nationalversammlung schwenkten auch die konstitutionellen Regierungen im hessischen Raum auf einen gegenrevolutionären Kurs ein und unterstützten die Durchsetzung der Reichsverfassung nicht mehr.

Die Reichsverfassungskampagne ging in ihre letzte, gewaltsame Phase über: Mit der Auflösung der Nationalversammlung und dem Beginn der Badischen Revolution zogen sich die konstitutionellen Liberalen aus der Bewegung zur Durchsetzung der Reichsverfassung zurück, während sich manche Demokraten auf Kampfhandlungen vorbereiteten. Aber auch unter den Demokraten herrschte keine Einigkeit über die politischen Ziele. Während die Gemäßigten unter ihnen auf der Unveränderbarkeit der Reichsverfassung bestanden, um die Legalität der Bewegung zu wahren, war für die radikale Linke nach der Ablehnung der Kaiserkrone der Weg zu einer »socialen Republik« frei. Charakteristisch war das öffentliche Bekenntnis des Darmstädter Republikaners Karl Ohly vom 6. Mai 1849, »die Reichsverfassung genüge ihm nicht. Aber man solle dieselbe zur Barrikade nehmen.«[542]

Enttäuschung über die Nationalversammlung und insbesondere die Liberal-Konstitutionellen um Heinrich von Gagern ergriff breite, nicht nur demokratisch gesinnte Bevölkerungskreise. In einer Adresse der Bürgerwehr von Ortenberg vom 8. Mai 1849 hieß es: »Wir sind seither den Verhandlungen gefolgt, die Ihr als Vertreter der deutschen Nation, auf deren Mandat Ihr gestützt seid, gepflogen habt. [...] Jetzt aber zeigt es sich deutlich, was wir von Euch zu hoffen haben. Die Zeit ist gekommen, wo Ihr dem deutschen Volke Eure Treue hättet beweisen können. Ihr habt es nicht getan und unsere Erwartungen bitter enttäuscht. Ihr habt nicht einmal den Mut, die Beeidigung des Militärs und der Beamten auf die Verfassung selbst in denjenigen Staaten zu dekretieren, wo die Verfassung bereits anerkannt worden ist. Wir haben die vollständige Gewißheit, daß Ihr selbst an Eurem kaiserlichen Werke verzweifelt.«[543] Zugleich bekamen die Ereignisse in der Rheinpfalz und in Baden eine Dynamik: Nachdem Großherzog Leopold von Baden am 13. Mai 1849 fluchtartig sein Land verlassen hatte, bat er am 24. Mai den preußischen König um Hilfe, sodass die Intervention preußischer Truppen unmittelbar bevorstand.

Schon am 15. Mai 1849 stellte der demokratische Abgeordnete Friedrich Lang im Wiesbadener Landtag den Antrag, die Regierung aufzufordern,

»1) den Truppen derjenigen Regierungen, welche die Reichsverfassung noch nicht anerkannt haben, den Durchmarsch durch das Herzogthum nur dann zu gestatten, wenn die Centralgewalt diesen Durchmarsch anordnet,

2) den hiernach unzulässigen Durchmarsch solcher Truppen mit allen ihr zu Gebote stehenden Mitteln zu verhindern und zu dessen Verhinderung das Volk aufzurufen«.[544]

Dieser Antrag richtete sich erklärtermaßen gegen preußische Interventionstruppen, die gegen Volksaufstände eingesetzt werden sollten. Obgleich Minister Hergenhahn in der Landtagssitzung darauf hinwies, dass die Umsetzung dieses Antrages bestehende Verträge verletzen und eine Kriegserklärung gegen Preußen darstellen würde, wurde der Antrag nur sehr knapp mit 19 gegen 18 Stimmen abgelehnt.[545] Als zwei nassauische Bataillone in Kampfbereitschaft versetzt wurden, um hessische Bundestruppen zu verstärken, war auch die Beteiligung von nassauischen Soldaten an einer militärischen Intervention in Baden absehbar.[546] Angesichts dieser Entwicklung stellte der demokratische Abgeordnete Karl Braun am 24. Mai 1849 im Wiesbadener Landtag den Antrag, bei Konflikten zwischen Zentralgewalt und Nationalversammlung nur den Beschlüssen der Nationalversammlung Folge zu leisten sowie keine nassauischen Truppen in Baden und in die Pfalz einrücken zu lassen. Wie sehr auch Liberale von der Entwicklung beunruhigt waren, zeigt die Tatsache,

Generalversammlung der Märzvereine
in der Gaststätte Wolfseck in Frankfurt a. M. am 6. Mai 1849.

dass es Braun gelang, viele Abgeordnete zu überzeugen, die nicht der Linken angehörten. Noch am selben Tag stimmte der Landtag dem Antrag mit 22 gegen 15 Stimmen zu. Infolgedessen vertagte der nassauische Herzog am 8. Juni den Landtag und entzog der Opposition damit ein wichtiges Handlungsfeld.[547] In der Zweiten Kammer des Darmstädter Landtags beschloss am 9. Mai eine knappe Mehrheit eine Solidaritätserklärung mit den Volkserhebungen in Sachsen und in der Rheinpfalz. Die ebenfalls geforderte Vereidigung des hessischen Militärs auf die Reichsverfassung wurde jedoch von der hessen-darmstädtischen Regierung am 19. Mai 1849 abgelehnt.[548] Ministerpräsident Jaup warnte bereits am 14. Mai vor der Unterstützung von Kräften, die »unter dem Deckmantel der Reichsverfassung die Aufregung für ihren Kampf zum allgemeinen Umsturz der deutschen Staatsverhältnisse« zu nutzen suchten, und verbot die Aufstellung weiterer Freischaren.[549] Am 23. Mai verlangte die Landtagslinke in Darmstadt daher vergeblich die förmliche Anerkennung der revolutionären Bewegungen in Baden und der Rheinpfalz sowie die Verpflichtung der Regierung, keine Truppen dorthin zu entsenden.[550] Auch in Hessen-Darmstadt wurde der Landtag am 24. Mai 1849 aufgelöst.

Anfang/Mitte Mai fanden im hessischen Raum Kongresse demokratischer und liberaler Vereine statt, die nach Wegen zur Durchsetzung der Reichsverfassung suchten. Der wichtigste von allen war auf nationaler Ebene der Kongress des Centralmärzvereins in Frankfurt am 6./7. Mai 1849 mit etwa 450 Teilnehmern, überwiegend Delegierte demokratischer Vereine. Das Verhältnis zwischen dem Centralverein und dem republikanischen Flügel war schon zuvor durch Austritte von Abgeordneten der äußersten Linken der Nationalversammlung und von republikanischen Vereinen aus dem Centralmärzverein gespannt. Bereits während und unmittelbar nach dem Kongress wurden eigene Aufrufe von linken Abgeordneten zum bewaffneten Kampf und zur Hilfe für den Aufstand in der Pfalz und in Sachsen verbreitet.[551] Unter Vorsitz des Abgeordneten Julius Fröbel beschloss der Kongress nach heftigen Auseinandersetzungen zwischen den Radikalen, die einen bewaffneten Aufstand wollten, und gemäßigten Demokraten zwei Erklärungen, die gegen »die Gewalt rebellischer Regierungen« gerichtet waren: Zum einen wurde an die Soldaten appelliert, sich nicht zum Kampf gegen die Reichsverfassung und die deutsche Einheit missbrauchen zu lassen, zum anderen die Bevölkerung zur Bewaffnung, zur Bildung von Wehrvereinen und zum Anschluss an den Centralmärzverein aufgerufen.[552] Schritte zu einem gewaltsamen Aufstand gingen vom Kongress des Centralmärzvereins zum Missfallen der radikalen Linken jedoch nicht aus.

Für viele konstitutionelle Liberale waren diese eher gemäßigten Beschlüsse schon zu weitgehend. Bereits eine Woche danach, am 14. Mai 1849, eröffnete der Nationale Verein in Frankfurt unter dem Vorsitz Heinrich von Sybels seinen »Nationalen Kongress« im »Weidenbusch«, dem Lokal der Erbkaiserlichen. Doch nur acht Paulskirchenabgeordnete beteiligten sich an den Verhandlungen des Kongresses. Bei diesem lösten die Fragen einer Zusammenarbeit mit dem Centralmärzverein und um ein aktives Widerstandsrecht gegen Regierungen, die sich der Einführung der Reichsverfassung widersetzten, heftige Kontroversen aus, durch die der Nationale Verein letztlich zerbrach und sich auflöste. Vergebens versuchte der Kasseler Vorort, den Vereinsverband am Leben zu erhalten.[553] Die republikanische Mairevolution im verfassungstreuen Baden führte dazu, dass die Liberalen aus der Verfassungsbewegung ausscherten. Sie setzten ihre Hoffnungen nun auf eine Vereinbarung mit den Monarchen. Unter dem Eindruck der Kampfhandlungen an der badisch-hessischen Grenze warnten hessen-darmstädtische und nassauische konstitutionelle Zeitungen vor einer Zusammenarbeit mit Demokraten, denen Reichsverfassung und Parlament in Wahrheit gleichgültig seien, da sie die Republik anstrebten.

Auch eine Reihe regionaler demokratischer Vereinskongresse fanden statt, so am 13. Mai 1849 der Bundeskongress der nassauischen demokratischen Vereine in Oranienstein, wo die beschleunigte Durchführung und Finanzierung der Volksbewaffnung sowie eine straffere Organisation des nassauischen Vereinsverbandes beschlossen wurden. Der Kongress erklärte Minister Hergenhahn sein Misstrauen und forderte eine Amnestie für politische Vergehen, vor allem von Soldaten. Die Linke der Nationalversammlung wurde aufgefordert, ein mobiles Heer zur Durchführung der Reichsverfassung aufzustellen. Am weitesten gingen der Beschluss, »daß nassauische Truppen verwendet werden [sollten], um denjenigen deutschen Bruderstämmen, welche sich für die Verfassung des Reichs erhoben haben, und welche von reichsfeindlichen Truppen bedroht werden, zu Hülfe zu eilen« sowie die Verpflichtung jedes Vereins und jedes Mitglieds, »Truppenmärsche, welche gegen die Aufrechterhaltung und Durchführung der Reichsverfassung gerichtet sind, zu hintertreiben, und in seiner Umgebung zu gleicher Wirksamkeit anzutreiben«.[554] Wie diese Beschlüsse umgesetzt werden sollten, blieb jedoch offen. Im ganzen Land veranstalteten die demokratischen Vereine Volksversammlungen, die inhaltlich übereinstimmende Eingaben im Sinne der Oranienburger Beschlüsse an das Ministerium richteten. Insgesamt 30 Abordnungen kamen so nach Wiesbaden, erhielten aber nur »ungenügende Antworten«.[555]

In Kassel versammelten sich am 12./13. Mai 1849 Delegierte von Gemeinden sowie liberaler und demokratischer Vereine Kurhessens. Unter der Leitung demokratischer Politiker verlangte der Kongress die Vereidigung von Militär und Beamten auf die Reichsverfassung, die Verhinderung der Durchmärsche von Interventionstruppen, die gegen Volksaufstände gerichtet waren, den Abbruch der diplomatischen Beziehungen zu reichsverfassungsfeindlichen Staaten und die Organisation einer allgemeinen Landesbewaffnung zur Durchführung der Reichsverfassung.[556] Das kurhessische Ministerium ließ die von einer Delegation übergebenen Wünsche jedoch »ins Leere laufen«.[557] Zugleich erklärte es, jedem ungesetzlichen Vorgehen entgegentreten zu wollen. Die radikaldemokratischen Forderungen des Kongresses lösten in Kurhessen keinen begeisterten Widerhall aus. Vor allem in Kassel selbst war die Bevölkerung mehrheitlich »entschieden gegen jeden gewaltsamen Ausbruch«.[558] Minister Eberhard zeigte immer weniger Bereitschaft, sich für die Reichsverfassung einzusetzen und suchte wie die konstitutionellen Politiker insgesamt nach alternativen Optionen für eine deutsche Einigung.

In Hessen-Darmstadt fanden im Mai 1849 verschiedene, fast zeitgleich von den demokratischen Vereinsverbänden organisierte Volksversammlungen mit zehntausenden Teilnehmern statt, jedoch zunächst noch keine landesweite

Veranstaltung. Die unmittelbare Nähe zu Baden und der Rheinpfalz, wo die revolutionäre Bewegung im Gange war, sorgte hier für einen dramatischen Verlauf. Eine entschiedene Haltung nahm das radikaldemokratisch dominierte Rheinhessen ein, wo auf einer Volksversammlung in Bingen am 29. April 1849 eine allgemeine Bewaffnung zum Schutz der Reichsverfassung beschlossen wurde. Die rheinhessischen Turner riefen eigens am 1. Mai in Mainz zur Bewaffnung der Turnvereine auf. Unter Führung der Republikaner Zitz und Bamberger bildete sich am 6. Mai ein rheinhessisches »Provinzialcomite« zur Durchführung der Reichsverfassung, das konkrete Schritte zur Aufstellung eines Freikorps unternahm und eine »Marschordre« erließ, sich bis zum 10. Mai 1849 bewaffnet in dem in der Mitte der Provinz liegenden Wörrstadt einzufinden.[559] An einen Aufstand in Mainz und eine Erstürmung der Festung war nach den Maiereignissen des Vorjahres allerdings nicht mehr zu denken, überdies ordnete das Festungsgouvernement dort am 20. Mai 1849 zahlreiche Verbote und Kontrollen an.

Auch bei dem oberhessischen Bezirkstag in Gießen am 29. April wurden die demokratischen Vereine aufgefordert, sich militärisch zu organisieren und zu bewaffnen. Die Gießener Bürgerwehr wurde am Tag danach auf die Reichsverfassung vereidigt und die Bildung eines Auszugsbataillons beschlossen. Zu einer wirksamen Zusammenarbeit kam es jedoch in Oberhessen nicht, und die Aktivitäten der oberhessischen Vereinsverbände liefen weitgehend unkoordiniert nebeneinander her. Am 13. Mai fanden in Petterweil (Karben) und Lauterbach sowie am 30. April in Ortenberg und am 17. Mai in Butzbach Volksversammlungen der Vogelsberger und Wetterauer demokratischen Vereinsverbände und des Niddermärzvereins statt, die eine Volksbewaffnung beschlossen. Am 18. Mai 1849 wurde ein Wehrausschuss für die Wetterau gegründet, doch waren die konkreten Auswirkungen gering.[560] Der Republikaner Karl Scriba, Mitglied des Wehrausschusses, beklagte die geringe Aktivität unter dem Titel »Ein offnes Wort an die Oberhessen« in dem von ihm redigierten »Wetterauer Volksblatt«: »Wir können es nicht leugnen, daß unsere Provinz, die bis jetzt immer als demokratisch ausgegeben wurde, [...] gegenüber der jetzigen Zeitbewegung eine überaus untätige, schwächliche Rolle spielt, daß die bei so vielen Volksversammlungen beteuerte Liebe zur Freiheit sich jetzt in diesem folgewichtigen Augenblick weder durch Opfer noch durch Taten zu bewähren scheint [...].«[561]

In Starkenburg bekam die Bewegung dagegen eine besondere Dynamik, die in einem Fiasko enden sollte. Bereits am 1. Mai 1849 rief der demokratische Volksleseverein in Darmstadt als Hauptverein des Bezirksverbands die angeschlossenen Vereine auf, sich zu bewaffnen, die Truppenstärke zu melden und auf ein Kommando zum Losschlagen zu warten. Der vergebliche Versuch, im Landtag ein Verbot des Durchzugs von Interventionstruppen durchzusetzen, und die Konzentration hessischer Truppen an der badischen Grenze bildeten Anlässe für die Organisation des bewaffneten Aufstands. Die Darmstädter Republikaner Karl Ohly und Wilhelm Zimmermann, die mit den badischen und pfälzischen Gesinnungsgenossen in Verbindung standen, planten, die revolutionäre Bewegung auf Hessen-Darmstadt und Frankfurt auszudehnen und den Vormarsch der preußischen Interventionstruppen nach Süden zu verhindern. Doch waren nicht alle hessischen Demokraten zu einem Aufstand gegen die eigene Regierung bereit: In Darmstadt löste sich der Wehrausschuss aufgrund interner Konflikte in der zweiten Maihälfte auf, und auch der Michelstädter Märzverein, der Vorort der Odenwälder Vereine, zeigte wenig Begeisterung, sich an einem solchen Unternehmen zu beteiligen.[562]

Der Odenwald spielte aufgrund der Stärke der demokratischen Bewegung und seiner Lage an der Grenze zu Baden eine zentrale Rolle für die Ausbreitung der Revolution auf hessisches Gebiet. Bereits am 13. Mai 1849 waren auf den Aufruf der hessen-darmstädtischen Paulskirchenabgeordneten Ludwig Bogen, Christian Heldmann, Wilhelm Schulz und Karl Vogt zahlreiche Odenwälder, vor allem aus der Gegend von Beerfelden (Oberzent), nach Darmstadt gezogen. Die zwischen 300 und 1500 Odenwälder forderten in Darmstadt vom Großherzog unter anderem eine allgemeine Volksbewaffnung, Ausbildung der Volkswehr durch Unteroffiziere und Offiziere, Vereidigung von Militär und Beamten auf die Reichsverfassung, Unterstützung der Volksbewegungen zum Schutz der Reichsverfassung und die Einberufung eines konstituierenden Landtags.[563] Die Abgeordneten, die sie gerufen hatten, befanden sich jedoch nicht in Darmstadt, was »große Unzufriedenheit bei der Versammlung« erregte. Die Versammelten wurden von der Regierung mit einem abschlägigen Bescheid abgefertigt und zogen missmutig wieder zurück, in einem Zeitungsartikel hieß es: »Dieser Umstand und die Ueberzeugung, daß der eigentliche Zweck der Reise nicht erreicht wurde, wird zur Folge haben, daß etwa später folgende Aufrufe auch hier weniger Anklang finden werden.«[564] Am gleichen Tag fanden auch Versammlungen der Demokraten in Lorsch und Offenbach statt. Derartige unkoordinierte Einzelaktionen waren symptomatisch für die Reichsverfassungskampagne und sorgten dafür, dass die Energie der demokratisch gesinnten Bevölkerung verpuffte.

Am 23. Mai 1849 kam es schließlich auf Einladung des Michelstädter Märzvereins zu einer großen Volksversammlung in Erbach im Odenwald, bei der in 15 Punkten unter anderem gefordert wurde, dass »die Regierung […] alle ihr zu Gebote stehenden Mittel aufbieten [müsse], um alle der Durchführung der

Reichsverfassung feindlichen, von Seiten rebellischer Fürsten ergriffenen Maßregeln zu nichte zu machen […]«. Allgemeine Volksbewaffnung, Unterstützung der badischen und pfälzischen Volksbewegung, allgemeine und gleiche Wahl eines konstituierenden Landtags, Amnestie für politisch Angeklagte, Gefangene und Verbannte, Selbstständigkeit der Gemeinden, Geschworenengerichte, freie Wahl der Offiziere, »unentgeltliche Aufhebung aller Feudallasten« und eine Reihe sozialer und wirtschaftlicher Forderungen gehörten ebenfalls zu dem Forderungskatalog, der Ähnlichkeiten mit dem der badischen Landesversammlung in Offenburg vom 12./13. Mai 1849 aufwies.[565] Bemerkenswert war die Tatsache, dass sich die Forderungen der Erbacher Versammlung noch immer an die Regierung richteten, obgleich die anwesenden Darmstädter Republikaner wohl keine gewaltfreie Einigung mit dem Ministerium Jaup erwarteten. Ein offener Bruch mit den staatlichen Instanzen wurde in Erbach noch vermieden. Beschlossen wurde, die Forderungen durch eine Deputation der Regierung zu unterbreiten und eine bewaffnete Volksversammlung der Odenwälder bei Oberlaudenbach (Heppenheim) an der badischen Grenze zu veranstalten, die sich im Falle einer Ablehnung mit badischen Truppen vereinigen und auf Darmstadt marschieren sollte. Die Deputation wurde aber offenbar nie abgeschickt, und gemäßigte Demokraten distanzierten sich von den Erbacher Beschlüssen. Zudem zeigten sich die hessischen Soldaten schon zuvor gegenüber Verbrüderungsversuchen unempfänglich.

Dies waren schlechte Vorzeichen für die am 24. Mai 1849 in Oberlaudenbach stattfindende Volksversammlung, zu der 4000 bis 8000 teilweise bewaffnete Odenwälder anmarschiert waren, was zur Intervention der Behörden führte. Regierungskommissär Christian Prinz rückte an der Spitze von drei Kompanien hessen-darmstädtischem Militär an, erklärte die Volksversammlung für ungesetzlich und forderte deren Auflösung. Als sich die Volksmenge der Aufforderung widersetzte, kam es zu einem Handgemenge, bei dem Prinz erschossen wurde. Nun griff das Militär an und hatte keine Mühe, die schlecht bewaffnete, unorganisierte Menge in die Flucht zu schlagen. Insgesamt 14 Versammlungsteilnehmer wurden getötet, 107 verhaftet.[566] Danach war im Odenwald nicht mehr an einen Aufstand zu denken. Zusätzlich zu dem Verbot von Volksversammlungen unter freiem Himmel erklärte die hessische Regierung den Kriegszustand in mehreren Landgerichtsbezirken des Odenwaldes und der Bergstraße. Als badische Truppen unter Führung des ehemaligen badischen Leutnants Franz Sigel am 30. Mai 1849 bei Heppenheim und Fürth auf hessisches Gebiet vorrückten, erhielten sie keine Unterstützung von der Bevölkerung und wurden von hessen-darmstädtischem Militär bei Hemsbach verjagt.

Gefecht bei Hirschhorn am 15. Juni 1849
zwischen badischen Revolutionstruppen und hessen-darmstädtischem Militär.

Währenddessen waren rheinhessische Volkswehren auf Ersuchen des pfälzischen Landesverteidigungsausschusses längst in der Pfalz: In der Nacht vom 9./10. Mai marschierten eine Abteilung der Wormser Bürgerwehr unter Ludwig Blenker und am 10. Mai 1849 das Alzeyer Scharfschützenkorps unter Ferdinand Weber über die Grenze und verstärkten die pfälzischen Verbände. Das Hauptkontingent sammelte sich dagegen in Wörrstadt, wo am Abend des 10. Mai etwa 3000 meist junge Freischärler zusammenkamen. Die überwiegend aus ärmeren Bevölkerungsschichten stammenden Freiwilligen waren allerdings größtenteils unbewaffnet und vielfach nicht einmal ausreichend mit Kleidung und Schuhwerk versehen.[567] Das Provinzialkomitee sah sich daher genötigt, die meisten von ihnen wieder nach Hause zu schicken. Nur vier Geschütze waren vorhanden. Ein Kontingent von etwa 1100 schlecht bewaffneten Freischärlern marschierte schließlich am 12. Mai unter Führung von Zitz und Bamberger in die Pfalz, wo sie in Kirchheimbolanden Quartier bezogen.[568] Die Versuche Blenkers, die hessischen Soldaten der Wormser Garnison für die demokratische Bewegung zu werben und deren Vereinigung mit der Volkswehr zu erreichen, scheiterten. Indessen gingen die Anstrengungen der rheinhessischen

Demokraten zur Bildung weiterer bewaffneter Volkswehren nach einem »Organisations-Reglement« weiter.[569] Nach dem Muster der Märzdeputationen von 1848 schickten die rheinhessischen Demokraten eine Delegation nach Darmstadt mit dem Wunsch nach »Entfernung des Ministeriums *Jaup* und Ernennung eines volksthümlichen Ministeriums« sowie »Entfernung der jetzigen Besatzung aus Mainz und Besetzung der Festung durch deutsche Truppen, welche die Verfassung beschworen haben«.[570] Vom Großherzog erhielt die Delegation einen ablehnenden Bescheid, und auch in Rheinhessen wurden Volksversammlungen unter freiem Himmel am 26. Mai 1849 verboten.

In der Pfalz wurde die Führung der rheinhessischen Volkswehr mit erheblichen Disziplinschwierigkeiten konfrontiert und erwog ernsthaft, das Kontingent aufzulösen und es jedem freizustellen, in pfälzische Dienste zu treten. Bereits in der ersten Woche sollen etwa 300 Wehrmänner desertiert sein. Die Alzeyer Scharfschützen kehrten bereits am 12. Mai wieder nach Hause zurück und waren nicht mehr zu einem erneuten Einsatz zu bewegen. Die meisten Freischärler waren in Erwartung einer kurzen, revolutionären Kampagne in die Pfalz gezogen. Das lange, untätige Warten bei schlechter Verpflegung und Unterkunft, aber auch die Nachrichten über die Siege der Konterrevolution und das Heranrücken zahlenmäßig weit überlegener preußischer Heere untergruben die Moral der Volkswehr. Zu örtlich und zeitlich begrenzten Aktionen war die rheinhessische Bevölkerung dagegen selbst nach dem Einmarsch der preußischen Armee noch bereit: Am Abend des 28. Mai sollen Bürgerwehren bei Bechtheim aus dem Hinterhalt eine vorbeiziehende preußische Armeeeinheit angegriffen haben, und bei Niederingelheim wurde am 12. Juni 1849 auf den Wagen des Oberbefehlshabers Prinz Wilhelm von Preußen geschossen.[571]

Auch aus Kurhessen, Nassau, Oberhessen und Starkenburg zogen Freiwillige nach Baden und in die Pfalz. Das einzig geschlossene größere Kontingent bildete hier die Hanauer Turnerwehr. In Hanau hatten Abgeordnete der badischen Revolutionsregierung August Schärttner bewogen, am Abend des 2. Juni mit bewaffneten Turnern und Bürgerwehrmännern, deren Zahl etwa 200 Mann betragen haben dürfte, nach Baden abzumarschieren.[572] Am 9. Juni schlossen sich ihnen etwa 60 bewaffnete Heilbronner Turner an, während sich die Offenbacher Turner nicht zu einem gemeinsamen Zug mit den Hanauern entschließen konnten.[573] Aus Marburg zogen am Abend des 5. Juni etwa 26 Gesellen und Arbeiter in Richtung Baden los, nach dem 9. Juni brachen etwa 24 Mann aus Fulda und zwölf bis 14 Männer aus Gelnhausen auf. Nur ein Teil von ihnen nahm tatsächlich an den Kampfhandlungen teil, die anderen kehrten wieder nach Hause zurück. Auch 21 Turner aus Frankenberg verzichteten auf die Weiterreise, nachdem diese am 6. Juni vergeblich gehofft hatten, die Marburger Turner würden sich ihnen anschließen.[574] Zahlreiche Freiwillige kamen aus der Provinz Starkenburg, deutlich weniger dagegen aus Oberhessen und aus dem nassauischen Taunus und Westerwald. Dagegen sollen aus dem Rheingau angeblich 100 bewaffnete junge Männer in die Pfalz gezogen sein. Die große Bedeutung, welche die zeitliche Dauer und räumliche Entfernung für die Bereitschaft besaß, an der Bewegung teilzunehmen, erklärt die geringe Resonanz im am weitesten entfernten Oberhessen. Doch auch hier kam es zu lokal begrenzten Aktionen: So wurde in der Nacht vom 20./21. Mai 1849 die Telegrafenstation der Linie Frankfurt-Berlin in Gießen zerstört, und sogar im preußischen Wetzlar zeigten Teile der Einwohnerschaft dem Prinzen von Preußen auf seiner Durchreise offen ihre Ablehnung.[575]

Auf zeitgleich am 10. Juni 1849 in Offenbach und Idstein stattfindenden »Landesversammlungen« sprachen die nassauischen und hessen-darmstädtischen Demokraten ihren leitenden Ministern das Misstrauen aus und forderten die Unterstützung der Aufständischen in Baden und in der Pfalz.[576] Als Vorbild diente dabei die Offenburger Landesversammlung vom 12./13. Mai 1849, die in Baden zum Sieg der Revolutionäre und zur Flucht des Großherzogs geführt hatte. In seiner Eröffnungsansprache umriss der demokratische Landtagsabgeordnete Adolph Raht in Idstein die Position der demokratischen Führung: »Wir stehen auf reichsgesetzlichem Boden; wir sind die Verfassungstreuen; wir sind gehorsam dem Gebote der allein befugten obersten Gewalt in Deutschland, der Nationalversammlung, wie sie von der Nation kraft ihrer Souveränetät eingesetzt und seiner Zeit selbst von den Fürsten anerkannt worden ist. Unsere Dränger sind Rebellen gegen diese oberste gesetzliche Behörde. Wir streiten für unsere Ehre und für unseren Wohlstand, für unsere Freiheit und für die deutsche Einheit, welche man uns rauben will.«[577] Während in Nassau eine Deputation an den Herzog in Wiesbaden geschickt wurde, um ihn zu bewegen, den Forderungen der Landesversammlungen nachzugeben, hoffte die Landesversammlung in Offenbach auf einen demokratischen Wahlsieg bei der künftigen Landtagswahl. Letztlich offenbarten die Landesversammlungen mit Maßnahmen, die in der Vergangenheit schon nicht zum Ziel geführt hatten, ihre Machtlosigkeit. In Marburg wurde noch am 23. Juni 1849 eine Versammlung von 67 Deputierten demokratischer Vereine aus Kurhessen, Hessen-Darmstadt, Waldeck und Frankfurt trotz behördlichen Verbots abgehalten. Die Zeit der Versammlungen, Resolutionen, Forderungen und Deputationen war jedoch vorbei. Truppen aus Nassau und Hessen-Darmstadt, aber auch kurhessische Einheiten halfen der preußischen und der bayerischen Armee bei der Eroberung Badens und der Rheinpfalz.

Georg Böhning (1788–1849),
Kommandant der Wiesbadener Bürgerwehr im März 1848 und einer Freischar 1849.

Wie viele Freiwillige aus dem hessischen Raum an den Kampfhandlungen aufseiten der Revolutionsarmee beteiligt waren und wie viele dabei gefallen sind, ist nicht bekannt. Stellvertretend für sie sollen zwei genannt werden:

Friedrich Bopp, geboren am 19. Januar 1825 in Darmstadt, Assistent des berühmten Chemikers Justus von Liebig und Vorstandsmitglied von Gießener demokratischen Vereinen, starb am 12. November 1849 an seinen Verletzungen in preußischer Gefangenschaft in den Kasematten der Festung Rastatt. Georg Böhning, geboren am 7. Januar 1788 in Wiesbaden, Uhrmacher und Badewirt, beteiligte sich 1822/23 am griechischen Freiheitskampf, war im März 1848 Kommandant der Wiesbadener Bürgerwehr, danach Mitgründer des Wiesbadener Arbeitervereins. An der Reichsverfassungskampagne beteiligte er sich als Kommandant der in der Schweiz aus deutschen Emigranten gebildeten »Arbeiterlegion« und wurde nach der Kapitulation der Festung Rastatt am 17. August 1849 von preußischen Truppen standrechtlich erschossen.

Viele Anhänger der Revolutionsbewegungen mussten ins Ausland fliehen oder wurden vor Gericht gestellt und oft zu langjährigen Haftstrafen verurteilt. Alleine von den ehemaligen Abgeordneten der Nationalversammlung begaben sich drei aus Kurhessen und fünf aus Hessen-Darmstadt in die Emigration.

Wie groß die Sympathien in der Bevölkerung für die revolutionären Bewegungen im Mai/Juni 1849 waren, ist schwer zu beurteilen. Der hessen-darmstädtische Polizeikommissar Lorenz Nover beurteilte rückblickend die damalige Situation als kritisch: »Daran aber ist nicht zu zweifeln, daß, wenn die Aufständischen von Baden bis nach Frankfurt gedrungen wären, sich aus Oberhessen, Kurhessen und Nassau eine ungeheure Masse für die demokratische Republik erhoben haben würde.«[578] Hier ist jedoch Skepsis angebracht, denn die Hoffnungen auf einen Sieg der Revolution waren gerade in der Rhein-Main-Region nach der Revolutionswende im Sommer 1848 stark geschwunden. Der demokratische Landtagsabgeordnete Friedrich Lang beurteilte die Lage in Nassau am 10. Juni 1849 während der Landesversammlung in Idstein wenig zuversichtlich: »Es war mir sehr bedauerlich, in den letzten Tagen wahrnehmen zu müssen, dass die Stimmung in dem Herzogthume in der letzteren Zeit umgeschlagen hat; es war mir sehr bedauerlich, wahrzunehmen, daß wir nicht gewachsen sind, und ich versichere Sie, meine Herren, dass die Regierung keinen sehnlicheren Wunsch hat, als dass ein Putsch gemacht werde; Sie würden niedergedonnert und von allen Seiten würden Truppen heranziehen.«[579]

Die Demokraten waren im Mai/Juni 1849 nicht in der Lage, der breiten Masse der Bevölkerung die Umsetzbarkeit und Erfolgsgewissheit ihrer Zielvorstellungen überzeugend zu vermitteln. Sogar Vorstände demokratischer Vereine zweifelten an der Möglichkeit, sich gegen den Widerstand der Regierungen durchsetzen zu können. Zu deutlich waren die Beweise der wiedererrungenen Kraft des Militärs seit der Revolutionswende im Sommer des Vorjahres. Außerdem stellten politische Vereine Instrumente politisch-parlamentarischen Handelns, nicht militärischer Unternehmungen dar. Sowohl ihre innere Struktur, die von rationalem Diskurs und demokratischer Entscheidungsfindung gekennzeichnet war, als auch die Auswahl ihrer Führung aufgrund politischen Geschicks und rhetorischer Fähigkeiten standen im Gegensatz zu militärischen Erfordernissen. Die Anführer der Freischaren waren großenteils militärische Laien und völlig ungeübt in der Truppenführung. Unübersehbar waren vor allem in Hessen-Darmstadt und Nassau auch die starken Bindungen großer Bevölkerungsteile an die herrschenden Dynastien. Im Gegensatz zu der Entwicklung in Baden und in der Pfalz blieb insbesondere das hessen-darmstädtische Militär seiner Führung gegenüber weitgehend loyal und zuverlässig. Letzten Endes gab dies den Ausschlag dafür, dass die Revolutionsbewegung nicht auf Hessen übergreifen konnte.

Reaktion und Revolutionserinnerung

Am 23. Juli 1849 kapitulierten die letzten Revolutionstruppen, die sich in der Festung Rastatt verschanzt hatten. Damit endete zwar die Revolutionszeit, doch setzte sich die Reaktion in den hessischen Staaten und Nassau trotz verschärften behördlichen Vorgehens gegen die demokratische Partei und Außerkraftsetzung von politischen Rechten erst seit Beginn der 1850er Jahre durch. So bestanden die »Grundrechte des deutschen Volkes« nominell weiter und wurden erst durch einen Bundesbeschluss vom 23. August 1851 aufgehoben. 1849/50 bildete daher eine Übergangszeit ohne klare Zäsur. Lediglich in Nassau nahm der Märzminister Hergenhahn bereits am 7. Juni 1849 seinen Abschied, dies aber weil er sich verpflichtet hatte, in keine Abänderung der Reichsverfassung durch Vereinbarungen mit den Fürsten einzuwilligen.[580] Er mochte somit den bevorstehenden Kurswechsel zu einer Vereinbarung mit der preußischen Regierung nicht selbst vollziehen, obgleich er diesen befürwortete. Der Nachfolger als Minister, Freiherr Friedrich von Wintzigerode, war kein konservativer Hardliner und führte in vieler Hinsicht die Politik seines Vorgängers fort. In Kurhessen und Hessen-Darmstadt blieben die Minister Jaup und Eberhard bis 1850 im Amt. Allerdings deutete sich in Darmstadt der Wandel durch die Abberufung des liberalen Justizministers Joseph Kilian und des Kriegsministers Philipp Graf von Lehrbach im Juni 1849 an. Es war bezeichnend für die Haltung der hessischen Öffentlichkeit, dass die Ablösung des verdienten Justizministers geradezu begrüßt wurde.[581]

Die hessischen Demokraten gaben aber trotz des Scheiterns der Reichsverfassungskampagne nicht auf. Bei den Wahlen zur Zweiten Kammer des Landtags in Darmstadt, die nach dem neuen allgemeinen und direkten Wahlrecht ohne Zensus erfolgten, konnte die demokratische Partei einen überwältigenden Sieg erringen. In der Zweiten Kammer des neuen Landtags in Darmstadt, der am 27. Dezember 1849 zusammentrat, erzielte die demokratische Partei, die an der Frankfurter Reichsverfassung und den Märzzusagen festhielt, eine Zweidrittelmehrheit. Entgegen den Ansätzen zu einer Parlamentarisierung des politischen Systems in der Revolutionszeit regierte Jaup ohne die Unterstützung der Kammermehrheit, mit der es zu mehreren Konflikten kam. Schon am 21. Januar 1850 wurde der Landtag wieder aufgelöst, doch in der Zweiten Kammer des folgenden Landtags, der nach dem gleichen Wahlgesetz gewählt wurde und am 11. September 1850 zusammentrat, errangen die Demokraten eine noch überwältigendere Mehrheit von 88 Prozent der Mandate. Charakteristisch für deren Haltung war der demokratische Wahlaufruf im Sommer 1850: »Demokraten, tut Eure Schuldigkeit: Es wird zwar mancher sagen, je nun, was hilft's, wenn wir auch wählen. Es kommt doch nichts dabei heraus. Das ist nicht unsere Sache. Wir haben zu wählen, entschieden und in Masse, das übrige wird sich finden.«[582] Die massiven Vorwürfe der demokratischen Abgeordneten gegen die Regierung wegen Verfassungsverletzungen und die Ablehnung der Verlängerung des Finanzgesetzes, die einer Steuerverweigerung entsprach, führten schon am 27. September 1850 zu einer erneuten vorzeitigen Auflösung des Landtags.[583]

Die Konstitutionellen verfolgten indessen ihre Pläne einer deutschen Einigung unter neuen Vorzeichen weiter. Inzwischen hatte die preußische Regierung einen Plan zur Gründung eines kleindeutschen Bundesstaats unter preußischer Führung vorgelegt, dem sich 26 deutsche Staaten anschlossen, darunter auch die beiden hessischen Staaten und Nassau. Ein Entwurf einer Verfassung für diese Union wurde veröffentlicht, der auf der Reichsverfassung der Paulskirche beruhte, aber in wesentlichen Punkten abwich, konservativer war und unter anderem das demokratische Wahlrecht der Paulskirche durch ein Dreiklassenwahlrecht ersetzte. Heinrich von Gagern, August Hergenhahn und fast 150 ehemalige Abgeordnete der erbkaiserlichen Fraktionen der Frankfurter Nationalversammlung fanden sich vom 25. bis 27. Juni 1849 in Gotha zusammen und erklärten sich bereit, die preußische Initiative und die Wahl eines Parlaments zu unterstützen, das in Erfurt zusammentreten sollte. Die demokratische Partei lehnte dagegen die preußischen Unionspläne ab, da sie eine Abkehr von der Frankfurter Reichsverfassung bedeuteten, und boykottierte die Wahlen zum Erfurter Reichstag. Entsprechend niedrig war die Wahlbeteiligung im hessischen Raum: In Nassau betrug sie bei den Urwahlen nur fünf bis sechs Prozent, in Darmstadt elf Prozent, in Mainz nur vier Prozent der Wahlberechtigten. Ein Beobachter berichtete: »Die gothaer Partei fühlte sich aufs peinlichste berührt von jenen Wahlvorgängen, denn gerade von Hessen-Darmstadt hatte man so etwas am allerwenigsten erwartet.«[584]

Das Erfurter Unionsparlament, das am 20. März 1850 zusammentrat, konnte letztlich keine Wirkung entfalten, da es der österreichischen Regierung gelang, die geplante Union unter preußischer Führung zu verhindern. Auf den 2. September 1850 lud Österreich die deutschen Staaten zur Wiedereröffnung des Bundestags nach Frankfurt ein. Das vormärzliche Organ des Deutschen Bundes wurde damit restauriert. Nachdem sich Hannover und Sachsen bereits im Oktober 1849 aus der Union zurückgezogen hatten, folgten zunächst Kurhessen und später auch Hessen-Darmstadt. In den hessischen Staaten vollzog sich ein Kurswechsel hin zu einer pro-österreichischen Haltung, die mit einer deutlichen Hinwendung zu einer dezidiert reaktionären Politik verbunden war. In beiden Staaten wurden nun die Märzminister entlassen. Am 22. Februar 1850 wurde in Kassel Ludwig Hassenpflug zum leitenden Minister berufen, in Darmstadt am 1. Juli 1850 Reinhard Freiherr von Dalwigk zum Ministerpräsidenten ernannt. Beide waren aufgrund ihrer reaktionären Haltung bereits seit dem Vormärz bekannt und gingen nun gegen die liberale und demokratische Opposition im Land und in den Landtagen mit kompromissloser Härte vor. Die jetzt einsetzende Reaktionsperiode war durch eine schubweise Zunahme repressiver administrativer, polizeilicher und legislativer Maßnahmen zur Unterdrückung jeglicher Formen oppositioneller politischer Betätigung sowie den Versuch der Durchsetzung des monarchischen Prinzips gekennzeichnet.

In Kurhessen provozierte Minister Hassenpflug durch die verfassungswidrige Forterhebung der Steuern einen schweren Verfassungskonflikt. Der mehrheitlich liberale Landtag verweigerte daraufhin die Zustimmung zum Staatshaushalt und wurde vom Kurfürsten am 12. Juni 1850 aufgelöst. Hassenpflug regierte nun mithilfe von Notverordnungen und versuchte, auf dieser Grundlage unter Bruch der Verfassung von 1831 Steuern zu erheben. Das höchste Gericht des Landes, das Oberappellationsgericht in Kassel, erklärte die landesherrlichen Verordnungen für verfassungswidrig, und auch Teile der Verwaltung verweigerten sich. Als der Kurfürst das Kriegsrecht verhängte, reichte der größte Teil des kurhessischen Offizierskorps Entlassungsgesuche ein, da es auf die Verfassung vereidigt worden war. Kurfürst Friedrich Wilhelm verließ Kassel und ersuchte am 12. September 1850 erfolgreich den Bundestag um Hilfe. Als österreichisches und bayerisches Militär in Kurhessen einmarschierte, um den Kurfürsten und seine Regierung zu unterstützen, sah Preußen seine Interessen verletzt und überschritt seinerseits mit Truppen die kurhessische Grenze, wodurch es beinahe zu Kampfhandlungen zwischen den Interventionstruppen gekommen wäre. Da der preußische König einen innerdeutschen Krieg scheute und Russland aufseiten Österreichs stand, lenkte Preußen ein. In der »Olmützer Punktation« vom 29. November 1850 verzichtete Preußen auf seine deutschlandpolitischen Unionspläne und erkannte den Bundestag, in dem Österreich den Vorsitz führte, als zentrales Entscheidungsgremium des Deutschen Bundes an. In Kurhessen unterstützten vor allem bayerische Truppen, die sogenannten »Strafbayern«, die Niederschlagung der Opposition, in deren Folge liberale und demokratische Politiker inhaftiert wurden oder ins Exil gehen mussten. Das innenpolitische Klima in Kurhessen wurde dadurch für lange Zeit vergiftet.

Erst mit der Berufung des konservativen Prinzen August zu Sayn-Wittgenstein-Berleburg zum nassauischen Minister am 7. Februar 1852 setzte die Reaktion auch in Nassau ein, die ebenfalls mit einem Kurswechsel zu einer konsequent pro-österreichischen Politik einherging. Herzog Adolph begründete seine Wahl damit, dass der neue Minister »die Knute zu führen« wisse.[585] Vorreiter der Reaktion im hessischen Raum waren jedoch vor allem die Nachbarstaaten Kurhessen und Hessen-Darmstadt. Zwar erwies sich der hessen-darmstädtische Ministerpräsident Dalwigk als weniger schroff und auch geschickter als sein kurhessischer Kollege Hassenpflug, in der Sache war seine Politik kaum weniger reaktionär. So wurden in Hessen-Darmstadt am 2. Oktober 1850 alle politischen Vereine und Verbindungen im Großherzogtum verboten, zwei Tage später erging eine weitere Verordnung gegen Pressvergehen, die nun der Zuständigkeit der Geschworenengerichte entzogen wurden. Am 7. Oktober 1850 wurde unter Bruch der Landesverfassung ein Dreiklassenwahlrecht für die Landtagswahl oktroyiert. Mit der Revision der Gemeindeordnung vom 8. Januar 1852 wurden das kommunale Wahlrecht und die Selbstständigkeit der Gemeinden eingeschränkt. Bei Anstellungen, Beförderungen und Versetzungen von Beamten wurde in Hessen-Darmstadt am 19. Juli 1853 bestimmt, nicht nur deren politisches Verhalten, sondern auch ihre Gesinnungen zum Gegenstand einer »möglichst genauen und gewissenhaften Ermittelung und Aeußerung zu machen«.[586] Gegen umherziehende Musikanten, »namentlich Orgelspieler«, welche »revolutionäre oder unsittliche Lieder abgesungen, sowie auch Gedichte und Bilder von gleicher Tendenz verkauft«, gingen die hessen-darmstädtischen Behörden ebenfalls vor.[587] Ihre skurrilste Blüte trieb die »darmhessische« Reaktionspraxis mit der regierungsamtlichen Bekämpfung der »demokratischen« Bartmode, die weit über die Grenzen Hessens hinaus für ungewollte Heiterkeit sorgte. Großherzog Ludwig III. sah in Vollbärten ein Zeichen revolutionärer Gesinnung und hatte deshalb am 28. November 1851 in einer Kabinettsordre angeordnet: »Den Civilbeamten ist nicht gestattet andere Bärte als Backenbärte zu tragen, mit Ausnahme der Forstbeamten, Postbeamten und Eisenbahnbeamten, welchen außerdem gestattet ist, auch Schnurrbärte zu tragen.– Knebelbärte sowie um das Kinn gehende Bärte sind verboten.«[588]

Wirkungsvoller als Verordnungen und Erlasse war jedoch die behördliche Praxis, denn die Behörden vor Ort konnten beispielsweise in Nassau Versammlungen auf eigene Entscheidung verbieten, »wenn darin Verhandlungen in einer der Regierung feindseligen Richtung gepflogen werden«. Auch wenn die Anmeldung und Zulassung von Polizeibeamten versäumt wurde, wenn Schüler, Lehrlinge oder Frauen teilnahmen, führte das zur sofortigen Auflösung der Versammlung. Formulierungen wie die »Erhaltung der gesetzlichen Ordnung« sorgten für einen weiten Ermessensspielraum der örtlichen Behörden, der allerdings auch im liberalen Sinne ausgelegt werden konnte.[589] Am liberalsten war die Überwachung des politischen Lebens in den 1850er Jahren in Frankfurt, wo keine intensive politische Verfolgung wie in den Nachbarländern stattfand. Infolge des Verbots politischer Vereine 1852 verlagerte sich hier der Meinungsaustausch in gesellige Vereine. Dies bot einen gewissen, wenn auch begrenzten Handlungsspielraum. Frankfurt entwickelte sich in der Reaktionszeit zum Zentrum der liberalen und demokratischen Opposition über den hessischen Raum hinaus. 1856 wurde von Leopold Sonnemann die »Frankfurter Zeitung« gegründet, und mit dem »Frankfurter Verein« entstand 1861 erneut ein offen politischer Verein. Für Frankfurt bildeten die 1850er Jahre eine Zeit beschleunigten Wandels und der Herausbildung einer besonderen politischen Kultur, die auf demokratischen und liberalen Traditionen der Stadt beruhte und dauerhaft ihr Selbstverständnis bestimmen sollte.[590]

Bei allen Rückschlägen, die das Scheitern der Revolution mit sich brachte, blieben doch auch Errungenschaften der Revolution bestehen. Die Reaktionszeit bedeutete keine Restauration der vormärzlichen Verhältnisse. Gestärkt wurde die Macht der Monarchen und ihrer Regierungen gegenüber den Parlamenten, die deswegen aber nicht in Frage gestellt wurden. Vor allem die wichtigen Agrarreformen, aber auch Gewerbereformen, Verwaltungs- und Justizreformen der Revolutionszeit blieben bestehen. Dagegen überdauerten die demokratischen Wahlverfahren, die Grundrechte und eine parlamentarische Regierungsweise als liberale und demokratische Forderungen sowie als Zielvorstellungen einer freiheitlich verfassten Gesellschaft. Neubelebt werden konnte nach der Reaktionszeit das Parteiensystem, das sich 1848/49 herausgebildet hatte. Die Neuentstehung von Parteien Anfang der 1860er Jahre wies nicht nur programmatische und personelle Kontinuitäten zur Revolutionszeit auf, sie konnten gerade in Hessen auf regionale Traditionen und auf Organisationserfahrungen aufbauen. Dies galt nicht nur für liberale und demokratische Parteien, sondern auch für die Zentrumspartei, die sozialistische Arbeiterbewegung und die Frauenbewegung. Für die Demokraten und Liberalen, die am 15./16. September 1859 in Frankfurt den »Deutschen Nationalverein« gründeten, bildete die Frankfurter Reichsverfassung von 1849 einen zentralen Bezugspunkt. Die Einsicht in die Notwendigkeit von Parteiorganisationen und Wahlkämpfen setzte sich auch bei Konservativen durch. Nicht vergessen war auch das hessische Zusammengehörigkeitsgefühl, das während der Revolution vor allem von demokratischer Seite befördert wurde. 1850 schien eine Vereinigung der hessischen Linien unter Führung des Darmstädter Großherzogs in greifbare Nähe zu rücken und löste Spekulationen aus.[591] Wilhelm Heinrich Riehl schrieb zu Beginn der 1850er Jahre, Hessen habe »von Haus aus das Zeug zu etwas mehr als einem Kleinstaat«.[592] Ein anderer Zeitgenosse meinte

1850 gerade auch mit Blick auf die Heterogenität des hessischen Raumes, die in der Revolutionszeit deutlich geworden war: »Man muß sich auch nicht einbilden, daß durch die Vereinigung Kurhessens mit Hessen-Darmstadt ein Ganzes herauskäme. Ein solches modernes Gesammthessen wäre ein wahres Prachtstück von künstlicher Zusammensetzung widerspruchvoller Elemente, aber nie und nimmer ein politisches Ganze[s]. Dazu könnte es erst werden im Anschluß an eine weit größere Staatseinheit.«[593]

Frankfurt wurde im »Nachmärz« auch zu einem zentralen Erinnerungsort an die Revolution. Noch in der Revolutionszeit und dann vor allem in der Reaktionszeit setzten die Revolutionsmythen und die Erinnerung an die Revolution, ihre Gedenktage und Helden ein, die allerdings politisch gespalten war: Republikaner und Sozialdemokraten erinnerten an den 18. März, den Tag des Beginns der Revolution in Berlin, die »Märzgefallenen« und Friedrich Hecker, Liberale dagegen an die Nationalfarben Schwarz-Rot-Gold und den 18. Mai, den Tag des Zusammentretens der Deutschen Nationalversammlung in der Frankfurter Paulskirche. Behördlicherseits wurde das Gedenken an die gefallenen Revolutionäre und an die Revolution in den 1850er Jahren rigoros unterdrückt und unter Strafe gestellt. Erst in der Reichsgründungsära änderte sich das politische Klima auch hinsichtlich des Revolutionsgedenkens. Der 25. Jahrestag der Revolution stand im Schatten der Reichsgründung, doch veranstaltete die Deutsche Volkspartei neben den Märzfeiern der Sozialdemokraten am 30. März 1873 in Frankfurt eine Gedenkfeier, womit an den Tag der Eröffnung des Vorparlaments in Frankfurt erinnert wurde, und auf dem Hauptfriedhof wurde ein Obelisk aufgestellt, der an die gefallenen Aufständischen erinnerte.[594] Mit dem 50. Jahrestag 1898 konnte ein Revolutionsgedenken in größerem Umfang stattfinden. Die zentrale liberale Gedenkfeier wurde am 30. März 1898 erneut von der Deutschen Volkspartei in Frankfurt organisiert, wobei auch ein Besuch der Paulskirche dazugehörte. Daneben gab es in Frankfurt noch sozialdemokratische Veranstaltungen am 18. März und am 18. Mai 1898 eine offizielle städtische Gedenkfeier, die das Jahr 1848 als Vorstufe der Reichseinigung interpretierte.[595] Auf Initiative der Volkspartei wurde 1898 die Revolution von 1848/49 erstmals in einer großen Ausstellung im Frankfurter Historischen Museum präsentiert. Diese Ausstellung fand vor dem Hintergrund eines zaghaften Wandels in der professionellen Geschichtsschreibung und einer Historisierung von 1848/49 statt.[596]

Mit dem revolutionären Umsturz 1918, der Ausrufung der Republik und dem Inkrafttreten der Weimarer Verfassung von 1919 eröffnete sich die Möglichkeit, 1848/49 als eine positiv besetzte Tradition für den neuen demokratischen Staat zu beleben. Bei der Gedenkfeier zum 75. Jahrestag der Eröffnung der Nationalversammlung am 18. Mai 1923 in Frankfurt hielt Reichspräsident Friedrich Ebert zwei Reden, in denen er besonders den demokratischen Einheitsgedanken und das Verfassungswerk der Nationalversammlung hervorhob.[597] Nach dem Ende der nationalsozialistischen Diktatur wurde wieder an das Erbe der Revolution von 1848/49 erinnert, das nun zum Zankapfel zwischen Ost und West wurde. Ort der zentralen Veranstaltung in den Westzonen war am 18. Mai 1948 erneut Frankfurt. Dass diese in der während des Krieges schwer zerstörten Paulskirche stattfinden konnte, war vor allem dem Frankfurter Oberbürgermeister Walter Kolb zu verdanken. Kolb setzte sich persönlich für die Wiederaufnahme der Traditionslinie von 1848/49 ein und trieb 1947 den Wiederaufbau der Paulskirche mit Nachdruck voran, sodass diese am 18. Mai 1948 als »Haus aller Deutschen« wiedereröffnet werden konnte.[598] Die Initiative des Bundespräsidenten Gustav Heinemann, dem die freiheitlichen und demokratischen Traditionen in der deutschen Geschichte ein persönliches Anliegen waren, zum 125-jährigen Jubiläum die Erinnerungsstätte in Rastatt zu errichten, ereignete sich ebenfalls noch vor dem Hintergrund des geschichtspolitischen Kampfes zwischen den beiden deutschen Staaten um Deutungshoheit. Erst das 150-Jahre-Jubiläum fand in einer völlig veränderten Situation nach der Wiedervereinigung Deutschlands statt, die auch die bis 1990 existierende Teilung in zwei konkurrierende Geschichtswissenschaften aufhob. Im Zentrum der Feierlichkeiten stand Frankfurt, wo am 18. Mai 1998 ein Festakt in der Paulskirche stattfand, bei dem Bundespräsident Roman Herzog die Festansprache hielt und eine große Ausstellung zu 1848/49 eröffnete. Eine besondere Würdigung der Leistungen der Nationalversammlung bildete die 237. Sitzung des Deutschen Bundestags am 27. Mai 1998 in der Paulskirche mit einer Aussprache zur Revolution vor 150 Jahren.[599] Die Revolutionserinnerung verdrängte 1998 in Deutschland auch den 100. Todestag von Otto von Bismarck und schob sich damit, sowohl hinsichtlich des öffentlichen Gedenkens als auch der wissenschaftlichen Forschung, vor das Kaiserreich. Dies mag durchaus als ein später Sieg der Revolutionäre von 1848/49 gewertet werden. Als Symbol für Freiheit und Einheit kann »1848/49« zu einem positiven Traditionsbezug für die deutsche Demokratie werden, der nicht nur zu Jubiläen ins Gedächtnis gerufen werden sollte.

Literaturverzeichnis (Auswahl)

ARNDT, MARCO: Militär und Staat in Kurhessen, 1813–1866. Das Offizierskorps im Spannungsfeld zwischen Monarchischem Prinzip und liberaler Bürgerwelt, Darmstadt/Marburg 1996.

BERGE, OTTO: *Fulda in der Revolution von 1848/49*, in: Fuldaer Geschichtsblätter 5 (1975), S. 133–217.

BRODHAECKER, MICHAEL: *Der 21. Mai 1848 in Mainz. Dokumentation der politischen und sozialen Unruhen in der Bundesfestung anhand der Quellen*, in: Mainzer Geschichtsblätter, Heft 11: Mainz und Rheinhessen in der Revolution von 1848/49, Mainz 1999, S. 20–37.

BULLIK, MANFRED: Staat und Gesellschaft im hessischen Vormärz. Wahlrecht, Wahlen und öffentliche Meinung in Kurhessen 1830–1848 (Neue Wirtschaftsgeschichte, Bd. 7), Köln/Wien 1972.

CARTARIUS, ULRICH: *Die Standesherrschaft Erbach-Schönberg während der Revolution 14848. Ereignisse und Folgen, dargestellt und reflektiert von Johann Adam Dingeldey, Gräfl. Erbach-Schönbergischer Kammerdirektor*, in: Archiv für hessische Geschichte und Altertumskunde, N.F. 39 (1981), S. 315–370.

DÖLEMEYER, BARBARA: *Die Landgrafschaft Hessen-Homburg 1848*, in: Böhme, Klaus/Heidenreich, Bernd (Hg.): »Einigkeit und Recht und Freiheit«. Die Revolution von 1848/49 im Bundesland Hessen, Opladen/Wiesbaden 1999, S. 123–155.

EGIDY, BERNDT VON: *Die Wahlen im Herzogtum Nassau 1848–1852. Ein Beitrag zur Geschichte der politischen Parteien am Mittelrhein*, in: Nassauische Annalen 82 (1971), S. 215–306.

FLECK, PETER: Agrarreformen in Hessen-Darmstadt. Agrarverfassung, Reformdiskussion und Grundlastenablösung (1770–1860), Darmstadt/Marburg 1982.

DERS.: *Die 1848/49er Ereignisse und ihre Vorgeschichte in Hessen-Darmstadt*, in: Böhme, Klaus/Heidenreich, Bernd (Hg.): »Einigkeit und Recht und Freiheit«. Die Revolution von 1848/49 im Bundesland Hessen, Opladen/Wiesbaden 1999, S. 199–220.

FRANZ, ECKHART G.: *Die hessischen Arbeitervereine im Rahmen der politischen Arbeiterbewegung der Jahre 1848–50*, in: Archiv für hessische Geschichte und Altertumskunde N.F. 33 (1975), S. 167–262.

DERS.: *»Einigkeit und Recht und Freiheit«. Forderungen und »Errungenschaften« der 48er Revolution in Hessen*, in: Böhme, Klaus/Heidenreich, Bernd (Hg.): »Einigkeit und Recht und Freiheit«. Die Revolution von 1848/49 im Bundesland Hessen, Opladen/Wiesbaden 1999, S. 9–34.

FRIEDEL, MATHIAS: Zensur und Zensierte. Hessische Presse zwischen 1806 und 1848, Weinheim 2010.

DERS.: Politische Presse und Parlamentarismus in Hessen (1849–1868), Weinheim 2012.

GEISEL, KARL: *Die kurhessischen Petitionen an die Frankfurter Nationalversammlung 1848/49*, in: Zeitschrift des Vereins für Hessische Geschichte und Landeskunde 81 (1970), S. 119–179.

DERS.: Die Hanauer Turnerwehr. Ihr Einsatz in der badischen Mairevolution von 1849 und der Turnerprozeß, Hanau 1974.

GUMS, MATTHIAS: Von der Bewegung zur Partei. Liberalismus in Kurhessen 1847–1850, Kassel 2001.

HÄHN, JASMIN: Sozialunruhen in der Standesherrschaft Solms-Braunfels 1848, Wiesbaden 2011.

HAHN, HANS-WERNER: *Adelsherrschaft und bäuerliche Protestbewegungen im Solmser Land. Ein Beitrag zur Geschichte der Revolution 1848/49*, in: Nassauische Annalen 103 (1992), S. 263–294.

HECKER, HUBERT: Die Revolution von 1848 im unteren Westerwald, Dornburg-Frickhofen 2009.

HEITZENRÖDER, WOLFRAM: *Sozialer Protest und organisierte Arbeiterbewegung in Hanau 1848–1851*, in: Hessisches Jahrbuch für Landesgeschichte 48 (1998), S. 165–195.

DERS.: Die Arbeiterbewegung in Hanau und Umgebung 1848 bis 1878, Hanau 2002.

HERRES, JÜRGEN: Städtische Gesellschaft und katholische Vereine im Rheinland 1840–1870, Koblenz 1996.

HITZEROTH, HEINZ-OTTO: Die politische Presse Kurhessens von der Einführung der Verfassung vom 5. Januar 1831 bis zum Ausgang des Kurstaates 1866, München 1935.

HOEDE, ROLAND: Die Heppenheimer Versammlung vom 10. Oktober 1847, Frankfurt a. M. 1997.

HOLLENBERG, GÜNTER (BEARB.): Hessen 1848. Revolution für Freiheit und Einheit, Recht und Gerechtigkeit. Ausstellungskatalog, Marburg 1998.

HORSTMANN, MIKAEL/KORING, WALTER (BEARB.): Revolution! Das Jahr 1848. Das Tagebuch des David Adolph Zunz, Frankfurt 2016.

JUNG, IRENE/HAHN, HANS-WERNER/STÖRKEL, RÜDIGER: Die Revolution von 1848 an Lahn und Dill, Wetzlar 1998.

JUNGBLUTH, ULI: 1848. Westerwald und Altenkirchen, Montabaur 1999.

KICKARTZ, EBERHARD: »Der Rote Becker«. Das politisch-publizistische Wirken des Büchner-Freundes August Becker (1812–1871), Darmstadt/Marburg 1997.

KLÖTZER, WOLFGANG: *Die nassauischen Petitionen an die Frankfurter Nationalversammlung 1848/49*, in: Nassauische Annalen 70 (1959), S. 145–170.

KÖHLER, MANFRED: Die nationale Petitionsbewegung zu Beginn der Revolution 1848 in Hessen. Eingaben an das Vorparlament und an den Fünfzigerausschuß aus Hessen (März bis Mai 1848), Darmstadt/Marburg 1985.

DERS.: Im Feuer der sozialen Republik. Lebensbild des demokratischen Achtundvierzigers Christian Heldmann (1808–1866), Darmstadt 1998.

DERS.: Volksrecht und Erdenglück. Vormärz und Revolution von 1848/49 in Oppenheim und Nierstein. Das politische Schicksal des Oppenheimer Lehrers Johann Paulsackel, Darmstadt 2004.

KUHNIGK, ARMIN M.: Die 1848er Revolution in der Provinz. Am Beispiel des Kreises Limburg-Weilburg, Camberg, 2. Aufl. 1980.

KUKOWSKI, MARTIN: Pauperismus in Kurhessen. Ein Beitrag zur Entstehung und Entwicklung der Massenarmut in Deutschland 1815–1855, Darmstadt/Marburg 1995.

Lemberg, Margret (Hg.): Zwischen Unterdrückung und Widerstand. Der Vormärz in Kurhessen und die Revolution von 1848, Marburg 1994.

Maibach, Heinz: *Limburgs Bischof Peter Joseph Blum und die Wahlen von 1848*, in: Archiv für mittelrheinische Kirchengeschichte 47 (1995), S. 269–276.

Menk, Gerhard: *Vom feudalen Agrarstaat zum liberalen Verfassungsstaat: Waldeck 1848/49*, in: Böhme, Klaus/Heidenreich, Bernd (Hg.): »Einigkeit und Recht und Freiheit«. Die Revolution von 1848/49 im Bundesland Hessen, Opladen/Wiesbaden 1999, S. 59–94.

Moldenhauer, Rüdiger: *Die Petitionen aus Kreis und Stadt Wetzlar an die Deutsche Nationalversammlung 1848/1849*, in: Mitteilungen des Wetzlarer Geschichtsvereins 23 (1967), S. 134–164.

Ders.: *Die Petitionen aus Oberhessen an die deutsche Nationalversammlung 1848–1849*, in: Mitteilungen des Oberhessischen Geschichtsvereins, N.F. 51 (1966), S. 75–119.

Ders.: *Die Petitionen aus der Freien Stadt Frankfurt an die Deutsche Nationalversammlung 1848/49*, in: Archiv für Frankfurts Geschichte und Kunst 51 (1968), S. 23–64.

Ders.: *Die jüdischen Petitionen an die Deutsche Nationalversammlung in Frankfurt am Main 1848/49*, in: Archiv für Frankfurts Geschichte und Kunst 54 (1974), S. 177–208.

Ders.: *Die Petitionen aus den Provinzen Starkenburg und Rheinhessen an die deutsche Nationalversammlung 1848–1849 (mit Nachtrag für Oberhessen)*, in: Archiv für hessische Geschichte und Altertumskunde, N.F. 34 (1976), S. 83–170.

Müller-Schellenberg, Guntram (Bearb.): Revolution in Wiesbaden. Augenzeugenberichte vom 4. März 1848, Taunusstein 2008.

Ders.: Die Sozialgeschichte der deutschen Buchdruckergehilfen, 1440 bis 1933. Mit Blick auf die Wiesbadener Verhältnisse, Wiesbaden 2020.

Müller-Werth, Herbert: *Nassauische Zeitungen des Jahres 1848*, in: Nassauische Annalen 60 (1943), S. 103–148.

Nagel, Christine: »In der Seele das Ringen nach Freiheit« – Louise Dittmar. Emanzipation und Sittlichkeit im Vormärz und in der Revolution 1848/49, Königstein/Ts. 2005.

Nathusius, Ulrich von: *Die politische Rolle des Adels in Kurhessen von der Revolution 1848/49 bis zur Annexion 1866*, in: Speitkamp, Winfried (Hg.): Staat, Gesellschaft, Wissenschaft, Marburg 1994, S. 175–210.

Neese, Bernd-Michael: Die Turnbewegung im Herzogtum Nassau in den Jahren 1844–1852, Bd. 1, Wiesbaden-Erbenheim 2002.

Neuland, Franz: Proletarier und Bürger. Arbeiterbewegung und radikale Demokratie 1848 in Frankfurt a. M., Frankfurt a. M. 1973.

Nuhn, Heinrich: *»Hier geht es wieder drüber und drunter – mit Äxten die ganze Nacht«. Rotenburg 1848 – Schauplatz antijüdischer Ausschreitungen*, in: Zeitschrift des Vereins für hessische Geschichte und Landeskunde 103 (1998), S. 173–192.

Pauly, Heribert: *Zur sozialen Zusammensetzung politischer Institutionen und Vereine der Stadt Mainz im Revolutionsjahr 1848*, in: Archiv für hessische Geschichte und Altertumskunde N.F. 34 (1976), S. 45–81.

Reyer, Herbert Peter/Schüler, Winfried (Bearb.): Nassauische Parlamentsdebatten. Bd. 2: Revolution und Reaktion 1848–1866, Wiesbaden 2010.

Riehl, Wilhelm Heinrich: Nassauische Chronik des Jahres 1848, Wiesbaden 1849, neu hg. von Müller-Schellenberg, Guntram, Idstein 1979.

Roth, Ralf: Stadt und Bürgertum in Frankfurt am Main. Ein besonderer Weg von der ständischen zur modernen Bürgergesellschaft 1760 bis 1914, München 1996.

Rusche, Fritz: Kurhessen in der bürgerlichen und sozialen Bewegung der Jahre 1848 und 1849, Diss. Phil. Marburg 1921.

Schüler, Winfried: *Die Revolution von 1848/49*, in: Herzogtum Nassau 1806–1866. Politik, Wirtschaft, Kultur, Wiesbaden 1981, S. 19–35.

Ders.: *Die katholische Partei im Herzogtum Nassau während der Revolution von 1848*, in: Archiv für mittelrheinische Kirchengeschichte 34 (1982), S. 121–142.

Ders.: *Herzog Adolph von Nassau – Revolutionsheld wider Willen*, in: Nassauische Annalen 109 (1998), S. 277–294.

Seier, Hellmut: *Revolution in Kurhessen 1848–1850*, in: Böhme, Klaus/Heidenreich, Bernd (Hg.): »Einigkeit und Recht und Freiheit«. Die Revolution von 1848/49 im Bundesland Hessen, Opladen/Wiesbaden 1999, S. 35–57.

Ders. (Hg.): Akten und Dokumente zur kurhessischen Parlaments- und Verfassungsgeschichte 1848–1866. Bearb. v. Nathusius, Ulrich v./Seier, Hellmut, Marburg 1987.

Speitkamp, Winfried: *Verfassung und Militär. Zum Konflikt um Recht und Macht in der deutschen und kurhessischen Revolution von 1848/49*, in: Hessisches Jahrbuch für Landesgeschichte 48 (1998), S. 147–163.

Spielmann, Christian: Achtundvierziger Nassauer Chronik. Darstellung der Ereignisse in Nassau im Jahre 1848, Wiesbaden 1899.

Stichnothe, Karin (Hg.): Marburg und die Revolution von 1848, Marburg 1999.

Struck, Wolf-Heino: *Wiesbaden im März 1848. Grundzüge der 48er Revolution im Herzogtum Nassau*, in: Hessisches Jahrbuch für Landesgeschichte 17 (1967), S. 226–244.

Ders.: *Die Anfänge der Arbeiterbewegung in Wiesbaden 1848–1851*, in: Geschichtliche Landeskunde, Bd. 5, Teil II, Festschrift für Ludwig Petry, Wiesbaden 1968, S. 287–321.

Tapp, Alfred: Hanau im Vormärz und in der Revolution von 1848–1849. Ein Beitrag zur Geschichte des Kurfürstentums Hessen, Hanau 1976.

Valentin, Veit: Frankfurt am Main und die Revolution von 1848/49, Stuttgart/Berlin 1908.

Verein für Frankfurter Arbeitergeschichte e.V. (Hg.): Frankfurter Arbeiterbewegung in Dokumenten 1832–1933. Bd. 1: 1832–1914. Vom Hambacher Fest bis zum Ersten Weltkrieg, Frankfurt a. M. 1994.

WACKER, PETER, mit Beiträgen von MÜLLER-SCHELLENBERG, GUNTRAM: Das herzoglich-nassauische Militär 1813–1866. Militärgeschichte im Spannungsfeld von Politik, Wirtschaft und sozialen Verhältnissen eines deutschen Kleinstaates, Taunusstein 1998.
WEBER, MATTHIAS: Verfassung und Reform in Vormärz und Revolutionszeit. Die konstituierende Versammlung des Freistaats Frankfurt 1848–1850, Diss. Phil. Frankfurt a. M. 1996.
DERS.: *Die Revolution im Stadtstaat: Die Freie Stadt Frankfurt am Main 1848–1850*, in: Archiv für Frankfurts Geschichte und Kunst 64 (1998), S. 247–265.
DERS.: *Frankfurt am Main und die stadtstaatliche Reformbewegung von 1848–1850*, in: Böhme, Klaus/Heidenreich, Bernd (Hg.): »Einigkeit und Recht und Freiheit«. Die Revolution von 1848/49 im Bundesland Hessen, Opladen/Wiesbaden 1999, S. 95–121.
WEICHEL, THOMAS: Die Bürger von Wiesbaden. Von der Landstadt zur »Weltkurstadt« 1780–1914, München 1997.
WETTENGEL, MICHAEL: Die Revolution von 1848/49 im Rhein-Main-Raum: Politische Vereine und Revolutionsalltag im Großherzogtum Hessen, Herzogtum Nassau und in der Freien Stadt Frankfurt, Wiesbaden 1989.
DERS.: *Das demokratische Vereinswesen auf dem Lande im Herzogtum Nassau während der Revolution von 1848/49*, in: Nassauische Annalen 98 (1987), S. 205–227.
DERS.: *Frankfurt und die Rhein-Main-Region*, in: Dipper, Christof/Speck, Ulrich (Hg.): 1848. Revolution in Deutschland, Frankfurt/Leipzig 1998, S. 130–151.
DERS.: Die Wiesbadener Bürgerwehr 1848/49 und die Revolution im Herzogtum Nassau, Taunusstein 1998.
DERS.: *Die Revolution von 1848/49 im Herzogtum Nassau*, in: Böhme, Klaus/Heidenreich, Bernd (Hg.): »Einigkeit und Recht und Freiheit«. Die Revolution von 1848/49 im Bundesland Hessen, Opladen/Wiesbaden 1999, S. 157–198.
DERS.: *Keine verlorene Generation: Die Politiker und Parteivereine der Revolutionsjahre 1848/49*, in: Archiv für hessische Geschichte und Altertumskunde, N.F. 57 (1999), S. 153–174.
DERS.: *Turnvereine und ihr Verhältnis zu demokratischen Vereinen und zur Arbeiterbewegung im Rhein-Main-Raum 1848/49*, in: Wieser, Lothar/Wanner, Peter (Hg.): Adolf Cluss und die Turnbewegung. Vom Heilbronner Turnfest 1846 ins amerikanische Exil, Heilbronn 2007, S. 31–44.
DERS.: *Der Idsteiner Kongress und die Reichsverfassungskampagne in Nassau 1849*, in: Nassauische Annalen 123 (2012), S. 433–451.
WILHELMI, EDUARD: Nassaus innere Politik vom Beginn der Revolution 1848 bis zum Rücktritt Hergenhahns (Diss. Phil. Frankfurt a. M. 1929), Gelnhausen 1930.
ZIMMERMANN, CORNELIUS: Die agrarische Bewegung in der 1848er Revolution. Dargestellt am Beispiel des Herzogtums Nassau, München Diss. phil. 1992.
ZIMMERMANN, ERICH: Für Freiheit und Recht! Der Kampf der Darmstädter Demokraten im Vormärz (1815–1848), Darmstadt 1987.
ZUCKER, STANLEY: *Frauen in der Revolution 1848. Das Frankfurter Beispiel*, in: Archiv für Frankfurts Geschichte und Kunst 61 (1987), S. 221–236.

Abbildungsverzeichnis

Umschlagabbildung: Versuch einer Volksmenge, am 18. September 1848 in die Paulskirche einzudringen: »Wüthender Angriff der Republikaner« (Neuruppiner Bilderbogen, Bild 37), © Historisches Museum Frankfurt, Inventar-Nr. C 10172.
S. 8: Wiesbaden 4. März 1848 (Zeichnung von Ferdinand Nitzsche), © Christian Spielmann: Achtundvierziger Nassauer Chronik, Wiesbaden 1899.
S. 10: Hessische Staaten, Nassau, Waldeck und Frankfurt vor 1866, © Hessische Verwaltung für Bodenmanagement und Geoinformation.
S. 14: Revolutionäre wollten 1848 eine Neueinteilung Deutschlands, wobei Hessen eine Einheit bilden sollte (Nr. XV): »Vorschlag zu einer Eintheilung Deutschland in 16 Kreise« (Verlag L. Papst, Darmstadt 1848), © Hessisches Staatsarchiv Darmstadt P 1, 2036.
S. 18: In Kurhessen wird eine Verfassung erzwungen: »Kurfürst Wilhelm II. nimmt eine Petition von Kasseler Bürgern (›Sturmpetition‹) entgegen, 15. September 1830« (Radierung von Ludwig Emil Grimm, Druck der Lith. Anstalt Vogel, Frankfurt a. M.), © Hessisches Staatsarchiv Marburg Best. Slg 7 e Nr. 47.
S. 23: Dörfliches Leben aus dem Blickwinkel englischer Betrachter in den 1830er Jahren: Das Dorf Wambach (Schlangenbad), © Francis Bond Head: Bubbles from the Brunnens of Nassau, London 1834.
S. 33: Der Hessische Landbote, Juli 1834 (erste Seite, verfasst von Georg Büchner, bearbeitet von Friedrich Ludwig Weidig), © Hessisches Staatsarchiv Marburg, 24 g Nr. 739.
S. 39: Theodor Reh (1801–1868), Abgeordneter des Darmstädter Landtags und der Nationalversammlung, Rechtsanwalt und Verteidiger von Friedrich Ludwig Weidig, © Album der deutschen Nationalversammlung, Frankfurt a. M. 1849.

S. 42: »Alles bewilligt!« Wiesbaden am 4. März 1848 (Untertext: »Mir gehn net ehnter ham bis mer et schriftlich hoh«. Ausschnitt, Grundlage vermutlich zeitgenössische Zeichnung), © Wäsch-Bitt, Wiesbaden, 2. Jg., Nr. 3, 1898.
S. 46: August Hergenhahn (1804–1874), Leitender Minister des Herzogtums Nassau, Abgeordneter der Deutschen Nationalversammlung, © Stadtmuseum Wiesbaden, Sammlung Nassauischer Altertümer, Inventar-Nr. 200984.
S. 50 Fahrt mit der Taunuseisenbahn nach Wiesbaden, Station Höchst, im März 1848 (Untertext: »Mann, wo wollt Ihr denn hin Ihr sei[d] ja beba[c]kt mit Brod bis an Hals? Aich sein jo e Nassauer, mer kann nit wisse wie lang mer do drunne ze duh honn!« Ausschnitt, Grundlage vermutlich zeitgenössische Zeichnung), © Wäsch-Bitt, Wiesbaden, 2. Jg., Nr. 3, 1898.
S. 51: Wiesbaden im März 1848, Fahrt nach Wiesbaden auf dem Leiterwagen und Verbrüderung von Soldaten und Bürgern. Ausschnitte, Grundlage vermutlich zeitgenössische Zeichnung), © Wäsch-Bitt, Wiesbaden, 2. Jg., Nr. 3, 1898.
S. 55: »Ein einiges freies Deutschland hoch!« Hermann Peter Hartmann, Erinnerungsblatt an die Hanauer Freischaren, 12. März 1848, © Historisches Museum Frankfurt, Inventar-Nr. N 43583.
S. 57: 1848 wird die Forderung nach einer Vereinigung Hessens erhoben: »Drei Hessen unter einem Hut«, © Bundesarchiv Berlin, ZSg 8/55, Bl. 94.
S. 58: Zerstörung des Prügelstocks, mit dem Körperstrafen vollzogen worden waren, auf dem Paradeplatz vor dem Theater in Hanau am 18. März 1848, © Medienzentrum Hanau-Bildarchiv, MZHU_HGV_B6725_Litho_18Maerz1848.
S. 59: Bernhard Eberhard (1795–1860), Leitender Minister des Kurfürstentums Hessen, Abgeordneter der Deutschen Nationalversammlung, © Medienzentrum Hanau-Bildarchiv, III_0122.
S. 65: Sitzung des Vorparlaments (Illustrirte Zeitung, Leipzig, Nr. 255 vom 20.5.1848, S. 330), © Bayerische Staatsbibliothek, München, urn:nbn:de:bvb:12-bsb10498702-00336.
S. 66: Kampf zwischen Republikanern und Liberalen in Frankfurt am 30. März 1848 (Illustrirte Zeitung, Leipzig, Nr. 252 vom 29.4.1848, S. 283), © Bayerische Staatsbibliothek, München, urn:nbn:de:bvb:12-bsb10498702-00289.
S. 79: Nassauische Bauern 1848, im Blickwinkel städtischer Betrachter (Untertext: »Saht emol wass verlange mer dann eigentlich? Ei Abschaffung vum Militär, die Dumäne, Volksbewaffnung un Pressfreiheit un Censur un überhabt Freiheit!« Ausschnitt, Grundlage vermutlich zeitgenössische Zeichnung), © Wäsch-Bitt, Wiesbaden, 2. Jg., Nr. 3, 1898.
S. 83: Das Dorf Bärstadt (Schlangenbad), © Francis Bond Head: Bubbles from the Brunnens of Nassau, London 1834.
S. 94: Heinrich von Gagern (1799–1880), Leitender Minister des Großherzogtums Nassau, Präsident der Deutschen Nationalversammlung, Reichsministerpräsident, © Album der deutschen Nationalversammlung, Frankfurt a. M. 1849.
S. 98: Einzug der Abgeordneten in die Paulskirche zu Frankfurt a. M. am 18. Mai 1848 (Illustrirte Zeitung, Leipzig, Nr. 257 vom 3.6.1848, S. 359), © Bayerische Staatsbibliothek, München, urn:nbn:de:bvb:12-bsb10498702-00365.
S. 101: Nationalversammlung in der Paulskirche mit Heinrich von Gagern auf dem Präsidentenstuhl (Zeichnung von Leo von Elliot), © Historisches Museum Frankfurt, Inventar-Nr. C 10472.
S. 130: Blutige Auseinandersetzung zwischen Mainzer Zivilisten und preußischen Soldaten 19. bis 21. Mai 1848, © Stadtarchiv Mainz, IV A f 3.
S. 131: Mainzer Bürgerwehr schießt auf preußische Soldaten vor dem Mainzer Theater am 21. Mai 1848, © Stadtarchiv Mainz, IV A f 2.
S. 145: Gefechte während des Aufstandes in Frankfurt am 18. September 1848. Ankunft hessen-darmstädtischer Truppen an der Konstablerwache (Maler: Jean Nicolas Ventadour), © Hessisches Staatsarchiv Darmstadt, R 4 Nr. 22491.
S. 153: Wilhelm Heinrich Riehl (1823–1897), Redakteur der »Nassauischen Allgemeinen Zeitung« (nach einer farbigen Zeichnung des Schauspielers W. Gremmer, Dezember 1848), © Stadtmuseum Wiesbaden, Sammlung Nassauischer Altertümer.
S. 159: Clotilde Koch, geborene Gontard (1813–1869), Frankfurter Bürgerin und Salonnière. Eine der seltenen Darstellungen politisch aktiver Frauen in der Revolutionszeit (Gemälde: Eduard von Heuss), © Institut für Stadtgeschichte Frankfurt a. M., S7P Nr. 7.692.
S. 188: Karl Vogt (1817–1895), Mitglied der Zweiten Kammer des Landtags in Darmstadt und der Deutschen Nationalversammlung, © Album der deutschen Nationalversammlung, Frankfurt a. M. 1849.
S. 220: Verfassung des deutschen Reiches vom 28. April 1849, © Reichsgesetzblatt 1849 S. 101.
S. 224: Innenansicht der Paulskirche während einer Sitzung der Nationalversammlung (1848) (Stich: Joseph Maximilian Kolb und F. Girsch, Gemälde: Johann Heinrich Hasselhorst), © Institut für Stadtgeschichte Frankfurt a. M., S13 Nr. 720.
S. 227: Generalversammlung der Märzvereine in der Gaststätte Wolfseck in Frankfurt a. M. am 6. Mai 1849, © Institut für Stadtgeschichte Frankfurt a. M., S7Z 1849 Nr. 9.
S. 233: Gefecht bei Hirschhorn am 15. Juni 1849 zwischen badischen Revolutionstruppen und hessen-darmstädtischem Militär, © Hessisches Staatsarchiv Darmstadt, R 4 Nr. 24484.
S. 236: Georg Böhning (1788–1849), Kommandant der Wiesbadener Bürgerwehr im März 1848 und einer Freischar 1849, © Christian Spielmann: Achtundvierziger Nassauer Chronik, Wiesbaden 1899.

Anmerkungen

1 Dölemeyer, Barbara: *Die Landgrafschaft Hessen-Homburg 1848*, in: Böhme, Klaus/Heidenreich, Bernd (Hg.): »Einigkeit und Recht und Freiheit«. Die Revolution von 1848/49 im Bundesland Hessen, Opladen/Wiesbaden 1999, S. 123–155, hier S. 123.

2 Struck, Wolf-Heino: *Zur ideenpolitischen Vorbereitung des Bundeslandes Hessen seit dem 19. Jahrhundert*, in: Hessisches Jahrbuch für Landesgeschichte 20 (1970), S. 282–324, hier S. 285, 287 f.

3 Franz, Eckhart G.: *Wer oder was ist eigentlich hessisch?*, in: Aus Hessens Geschichte. Aufsätze von Eckhart G. Franz. Festschrift zum 75. Geburtstag, hg. v. Historischen Verein für Hessen, Darmstadt 2007, S. 11–26; ders.: *Der Weg nach Groß-Hessen. Staatsbildung und Landesbewusstsein im Hessischen 1803–1946*, in: ebd., S. 379–400; ders.: Von Hessengau und »Terra Hassia« zum heutigen Hessen, Wiesbaden 2003. Ähnlich auch bereits Struck (wie Anm. 2); ders.: *Über interparlamentarische Beziehungen im mittelrheinisch-hessischen Raum zu Beginn des konstitutionellen Lebens. Ein Brief des nassauischen Volkskammerpräsidenten Herber an einen Mainzer Abgeordneten von Hessen-Darmstadt (1821)*, in: Archiv für hessische Geschichte und Altertumskunde, N.F. 32 (1974), S. 371–401.

4 Struck (wie Anm. 2), S. 282 f.; Mühlhausen, Walter: Hessen 1945–1950, Frankfurt a. M. 1985, S. 33 ff., 38–43.

5 Franz, Eckhart G.: *Die hessischen Arbeitervereine im Rahmen der politischen Arbeiterbewegung der Jahre 1848–50*, in: Archiv für hessische Geschichte und Altertumskunde, N.F. 33 (1975), S. 167–262, hier S. 168 f.

6 Hahn, Hans-Werner: Wirtschaftliche Integration im 19. Jahrhundert: Die hessischen Staaten und der Deutsche Zollverein, Göttingen 1982, S. 20 f.; vgl. auch Brake, Ludwig: Die ersten Eisenbahnen in Hessen. Eisenbahnpolitik und Eisenbahnbau in Frankfurt, Hessen-Darmstadt, Kurhessen und Nassau bis 1866, Wiesbaden 1991.

7 Weidig, Friedrich Ludwig: Gesammelte Schriften, hg. v. Müller, Hans-Joachim, Darmstadt 1987, S. 40 f.

8 Franz, Der Weg (wie Anm. 3), S. 384 f.

9 Franz, Wer oder was (wie Anm. 3), S. 22.

10 Hildebrand, Bruno: Statistische Mittheilungen über die volkswirtschaftlichen Zustände Kurhessens. Nach amtlichen Quellen, Berlin 1853, S. 62; Struck, Wolf-Heino: *Wiesbaden im März 1848. Grundzüge der 48er Revolution im Herzogtum Nassau*, in: Hessisches Jahrbuch für Landesgeschichte 17 (1967), S. 226–244, hier S. 229; Ewald, Ludwig: *Beiträge zur Statistik des Großherzogthums Hessen*, in: Zeitschrift des Vereins für deutsche Statistik 2 (1848), S. 988–998, 1086–1096, hier S. 994 f.

11 Hans-Werner Hahn: *Der hessische Wirtschaftsraum im 19. Jahrhundert*, in: Walter Heinemeyer (Hg.): Das Werden Hessens, Marburg 1986, S. 389–429, hier S. 406, daraus auch die folgenden Angaben.

12 Ebd., S. 407.

13 Hildebrand, Bruno: Die Nationalökonomie der Gegenwart und Zukunft, Bd. 1, Frankfurt a. M. 1848, S. 178.

14 Sharlin, Allan N.: Social Structure and Politics: A Social History of Frankfurt a. M., 1815–1864, Diss. phil. Madison 1976, Table B-1.

15 Wiest, Ekkehard: Stationen einer Residenzgesellschaft: Darmstadts soziale Entwicklung vom Wiener Kongreß bis zum Zweiten Weltkrieg (1815–1939), Darmstadt 1978, S. 42–46, 48, 60 (Anm. 1); Beiträge zur Statistik des Großherzogthums Hessen, Bd. III, Darmstadt 1864, S. 39.

16 Hahn (wie Anm. 11), S. 413.

17 Franz, Günther: *Ein Urteil des preußischen Ministers Friedrich von Motz über hessische Zustände im Jahre 1823*, in: Hessisches Jahrbuch für Landesgeschichte 1 (1951), S. 209 ff., hier S. 210 f.

18 Hahn (wie Anm. 11), S. 402.

19 Wehler, Hans-Ulrich: Deutsche Gesellschaftsgeschichte, Bd. 2: Von der Reformära bis zur industriellen und politischen »Deutschen Doppelrevolution« 1815–1845/49, München 2. Aufl. 1989, S. 614.

20 Zit. n. Kukowski, Martin: Pauperismus in Kurhessen. Ein Beitrag zur Entstehung und Entwicklung der Massenarmut in Deutschland 1815–1855, Darmstadt/Marburg 1995, S. 139.

21 Zit. n. ebd., S. 192.

22 Dael, Friedrich: *Über die Arbeitslöhne der handarbeitenden Volksklasse in Rheinhessen*, in: Zeitschrift des Vereins für deutsche Statistik 1 (1847), S. 840–853, hier S. 849. Friedrich (Ludwig) Dael, seit 1857 Freiherr von Köth-Wanscheid (1808–1883), freundliche Mitteilung von Dr. Frank Teske, Stadtarchiv Mainz, vom 29.9.2020.

23 Wettengel, Michael: Die Revolution von 1848/49 im Rhein-Main-Raum: Politische Vereine und Revolutionsalltag im Großherzogtum Hessen, Herzogtum Nassau und in der Freien Stadt Frankfurt, Wiesbaden 1989, S. 21.

24 Zit. n. Kukowski (wie Anm. 20), S. 137.

25 Göbel, Ferdinand Heinrich: Ueber die Verarmung im Herzogthum Nassau, ihre Entstehung und die dagegen anzuwendenden Mittel nebst einer vorhergehenden allgemeinen Betrachtung über den Pauperismus, Wiesbaden 1846, S. 74 f.

26 Hildebrand (wie Anm. 13), Bd. 1, S. 178 ff.

27 Büchner, Georg: *Der Hessische Landbote*, in: Sämtliche Werke und Schriften (Marburger Ausgabe), hg. v. Dedner, Burghard/Battenfeld, Katja, Bd. 2/1, Darmstadt 2013, S. 33.

28 Arndt, Marco: Militär und Staat in Kurhessen, 1813–1866. Das Offizierskorps im Spannungsfeld zwischen Monarchischem Prinzip und liberaler Bürgerwelt, Darmstadt/Marburg 1996, S. 150.

29 Hildebrand (wie Anm. 13), Bd. 1, S. 183 f.

30 Zit. n. Kukowski (wie Anm. 20), S. 243.

31 Ebd., S. 254.

32 Franz, Eckhart G./Kallenberg, Fritz/Fleck, Peter (Bearb.): *Großherzogtum Hessen (1800), 1806–1918*, in:

Handbuch der hessischen Geschichte, Vierter Bd., Hessen im Deutschen Bund und im neuen Deutschen Reich (1806), 1815 bis 1945. Zweiter Teilbd., Die hessischen Staaten bis 1945, 3. Lieferung, Marburg 2003, S. 673–884, hier S. 748, 750.
33 Zit. n. Zimmermann, Erich: Für Freiheit und Recht! Der Kampf der Darmstädter Demokraten im Vormärz (1815–1848), Darmstadt 1987, S. 29.
34 Meinecke, Erich: Die deutschen Gesellschaften und der Hoffmannsche Bund. Ein Beitrag zur Geschichte der politischen Bewegungen in Deutschland im Zeitalter der Befreiungskriege, Stuttgart 1891, S. 30.
35 Büchner (wie Anm. 27), S. 10.
36 Grothe, Ewald: Verfassungsgebung und Verfassungskonflikt. Das Kurfürstentum Hessen in der ersten Ära Hassenpflug 1830–1837, Berlin 1996.
37 Georg Büchner: *Briefwechsel*, hg. v. Dedner, Burghard/Fischer, Tilman/Funk, Gerald, in: Sämtliche Werke und Schriften (Marburger Ausgabe), hg. v. Dedner, Burghard, Bd. 10/1, Darmstadt 2013, S. 28: Schreiben vom [14.].11.1833 aus Gießen an die Eltern.
38 Deutscher Liberalismus im Vormärz. Heinrich von Gagern, Briefe und Reden 1815–1848, bearb. v. Wentzcke, Paul/Klötzer, Wolfgang, Göttingen/Berlin/Frankfurt 1959, S. 207 (Nr. 97).
39 Bamberger, Ludwig: Erinnerungen, hg. v. Nathan, Paul, Berlin 1899, S. 6.
40 Düding, Dieter: Organisierter gesellschaftlicher Nationalismus in Deutschland (1808–1847). Bedeutung und Funktion der Turner- und Sängervereine für die deutsche Nationalbewegung, München 1984, S. 238.
41 Schreiben vom 21.9.1847, zit. n. Hoede, Roland: Die Heppenheimer Versammlung vom 10. Oktober 1847, Frankfurt a. M. 1997, S. 50.
42 Deutsche Zeitung, Nr. 107 vom 15.10.1847, S. 853.
43 Deutscher Liberalismus (wie Anm. 38), S. 404 f. (Nr. 258): Schreiben von Heinrich von Gagern an Reinhard Eigenbrodt vom 8.11.1847.
44 Obermann, Karl (Hg.): Flugblätter der Revolution, Berlin (DDR) 1970, S. 46 (Nr. 2).
45 Ebd., S. 51 (Nr. 4).
46 Geheimes Staatsarchiv Preußischer Kulturbesitz Berlin, 2.4.1. I Nr. 8252, Bl. 239–241, abgedr. bei Neese, Bernd-Michael: Die Turnbewegung im Herzogtum Nassau in den Jahren 1844–1852, Bd. 1, Wiesbaden 2002, S. 499 f.; Generallandesarchiv Karlsruhe, 236/8491, Bl. 7–23; 48/1802, Bl. 50–53.
47 Generallandesarchiv Karlsruhe, 236/8491, Bl. 9 f.
48 [vermutlich Dräxler, Karl Ferdinand]: Hessen-Darmstadt in seiner neuesten Entwickelung, in: Die Gegenwart. Eine encyklopädische Darstellung der neuesten Zeitgeschichte für alle Stände, Bd. 5, Leipzig 1850, S. 478–511, hier S. 482.
49 Franz, Eckhart G./Fleck, Peter (Hg.): Der Landtag des Großherzogtums Hessen 1820–1848. Reden aus den parlamentarischen Reform-Debatten des Vormärz, Darmstadt 1998, Dok. Nr. 108, S. 448.
50 Weiler, Wendelin: Darstellung der Ereignisse in Mainz im ersten halben Jahre 1848, Wiesbaden 1848, S. 6.
51 Mainz und die soziale Frage in der Mitte des 19. Jahrhunderts. Zum 100. Todestag von Oberbürgermeister Wallau und Bischof Ketteler. Katalog zur Ausstellung, Mainz 1977, S. 16.
52 Weiler (wie Anm. 50), S. 6.
53 Rheinisches Volksblatt, Nr. 29/30 vom 9.3.1848.
54 Weiler (wie Anm. 50), S. 7.
55 Tapp, Alfred: Hanau im Vormärz und in der Revolution von 1848–1849. Ein Beitrag zur Geschichte des Kurfürstentums Hessen, Hanau 1976, S. 256.
56 Abgedr. in: Vollmer, Franz X.: Der Traum von der Freiheit. Vormärz und 48er Revolution in Süddeutschland in zeitgenössischen Bildern, Stuttgart 1983, S. 65 (Abb. 43).
57 Tapp (wie Anm. 55), S. 258.
58 Hessisches Hauptstaatsarchiv Wiesbaden, 130 II/3054; abgedr. in: Riehl, Wilhelm Heinrich: Nassauische Chronik des Jahres 1848, Wiesbaden 1849, neu hg. v. Müller-Schellenberg, Guntram, Idstein 1979, Beil. 2.
59 Frankfurter Journal, 1. Beil. zu Nr. 65 vom 5.3.1848, Hervorhebung in der Vorlage.
60 Horstmann, Mikael/Koring, Walter (Bearb.): Revolution! Das Jahr 1848. Das Tagebuch des David Adolph Zunz, Frankfurt a. M.2016, S. 51, Metzen bedeutete Metzger.
61 Hessisches Hauptstaatsarchiv Wiesbaden, 1122/201, Erinnerungen des nassauischen Hauptmanns und Flügeladjutanten des letzten Herzogs von Nassau, Otto Freiherr von Dungern (1831–1911), Bl. 28.
62 Müller-Schellenberg, Guntram (Bearb.): Revolution in Wiesbaden. Augenzeugenberichte vom 4. März 1848, Taunusstein 2008, S. 7–23, hier S. 18: Brief von Friederike Elisabeth Johanna (Jenny) Lex an ihren Onkel August Lex, Pfarrer in Dillenburg, und seine Schwester Wilhelmine Lex vom 4.3.1848.
63 Dollwet, Jochen/Weichel, Thomas (Bearb.): Das Tagebuch des Friedrich Ludwig Burk. Aufzeichnungen eines Wiesbadener Bürgers und Bauern 1806–1866, Wiesbaden 1993, S. 162. Nach Spielmann, Christian: Achtundvierziger Nassauer Chronik. Darstellung der Ereignisse in Nassau im Jahre 1848, Wiesbaden 1899, S. 23, war es jedoch die vierte Kompanie, die den Herzog begleitete. Nach Pastor, Ludwig von: Leben des Freiherrn Max von Gagern 1810–1889. Ein Beitrag zur politischen und kirchlichen Geschichte des 19. Jahrhunderts, Kempten/München 1912, S. 182, begleitete das Sicherheitskomitee den Herzog.
64 Freie Zeitung, Nr. 3 vom 5.3.1848; Riehl (wie Anm. 58), S. 18.
65 Zit. n. Kramer, Margarete: Die Politik des Staatsministers Emil August von Dungern im Herzogtum Nassau, Stuttgart 1991, S. 199.
66 Ebd., S. 198; vgl. auch Pastor (wie Anm. 63), S. 180 f., Frankfurter Journal, Beil. zu Nr. 66 vom 6.3.1848.
67 Dollwet/Weichel (Bearb.) (wie Anm. 63), S. 162.
68 Brief Herzog Adolphs an Prinz Wilhelm von Preußen vom 9.3.1848, abgedr. in: Pastor (wie Anm. 63), S. 456 (hier unter dem Datum des 11.3.1848 angegeben; der eigenhändige Entwurf Herzog Adolphs

in Hessisches Hauptstaatsarchiv Wiesbaden, 130 II/6470 ist jedoch auf den 9.3.1848 datiert).

69 Verhandlungen der zweiten Kammer der Landstände des Großherzogthums Hessen im Jahre 1847/48, Elfter Landtag, Beil.-Bd. 2, Beil. Nr. 135 zum 17. Protokoll vom 2.3.1848.

70 Eigenbrodt, Reinhard Karl Theodor: Meine Erinnerungen aus den Jahren 1848, 1849 und 1850, hg. v. Bergsträsser, Ludwig, Darmstadt 1914, S. 35.

71 Ebd., S. 36.

72 Mainzer Zeitung, Nr. 70 vom 10.3.1848.

73 Zit. n. Kukowski (wie Anm. 20), S. 268.

74 Zit. n. Gums, Matthias: Von der Bewegung zur Partei. Liberalismus in Kurhessen 1847–1850, Kassel 2001, S. 96.

75 Zit. n. Kukowski (wie Anm. 20), S. 272.

76 Seier, Hellmut (Hg.): Akten und Dokumente zur kurhessischen Parlaments- und Verfassungsgeschichte 1848–1866. Bearb. v. Nathusius, Ulrich v./Seier, Hellmut, Marburg 1987, S. 5 ff. (Nr. 2), hier S. 5 f. »Konsigniert« meint hier »zusammengezogen«.

77 Bundesarchiv Berlin, ZSg 8/55, Bl. 94; abgedr. in: Franz, Von Hessengau (wie Anm. 3), S. 44.

78 Seier (Hg.) (wie Anm. 76), S. 5 ff. (Nr. 2), hier S. 7.

79 Zit. n. Arndt (wie Anm. 28), S. 199.

80 Seier (Hg.) (wie Anm. 76), S. 1–5 (Nr. 1), hier S. 2, Hervorhebungen in der Vorlage. Das Flugblatt kursierte auch im kurhessischen Bockenheim (Frankfurt).

81 Zit. n. Vollmer (wie Anm. 56), S. 67.

82 Abgedr. ebd., S. 66 (Abb. 44).

83 Seier (Hg.) (wie Anm. 76), S. 8 f. (Nr. 3), hier S. 9.

84 Riehl, Wilhelm Heinrich: Die bürgerliche Gesellschaft, Stuttgart/Tübingen 2. Aufl. 1854, S. 87 f.

85 Zit. n. Pastor (wie Anm. 63), S. 182.

86 Brief Herzog Adolphs an Prinz Wilhelm von Preußen vom 9.3.1848 (wie Anm. 68).

87 Zit. n. Gums (wie Anm. 74), S. 87.

88 Frankfurter Journal, 2. Beil. zu Nr. 68 vom 8.3.1848, »Schwarz-Roth-Gold«.

89 Eigenbrodt (wie Anm. 70), S. 34.

90 Gums (wie Anm. 74), S. 103.

91 Bamberger (wie Anm. 39), S. 123. Der Titel des Freiherrn von Dalwigk war »Regierungsdirektor«.

92 Gums (wie Anm. 74), S. 101.

93 Eigenbrodt (wie Anm. 70), S. 41.

94 Erklärung der Heidelberger Versammlung vom 5. März 1848, abgedr. in: Huber, Ernst Rudolf (Hg.): Dokumente zur deutschen Verfassungsgeschichte, Bd. 1. Deutsche Verfassungsdokumente 1803–1850, Stuttgart, 3. Aufl. 1978, S. 326 ff. (Nr. 73), hier S. 327.

95 Botzenhart, Manfred: Deutscher Parlamentarismus in der Revolutionszeit 1848–1850, Düsseldorf 1977, S. 119.

96 Einladungsschreiben des Siebener-Ausschusses der Heidelberger Versammlung vom 12. März 1848, abgedr. in: Huber (Hg.) (wie Anm. 94), S. 328 (Nr. 74).

97 Klötzer, Wolfgang (Bearb.): Clotilde Koch-Gontard an ihre Freunde. Briefe und Erinnerungen aus der Zeit der deutschen Einheitsbewegung 1843–1869, Frankfurt a. M. 1969, S. 305.

98 Horstmann/Koring (Bearb.) (wie Anm. 60), S. 69.

99 Tagebuch des Karl von Barton genannt von Stedmann vom 29. März 1848, abgedr. in: Hansen, Joseph (Hg.): Rheinische Briefe und Akten zur Geschichte der politischen Bewegung 1830–1850, Bd. II, 1. Hälfte (Jan. 1846–Apr. 1848), Bonn 1942, S. 689 f. (Nr. 382), hier S. 690.

100 Weber, Matthias: *Die Revolution im Stadtstaat: Die Freie Stadt Frankfurt am Main 1848–1850*, in: Archiv für Frankfurts Geschichte und Kunst 64 (1998), S. 247–265, hier S. 254.

101 Die Beschlüsse des Vorparlaments, abgedr. in: Huber (Hg.) (wie Anm. 94), S. 334–337 (Nr. 81), hier S. 335.

102 Erste Sitzung des Vorparlaments 31. März 1848, Tagebuch (wie Anm. 99), S. 696 ff. (Nr. 389), hier S. 697, Anm. 3.

103 Die Beschlüsse des Vorparlaments (wie Anm. 101), S. 335.

104 Blum, Robert: Briefe und Dokumente, hg. v. Schmidt, Siegfried, Leipzig 1981, S. 59 f. (Nr. 34), hier S. 60.

105 Köhler, Manfred: Die nationale Petitionsbewegung zu Beginn der Revolution 1848 in Hessen. Eingaben an das Vorparlament und an den Fünfzigerausschuß aus Hessen (März bis Mai 1848), Darmstadt/Marburg 1985, S. 223 f., 248 f.

106 Ebd., S. 224 f. Dies zeigt, wie kritisch die Aktionen von Hecker und Struve im eigenen politischen Lager beurteilt wurden.

107 Der Jüngste Tag, Nr. 29 vom 7.4.1848.

108 Gums (wie Anm. 74), S. 126 f.

109 Urich, Wilhelm: Lebenserinnerungen, hg. v. Werner, Siegfried, Darmstadt 1936, S. 141.

110 »Katholiken Nassau's«, Limburg, 23. März 1848, abgedr. in: Schwedt, Hermann H.: *Die katholische Kirche nach der Säkularisation*, in: Herzogtum Nassau 1806–1866. Politik, Wirtschaft, Kultur (Ausstellungskatalog), Wiesbaden 1981, S. 275–282, hier S. 279.

111 Hirtenbrief des Bischofs Blum von Limburg, 17.3.1848, Beil. 17 zu Riehl (wie Anm. 58).

112 Abgedr. in: Obermann (wie Anm. 44), S. 186 ff; Boldt, Werner: Die Anfänge des deutschen Parteiwesens. Fraktionen, politische Vereine und Parteien in der Revolution 1848. Darstellung und Dokumentation, Paderborn 1971, S. 103 ff.

113 Huber (Hg.) (wie Anm. 94), S. 334, Punkt 15 (Nr. 80).

114 Bundesarchiv Berlin, ZSg 8/55, Bl. 16.

115 Wettengel (wie Anm. 23), S. 98.

116 Hessisches Hauptstaatsarchiv Wiesbaden, 1098/IV 50, Bl. 246; Beil. 23 zu Riehl (wie Anm. 58).

117 Zit. n. Gums (wie Anm. 74), S. 205.

118 Zit. n. Valentin, Veit: Geschichte der deutschen Revolution von 1848–1849, Bd. 2, Neudr. Köln/Berlin 1977, S. 407.

119 Riehl (wie Anm. 84), S. 88.

120 Zit. n. Hähn, Jasmin: Sozialunruhen in der Standesherrschaft Solms-Braunfels 1848, Wiesbaden 2011, S. 116.

121 Hochschul- und Landesbibliothek RheinMain Wiesbaden, 60 HS 445 RARA-Magazin, Schellen-

berg, Carl Philipp Salomo: Mein Leben, [Wiesbaden 1859], S. 987.
122 Nassauische Allgemeine Zeitung, Nr. 81 vom 22.6.1848 »Von der Dill«; Schlosser, Gustav: Die Revolution von 1848. Erinnerungen, Gütersloh 1883, S. 42.
123 Gailus, Manfred: *Zur Politisierung der Landbevölkerung in der Märzbewegung von 1848*, in: Steinbach, Peter (Hg.): Probleme politischer Partizipation im Modernisierungsprozeß, Stuttgart 1982, S. 88–113, hier S. 108 f.
124 Riehl (wie Anm. 58), S. 96 f.
125 Ebd., S. 59.
126 Ebd., S. 1.
127 Frankfurter Journal, 1. Beil. zu Nr. 333 vom 20.12.1848.
128 Freie Zeitung, Nr. 168 vom 26.8.1848.
129 Freie Zeitung, Nr. 159 vom 16.8.1848.
130 Hähn (wie Anm. 120), S. 101.
131 Frankfurter Journal, Nr. 71 vom 11.3.1848.
132 Riehl (wie Anm. 58), S. 106.
133 Fendt, Rudolf: Von 1846 bis 1853. Erinnerungen aus Verlauf und Folgen einer akademischen und politischen Revolution. Von einem weiland Gießener Studenten und badischen Freischärler, Darmstadt 1875, S. 98.
134 Ebd., S. 97.
135 Rohrbacher, Stefan: Gewalt im Biedermeier. Antijüdische Ausschreitungen in Vormärz und Revolution (1815–1848/49), Frankfurt/New York 1993, S. 222; Kukowski (wie Anm. 20), S. 275 f.
136 So jedenfalls Kukowski (wie Anm. 20), S. 283, 285.
137 Dem Stil und seinen Kenntnissen nach zu urteilen war der Verfasser vermutlich Lehrer oder Pfarrer, abgedr. in: Moldenhauer, Rüdiger: *Die Petitionen aus den Provinzen Starkenburg und Rheinhessen an die deutsche Nationalversammlung 1848–1849 (mit Nachtrag für Oberhessen)*, in: Archiv für hessische Geschichte und Altertumskunde, N.F. 34 (1976), S. 83–170, hier S. 151 ff.
138 Rohrbacher (wie Anm. 135), S. 259.
139 [Bogen, Ludwig]: Odenwälder Zustände. Unparteiische Darstellung der neuesten Vorfälle in dem Odenwalde und ihrer Ursachen von einem Freunde des Volkes, Darmstadt 1848, S. 6.
140 Eigenbrodt (wie Anm. 70), S. 73.
141 Galéra, Karl Siegmar Baron von: Wege zu neuen Lebensformen. Geschichte des Geschlechts der Riedesel zu Eisenbach im 19. Jahrhundert, Neustadt/Aisch 1965, S. 146. Diese Äußerung wurde allerdings später bestritten, Rheinisches Volksblatt, Nr. 58 vom 13.5.1848.
142 Eigenbrodt (wie Anm. 70), S. 66.
143 Hähn (wie Anm. 120), S. 74.
144 Verordnungsblatt des Herzogthums Nassau 1848, S. 315.
145 Wettengel (wie Anm. 23), S. 73.
146 Verordnungsblatt des Herzogthums Nassau 1848, S. 137.
147 Riehl (wie Anm. 58), S. 95.
148 Verordnungsblatt des Herzogthums Nassau 1848, S. 319.
149 Nassauische Allgemeine Zeitung, Nr. 31 vom 6.2.1849.
150 Nassauische Allgemeine Zeitung, 2. Ausg. zu Nr. 57 vom 8.3.1849.
151 Nassauische Allgemeine Zeitung, Nr. 43 vom 20.2.1849.
152 Bundesarchiv Berlin, ZSg 8/55, Bl. 57; Rheinisches Volksblatt, Nr. 29/30 vom 9.3.1848.
153 Frankfurter Journal, Nr. 71 vom 11.3.1848.
154 Abgedr. in: Fleck, Peter: Agrarreformen in Hessen-Darmstadt. Agrarverfassung, Reformdiskussion und Grundlastenablösung (1770–1860), Darmstadt/Marburg 1982, S. 347 ff.
155 Gemeindearchiv Reichelsheim (Odenwald), Abt. IV, Abschn. 3, Konv. 3, Fasc.2.
156 Wetterauer Volksblatt, Nr. 22 vom 17.3.1849, Nr. 41 vom 23.5.1849.
157 Freie Zeitung, Nr. 87 vom 31.5.1848, Petition der Grundbesitzer des Amtes Limburg an den Landtag, 23.5.1848.
158 Freie Zeitung, Beil. zu Nr. 91 vom 5.6.1848, Petition der Grundbesitzer des Amtes Hadamar an den Landtag, 25.5.1848. Diese Petition weist große Ähnlichkeiten zu der aus Limburg auf.
159 Gums (wie Anm. 74), S. 293 f.; Seier, Hellmut: *Kurfürstentum Hessen 1803–1866*, in: Handbuch der hessischen Geschichte, Vierter Bd., Hessen im Deutschen Bund und im neuen Deutschen Reich (1806), 1815 bis 1945. Zweiter Teilbd., Die hessischen Staaten bis 1945, 1. Lieferung, Marburg 2000, S. 1–184, hier S. 110 f.
160 Gesetz vom 31.7.1848, Großherzoglich Hessisches Regierungsblatt, Nr. 38 (1848), S. 217.
161 Gesetz vom 30.7.1848, Großherzoglich Hessisches Regierungsblatt, Nr. 39 (1848), S. 229.
162 Verordnungsblatt des Herzogthums Nassau, 1848, S. 89.
163 Anonym: *Staat und Stadt Frankfurt*, in: Die Gegenwart. Eine encyklopädische Darstellung der neuesten Zeitgeschichte für alle Stände, Bd. 5, Leipzig 1850, S. 371–415, hier S. 406.
164 Fleck, Peter/Franz, Eckhart G. (Hg.): Die nachrevolutionären Landtage des Großherzogtums Hessen 1849–1856. Reden aus den parlamentarischen Debatten, Darmstadt 2008, S. 18–23.
165 Abgedr. in Wilhelmi, Eduard: Nassaus innere Politik vom Beginn der Revolution 1848 bis zum Rücktritt Hergenhahns, Gelnhausen 1930, S. 146 f.
166 Gums (wie Anm. 74), S. 348, 351.
167 Ebd., S. 320, 476.
168 Wigard, Franz (Hg.): Stenographischer Bericht über die Verhandlungen der deutschen constituirenden Nationalversammlung zu Frankfurt am Main, erster Bd., Frankfurt a. M. 1848, S. 17.
169 Reichsgesetz über die Einführung einer provisorischen Zentralgewalt für Deutschland vom 28. Juni 1848, Reichsgesetzblatt 1848, S. 3, abgedr. in: Huber (Hg.) (wie Anm. 94), S. 340 f. (Nr. 85).
170 Reichsgesetz, betreffend die Grundrechte des deutschen Volkes vom 27. Dezember 1848, Reichsgesetzblatt 1848, S. 49, 57, abgedr. in: Huber (Hg.) (wie Anm. 94), S. 389–395 (Nr. 108).

171 Verfassung des Deutschen Reiches vom 28. März 1849, Reichsgesetzblatt 1849 S. 101, abgedr. in: Huber (Hg.) (wie Anm. 94), S. 375–396 (Nr. 108).
172 Gums (wie Anm. 74), S. 320, 370–374.
173 Riehl (wie Anm. 58), S. 47.
174 Laube, Heinrich: Das erste deutsche Parlament, Bd. 1, Leipzig 1849, S. 38.
175 Jessen, Hans (Hg.): Die Deutsche Revolution 1848/49 in Augenzeugenberichten, München 2. Aufl. 1976, S. 131, 134.
176 Bamberger (wie Anm. 39), S. 88.
177 »Bürger von Wiesbaden! Deutsche Männer!«, Wiesbaden 2.3.1848; Riehl (wie Anm. 58), Beil. 1.
178 Tapp (wie Anm. 55), S. 259, 273 f.
179 Stadtarchiv Wiesbaden, A XII b-6.
180 Verordnungsblatt des Herzogthums Nassau 1848, S. 33. Handschriftlich korrigierter Entwurf und Reinentwurf des landesherrlichen Edikts in Hessisches Hauptstaatsarchiv Wiesbaden, 210/4840.
181 Verordnungsblatt des Herzogthums Nassau 1848, S. 34, § 2. Diese Einschränkung der Handlungsbefugnis der Bürgerwehren war nachträglich in den ursprünglichen Entwurf des Edikts eingefügt worden, vgl. Hessisches Hauptstaatsarchiv Wiesbaden, 210/4840.
182 Mankel, Jakob: Geschichte der Bürgergarde und der bewaffneten Bürgerschaft der Stadt Weilburg, Weilburg 1913, S. 249.
183 Verordnung, die Bürgerwehr im Großherzogthume betreffend, Großherzoglich Hessisches Regierungsblatt, Nr. 63, 1848, S. 393.
184 Ebd., Art. 2.
185 Bundesarchiv Berlin, ZSg. 9/983.
186 Gesetz vom 23ten Juni 1832, die Bürgergarden betreffend, §§ 19 und 28, in: Sammlung von Gesetzen, Verordnungen, Ausschreiben und anderen allgemeinen Verfügungen für Kurhessen, Kassel 1832, S. 121–146, hier S. 124, 126.
187 Ebd., S. 121.
188 Zit. n. Arndt (wie Anm. 28), S. 141.
189 Nassauische Allgemeine Zeitung, Nr. 106 vom 5.5.1849.
190 Stadtarchiv Wiesbaden, A XII b-8.
191 Gesetz, die Errichtung der Volkswehr im Herzogthum Nassau betreffend, Verordnungsblatt des Herzogthums Nassau, 1849, S. 381.
192 Das Großherzogtum Hessen hatte demnach 1,27, das Kurfürstentum Hessen 0,66, das Herzogtum Nassau 0,47 und die Stadt Frankfurt 2,86 Proteste pro 100 000 Einwohner, bei einem Durchschnitt im Deutschen Bund von 0,48, Gailus, Manfred: Straße und Brot. Sozialer Protest in den deutschen Staaten unter besonderer Berücksichtigung Preußens, 1847–1849, Göttingen 1990, S. 99.
193 Zit. n. Heitzenröder, Wolfram: *Sozialer Protest und organisierte Arbeiterbewegung in Hanau 1848–1851*, in: Hessisches Jahrbuch für Landesgeschichte 48 (1998), S. 165–195, hier S. 171.
194 Ebd., S. 173.
195 Der Demokrat, Nr. 19 vom 25.3.1849.
196 Frankfurter Journal, 2. Beil. zu Nr. 188 vom 9.7.1848.
197 Mainzer Zeitung, Nr. 98 vom 7.4.1848.
198 Ebd.
199 Bamberger (wie Anm. 39), S. 50.
200 Ebd., S. 49.
201 Weiler (wie Anm. 50), S. 71.
202 Zit. n. Kukowski (wie Anm. 20), S. 280.
203 Mainzer Zeitung, Nr. 148 vom 28.5.1848.
204 Moldenhauer (wie Anm. 137), S. 143, Nr. 70 und 78.
205 Der Demokrat, Nr. 2 vom 23.4.1848.
206 Quarck, Max (Hg.): Die Allgemeine Frankfurter Arbeiter-Zeitung von 1848, Neudr. Frankfurt a. M. 1968, S. 12 f.
207 Gailus (wie Anm. 194), S. 153 f., 158.
208 Darmstädter Journal, Nr. 67 vom 20.3.1849.
209 Bundesarchiv Berlin, DB 51/129, Pet. Nr. 3359.
210 Freie Zeitung, Nr. 119 vom 5.7.1848.
211 Frankfurter Journal, 2. Beil. zu Nr. 84 vom 24.3.1848.
212 Hessisches Staatsarchiv Darmstadt, Abt. G 15 (Alsfeld) Nr. Q 55, Bericht des Kreisrates von Alsfeld an das Ministerium des Innern vom 13.3.1848, Bl. 39.
213 Ebd., Bericht des Kreisrates von Alsfeld an das Ministerium des Innern vom 25.3.1848, Bl. 48 f.
214 Rheinisches Volksblatt, Nr. 56 vom 9.5.1848.
215 Rohrbacher (wie Anm. 135), S. 205 f.; Nuhn, Heinrich: *»Hier geht es wieder drüber und drunter – mit Äxten die ganze Nacht«. Rotenburg 1848 – Schauplatz antijüdischer Ausschreitungen*, in: Zeitschrift des Vereins für hessische Geschichte und Landeskunde 103 (1998), S. 173–192.
216 So die antisemitischen Plakate, die am 24./25.2.1849 an Häusern in Michelstadt (Odenwald) angebracht, wurden, Rohrbacher (wie Anm. 135), S. 202; Wettengel (wie Anm. 23), S. 452 f.
217 Zit. n. Moldenhauer, Rüdiger: *Die jüdischen Petitionen an die Deutsche Nationalversammlung in Frankfurt am Main 1848/49*, in: Archiv für Frankfurts Geschichte und Kunst 54 (1974), S. 177–208, hier S. 191.
218 Nuhn (wie Anm. 215), S. 184.
219 Ebd., S. 185 ff.
220 Arndt (wie Anm. 28), S. 208.
221 Wehr' Dich! Beil. zu Nr. 89 vom 6.5.1849.
222 Tapp (wie Anm. 55), S. 272 f.
223 Wettengel (wie Anm. 23), S. 267 f.
224 Lemberg, Margret: *1848 in Marburg. Revolution, aber in Ruhe, Ordnung und Sicherheit*, in: Stichnothe, Karin (Hg.): Marburg und die Revolution von 1848, Marburg 1999, S. 21–49, hier S. 41.
225 Mainzer Zeitung, Nr. 276 vom 14.10.1848.
226 Der Jüngste Tag, Nr. 154 vom 31.8.1848.
227 Gums (wie Anm. 74), S. 99 f.; Thielbeer, Heide: Universität und Politik in der Deutschen Revolution von 1848, Bonn 1983, S. 77 ff; Lemberg (wie Anm. 224), S. 24–27 (bei den letztgenannten beiden Titeln »Schmidt«).
228 Insbesondere Hochschul- und Landesbibliothek RheinMain Wiesbaden, 2°Ga 3953 (1), Nassauische Flugblätter aus den Jahren 1848–1850, Bd. 1, Nr. 38, »Aufruf am 27. März 1848 bei der Nachricht des Anmarsches der Franzosen gegen

den Rhein.« Zu den Presseartikeln u. a. Freie Zeitung, Nr. 4 vom 6.3.1848, Nr. 14 vom 17.3.1848, Nr. 16 vom 19.3.1848, Nr. 29 vom 1.4.1848; Nassauische Allgemeine Zeitung, Nr. 10 vom 10.4.1848.

229 Vgl. u. a. Mainzer Zeitung, Nr. 121 vom 1.5.1848; Neue Deutsche Zeitung, Nr. 73 vom 23.9.1848.

230 Freie Zeitung, Nr. 43 vom 20.2.1849.

231 Nassauische Allgemeine Zeitung, Beil. zu Nr. 61 vom 1.6.1848.

232 Klötzer (Bearb.) (wie Anm. 97), S. 71.

233 Horstmann/Koring (Bearb.) (wie Anm. 60), S. 79.

234 Nassauische Allgemeine Zeitung, Nr. 74 vom 15.6.1848.

235 Nassauische Allgemeine Zeitung, Nr. 93 vom 5.7.1848.

236 Rheinisches Volksblatt, Nr. 37 vom 25.3.1848, Hervorhebungen in der Vorlage.

237 Darmstädter Zeitung, Nr. 6 vom 6.1.1849.

238 Großherzoglich Hessisches Regierungsblatt, Nr. 33, 1848, S. 197.

239 Denkwürdigkeiten aus dem Leben des Generals der Infanterie von Hüser, größtentheils nach dessen hinterlassenen Papieren zusammengestellt und hg. von Quednow, Mathilde, Berlin 1877, S. 277.

240 Ebd., S. 270.

241 Brodhaecker, Michael: *Der 21. Mai 1848 in Mainz. Dokumentation der politischen und sozialen Unruhen in der Bundesfestung anhand der Quellen*, in: Mainzer Geschichtsblätter, Heft 11, Mainz 1999, S. 20–37, hier S. 24 f., 29 f.

242 Zeitgenössische Berichte bestätigen, dass Kanonenkugeln bereits erhitzt wurden, Weiler, Wendelin: *Die mainzer Vorgänge vom Mai 1848*, in: Die Gegenwart. Eine encyklopädische Darstellung der neuesten Zeitgeschichte für alle Stände, Bd. 1, Leipzig 1848, S. 421–438, hier S. 431.

243 Zit. n. Brodhaecker (wie Anm. 241), S. 36.

244 Weiler (wie Anm. 242), S. 435.

245 Bamberger (wie Anm. 39), S. 98.

246 Weiler (wie Anm. 242), S. 434.

247 Neue Deutsche Zeitung, Nr. 3 vom 4. Juli 1848.

248 Denkwürdigkeiten (wie Anm. 239), S. 286.

249 Wigard (Hg.) (wie Anm. 168), S. 96.

250 Ebd., S. 97.

251 Mainzer Zeitung, Nr. 76 vom 16.3.1848.

252 Diese Version entspricht der Darstellung von Dietz, Freie Zeitung, Nr. 151 vom 6.8.1848. Die Worte wurden offenbar als Angriffsdrohung aufgefasst, Bundesarchiv Berlin, DB 54 (RMI) / 57, Bl. 5 f.: »Darstellung der letzten Ereignisse zu Wiesbaden«, überreicht von dem herzoglich nassauischen Minister Hergenhahn, und Bl. 22: »Offizielle Darstellung«.

253 Hessisches Hauptstaatsarchiv Wiesbaden, 293/1347, Untersuchungsbericht vom 13.2.1849. In seinem Bericht über die Vorgänge vor dem Landtag am 18. Juli 1848 erhöhte Hergenhahn die Zahl auf »4 bis 500 Mann«, Verhandlungen der Ständeversammlung des Herzogthums Nassau, 1848, Bd. 1, S. 657.

254 Dietz behauptete dagegen später, von Hadeln habe eine milde Bestrafung zugesagt, Freie Zeitung, Nr. 151 vom 6.8.1848, »Erklärung«.

255 Hessisches Hauptstaatsarchiv Wiesbaden, 293/1347, Untersuchungsbericht vom 13.2.1849.

256 Freie Zeitung, Nr. 151 vom 6.8.1848, »Erklärung«.

257 Zur ersten Version Riehl (wie Anm. 58), S. 67, und »Offizielle Darstellung« (wie Anm. 252); zur zweiten Version Freie Zeitung, Nr. 151 vom 6.8.1848.

258 Hessisches Hauptstaatsarchiv Wiesbaden, 293/1347, Untersuchungsbericht vom 13.2.1849.

259 Freie Zeitung, Nr. 144 vom 30.7.1848 »Zur Geschichte des 16. Juli 1848«.

260 Hessisches Hauptstaatsarchiv Wiesbaden, 293/1347, Untersuchungsbericht vom 13.2.1849.

261 Stadtarchiv Wiesbaden, A XII b-9, Eingabe von Hermann Gläser.

262 Die Bürgerwehrgardisten der dritten Kompanie behaupteten später, sie seien deshalb nicht bereit gewesen, gegen ihre Kameraden vorzugehen, weil sie ihre Gewehre nicht geladen hatten, Nassauische Allgemeine Zeitung, Nr. 115 vom 27.7.1848.

263 So auch Freie Zeitung, Nr. 144 vom 30.7.1848 »Zur Geschichte des 16. Juli 1848«. Riehl und der »Offiziellen Darstellung« (wie Anm. 252) zufolge sei Goedecke bereits zu diesem Zeitpunkt mit der Waffe gedroht worden, Bundesarchiv Berlin, DB 54 (RMI) / 57, Bl. 22. Dies wird jedoch in dem abschließenden Untersuchungsbericht vom 13.2.1849 nicht bestätigt, Hessisches Hauptstaatsarchiv Wiesbaden, 293/1347.

264 Freie Zeitung, Nr. 144 vom 30.7.1848; Goedecke soll nach anderer Quelle gerufen haben: »der Hauptmann Die[t]z ist Arrestant« und »die Gewehre her«, Stadtarchiv Wiesbaden, A XII b-9, Eingabe von Hermann Gläser.

265 Riehl (wie Anm. 58), S. 67; Hessisches Hauptstaatsarchiv Wiesbaden, 293/1347, Untersuchungsberichte vom 25.1.1849 und 13.2.1849; 210/5970.

266 Riehl (wie Anm. 58), S. 69. Die österreichischen Truppen trugen weiße Röcke.

267 Ebd., S. 71.

268 Werbungsversuche der Republikaner auf dem Land wurden in der »Darstellung der letzten Ereignisse zu Wiesbaden« nur für den 16. Juli und ohne konkrete Anhaltspunkte genannt, Bundesarchiv Berlin, DB 54 (RMI) / 57, Bl. 6, gemeint war hier offenbar die Aktion von Wilhelm Knecht.

269 Riehl (wie Anm. 58), S. 71.

270 Ebd.; die Darstellungen widersprechen sich bei den Zahlenangaben zu der Menge, die am 16. Juli angeblich vom Nerotal nach Wiesbaden zog: Sie wurde einmal mit 400 bis 500, dann mit 700 bis 800 Personen angegeben, vgl. Bundesarchiv Berlin, DB 54 (RMI) / 57, Bl. 6, 22.

271 Wacker, Peter, mit Beiträgen von Müller-Schellenberg, Guntram: Das herzoglich-nassauische Militär 1813–1866. Militärgeschichte im Spannungsfeld von Politik, Wirtschaft und sozialen Verhältnissen eines deutschen Kleinstaates, Bd. II, Taunusstein 1998, S. 303 f.

272 Riehl (wie Anm. 58), S. 71 f.

273 Bundesarchiv Berlin, DB 56/65, Bericht des Festungsgouverneurs von Mainz, Generalleutnant von

Hüser, vom 18.7.1848 an das Reichsministerium des Krieges in Frankfurt a. M.

274 Bundesarchiv Berlin, DB 56/65, Bericht des Festungsgouverneurs von Mainz vom 19.7.1848.

275 Hessisches Hauptstaatsarchiv Wiesbaden, 1098 IX/3, abgedr. in: Winfried Schüler: *Die Revolution von 1848/49*, in: Herzogtum Nassau (wie Anm. 110), S. 19–35, hier S. 29.

276 Freie Zeitung, Nr. 151 vom 6.8.1848.

277 Bundesarchiv Berlin, DB 56/65, Bericht des Festungsgouverneurs von Mainz, Generalleutnant von Hüser, vom 18.7.1848 an das Reichsministerium des Krieges in Frankfurt a. M.; Valentin (wie Anm. 118), S. 406 f., der sich auf den Bericht des preußischen Geschäftsträgers Legationsrat Hermann Ludwig von Balan vom 17.7.1848 stützt.

278 Riehl (wie Anm. 58), S. 73. Hergenhahn selbst umging diese Frage in seinem Bericht während der Landtagsverhandlung am 18.7.1848, Verhandlungen (wie Anm. 253), S. 656–670.

279 Ebd., S. 666; Riehl (wie Anm. 58), S. 73 ff.

280 Stadtarchiv Wiesbaden, A XII b-6, »Compagnie-Listen der National-Garde zu Wiesbaden«; Landesherrliches Edikt vom 11.3.1848, § 10, Verordnungsblatt des Herzogthums Nassau 1848, S. 35.

281 Nassauische Allgemeine Zeitung, Nr. 105 vom 17.7.1848, »Drohende Mediatisirung Nassau's«.

282 Bundesarchiv Berlin, DB 56/65.

283 Freie Zeitung, Nr. 146 vom 1.8.1848 und Nr. 158 vom 15.8.1848; Stadtarchiv Wiesbaden, A XII b-6.

284 Hessisches Hauptstaatsarchiv Wiesbaden, 293/1347, Bericht des Herzoglichen Hof- und Appellationsgerichts zu Usingen vom 7.2.1849; Freie Zeitung, Beil. zu Nr. 48 vom 25.2.1849 (unvollständig); Struck, Wolf-Heino: Wiesbaden im Biedermeier, Wiesbaden 1981, S. 30.

285 Freie Zeitung, Nr. 138 vom 24.7.1848.

286 Schambach, Karin: *Die zweite Welle der Revolution*, in: Gall, Lothar (Hg.): 1848. Aufbruch zur Freiheit (Ausstellungskatalog), Berlin 1998, S. 283–313, hier S. 299.

287 Horstmann/Koring (Bearb.) (wie Anm. 60), S. 130.

288 Neue Deutsche Zeitung, Nr. 69 vom 19.9.1848.

289 Die Angaben über die Teilnehmerzahl schwanken zwischen 4000 und 20 000, u. a.: Bundesarchiv Berlin, FSg 1/7, Nachlass Nover. Bd. 1, Bl. 18r: 4000; Darmstädter Zeitung Nr. 261 vom 19.9.1848: »etwa 6 000«; Anonym (wie Anm. 163), S. 392: 10 000–12 000; Horstmann/Koring (Bearb.) (wie Anm. 60), S. 134: 12 000–15 000; Vogt, Karl: Der achtzehnte September in Frankfurt. Im Auftrag der Clubbs der Linken vom deutschen Hofe und vom Donnersberge geschildert, Frankfurt a. M. 1848, S. 13: 15 000–20 000; Adresse der Volksversammlung vom 17.9.1848, abgedr. in Rittweger, Franz: Frankfurt am Main im Jahre 1848. Ein Beitrag zur Städtegeschichte, Frankfurt a. M. 1898, S. 84: »mindestens 20 000«.

290 Vogt (wie Anm. 289), S. 25.

291 Horstmann/Koring (Bearb.) (wie Anm. 60), S. 135.

292 Klötzer (Bearb.) (wie Anm. 97), S. 70.

293 Anonym (wie Anm. 163), S. 393, spricht von 2400 Mann. Nach anderen Quellen trafen sie schon um zwei Uhr in der Nacht ein. Über die genaue Zahl der Soldaten liegen unterschiedliche Angaben vor.

294 Valentin, Veit: Frankfurt am Main und die Revolution von 1848/49, Stuttgart/Berlin 1908, S. 333.

295 Sharlin (wie Anm. 14), S. 180–188; zur Rolle Jugendlicher und von Handwerksgesellen Anonym (wie Anm. 163), S. 393; Vogt (wie Anm. 289), S. 35–38, 42, 74 f.; Darmstädter Zeitung, Nr. 260 vom 18.9.1848.

296 Valentin (wie Anm. 294), S. 326.

297 Schwemer, Richard: Geschichte der Freien Stadt Frankfurt a. M. (1814–1866), 3. Bd., 1. Teil, Frankfurt a. M. 1915, S. 241.

298 Zucker, Stanley: *Frauen in der Revolution 1848. Das Frankfurter Beispiel*, in: Archiv für Frankfurts Geschichte und Kunst 61 (1987), S. 221–236, hier S. 230.

299 Valentin (wie Anm. 294), S. 331, 349 f.

300 Tapp (wie Anm. 55), S. 350–353.

301 Mainzer Zeitung, Nr. 265 vom 1.10.1848.

302 Valentin (wie Anm. 294), S. 350.

303 Bassermann-Jordan, Friedrich von/ Bassermann-Jordan, Ernst von (Hg.): Denkwürdigkeiten von Friedrich Daniel Bassermann 1811–1855, Mitglied des Badischen Landtags, des Vorparlaments, der Deutschen Nationalversammlung und des Reichsministeriums, Frankfurt 1926, S. 192 ff.; Siemann, Wolfram: »Deutschlands Ruhe, Sicherheit und Ordnung«: Die Anfänge der politischen Polizei 1806–1866, Tübingen 1985, S. 224 ff.; Gums (wie Anm. 74), S. 327.

304 Bundesarchiv Berlin, DB 54/71 (RMI); Siemann (wie Anm. 303), S. 226–234.

305 Bundesarchiv Berlin, DB 54/74 (RMI), Bl. 14v; Siemann (wie Anm. 303), S. 232 ff.

306 Bundesarchiv Berlin, DB 54/74 (RMI), Bl. 11r. Jaup bezieht sich hier auf eine Erklärung des Zentralausschusses der demokratischen Vereine in Berlin vom 14.6.1848, meint aber vermutlich die Erklärung vom 14.7.1848.

307 Gums (wie Anm. 74), S. 327, 365 f.

308 Frankfurter Journal, Extra-Beil. zu Nr. 103 vom 29.4.1849.

309 Büchner, Alexander: Das »tolle« Jahr. Vor, während und nach 1848. Von einem, der nicht mehr toll ist, Gießen, 2. Aufl. 1904, S. 172 f.

310 Dollwet/Weichel (Bearb.) (wie Anm. 63), S. 163.

311 Rheinisches Volksblatt, Nr. 49 vom 22.4.1848.

312 Frankfurter Journal, Nr. 72 vom 12.3.1848.

313 Der Odenwälder, Nr. 20 vom 10.3.1848.

314 Abgedr. als Beil. 2, 4, 5, 6 und 8 zu Riehl (wie Anm. 58).

315 Gums (wie Anm. 74), S. 139–147.

316 Rheinisches Volksblatt, Nr. 78 vom 29.6.1848.

317 Friedel, Mathias: Zensur und Zensierte. Hessische Presse zwischen 1806 und 1848, Weinheim 2010, S. 220.

318 Der jüngste Tag, Nr. 253 vom 30.12.1848.

319 Wehr' Dich! Nr. 1 vom 3.1.1849.

320 Gums (wie Anm. 74), S. 145 f.

321 Bergsträsser, Ludwig: *Entstehung und Entwicklung der Partei-Korrespondenzen in Deutschland im Jahre 1848/49*, in: Zeitungswissenschaft, Jg. 8, Nr. 1 vom 15.1.1933, S. 12–25, hier S. 20–24.

322 Die Angaben sind entnommen aus Henkel, Martin/Taubert, Rolf: Die deutsche Presse 1848–1850. Eine Bibliographie, München 1986; Gums (wie Anm. 74); Friedel (wie Anm. 317); Friedel, Mathias: Politische Presse und Parlamentarismus in Hessen (1849–1868), Weinheim 2012; Eckel, Marianne: Die politische Presse Hessens von 1830 bis 1850, Würzburg 1938; Schäfer, Adelheid: Hessische Zeitungen. Bestandsnachweis für die bis 1950 im Gebiet des ehemaligen Großherzogtums und Volksstaats Hessen erschienen Zeitungen, Darmstadt 1978; Hitzeroth, Heinz-Otto: Die politische Presse Kurhessens von der Einführung der Verfassung vom 5. Januar 1831 bis zum Ausgang des Kurstaates 1866, München 1935; Müller-Werth, Herbert: *Nassauische Zeitungen des Jahres 1848. Beiträge zur Geschichte der politischen Presse Nassaus*, in: Nassauische Annalen 60 (1943), S. 103–148.

323 Zu den Zeitungs-Auflagen Eckel (wie Anm. 322), S. 100; Gums (wie Anm. 74), S. 149, 156 ff.; Hitzeroth (wie Anm. 322), S. 39, 51 ff.; Frankfurter Journal, Nr. 192 vom 23.9.1848 (Anzeige); Freie Zeitung, Nr. 89 vom 2.6.1848.

324 Friedel (wie Anm. 317), S. 213.

325 Sammlung von Gesetzen, Verordnungen, Ausschreiben und anderen allgemeinen Verfügungen für Kurhessen, Kassel 1848, S. 74–85.

326 Großherzoglich Hessisches Regierungsblatt, Nr. 60, 1848, S. 377 f.

327 Verordnungsblatt des Herzogthums Nassau 1848, S. 159 f.

328 Pierer's Universal-Lexikon der Vergangenheit und Gegenwart oder Neuestes encyclopädisches Wörterbuch der Wissenschaften, Künste und Gewerbe, 4. Aufl., Bd. 12, Altenburg 1861, S. 912.

329 Moldenhauer (wie Anm. 217). Hier handelt es sich jedoch um Zufallsfunde, denn die Zahl, auch der Frauen, die Petitionen unterschrieben haben, ist nicht ermittelbar.

330 Verfassung des Deutschen Reichs vom 28. März 1849 (wie Anm. 171), S. 392.

331 Kumpf, Johann Heinrich: Petitionsrecht und öffentliche Meinung im Entstehungsprozess der Paulskirchenverfassung 1848/49, Frankfurt a. M./Bern/New York 1983, S. 145.

332 Ebd., S. 147.

333 Klötzer, Wolfgang: *Die nassauischen Petitionen an die Frankfurter Nationalversammlung 1848/49*, in: Nassauische Annalen 70 (1959), S. 145–170; Moldenhauer, Rüdiger: *Die Petitionen aus Kreis und Stadt Wetzlar an die Deutsche Nationalversammlung 1848/1849*, in: Mitteilungen des Wetzlarer Geschichtsvereins 23 (1967), S. 134–164; ders.: *Die Petitionen aus Oberhessen an die deutsche Nationalversammlung 1848–1849*, in: Mitteilungen des Oberhessischen Geschichtsvereins, N.F. 51 (1966), S. 75–119; ders.: *Die Petitionen aus der Freien Stadt Frankfurt an die Deutsche Nationalversammlung 1848/49*, in: Archiv für Frankfurts Geschichte und Kunst 51 (1968), S. 23–64; Moldenhauer (wie Anm. 137). Es fehlen Arbeiten zu den Petitionen aus Hessen-Homburg und Waldeck.

334 Klötzer (Bearb.) (wie Anm. 97), S. 57.

335 Ebd., S. 62, auch ebd. S. 309.

336 Kienitz, Sabine: *Frauen*, in: Dipper, Christof/Speck, Ulrich (Hg.): 1848. Revolution in Deutschland, Frankfurt/Leipzig 1998, S. 272–285, hier S. 282; Valentin (wie Anm. 294), S. 193.

337 Der Freistädter, Nr. 16 vom 18.7.1848, »Freundliche Bitte an die Damen«.

338 Zucker (wie Anm. 298), S. 224.

339 Müller-Schellenberg (wie Anm. 62), S. 53, Hervorhebungen in der Vorlage.

340 Darmstädter Journal, Nr. 70 vom 23.3.1849, Hervorhebungen in der Vorlage.

341 Klötzer (Bearb.) (wie Anm. 97), S. 64.

342 Ebd., S. 80.

343 Darmstädter Journal, Nr. 142 vom 16.6.1849 und Nr. 147 vom 22.6.1849.

344 Nassauische Allgemeine Zeitung, Nr. 13 vom 13.4.1848.

345 So die Zweckbestimmung des »Wetterauer Frauenvereins«, Kosim, Jan: *Zur Geschichte der Vereine zur Unterstützung der Polen in Deutschland unter Berücksichtigung der Bayerischen Pfalz und der Landgrafschaft Hessen-Homburg*, in: Jahrbuch für westdeutsche Landesgeschichte 4 (1978), S. 313–355, hier S. 328, 353.

346 Mainzer Journal, Nr. 135 vom 10.11.1848.

347 Katholische Sonntagsblätter zur Belehrung und Erbauung, Nr. 47 vom 19.11.1848.

348 Katholische Sonntagsblätter zur Belehrung und Erbauung, Nr. 40 vom 1.10.1848.

349 Wettengel (wie Anm. 23), S. 433.

350 Pfister, Gertrud: *1848 und die Anfänge des Mädchen- und Frauenturnens*, in: Deutsches Turnen (1981), H. 1, S. 8 ff.; H. 2, S. 29 f.; H. 3, S. 47 ff.

351 Didaskalia. Blätter für Geist, Gemüth und Publicität, Nr. 289 vom 30.10.1848. Weitere Frauen-Turnvereine gab es beispielsweise in Iserlohn und Mannheim.

352 Frauen-Zeitung (Red.: Louise Otto), Jg. 3, Nr. 28 vom 18.7.1851.

353 Institut für Stadtgeschichte Frankfurt a. M., V33/2 309a, »Frauen-Turnverein« 6.3.1849.

354 Bamberger (wie Anm. 39), S. 80.

355 Wettengel (wie Anm. 23), S. 317 f.

356 Ebd., S. 318.

357 Ebd., S. 319.

358 Paletschek, Sylvia: Frauen und Dissens. Frauen im Deutschkatholizismus und in den freien Gemeinden 1841–1852, Göttingen 1990, S. 173 f., 175 ff.

359 Dittmar, Louise: Das Wesen der Ehe. Nebst einigen Aufsätzen über die soziale Reform der Frauen, Leipzig 1849.

360 Didaskalia. Blätter für Geist, Gemüth und Publicität, Nr. 140 vom 20.5.1848.

361 Mainzer Zeitung, Nr. 227 vom 18.8.1848, Hervorhebung in der Vorlage; abgedr. in: Bamberger (wie Anm. 39), S. 115–122, hier S. 116.

362 Nassauische Allgemeine Zeitung, Nr. 241 vom 21.12.1848.

363 Der Demokrat, Nr. 7 vom 11. Februar 1849; gemeint waren Eduard von Simson, von Dezember 1848 bis Mai 1849 Präsident der Nationalversammlung, und Ferdinand Eberstadt, von 1849 bis 1852 Bürgermeister von Worms.
364 Riehl, Wilhelm Heinrich: Die Familie, Stuttgart/Augsburg 1855, S. 67; Lipp, Carola: *Frauen und Öffentlichkeit. Möglichkeiten und Grenzen politischer Partizipation im Vormärz und in der Revolutionszeit 1848/1849*, in: Dies. (Hg.): Schimpfende Weiber und patriotische Jungfrauen. Frauen im Vormärz und in der Revolution 1848/49, Bühl-Moos 1986, S. 270–307, hier S. 301.
365 Heitzenröder (wie Anm. 193), S. 179 f.
366 Hessisches Hauptstaatsarchiv Wiesbaden, 5/262. Gutenberg-Bund Frankfurt a. M., Mitgliederliste 1849.
367 Wettengel (wie Anm. 23), S. 160–163; Hummel-Haasis, Gerlinde: Schwestern zerreißt eure Ketten. Zeugnisse zur Geschichte der Frauen in der Revolution 1848/49, München 1982, S. 52, 173 f.
368 Dowe, Dieter/Offermann, Toni (Hg.): Deutsche Handwerker- und Arbeiterkongresse 1848–1852: Protokolle und Materialien. Berlin 1983, S. [46]–[197].
369 Freies Hessisches Volksblatt Nr. 75 vom 25.11.1848.
370 Entwurf zu den Vorlagen für den Volkswirtschaftlichen Ausschuß der Hohen National-Versammlung zu Frankfurt, Artikel V, § 3, abgedr. in: Dowe/Offermann (Hg.) (wie Anm. 368), S. [207].
371 Beschlüsse des allgemeinen deutschen Arbeiterkongresses zu Frankfurt am Main, abgedr. in: ebd., S. [210].
372 So auch durch das Gesetz vom 3.4.1849, Provisorische Abänderungen in der bestehenden Gewerbegesetzgebung betreffend, Verordnungsblatt des Herzogthums Nassau 1849, S. 63, und das Gesetz vom 5.4.1849, Den Hausirhandel und die hausirend betriebenen Gewerbe betreffend, Verordnungsblatt des Herzogthums Nassau 1849, S. 78.
373 Darmstädter Zeitung, Nr. 90 vom 30.3.1848.
374 Hessisches Hauptstaatsarchiv Wiesbaden, 5/262, Bl. 30, § 1 der Satzung.
375 Frankfurter Journal 3. Beil. zu Nr. 138 vom 18.5.1848, § 1 und 2 der Statuten.
376 Abgedr. in: Braun, Harald: Geschichte des Turnens in Rheinhessen. Ein Beitrag zur wechselseitigen Beeinflussung von Politik und Turnen. Bd. 1: 1811–1850, Alzey 1986, S. 145.
377 Ebd., S. 154 f.
378 Wissenschaftliche Stadtbibliothek Mainz, Mog 2°/23, Flugblätter 1848, Beschlüsse des zu Mainz am 14. Mai 1848 abgehaltenen Turntages mittelrheinischer Turngemeinden, § 1, abgedr. in: Braun (wie Anm. 376), S. 156.
379 Becker, Gerhard: *Das Protokoll des ersten Demokratenkongresses vom Juni 1848*, in: Jahrbuch für Geschichte 8 (1973), S. 379–405.
380 Nachfolgend Mainzer Zeitung, Nr. 189 vom 9.7.1848; Theodor Georgii: *Die schwäbische Turnerschaft in ihrer Entwickelung, namentlich in ihrem Verhältniß zu den Bewegungsjahren 1848/1849*, in: Turn-Zeitung. Blätter für die Angelegenheiten des gesammten Turnwesens. Organ der Deutschen Turnerschaft, Nr. 7, Leipzig 1891, S. 99–105, hier S. 101 f.; Neese (wie Anm. 46), S. 83 ff.
381 Statuten des Demokratischen Turnerbundes, § 2, abgedr. in: Braun (wie Anm. 376), S. 166.
382 Statuten des Deutschen Turnerbundes, § 2, abgedr. ebd., S. 163.
383 Als Überblick: Wettengel, Michael: *Turnvereine und ihr Verhältnis zu demokratischen Vereinen und zur Arbeiterbewegung im Rhein-Main-Raum 1848/49*, in: Wieser, Lothar/Wanner, Peter (Hg.): Adolf Cluss und die Turnbewegung. Vom Heilbronner Turnfest 1846 ins amerikanische Exil, Heilbronn 2007, S. 31–44.
384 Neese (wie Anm. 46), S. 111, 268–271, 277 f.
385 Hessisches Hauptstaatsarchiv Wiesbaden, 246/151, Bl. 13–18; abgedr. in: Neese (wie Anm. 46), S. 506.
386 Zit. n. Becker (wie Anm. 379), S. 404 f.; weitere Rundschreiben Bayrhoffers zum Demokratenkongress in: Frankfurter Journal, 2. Beil. zu Nr. 157 vom 7.6.1848 und 2. Beil. zu Nr. 162 vom 13.6.1848.
387 Wettengel (wie Anm. 23), S. 180, 192.
388 Wetterauer Volksblatt, Nr. 22 vom 17. März 1849, Hervorhebung in der Vorlage.
389 Wettengel (wie Anm. 23), S. 341.
390 Ebd., S. 343 f.
391 Ebd., S. 352.
392 Freie Zeitung, Nr. 132 vom 18.7.1848.
393 Freie Zeitung, Nr. 129 vom 15.7.1848.
394 Freie Zeitung, Nr. 183 vom 13.9.1848.
395 Hessisches Hauptstaatsarchiv Wiesbaden, 210/7458, Bericht der Herzoglichen Landesregierung an das Herzogliche Staatsministerium vom 8.12.1848.
396 Freie Zeitung, Nr. 158 vom 15.8.1848, vgl. auch Freie Zeitung, Nr. 162 vom 19.8.1848.
397 Flugblätter des Schlitzer Bürgervereins, Ausgabe II zu Nr. 16 vom 19.5.1850.
398 Freie Zeitung, Nr. 36 vom 11.2.1849 und Nr. 44 vom 21.2.1849.
399 Gums (wie Anm. 74), S. 246.
400 Abgedr. in: Köhler, Manfred: Im Feuer der sozialen Republik. Lebensbild des demokratischen Achtundvierzigers Christian Heldmann (1808–1866), Darmstadt 1998, S. 419 f.
401 Abgedr. in: Gums (wie Anm. 74), S. 235, Hervorhebung in der Vorlage.
402 Die Neue Zeit, Nr. 100 vom 1.11.1848.
403 Hessisches Hauptstaatsarchiv Wiesbaden, 211/2456, Bericht des Dekans Mengen vom 22.8.1848 an die Herzogliche Landesregierung.
404 Universitätsbibliothek Frankfurt a. M., S 25/169 (3), Wage. Deutsche Reichstagsrundschau, 1848, Heft 3, S. 36.
405 Abgedr. in: Boldt (wie Anm. 112), S. 114.
406 Wettengel, Michael: *Der Centralmärzverein und die Entstehung des deutschen Parteiwesens während der Revolution von 1848/49*, in: Jahrbuch zur Liberalismus-Forschung 3 (1991), S. 34–81, hier S. 77.

407 Im »Verzeichnis der Vereine in Deutschland, welche sich bis zum 31. März 1849 dem Central-März-Vereine angeschlossen haben« wurden insgesamt 951 Vereine genannt, Bundesarchiv Berlin, ZSg 9/1131. Diese Liste ist allerdings nicht vollständig, Wettengel (wie Anm. 406), S. 43.
408 Wettengel (wie Anm. 23), S. 345–358.
409 Hessisches Staatsarchiv Marburg, 340 Bayrhoffer 35, abgedr. in: Wettengel (wie Anm. 406), S. 69, Hervorhebung in der Vorlage.
410 Bundesarchiv Berlin, ZSg 9/1131.
411 Wettengel (wie Anm. 23), S. 305–322.
412 Riehl (wie Anm. 84), S. 313.
413 Nipperdey, Thomas: *Volksschule und Revolution im Vormärz*, in: Ders.: Gesellschaft, Kultur, Theorie. Gesammelte Aufsätze zur neueren Geschichte, Göttingen 1976, S. 174–205.
414 Wettengel (wie Anm. 23), S. 122.
415 Hildebrand (wie Anm. 10), S. 111–121.
416 Franz (wie Anm. 5), S. 176 f.
417 Mainzer Wochenblatt, Nr. 43 vom 8.4.1848; abgedr. in: Broo, Hanno: Arbeiter- und Volksbildungsbewegung in Mainz. Ein volkskundlich-sozialhistorischer Beitrag zur Vereinsforschung, Mainz 1989, S. 276–280, hier S. 276.
418 Der Bund der Kommunisten. Dokumente und Materialien, Bd. I: 1836–1849, Berlin 1970, S. 751 f., Hervorhebung in der Vorlage.
419 Eintrag im Mainzer Tagblatt, Nr 101 vom 10.4.1848; Broo (wie Anm. 417), S. 69.
420 Bund der Kommunisten (wie Anm. 418), S. 766, Schreiben der Gemeinde in Mainz an die Zentralbehörde des Bundes der Kommunisten in Köln vom 23.4.1848.
421 Ebd., S. 771.
422 Ebd., S. 775, hier wird die Mitgliederzahl des Arbeitervereins mit »über 700 Mitglieder« angegeben.
423 Ebd., S. 776. Ähnlich auch der Bericht Dronkes an die Zentralbehörde vom 5.5.1848, ebd., S. 780.
424 Franz (wie Anm. 5), S. 178 f.
425 Bund der Kommunisten (wie Anm. 418), S. 754.
426 Mainzer Zeitung, Nr. 175 vom 25.6.1848.
427 Deutsche Volksstimme, Nr. 10 vom 3.5.1848; Franz (wie Anm. 5), S. 186.
428 Teilabdruck in: Franz (wie Anm. 5), S. 239 ff.
429 Zit. n. Heitzenröder, Wolfram: Die Arbeiterbewegung in Hanau und Umgebung 1848 bis 1878, Hanau 2002, S. 19.
430 Heitzenröder (wie Anm. 193), S. 184 f.
431 Ebd., S. 189 f.
432 Abgedr. in: Heitzenröder (wie Anm. 429), S. 192 f.
433 Bund der Kommunisten (wie Anm. 418), S. 776.
434 Der Volksfreund, Nr. 65 vom 25.5.1848; Struck, Wolf-Heino: *Die Anfänge der Arbeiterbewegung in Wiesbaden 1848–1851*, in: Geschichtliche Landeskunde, Bd. 5, Teil II, Festschrift für Ludwig Petry, Wiesbaden 1968, S. 287–321.
435 Der Volksfreund, Nr. 66 vom 26.5.1848.
436 Der Volksfreund, Nr. 68 vom 28.5.1848.
437 Wettengel (wie Anm. 23), S. 148 f.
438 Ebd., S. 154 f.
439 Hessisches Hauptstaatsarchiv Wiesbaden, 246/151, Bericht von Polizeikommissar Reichmann.
440 Wettengel (wie Anm. 23), S. 123.
441 Darmstädter Zeitung, Beil. zu Nr. 135 vom 12.5.1848.
442 Franz (wie Anm. 5), S. 187 f.
443 Abgedr. in: Ebd., S. 248.
444 Abgedr. in: Ebd., S. 249.
445 Hessisches Hauptstaatsarchiv Wiesbaden, 5/262, Bl. 39, Gründungsaufruf.
446 Quarck (Hg.) (wie Anm. 206), S. 7; Allgemeine Arbeiter-Zeitung, Nr. 1 vom 18.3.1848, Statuten des Arbeitervereins.
447 Ebd. Die starke handwerkliche Orientierung wird durch die Gewerke deutlich, die auf den Mitgliedskarten abgebildet wurden und fast durchweg handwerklicher Art waren, Neuland, Franz: Proletarier und Bürger. Arbeiterbewegung und radikale Demokratie 1848 in Frankfurt am Main, Frankfurt a. M. 1973, S. 31. Im Komitee vom 17.5.1848 waren ebenfalls fast ausschließlich handwerkliche Berufe vertreten, Institut für Stadtgeschichte Frankfurt a. M., Acta Criminalia 1848, Nr. 62, Bl. 73.
448 Wettengel (wie Anm. 23), S. 128.
449 Ebd., S. 135.
450 Quarck (Hg.) (wie Anm. 206), S. 6 f.; zur ersten Petition ebd., S. 15.
451 Ebd., S. 20.
452 Ebd., S. 19.
453 Bund der Kommunisten (wie Anm. 418), S. 785 f., Ernst Dronke an Karl Marx vom 17.5.1848.
454 Wettengel (wie Anm. 23), S. 134.
455 Der Freistädter, Nr. 10 vom 30.5.1848; Quarck (Hg.) (wie Anm. 206), S. 31, Allgemeine Arbeiter-Zeitung, Nr. 4 vom 7.6.1848.
456 Der Freistädter, Nr. 14 vom 4.7.1848.
457 Franz (wie Anm. 5), S. 227, 247 f.
458 Frankfurter Journal, Beil. zu Nr. 63 vom 14.3.1849.
459 Abdr. der Protokolle in: Franz (wie Anm. 5), S. 231, 251–255.
460 Seier (Hg.) (wie Anm. 76), S. 102–105 (Nr. 47), hier S. 104.
461 Abgedr. in: Franz (wie Anm. 5), S. 255.
462 Wettengel (wie Anm. 23), S. 124–128.
463 Hessisches Hauptstaatsarchiv Wiesbaden, 5/266, Bl. 25v–26r.
464 Wettengel (wie Anm. 23), S. 130.
465 Schmidt, Jürgen: Brüder, Bürger und Genossen. Die deutsche Arbeiterbewegung zwischen Klassenkampf und Bürgergesellschaft 1830–1870, Bonn 2018, S. 321 f.
466 Nassauische Allgemeine Zeitung, Außerordentliche Beil. zu Nr. 6 vom 5.4.1848; abgedr. in: Riehl (wie Anm. 58), Beil. 25.
467 Nassauische Allgemeine Zeitung, Nr. 9 vom 9.4.1848; abgedr. in: Riehl (wie Anm. 58), Beil. 26.
468 Nassauische Allgemeine Zeitung, Nr. 12 vom 12.4.1848.
469 Zit. n. Gums (wie Anm. 74), S. 224.
470 Ebd., S. 229 f.

471 Stadtarchiv Wiesbaden, XIIb-11, »Nassauer!« vom 10. März 1848, abgedr. in: Riehl (wie Anm. 58), Beil. 13. Zum Bekenntnis zu Hergenhahn Nassauische Allgemeine Zeitung, Nr. 71 vom 12.6.1848 und Beil. zu Nr. 79 vom 20.6.1848.
472 Hessisches Hauptstaatsarchiv Wiesbaden, 210/7458, Bericht der Herzoglichen Landesregierung an das Herzogliche Staatsministerium vom 8.12.1848.
473 Nassauische Allgemeine Zeitung, Nr. 118 vom 30.7.1848.
474 Nassauische Allgemeine Zeitung, Beil. zu Nr. 79 vom 20.6.1848, »Zuschrift«, § 5.
475 Nassauische Allgemeine Zeitung, Nr. 16 vom 16.4.1848 und Nr. 74 vom 15.6.1848.
476 Zit. n. Gums (wie Anm. 74), S. 229.
477 Nassauische Allgemeine Zeitung, Nr. 10 vom 10.4.1848.
478 Nassauische Allgemeine Zeitung, Nr. 81 vom 5.4.1849.
479 Darmstädter Journal, Nr. 54 vom 5.5.1848.
480 Wettengel (wie Anm. 23), S. 250.
481 Hessische Volkszeitung, Nr. 1 vom 1.6.1848.
482 Bundesarchiv Berlin, DB 54/75 (RMI), Bl. 41.
483 Ebd., Bl. 40.
484 Zit. n. Gums (wie Anm. 74), S. 234.
485 Stadtarchiv Darmstadt, St 62/01, Kasten 1, Bl. 57.
486 Universitäts- und Landesbibliothek Darmstadt, M 3953/16.8, »Satzungen«, § 1.
487 Trox, Eckhard: Militärischer Konservativismus. Kriegervereine und »Militärpartei« in Preußen zwischen 1815 und 1848/49, Stuttgart 1990.
488 Stadtarchiv Darmstadt, St 62/01, Kasten 1, Bl. 57.
489 Gums (wie Anm. 74), S. 278 f., 289 f.
490 Zit. n. ebd., S. 289.
491 Zit. n. ebd., S. 214.
492 Der Odenwälder, Nr. 8 vom 18.1.1848.
493 Darmstädter Journal, Nr. 63 vom 15.3.1849.
494 Universitäts- und Landesbibliothek Darmstadt, M 3953/16.8, Bl. 87; Darmstädter Journal Nr. 137 vom 20.9.1848.
495 Boldt (wie Anm. 112), S. 163–175.
496 Nassauische Allgemeine Zeitung, Nr. 203 vom 7.11.1848.
497 Gums (wie Anm. 74), S. 275.
498 Ebd., S. 277 f.; Gebhardt, Hartwig: Revolution und liberale Bewegung. Die nationale Organisation der konstitutionellen Partei in Deutschland 1848/49, Bremen 1974, S. 81, 86 f.
499 Zit. n. Gums (wie Anm. 74), S. 279.
500 Kurze geschichtliche Darstellung der Gründung des Nationalen Vereins auf dem am 3., 4. und 5. Novbr. 1848 zu Cassel stattgehabten Congresse von Abgeordneten politischer Vereine Deutschlands, Kassel 1848, S. 21. Abgedr. in: Boldt (wie Anm. 112), S. 107.
501 Gums (wie Anm. 74), S. 279. Abgedr. in: Boldt (wie Anm. 112), S. 107.
502 Gums (wie Anm. 74), S. 476 f.
503 Nassauische Allgemeine Zeitung, Nr. 214 vom 19.11.1848, Hervorhebungen in der Vorlage.
504 Nassauische Allgemeine Zeitung, Nr. 132 vom 6.6.1849.
505 Franz/Kallenberg/Fleck (wie Anm. 32), S. 821.
506 Köhler (wie Anm. 400), S. 403.
507 *Satzungen des katholischen Vereins Deutschlands*, in: Verhandlungen der ersten Versammlung des katholischen Vereins Deutschlands am 3., 4., 5. und 6. Oktober, Mainz 1848, S. 138 ff., hier bes. S. 138 f., §§ 2–6.
508 Verhandlungen (wie Anm. 507), S. 16 ff. (nicht alle Angemeldeten haben teilgenommen).
509 Weber, Christoph: Aufklärung und Orthodoxie am Mittelrhein 1820–1850, München/Paderborn/Wien 1973; Herres, Jürgen: Städtische Gesellschaft und katholische Vereine im Rheinland 1840–1870, Essen 1996.
510 Winfried Schüler: *Die katholische Partei im Herzogtum Nassau während der Revolution von 1848*, in: Archiv für mittelrheinische Kirchengeschichte 34 (1982), S. 121–142, hier S. 138. Allerdings konnten nur 25 Vereinsstandorte zweifelsfrei nachgewiesen werden.
511 Nassauischer Zuschauer, Beibl. für Unterhaltung und Belehrung zu Nr. 25 vom 17.12.1848, Statuten des Vereins in Hadamar § 1, Nr. 4; Nassauischer Zuschauer, Nr. 107 vom 4.11.1848, Statuten des Vereins in Wiesbaden § 2.
512 Verhandlungen (wie Anm. 507), S. XV, 115 f., 120 f., 124.
513 Wettengel (wie Anm. 23), S. 427 f.
514 Mainzer Journal, Nr. 45 vom 30.7.1848, Hervorhebungen in der Vorlage.
515 Katholische Sonntagsblätter zur Belehrung und Erbauung, Nr. 17 vom 23.4.1848.
516 Abgedr. in: Moldenhauer (wie Anm. 137), S. 106.
517 Verhandlungen (wie Anm. 507), S. 135 ff., 161–164.
518 Kim, Phil-young: Ein deutsches Reich auf katholischem Fundament. Einstellungen zur deutschen Nation in der strengkirchlichen katholischen Presse 1848–1850, Frankfurt a. M. u. a. 2010.
519 Verhandlungen (wie Anm. 507), S. 165, Hervorhebungen in der Vorlage.
520 Statuten des Piusvereins Mainz 1848, § 11, abgedr. in: Heinen, Ernst: Katholizismus und Gesellschaft. Das katholische Vereinswesen zwischen Revolution und Reaktion (1848/49–1853/54), Idstein 1993, S. 79 ff., hier S. 81.
521 Nassauische Allgemeine Zeitung, 2. Ausg. zu Nr. 248 vom 29.12.1848.
522 Katholische Sonntagsblätter zur Belehrung und Erbauung, Nr. 37 vom 16.9.1849, Hervorhebungen in der Vorlage.
523 Hessisches Hauptstaatsarchiv Wiesbaden, 1172/52, Katholische Vereine der Diözese Limburg, Hadamar 1849, Rede von Moritz Lieber, S. [5].
524 Huber (Hg.) (wie Anm. 94), S. 405 f., 410 f., 412–415 (Nr. 114, 118 und 120).
525 Langewiesche, Dieter: *Die Revolution der Provinz*, in: Schlattkowsky, Martina (Hg.): Dresdner Maiaufstand und Reichsverfassung 1849, Leipzig 2000, S. 13–32, hier S. 15 f. Die Bezeichnung »Reichsverfassungskampagne« stammt von En-

gels, Friedrich: *Die deutsche Reichsverfassungskampagne*, in: Marx-Engels-Werke, Bd. 7, Berlin 1960, S. 111–197.

526 Wettengel, Michael: Die Wiesbadener Bürgerwehr 1848/49 und die Revolution im Herzogtum Nassau, Taunusstein 1998, S. 90.

527 Gums (wie Anm. 74), S. 288 f.; Geisel, Karl: Die Hanauer Turnerwehr. Ihr Einsatz in der badischen Mairevolution von 1849 und der Turnerprozeß, Hanau 1974, S. 4–20.

528 Abgedr. in: Moldenhauer (wie Anm. 137), S. 159.

529 Bundesarchiv Berlin, DB 51/445, Pet. Nr. 8021.

530 [Gräfe, Heinrich]: Kurhessen seit dem März 1848, in: Die Gegenwart. Eine enzyklopädische Darstellung der neuesten Zeitgeschichte für alle Stände, Bd. VI, Leipzig 1851, S. 531–613, hier S. 570.

531 Köhler (wie Anm. 400), S. 408.

532 Wettengel, Michael: *Der Idsteiner Kongress und die Reichsverfassungskampagne in Nassau 1849*, in: Nassauische Annalen 123 (2012), S. 433–451, hier S. 434 ff.

533 Bundesarchiv Berlin, DB 51/425, Pet. Nr. 6154, Bl. 6r »Statuten des Lahn-Wehrbundes«; Der Jüngste Tag, Nr. 225 vom 23.11.1848 und Nr. 241 vom 13.12.1848.

534 Wettengel (wie Anm. 532), S. 94 ff.

535 Zit. n. Geisel (wie Anm. 527), S. 7.

536 Abgedr. in: Huber (Hg.) (wie Anm. 94), S. 418 (Nr. 122).

537 Möller, Frank: *Die Reaktion von Reichszentralgewalt und Nationalversammlung auf den Maiaufstand*, in: Schlattkowsky (Hg.) (wie Anm. 525), S. 119–132, hier S. 125 f.; Fenske, Hans (Hg.): Quellen zur deutschen Revolution 1848–1849, Darmstadt 1996, S. 33.

538 Weber, Rolf (Hg.): Revolutionsbriefe 1848/49, Leipzig 1973, S. 140 f., Heinrich v. Gagern an Karl Mathy am 5. Mai 1849; Botzenhart (wie Anm. 95), S. 699 ff.

539 Nassauische Allgemeine Zeitung, Nr. 109 vom 9.5.1849 »Unsere Lage«.

540 Preußische Verordnung betr. die Abberufung der preußischen Abgeordneten aus der Nationalversammlung vom 14.5.1849, abgedr. in: Huber (Hg.) (wie Anm. 94), S. 423 ff. (Nr. 126).

541 Botzenhart (wie Anm. 95), S. 706 f.; insgesamt nahmen 117 Abgeordnete an den Sitzungen der Nationalversammlung in Stuttgart teil, Müller, Sabrina: *Die konsequenten Verteidiger. Die Nationalversammlung in Stuttgart*, in: Krause, Albrecht/Lutum-Lenger, Paula/Müller, Sabrina/Schimpf, Rainer/Schnabel, Thomas: »Rettet die Freiheit«: Das Rumpfparlament 1849 in Stuttgart – Eine Revolution geht zu Ende, Stuttgart 1999, S. 54–61, hier S. 54.

542 Neue Speyerer Zeitung, Nr. 113 vom 10.5.1849.

543 Zit. n. Köhler (wie Anm. 400), S. 448 f.

544 Verhandlungen (wie Anm. 253), S. 441.

545 Bei den Verträgen handelte es sich insbesondere um die »Etappen-Konvention« von 1816 zwischen Preußen und Nassau, durch die die Landstraße Gießen – Ehrenbreitstein als »Königlich-Preußische Militärstraße« anzusehen war, Hessisches Hauptstaatsarchiv Wiesbaden 211/13691; Wacker (wie Anm. 271), S. 360.

546 Schüler, Winfried (Hg.): Nassauische Parlamentsdebatten. Band 2: Revolution und Reaktion 1848–1866. Bearb. v. Reyer, Herbert Peter/Schüler, Winfried, Wiesbaden 2010, S. 272 f.

547 Verhandlungen (wie Anm. 253), S. 556 f., 603, 610 f., 619 f.; Schüler (Hg.) (wie Anm. 546), S. 272 f.; 279 ff.

548 Franz/Kallenberg/Fleck (wie Anm. 32), S. 822.

549 Großherzoglich Hessisches Regierungsblatt, Nr. 31, 1849, S. 274a.

550 Köhler (wie Anm. 400), S. 410–414.

551 Aufrufe vom 5./6.5. und 8.5.1849, abgedr. in: Gunther Hildebrandt (Hg.): Opposition in der Paulskirche. Reden, Briefe und Berichte kleinbürgerlich-demokratischer Parlamentarier 1848/49, Berlin (DDR) 1981, S. 322 f., 332.

552 »An das Deutsche Volk«, Frankfurt 6.5.1849 (hieraus das Zitat) und »Aufruf an das deutsche Heer«, Frankfurt 6.5.1849, abgedr. in Vollmer (wie Anm. 56), S. 283 f. Über dem Kongress: Wettengel (wie Anm. 409), S. 53 f.

553 Gebhardt (wie Anm. 498), S. 122–130.

554 Freie Zeitung, Nr. 117 vom 18.5.1849.

555 Freie Zeitung, Nr. 135 vom 8.6.1849.

556 [Gräfe] (wie Anm. 530), S. 571.

557 Gums (wie Anm. 74), S. 329.

558 [Gräfe] (wie Anm. 530), S. 571.

559 Bundesarchiv Berlin, ZSg 8/55, Bl. 129 f.; Wissenschaftliche Stadtbibliothek Mainz 66:2°/23; Bamberger, Ludwig: Erlebnisse aus der Pfälzischen Erhebung im Mai und Juni 1849, Frankfurt a. M. 1849, S. 8 f.; Heinemann, Sebastian (Hg.): Verhandlungen des rheinhessischen Hochverrathsprozesses von 1850, Mainz 1850, S. 35.

560 Wettengel (wie Anm. 23), S. 483 f.

561 Wetterauer Volksblatt, Nr. 47 vom 13.6.1849.

562 Wettengel (wie Anm. 23), S. 491 f.

563 Neue Deutsche Zeitung, Nr. 114 vom 15.5.1849; Frankfurter Journal, 2. Beil. zu Nr. 117 vom 15.5.1849.

564 Der Odenwälder, Nr. 58 vom 17.5.1849.

565 Anklag-Akt des Staats-Anwaltes am Criminalsenate des Großherzoglich Hessischen Hofgerichtst der Provinz Starkenburg, […] gegen Dr. Ferdinand von Löhr […] und acht und achtzig Consorten wegen der mit den Volksversammlungen zu Erbach und Oberlaudenbach zusammenhängenden Verbrechen, bestehend in Hoch- und Landesverrath, Aufruhr, Todtschlag, Erpressung, Widersetzung, Gewaltthätigkeit und Drohung, Darmstadt 1851, S. 17 f.

566 Buchner, Karl: Das Großherzogthum Hessen in seiner politischen und socialen Entwickelung vom Herbst 1847 bis zum Herbst 1850, Darmstadt 1850, S. 125 f.; dagegen nennt Zimmermann, Wilhelm: Der Tag von Ober-Laudenbach. Ein Beitrag zur Geschichte der Revolutions-Jahre 1848–1849, Mannheim 1866, S. 55, nur zwölf Tote. Aufseiten des Militärs wurden neben dem getöteten Regierungskommissär Prinz nur drei Soldaten verwundet.

567 Wettengel (wie Anm. 23), S. 496.
568 Universitätsbibliothek Frankfurt a. M., Sf 16/116, Nr. 27, »Präsenzliste« für Ende Mai 1849. Die Angaben in den Quellen gehen von 800 bis 1300 Mann. Zwei weitere Kanonen sollen noch zusätzlich beschafft worden sein, Wettengel (wie Anm. 23), S. 497.
569 Bundesarchiv Berlin, ZSg 8/55, Bl. 95 sowie Bl. 134 »An sämtliche Gemeinden Rheinhessens!«, 20.5.1849.
570 Mainzer Zeitung, 2. Ausg. zu Nr. 126 vom 25.5.1849, Hervorhebung in der Vorlage.
571 Wettengel (wie Anm. 23), S. 499 f.
572 Die Schätzungen schwanken zwischen 180 und 400 Mann, Geisel (wie Anm. 527), S. 30 f., 35. Geisel vermutet, dass von den badischen Abgesandten Druck auf Schärttner ausgeübt worden sei, ebd., S. 23.
573 Ebd., S. 23, 39.
574 Ebd., S. 26 ff.; Lemberg (wie Anm. 224), S. 45 f.
575 Darmstädter Journal, Nr. 122 vom 24.5.1849; Hahn (wie Anm. 15), S. 110 f.
576 Wettengel (wie Anm. 23), S. 489 ff.; Wettengel (wie Anm. 532).
577 Freie Zeitung, Nr. 138 vom 12.6.1849.
578 Hessisches Staatsarchiv Darmstadt, Abt. C 1 (Hs.), Nr. 189/10, Lorenz Nover: Promemoria über die politisch-revolutionären Verbindungen in den Jahren 1816 bis 1852, Bl. 355.
579 Verhandlung der Anklage gegen den Corrector und Sprachlehrer Carl Schapper von Weinbach, [...] und Redacteur Julius Oppermann von Wiesbaden, wegen Hochverrath, Majestätsbeleidigung, Beleidigung des Königs von Preußen und des Prinzen von Preußen vor den Assisen zu Wiesbaden am 8. bis 15. Februar 1850, S. 95 f.
580 Wilhelmi (wie Anm. 165), S. 124 f., 127.
581 Darmstädter Zeitung, Nr. 139 vom 13.6.1849 und Nr. 141 vom 15.6.1849; Buchner (wie Anm. 566), S. 134 f.
582 Lucifer, Extra-Beil. zu Nr. 49 vom 4.8.1850.
583 Fleck/Franz (Hg.) (wie Anm. 164), S. 12–34.
584 [Dräxler] (wie Anm. 48), S. 507. Zu den Wahlen in Nassau: Winfried Schüler: Das Herzogtum Nassau 1806–1866. Deutsche Geschichte im Kleinformat, Wiesbaden 2006, S. 208.
585 Zit. n. Schüler, Winfried: *Die Herzöge von Nassau*, in: Nassauische Annalen 95 (1984), S. 155–172, hier S. 168.
586 Anonym: Hessen-Darmstadt in den Jahren 1850–1866, in: Unsere Zeit. Deutsche Revue der Gegenwart. Monatschrift zum Conversations-Lexikon, N.F. 3. Jg., 1. Hälfte, Leipzig 1867, S. 1–24, hier S. 6 f.
587 Hessisches Staatsarchiv Marburg, 111 k Vöhl 826, das Großherzoglich Hessische Ministerium des Innern an sämtliche Großherzoglichen Kreisräte, Darmstadt, 10.9.1852. Zur Wirkung in der Öffentlichkeit: Anonym (wie Anm. 589), S. 6.
588 Hessisches Staatsarchiv Darmstadt, E 3 A Nr. 4/27.
589 Hessisches Hauptstaatsarchiv Wiesbaden, 246/151, die Herzoglich Nassauische Ministerialabteilung des Innern an das Herzogliche Kreisamt zu Wiesbaden, 10.1.1852.
590 Roth, Ralf: Stadt und Bürgertum in Frankfurt am Main. Ein besonderer Weg von der ständischen zur modernen Bürgergesellschaft 1760 bis 1914, München 1996, S. 464–481, 490–512.
591 [Dräxler] (wie Anm. 48), S. 509 f.
592 Riehl, Wilhelm Heinrich: Land und Leute, Stuttgart/Tübingen 1854, S. 271.
593 [Dräxler] (wie Anm. 48), S. 511.
594 Siemann, Wolfram: *Der Streit der Erben – deutsche Revolutionserinnerungen*, in: Ders.: 1848/49 in Deutschland und Europa. Ereignis – Bewältigung – Erinnerung, Paderborn 2006, S. 233–269, hier S. 245 f.; Klemm, Claudia: Erinnert – umstritten – gefeiert. Die Revolution von 1848/49 in der deutschen Gedenkkultur, Göttingen 2007, S. 96–102; Roth (wie Anm. 590), S. 504.
595 Klemm (wie Anm. 594), S. 185–208, 213 ff.
596 Siemann (wie Anm. 594), S. 247; Klemm (wie Anm. 594), S. 196 f.
597 Rebentisch, Dieter: Friedrich Ebert und die Paulskirche. Die Weimarer Demokratie und die 75-Jahrfeier der 1848er Revolution, Heidelberg 1998, S. 9–12, 24 f.
598 Siemann (wie Anm. 594), S. 254–258. Zur Paulskirche als Erinnerungsort an 1848/49 Biefang, Andreas: *Gründungsmythen der parlamentarischen Demokratie? Erinnern an die Verfassungsgebungen von 1848/49 und 1948/49 am historischen Ort*, in: Hertfelder, Thomas/Lappenküper, Ulrich/Lillteicher, Jürgen (Hg.): Erinnern an Demokratie in Deutschland. Demokratiegeschichte in Museen und Erinnerungsstätten der Bundesrepublik, Göttingen 2016, S. 179–196, hier S. 182–191.
599 Siemann (wie Anm. 594), S. 266 f.

Bibliografische Information der Deutschen Nationalbibliothek
Die Deutsche Nationalbibliothek verzeichnet diese Publikation in der Deutschen Nationalbibliografie; detaillierte bibliografische Daten sind im Internet über http://dnb.d-nb.de abrufbar.

Covergestaltung, Layout und Satz: Anja Carrà, Weimar
Bildnachweis: Versuch einer Volksmenge, am 18. September 1848 in die Paulskirche einzudringen: »Wüthender Angriff der Republikaner« (Neuruppiner Bilderbogen, Bild 37), ©Historisches Museum Frankfurt, Inventar-Nr. C 10172.

Der Titel wurde in der Adobe Garamond Pro gesetzt.
Gesamtherstellung: CPI books GmbH, Leck – Germany

ISBN: 978-3-7374-0496-9

Mehr über Ideen, Autoren und Programm des Verlags finden Sie auf www.verlagshausroemerweg.de und in Ihrer Buchhandlung.